Einkommen versus Konsum

Christian Smekal · Rupert Sendlhofer
Hannes Winner (Hrsg.)

Einkommen versus Konsum

Ansatzpunkte zur Steuerreformdiskussion

Mit 5 Abbildungen
und 26 Tabellen

Springer-Verlag Berlin Heidelberg GmbH

Prof. Dr. Christian Smekal
Dr. Rupert Sendlhofer
Dr. Hannes Winner
Institut für Finanzwissenschaft
Universität Innsbruck
Herzog-Friedrich-Straße 3
A-6020 Innsbruck, Österreich

ISBN 978-3-642-63684-4

Die Deutsche Bibliothek – CIP-Einheitsaufnahme
Smekal, Christian; Sendlhofer, Rupert; Winner, Hannes: Einkommen versus Konsum: Ansatzpunkte zur Steuerreformdiskussion / Christian Smekal, Rupert Sendlhofer, Hannes Winner (Hrsg.). – Heidelberg: Physica-Verl., 1999
ISBN 978-3-642-63684-4 ISBN 978-3-642-58676-7 (eBook)
DOI 10.1007/978-3-642-58676-7

Einbandgestaltung: Erich Kirchner, Heidelberg

SPIN 10695289 88/2202-5 4 3 2 1 0 – Gedruckt auf säurefreiem Papier

Vorwort

Das gegenwärtige System der Einkommensbesteuerung wird vielfach mit dem Schlagwort „Steuerchaos" charakterisiert. Eine Vielzahl von Einzel- und Detailregelungen läßt ein systematisches Gesamtkonzept kaum mehr erkennen. Viele Zensiten versuchen, sich der Besteuerung auf legalen und illegalen Wegen zu entziehen. Das Steuerrecht ist weiters durch zahlreiche Vorschriften, die wirtschafts-, sozial- und kulturpolitischen Zielsetzungen dienen, überfrachtet und zunehmend undurchschaubar geworden. Das Regelungschaos, läßt die eigentlichen Zielsetzungen der Besteuerung in den Hintergrund treten. Die hohen (formalen) Steuersätze beeinträchtigen darüberhinaus die Investitionstätigkeit, den Sparwillen und das Arbeitsangebot der Steuerzahler und wirken letztlich leistungsfeindlich.

Vor diesem Hintergrund drängt sich die Notwendigkeit einer Neuorientierung der Einkommensbesteuerung auf. Die nationalen Steuergesetzgeber setzen sich deshalb mit mehr oder minder weitreichenden Reformvorhaben auseinander. In Deutschland und Österreich versuchen die dort installierten Reformkommissionen am bestehenden Steuersystem anzusetzen. Unter dem Schlagwort des „tax cut cum base broadening" wird eine Absenkung der Steuersätze bei gleichzeitiger Verbreiterung der Bemessungsgrundlagen vorgeschlagen, wobei Tendenzen in diese Richtung in Deutschland konsequenter vertreten werden als in Österreich. In Österreich wird gegenwärtig diskutiert, ob der aus der jüngst ergangenen Rechtsprechung des Verfassungsgerichtshofes zur Familienbesteuerung resultierende Einnahmenausfall überhaupt noch einen Spielraum für einen „großen Wurf" erlauben kann.

In anderen Ländern kommen hingegen Ideen zum Tragen, die in der steuertheoretischen Diskussion schon eine lange Tradition aufweisen. Anstelle des Einkommens sollen der Besteuerung stärker die persönlichen Konsumausgaben als Maßstab zugrunde gelegt werden. Beispiele dafür sind die zinsbereinigte Einkommensteuer in Kroatien, ansatzweise die Dual Income Tax in den skandinavischen Ländern oder die Überlegungen zur Einführung der Flat Tax in den Vereinigten Staaten. Mit dieser Ausrichtung der Steuerpolitik wird versucht, die Vorteile einer persönlichen Ausgabensteuer zu nützen ohne deren Nachteile bei der praktischen Implementierung in Kauf nehmen zu müssen. Insofern lassen sich diese „steuerpolitischen Innovationen" als Mischform zwischen Ausgaben- und Einkommensteuer bezeichnen.

Vom 2. bis 4 März 1998 veranstaltete das Institut für Finanzwissenschaft der Universität Innsbruck den 32. Hochschulkurs aus Finanzwissenschaft. Dabei wurden ausgehend von den geschilderten Problemen der Einkommensbesteuerung konsumorientierte Steuersysteme hinsichtlich verschiedener Aspekte und Problemfelder thematisiert. Die Beiträge zum vorliegenden Band sollen zum einen den Stand der steuerrechtlichen und finanzwissenschaftlichen Forschung wiedergeben und zum anderen Ansatzpunkte für die aktuellen Steuerreformdiskussionen in Deutschland und Österreich aufzeigen.

Nach *Dieter Schneider* ist die Gestaltung eines Steuersystems als Teilproblem einer Wettbewerbsordnung unter Regeln gerechten Verhaltens zu betrachten. Aus Wettbewerbsverzerrungen folgen Verstöße gegen die Gleichmäßigkeit der Besteuerung. Das Einkommen als Maßgröße der Besteuerung erweist sich nur dann gegenüber einer Konsumsteuer als unterlegen, wenn von einer stark vereinfachten Modellwelt - ohne Unsicherheit - ausgegangen wird. Als ökonomische Zielgröße der Besteuerung ist es hingegen bei einer erweiterten Betrachtung dem Konsum überlegen. *Schneider* befürwortet daher Reformen am bestehenden Einkommensteuersystem, die vor allem darauf abzielen sollten, Systemwidrigkeiten zu beseitigen.

Für *Franz W. Wagner* sind alle Versuche, die Wahl der Bemessungsgrundlage durch wahrheitsorientierte Erklärungsansätze zu entscheiden, gescheitert. Demgegenüber schlägt er vor, die Frage nach der „richtigen" Bemessungsgrundlage anhand von wirkungsorientierten Maßstäben zu beurteilen. Als „Eichstrich" wird dabei ein investitionsneutrales Steuersystem herangezogen, das dann vorliegt, wenn durch die Besteuerung die Rangfolge der Investitionsalternativen nicht verändert wird. *Wagner* zeigt im weiteren, daß eine in diesem Sinne neutrale Einkommensteuer zwar theoretisch existiert, aber praktisch nicht umsetzbar ist. Für *Wagner* läßt sich der Grundsatz der Investitionsneutralität letztlich nur im Rahmen einer konsumorientierten Einkommensbesteuerung verwirklichen.

In theoretischen Beiträgen zur Einkommensteuerreform wird vielfach gefordert, das Konzept der Reinvermögenszugangstheorie vollständig umzusetzen. *Ekkehard Wenger* weist in seinem Beitrag nach, daß ein in sich konsistentes theoretisches Konzept für die derzeitige Einkommensteuer nicht existiert. Der Besteuerung von Einkünften aus Sach- und Finanzvermögen wird der ökonomische Gewinn zugrunde gelegt, die Einkünfte aus Humankapitalvermögen hingegen werden auf der Basis des Zahlungsüberschusses besteuert. Eine gleichmäßige und systematische Erfassung der Leistungsfähigkeit ist nur durchführbar, wenn die Regeln der Einkommensermittlung vereinheitlicht werden. Für *Wenger* folgt daraus, daß es keine ökonomisch sinnvolle und in sich konsistente Möglichkeit gibt, alle Einkunftsarten nach dem ökonomischen Gewinn zu besteuern. Eine gleichmäßige Besteuerung kann hingegen durch eine einheitliche Cash-flow Steuer oder eine zinsbereinigte Einkommens- und Gewinnbesteuerung erreicht werden.

Nach der Diskussion über die „richtige" Bemessungsgrundlage der Einkommensbesteuerung werden im Beitrag von *Hans Fehr* und *Wolfgang Wiegard* die Wohlfahrtswirkungen einer konsumorientierten Steuerreform untersucht. Dazu wird ein makroökonomisches Simulationsmodell verwendet, mit dem der Übergang von der gegenwärtigen Einkommensbesteuerung zu einem zinsbereinigten Steuersystem analysiert wird. Die Autoren fragen sich insbesondere, ob die Wohlfahrtseffekte eines Übergangs zur Zinsbereinigung positiv sind. Da die hohen Effizienzgewinne einer zinsbereinigten Gewinnbesteuerung nicht durch auffallend negative Verteilungseffekte kompensiert werden, fällt die Antwort positiv aus.

Im Zusammenhang mit einer konsumorientierten Steuerreform wird auch der Cash-flow als geeignete Bemessungsgrundlage für die Unternehmensbesteuerung diskutiert. Die Grundlagen und vielfältigen Varianten der Cash-flow Besteuerung beschreibt *Stefan Bach* in seinem Beitrag, um anschließend eine steuersystematische Einordnung vorzunehmen. In den folgenden Überlegungen diskutiert der Autor insbesondere die Probleme der Einführung und die gesamtwirtschaftliche Bemessungsgrundlage einer allgemeinen betrieblichen Cash-flow Steuer. Insgesamt darf von erheblichen Steuerausfällen ausgegangen werden, wobei diese durch entsprechende Effizienzgewinne finanziert werden könnten.

Die Internationalisierung der Volkswirtschaften bedingt, daß bei einer nationalen Neugestaltung des Einkommensteuersystems grenzüberschreitende Wirkungen zu berücksichtigen sind. Führt der internationale Steuerwettbewerb zu Verzerrungen, dann stellt sich die Frage, ob diese durch eine Konsumbesteuerung verringert werden könnten. *Gerold Krause-Junk* untersucht in seinem Beitrag die außenwirtschaftlich relevanten Reaktionen von Haushalten und Unternehmen bei einem Übergang zur Konsumbesteuerung. Darauf aufbauend leitet er die Reaktionen des Auslandes auf den Regimewechsel ab. Der Autor schließt daraus, daß durch eine Konsumsteuer die negativen Effekte des internationalen Steuerwettbewerbs nicht zu beseitigen sind. Somit bleibt bei beiden Regimen die Forderung nach internationalen Vereinbarungen aufrecht.

Den Ausgangspunkt für die steuerrechtliche Umsetzung der Konsumorientierung bilden für *Joachim Lang* das gegenwärtige Steuerchaos und die evolutionäre Trägheit der Gesetzgebung. Der Übergang zu einem konsumorientierten Steuersystem stellt einen Paradigmenwechsel dar, der als eine Chance für die organische Fortentwicklung der bestehenden Steuerrechtsordnungen aufzufassen ist. Für *Lang* ist die Konsumorientierung eine Möglichkeit zur rechtsdogmatischen Konsolidierung des Steuerrechts. Da die Kapitaleinkommensbesteuerung in der Praxis weitgehend gescheitert ist, muß die Frage nach den „richtigen" Formen der Besteuerung neu beantwortet werden. Die Antworten sieht *Lang* in der Sparbereinigung der (persönlichen) Einkommensteuer und in der Zinsbereinigung der Besteuerung von Unternehmen.

Alle Versuche, die Ausgabensteuer in reiner Form umzusetzen, sind – zumindest bislang – vor allem aus administrativen Gründen gescheitert. Administrativ einfachere Varianten von Konsumsteuern konnten allerdings in jüngerer Vergangenheit in den osteuropäischen Reformländern, insbesondere in Kroatien, erfolgreich implementiert werden. Für die Einführung dieses Steuersystems in Kroatien war eine Gruppe deutscher Steuerrechtler und Finanzwissenschaftler verantwortlich, die auch als KNS-Gruppe (Konsumorientierte Neuordnung des Steuersystems) bezeichnet wurde. Als Mitglied dieser Gruppe zeigt *Manfred Rose* in seinem Beitrag, mit welchen konkreten Problemen das idealtypische Konzept der zins- und sparbereinigten Einkommensteuer in der steuerpolitischen Umsetzung konfrontiert war. Am Beispiel des Erfolgsmodells osteuropäischer Staaten kommt *Rose* zu dem Ergebnis, daß eine Konsumorientierung ohne gravierende Übergangsprobleme auch in „etablierten" Steuersystemen erfolgen kann. Angesichts der positiven gesamtwirtschaftlichen Effekte stellen daher konsumorientierte Steuersysteme eine echte Option für westeuropäische Länder dar.

Das österreichische Einkommensteuersystem folgt in seinen Grundsätzen der Reinvermögenszugangstheorie. In wichtigen Teilbereichen der Einkommensteuer existieren allerdings – wie *Bernd Genser* in seinem Beitrag zeigen kann – Durchbrechungen, die auf zentrale Elemente konsumorientierter Steuersysteme hinweisen. Diese Abweichungen gelten insbesondere im Bereich der persönlichen Altersvorsorge, die mehr oder minder dem Konzept der sparbereinigten Einkommensteuer folgt. Bei der Besteuerung von Zinsen und Dividenden bleibt demgegenüber die Doppelbelastung von Ersparnissen bestehen. Für das österreichische Steuersystem erhebt sich die Frage, welche Realisierungschancen eine konsumorientierte Steuerreform hat. *Genser* zeigt auf, daß im österreichischen Einkommensteuersystem günstige Voraussetzungen für eine stufenweise Annäherung an eine spar- bzw. zinsbereinigte Einkommensteuer vorliegen.

Die Herausgeber sind allen zu Dank verpflichtet, die zum positiven Verlauf des Hochschulkurses und zur Fertigstellung dieser Publikation beigetragen haben. Unser Dank gilt zunächst den Referenten und Diskussionsteilnehmern am Hochschulkurs sowie den Autoren für die zeitgerechte Fertigstellung der Manuskripte. *Mag. Martin Keuschnik* hat diese in druckreife Form gebracht und ist uns in allen redaktionellen Belangen hilfreich zur Seite gestanden. Ihm sei ebenso gedankt wie Frau *Brigitte Gersch* und allen Mitgliedern des Instituts für Finanzwissenschaft, die uns bei der Organisation des Hochschulkurses und der Herausgabe dieses Buches unterstützt haben. Dem *Physica-Verlag*, insbesondere Frau *Dr. Martina Bihn*, danken wir für die angenehme und unkomplizierte Zusammenarbeit im Rahmen der Drucklegung.

In Zeiten knapper öffentlicher Kassen sind wissenschaftliche Projekte vermehrt auf private Kapitalgeber angewiesen. Großzügige Förderung verdanken wir Herrn *Senator h.c. DDr. Herbert Batliner* (Vaduz), Herrn *Dr. Peter Marxer* (Vaduz), der *Austria-Collegialität Österreichische Versicherung AG* (Innsbruck), der *Bundesländer-Versicherung* AG (Innsbruck), dem *Amt der Tiroler Landesregierung* und der *STUDIA Studentenförderungs GmbH* (Innsbruck). Unser Dank gilt abschließend den Mitarbeitern des Erwachsenenbildungsheims *Grillhof*, die in bewährter Weise für die angenehme Atmosphäre während des Hochschulkurses gesorgt haben.

Innsbruck, im Juni 1998

Christian Smekal
Rupert Sendlhofer
Hannes Winner

Inhaltsverzeichnis

Ist die Einkommensteuer überholt? Kritik und Reformvorschläge

Dieter Schneider

1. Problemstellung

Bei der Frage: Ist die Einkommensteuer überholt? muß die in vielem fragwürdige Rechtsumsetzung einer einkommensabhängigen Besteuerung von der theoretischen Grundsatzfrage getrennt werden: Sind Zwangsausgaben des Bürgers an den Staat nach dem zu bemessen, was er dem Volkseinkommen hinzugefügt hat, also dem realisierten Reinvermögenszugang, oder danach, was und wann Steuerpflichtige vom Volkseinkommen verzehren? Die Grundsatzfrage und einige Streitfragen der Rechtsumsetzung seien in drei Kapiteln behandelt. Teil 1 erörtert die Gestaltung des Steuersystems als Teilproblem einer Wettbewerbsordnung unter Regeln gerechten Verhaltens. Teil 2 fragt: Läßt sich überhaupt eine Besteuerung von Einkommen aus Risikokapital wirtschaftstheoretisch begründen? Teil 3 kritisiert politische Reformvorschläge in der Bundesrepublik Deutschland zur Besteuerung des Einkommens aus Risikokapital. Risikokapital dient dem Investor als Verlustpuffer;[1] Risikokapital wird erstens gebildet durch Innenfinanzierung aufgrund von Gewinnermittlungsvorschriften. So mindert sich z.B. in Deutschland das Risikokapital in manchen Unternehmungen künftig erheblich durch das Untersagen von Drohverlustrückstellungen bei der steuerlichen Gewinnermittlung als „Gegenfinanzierung" zur Abschaffung der Gewerbekapitalsteuer.[2]

---

[1] Vgl. im einzelnen *Schneider, D.* (1997a), S. 380-387.

[2] Vgl. Art. 1 Ziff. 2 Gesetz zur Fortsetzung der Unternehmenssteuerreform vom 29. Oktober 1997, BGBl. I, S. 2590-2600.

Risikokapital umfaßt zweitens das Eigenkapital im bilanzrechtlichen Sinne, schließt also Selbstfinanzierung durch Nichtausschütten von Gewinnen ein. Nur diese beiden Formen des Risikokapitals seien bei der Frage „Besteuerung des Einkommens oder Konsums?" betrachtet.

2. Das Steuersystem als Teilproblem einer Wettbewerbsordnung unter Regeln gerechten Verhaltens

Der Inhalt eines Steuersystems ist aus der gewünschten Wirtschaftsordnung herzuleiten. Diesem Beitrag liegt als Werturteil zugrunde, daß eine Wettbewerbsordnung unter Regeln gerechten Verhaltens im Sinne von *Hayek* angestrebt und im Teilbereich der Steuerrechtsetzungen verwirklicht werden soll.[3]

Steuerliche Regeln gerechten Verhaltens werden hier auf Gleichmäßigkeit der Besteuerung beschränkt, also auf eine unterschiedslose Besteuerung für gleich erachteter wirtschaftlicher Sachverhalte, die in ihrer Gesamtheit als Maß für steuerliche Leistungsfähigkeit gelten, z.B. entweder das jährliche Einkommen oder die lebenslangen Konsumausgaben.

Eine Wettbewerbsordnung verlangt keine Entscheidungsneutralität der Besteuerung, wie sie die Vertreter einer persönlichen Konsumbesteuerung fordern. Diese wünschen ein Steuerrecht, das eine Nichtverschwendung knapper Mittel, also Allokationseffizienz, in dem Sinne erreicht, wie sie von Märkten ohne Staatseinfluß in einem generellen Gleichgewicht erhofft wird. Das Steuerrecht solle intertemporale und intersektorale Allokationseffizienz verwirklichen. Intertemporale Allokationseffizienz wird dabei durch Nichteinflußnahme der Besteuerung auf die Nutzenmaximierung des einzelnen bei seiner Wahl Konsum oder Ersparnis gesehen, intersektorale durch Entscheidungsneutralität der Besteuerung bei der Nutzenmaximierung zwischen alternativen Investitions- und Finanzierungsprogrammen in jedem Planungszeitpunkt.

Modellsteuersysteme mit der Eigenschaft intertemporaler Allokationseffizienz sind bisher nur für ein Ex-ante-Planungsgleichgewicht des Nutzens aus Konsum mit einem oder ohne einen Nutzen der Freizeit bewiesen worden, und zwar unter der aberwitzigen Annahme, daß stets der Plan zum Ist wird. Unsicherheit mit Ex-post-Überraschungen und ein Lernen aus Erfahrungen durch Abbau ungleicher Informationen unter den Wirtschaftenden werden wegdefiniert.

Ohne Unsicherheit und bei symmetrischer Information (also homogenen Erwartungen) ist jedoch kein Wettbewerb möglich, weil sich für die Rivalität unter den Anbietern um die Gunst der Nachfrager oder für die Rivalität von Nachfragern um ein Angebot keine gewinnversprechenden Handlungen bieten.

Um zu beurteilen, ob Gleichmäßigkeit der Besteuerung vorliegt, ist eine Ex-post-Betrachtung der Verteilungsfolgen durch das Steuerrecht nötig. Überlegungen zur Nutzenmaximierung ex ante geben unter Unsicherheit keinen Sinn.

---

[3] Vgl. *Hayek, F.A. von* (1969); *Hayek, F.A. von* (1945), S. 526; *Hayek, F.A. von* (1980), S. 149, sowie die Analyse bei *Lavoie, D.* (1985), chapter 3.

Ein für eine Wettbewerbsordnung vernünftiges Steuersystem kann nur unter Bezug auf die Rahmenbedingungen für *Wettbewerbsfähigkeit* hergeleitet werden. Daraus erwächst die Frage: Sind zum Schaffen und Erhalten von Wettbewerbs*fähigkeit* Steuerbemessungsgrundlagen sinnvoll, die Allokationseffizienz und damit Entscheidungsneutralität definieren? Offensichtlich sind in manchen historischen Situationen Verstöße gegen Entscheidungsneutralität der Besteuerung geboten, z.B. um über wirtschaftslenkende Steuerrechtsetzungen einschließlich Subventionen Wettbewerbsfähigkeit erst zu schaffen, wie in den neuen deutschen Bundesländern.

Im weiteren werden jedoch für das zu regelnde Steuersystem die Rahmenbedingungen für Wettbewerbsfähigkeit als erfüllt betrachtet. Dann bleibt zu fragen: Welche Steuerrechtsetzungen wären im einzelnen zu wählen, um von irgend einem beobachtbaren Nicht-Gleichgewicht zum Gleichgewicht mit allokationseffizienten Eigenschaften zu gelangen? Bislang ist theoretisch ungeklärt, ob jenseits der Besteuerung überhaupt eine Tendenz vom Nicht-Gleichgewicht zum Gleichgewicht besteht, wenn, wie in der Realität, die Zukunft unsicher und das Wissen unter den Marktteilnehmern ungleich verteilt ist. Modelltheoretisch verlangt diese Klärung, daß an die Stelle von Existenzbeweisen für ein Gleichgewicht mit genereller Interdependenz aller wirtschaftlichen Einflußgrößen die Untersuchung *irreversibler* Dependenzen, zeitlich unumkehrbarer Abläufe, zu treten hat.[4]

Selbst wenn jenseits der Besteuerung eine Tendenz im Zeitablauf zur Allokationseffizienz existieren sollte, wäre zusätzlich zu beweisen: Bleibt diese Tendenz durch Steuerrechtsetzungen erhalten, die im Ruhezustand eines erreichten Gleichgewichts intertemporale Allokationseffizienz wahren? Die Frage ist zu verneinen; denn Käufe und Verkäufe zu Nichtgleichgewichtspreisen ändern die Anfangsausstattung,[5] und Steuerzahlungen aus dabei entstehenden Gewinnen verzehren Ressourcen. Steuerzahlungen, die im Nirwana eines erreichten Gleichgewichts Entscheidungen nicht verändern, weil es in diesem Zustand für Unternehmer sowieso nichts mehr zu tun gibt, drohen bei Handeln im Ungleichgewicht Ausmaß und Rangfolge von Investitionen umzustoßen.

Modelluntersuchungen zur Entscheidungsneutralität einzelner Steuerbemessungsgrundlagen haben dennoch Sinn, allerdings nur einen meßtheoretischen. Des Rückgriffs auf Modelle zur Entscheidungsneutralität bedarf es, um überhaupt Steuervergünstigungen von Steuerbenachteiligungen in den Bemessungsgrundlagen zu trennen: Ob ein sog. Steuerschlupfloch in den Bemessungsgrundlagen vorliegt, entscheidet sich danach, ob die investitionsrechnerisch ermittelte wirtschaftliche Steuerbelastung niedriger ist als die aus den Steuersätzen folgende rechtliche Steuerbelastung. Dabei wird zu Vergleichszwecken modellmäßig unterstellt, daß die gesetzlichen Steuerbemessungsgrundlagen entscheidungsneutral geregelt wären.[6]

Jedoch dürfen Meßkonzepte, die mit Hilfe von Modellvorstellungen eine Quantifizierung der wirtschaftlichen Steuerbelastung des Steuerzahlers versuchen, nicht mit Handlungsempfehlungen an die Steuerpolitik gleichgesetzt werden; zumal

---

[4] Vgl. *Rosenstein-Rodan, P.N.* (1930), insbes. S. 142; vgl. auch *Schneider, D.* (1995), S. 253 f.

[5] „[E]ndowment effect" nach *Newman, P.* (1965), S. 94.

[6] Vgl. *Schneider, D.* (1997b), S. 620-623.

dann nicht, wenn ein und dieselbe steuerliche Regelung (wie 30% degressive Anlagenabschreibung, das Lifo-Verfahren zur Vorratsbewertung usw.) bei *einer* Annahme über die Zahlungsströme einer Anlagen- oder Vorratsinvestition zu einer Steuervergünstigung, bei einer *anderen* Annahme zu einer Steuerbenachteiligung führen, wie zahlreiche Beispiele im Schrifttum zeigen.[7]

Wettbewerbsverzerrungen durch die Besteuerung und Verstöße gegen Gleichmäßigkeit der Besteuerung sind an Unterschieden in der wirtschaftlichen Steuerbelastung eines jeden Steuerzahlers zu messen: einer natürlichen Person oder Organisation, wie eine Familie oder eine Unternehmung. Bei Unternehmungen sind die Entscheidungswirkungen und Verteilungsfolgen der Besteuerung zu beurteilen nach Durchrechnung auf die wirtschaftliche Steuerbelastung natürlicher Personen, hauptsächlich jener, welche eine Unternehmung leiten.

Sowohl die Wahl des Einkommens als Bemessungsgrundlage als auch die Wahl der persönlichen Konsumausgaben mit ihren Varianten, wie eine Cash-flow Besteuerung in Unternehmungen, oder eine zinskorrigierte Einkommensbesteuerung verlangen, daß die Steuerzahlung weitestgehend direkt bei den natürlichen Personen oder Organisationen anzusiedeln ist und nicht „indirekt" über den bequemen Weg einer Umsatz- oder Verbrauchsbesteuerung. Denn indirekte Steuern erzeugen über den Markt bestimmte Steuerlasten durch Preiserhöhungen oder Qualitäts- und Mengenänderungen zusätzlich zur wirtschaftlichen Steuerbelastung beim Steuerzahler, wobei das Ausmaß der marktbestimmten Steuerlasten für Verbraucher bislang nicht verläßlich zu beurteilen ist. Hinzu tritt bei demjenigen, der Umsatz- oder Verbrauchsteuern an das Finanzamt abführt, daß ihn im Regelfall eine steuerliche Zusatzlast (excess burden) trifft gegenüber einer Einkommen- oder persönlichen Konsumausgabensteuer in gleicher Höhe. Die steuerliche Zusatzlast entsteht aus Minderungen des Gewinns *vor* Steuern. Sie folgt aus dem Kernsatz der Steuerwirkungslehre, daß nur eine Besteuerung der Zielgröße unternehmerischen Handelns *keine steuerlichen Zusatzlasten* über die Steuerzahlung hinaus auslöst.[8] Ein Schluß aus dem Kernsatz lautet: Sowohl Allokationseffizienz als auch Gleichmäßigkeit der Besteuerung erfordern streng genommen ein Alleinsteuersystem, wie es hinsichtlich der Einkommensteuer bereits um 1705 von dem österreichischen Kameralisten *Schierendorff* entwickelt wurde, über ein halbes Jahrhundert vor der „impôt unique" der Physiokraten.[9]

Steuerliche Zusatzlasten verschlechtern die Allokation. Einbußen am Gewinn als finanzieller Zielgröße vor Steuern sind dann durch Steuerzahlungen auf den Umsatz oder die einzusetzenden Produktionsfaktoren erzwungen, wenn von den in der Mikroökonomie akzeptierten Hypothesen fallender Preisabsatzfunktion und steigender Gesamtkosten in Abhängigkeit von der Absatz- oder Produktionsmenge sowie von rationalem Streben nach Einkommen oder Konsum ausgegangen wird.

---

7 Vgl. *Schneider, D.* (1997a), S. 287-294.
8 Bewiesen z.B. durch *Cournot, A.* (1924), VI. Kapitel, insbes. S. 58, 61, 65.
9 Vgl. *Schierendorff, C.J.* von (1704-1706), zitiert nach *Fischel, A.* (1906), S. 211.

3. Läßt sich eine Besteuerung von Einkommen aus Risikokapital wirtschaftstheoretisch begründen?

3.1. Ökonomische Zielgrößen der Besteuerung

Besteuerung des Einkommens verlangt Besteuerung von Kapitaleinkommen allgemein, von Einkommen aus Risikokapital im besonderen. Besteuerung der persönlichen Konsumausgaben läßt Kapitaleinkünfte steuerfrei. Dieser Sachverhalt verlangt eine Antwort auf die Frage: Ist das Einkommen oder die Konsumausgabe Zielgröße unternehmerischen Handelns und als Bezugsgröße für Gleichmäßigkeit der Besteuerung anzusehen?

Aus dem Kernsatz der einzelwirtschaftlichen Steuerwirkungslehre, daß nur eine Besteuerung der persönlichen Zielgrößen steuerliche Zusatzlasten über die Steuerzahlung hinaus vermeidet, folgt: Wenn als Maßgröße für das Ziel wirtschaftlichen Handelns verwirklichte Konsumausgaben betrachtet werden, beeinträchtigt eine Einkommensteuer Allokationseffizienz, sobald die Konsumausgaben vom steuerpflichtigen Einkommen abweichen, also gespart oder entspart wird.

In gleicher Weise verstößt allerdings auch eine persönliche Konsumausgabensteuer, die das Sparen nicht besteuert, gegen Allokationseffizienz, sobald als Zielgröße wirtschaftlichen Handelns das verwirklichte Einkommen gewählt wird.

Die Redeweise von einer sog. „Doppelbesteuerung" der Ersparnis[10] (erst werde das Einkommen besteuert, von dem Teile gespart werden, später die Erträge des gesparten Teils des versteuerten Einkommens als Kapitaleinkünfte) ist verfehlt, wenn der Einkommenserwerb in jeder einzelnen Periode Bezugsgröße für den staatlichen Zugriff ist. Gilt als Bezugsgröße die konsumtive Einkommensverwendung, dann ist eine Besteuerung der Ersparnis systemwidrig. Von einer Doppelbesteuerung der Ersparnis oder bei Zinseszinsen von einer n-fachen Besteuerung kann auch dann nicht geredet werden.

Eine Gruppe jüngerer Autoren, neoklassischen Wachstumsmodellen und der Optimal-Taxation-Lehre verbunden, wünscht eine Konsumausgabenbesteuerung mit konstanten Grenzsteuersätzen über die gesamte Lebenszeit eines Steuerpflichtigen hinweg. Als Zielgröße des Wirtschaftens wählen sie eine Konsumnutzenfunktion mit drei Merkmalen:[11]

1. Die persönlichen Konsumausgaben je Periode über die Lebenszeit hinweg,
2. einen fiktiven „Endkonsum" in Höhe des am Lebensende vorhandenen Reinvermögenszuwachses,

---

[10] Vgl. z.B. *Mill, J S.* (1861/1967), S. 564 f.

[11] Grundlegend zur Optimal-Taxation-Lehre *Mirrlees, J. A.* (1971), sowie z.B. *Sandmo, A.* (1976); *Atkinson, A.B./Stiglitz, J.E.* (1976), S. 65, 68.
Zu Modellen lebenszeitbezogener Gleichmäßigkeit vgl. z.B. *Wenger, E.* (1983), S. 212; *Bradford, D.F.* (1986), S. 148-169; *Zodrow, G.R.* (1990) und die dort genannten Quellen; *Wenger, E.* (1989), S. 282-284; *Wagner, F.W.* (1989), insbes. ab S. 270; *Rose, M.* (1994), insbes. ab S. 242.

3. jenen Teil der möglichen Konsumausgaben, der in der Freizeit als Einkommen zu erwirtschaften wäre, soweit die Freizeit auch als Arbeitszeit genutzt werden könnte.

Wer indes die Freizeit als zu besteuerndes Merkmal für steuerliche Leistungsfähigkeit aufnimmt, für den bedeutet Gleichmäßigkeit der Besteuerung: Alle seien unterschiedslos zu besteuern, die das obrigkeitliche Diktat trifft: „Ihr könntet das gleiche Einkommen erwerben, wenn ihr in jenen Stunden, für die jenseits eines ‚Erholungsminimums' die Wahl zwischen Mehrarbeit oder Freizeitgestaltung besteht, Einkommen durch Arbeit erzieltet." Ob jemand Arbeit fände und wieviel jemand tatsächlich erworben habe, wäre dann im Hinblick auf gerechte Besteuerung irrelevant. Persönliches Pech mit Krankheit oder Verluste bei Investitionen wären für eine so verstandene „gerechte" Steuerzahlpflicht unerheblich. Nicht gesagt wird, ob verbrecherische Vermögenszuflüsse durch Raub, Schutzgelderpressung, Drogenhandel usw. dieses Lebenseinkommenspotential mitbestimmen sollen oder nicht.

Steuerliche Gerechtigkeit über eine Bezugsgröße zu messen, die zwei Steuerpflichtige dann unterschiedslos zu belasten fordert, wenn beide bei Verzicht auf „Freizeit" das gleiche verdienen *könnten,* sinkt jedoch ethisch auf eine Sklaventreiber-Diktatur ab. Für eine Wirtschaftsordnung, die persönliche Freiheit wahrt, ist jede Form einer Sollertragsbesteuerung abzulehnen.

3.2. Was gegen eine Konsumorientierung des Steuersystems spricht

Die Anhänger einer zinskorrigierten Einkommensteuer (*Wenger*, *Wagner*, *Rose*[12]) propagieren eine Steuerbemessungsgrundlage, beruhend auf einer Nutzenfunktion aus Konsumausgaben über die Lebenszeit hinweg, einschließlich des fiktiven „Endkonsums" am Lebensende. Dagegen sprechen mindestens vier Gesichtspunkte:[13]

(1) Niemand kennt seine Nutzenfunktion für seinen lebenslangen Zeitraum oder kann sie maximieren. Wer sollte dazu wohl in der Lage sein: das Baby, der Schulanfänger oder nur ein diplomierter Ökonom? Lernen aus der Erfahrung, das eigene Konsumpräferenzen verändert, darf in einer lebenslangen Nutzenfunktion nicht ausgeschlossen bleiben. Die geforderte lebenslange Nutzenmaximierung wird erst recht zur Farce, wenn der Todeszeitpunkt unbekannt ist, was gemeinhin für alle Nicht-Selbstmörder der Fall sein dürfte.

(2) Menschen leben nicht nur, um zu konsumieren, sondern auch, um durch eigene Arbeit ihr Leben sinnvoll zu gestalten. So treibt, um *Schumpeter* zu zitieren, den dynamischen Unternehmer „der Traum und der Wille, ein privates Reich zu gründen ... das ihm Raum gewährt und Machtfülle ... der Siegerwille ... Freude am

[12] Vgl. *Wenger, E.* (1989); *Wagner, F.W.* (1989); *Rose, M.* (1994).
[13] Vgl. zur Kritik im einzelnen *Schneider, D.* (1997b), S. 674-685.

Gestalten".[14] Selbst bei nur ausführenden, Anordnungen folgenden Tätigkeiten ist eine Nutzenkomponente die Selbstbestätigung durch das Erfüllen einer zu bewältigenden Aufgabe. Sie darf deshalb nicht vernachlässigt werden, weil ihre Nichterfüllung die Lebenszeit beeinflußt, nicht nur bei workaholics und Frührentnern. Deren frühes Hinscheiden entlastet zwar die Rentenversicherung, wird aber zumindest von ihren Angehörigen nicht durchgängig als gemeinwohlfördernd angesehen.

(3) Hinzu tritt drittens, daß die volkswirtschaftlich richtungweisenden Investitionen nicht durch Entscheidungen einzelner fallen, sondern durch Gruppenentscheidungen von Vorstandsgremien bis zu Familien. In Entscheidungsgremien ist eine gemeinsame Zielfunktion über die Verteilung von Konsumausgaben im lebenslangen Zeitablauf gemeinhin nicht zu finden. Vielmehr verwirklicht meistens jeder seine Konsumwünsche nur teilweise, in Kompromissen, oder weil ihn das Ausscheiden nach einer Abstimmungsniederlage noch stärker träfe. Jedes Abweichen der Steuerbemessungsgrundlagen vom Bündel der persönlichen Zielgrößen des Handelnden stellt intertemporale Allokationseffizienz in Frage. Zudem widerspricht sie im Regelfall einer Gleichmäßigkeit der Besteuerung, da diese eine gesellschaftlich normierte Bezugsgröße für steuerliche Leistungsfähigkeit erzwingt. Gleichmäßigkeit der Besteuerung verlangt *eine* Maßgröße, auf die sich die Vielfalt an Nutzenvorstellungen einzelner Personen nicht reduzieren läßt.

(4) Gegen eine Nutzenfunktion allein in Abhängigkeit von den lebenslangen Konsumausgaben spricht viertens, daß ein vorhandenes Vermögen in jedem Zeitpunkt gegen Unsicherheiten teilweise abschirmt und mehr Wahlmöglichkeiten zum Einkommenserwerb und zur Einkommensverwendung schafft. Läßt man die Bedürfnisbefriedigung durch das Vorhandensein eines Vermögens in jeder Periode weg, so werden Vermögende so behandelt, als hätten sie kein gegen Unsicherheiten teilweise abschirmendes und Handlungsspielräume öffnendes Vermögen. Eine solche Begünstigung von Vermögenden widerspricht einer nutzentheoretischen Ausformung von Gleichmäßigkeit der Besteuerung.

Der Gesichtspunkt, ein Vermögensbestand verringere Unsicherheit und schaffe mehr Handlungsfreiheit, hat mich 1971 veranlaßt,[15] für eine persönliche Konsumausgabensteuer mit Vermögensbestandsbesteuerung einzutreten. Hiervon bin ich abgerückt, weil eine jährliche Besteuerung des Vermögensbestandes Investitionsentscheidungen unter Unsicherheit verzerrt und wegen der Bewertungsprobleme zusätzliche Steuerausweichhandlungen hervorruft.[16]

Die von den folgenden Referenten propagierte zinskorrigierte Einkommensbesteuerung will letztlich den Konsumnutzen besteuern und dabei intertemporale und zugleich intersektorale Allokationseffizienz wahren. Sie erreichen das nur im Modell für ein Ex-ante-Planungsgleichgewicht unter einer Menge praktisch unerfüllbarer Voraussetzungen,[17] aus denen nur folgende hervorgehoben seien:

---

[14] *Schumpeter, J.* (1931), S. 138.

[15] Erörtert z.B. bei *Schneider, D.* (1971), insbes. S. 369-371; *The Institute for Fiscal Studies* (Meade Committee) (1978), S. 317 f., 350-364. Zur Kritik daran vgl. *Schneider, D.* (1997b), S. 672-674.

[16] Vgl. näher *Schneider, D.* (1997b), S. 679-685.

[17] Vgl. z.B. *Wenger, E.* (1989), S. 282-284.

(1) Steuerliche Zusatzlasten durch Steuerarten jenseits der persönlichen Konsumbesteuerung werden schlicht wegdefiniert. Von Unternehmungen zu zahlende Steuern, von der Gewerbeertragsteuer über die Umsatzsteuer bis zu Verbrauchsteuern, werden im Modell fälschlich so behandelt, als wirkten sie allokationseffizient. Solange solche Steuern aber existieren, ist der Wunsch nach intertemporaler und intersektoraler Allokationseffizienz nicht erreichbar.

(2) Sämtliche Märkte sind vollkommen, vollständig und im Konkurrenzgleichgewicht. Insbesondere muß ein konkurrenzgleichgewichtiger Kapitalmarkt über den gesamten Lebenszeitraum sämtlicher zu Besteuernder hinweg existieren, um Gleichmäßigkeit der Besteuerung für Steuerpflichtige zu wahren, die gemeinhin unterschiedlich lang leben. Existiert ein für alle Steuerpflichtigen gleicher Marktzinssatz, dann wird formal Gleichmäßigkeit der Besteuerung gewahrt, wenn bei gleichem Lebenseinkommen, gleichem Geburtsjahr und Arbeitsbeginn sämtliche aufgezinsten Steuerzahlungen eines 1988 mit 40 Jahren Verstorbenen, hochgerechnet auf einen Endwert nach 50 Jahre, sämtlichen Steuerzahlungen eines 1998 mit 50 Jahren Verstorbenen entsprechen. Läßt man Unvollkommenheiten in Finanzmärkten zu, so bleiben schon beim Auseinanderfallen von Soll- und Habenzinsen intertemporale Allokationseffizienz und lebenslange Gleichmäßigkeit auf der Strecke. Dies gilt erst recht, wenn monopolistisch oder oligopolistisch bestimmte Risikoprämien für einzelne Finanzierungsarten oder Zins- und Renditeänderungsrisiken zu beachten sind oder der Tatbestand, daß das System der Zukunftsmärkte für bedingte Ansprüche niemals vollständig sein kann.

(3) Die Erwartungen aller Steuerpflichtigen und des Fiskus müssen gleichartig und zutreffend sein. Steuerpflichtige und Fiskus haben neben dem einheitlichen Marktzinssatz für jedes künftige Steuerjahr den künftigen Steuersatz zu kennen. Der Grenzsteuersatz darf später nicht verändert werden, weil dies die intertemporale Allokationseffizienz zerstört.

(4) Intertemporale Allokationseffizienz fordert einen einzigen konstanten Grenzsteuersatz. Dieser vernichtet jedoch unter Ungewißheit im Regelfall *intersektorale* Entscheidungsneutralität. Das belegt bereits ein einfaches Beispiel für eine Entscheidung unter Ungewißheit mit zwei gleichwahrscheinlichen Zukunftslagen und einem risikoabgeneigten Investor, welcher der ursprünglichen Bernoulli-Risikonutzenfunktion folgt.[18]

Der Risikonutzen N eines Steuerpflichtigen in Abhängigkeit von seinem Gesamtvermögen V als seinem Konsumpotential sei als $N = \ln V$ geschrieben. Das Periodenanfangsvermögen betrage 100.000 GE und eine einperiodige risikolose Investition erhöhe es um 50.000 GE, eine alternative risikobehaftete Investition verspreche mit gleicher Wahrscheinlichkeit entweder 25.000 oder 80.000 GE. Vor Steuern werden beide Alternativen gleichgeschätzt, denn

$$\ln 150.000 = 0{,}5 \ln 125.000 + 0{,}5 \ln 180.000. \quad (1)$$

Jeder konstante Grenzsteuersatz $0 < s < 1$ verletzt Entscheidungsneutralität, weil er die risikobehaftete Investition vorteilhafter werden läßt, wie man mit jedem Taschenrechner überprüfen kann. Erst eine Gruppe direkt-progressiver Tarife stellt

[18] Erstmals in *Schneider, D.* (1977), S. 652 f.

die Gleichschätzung mit Entscheidungsneutralität wieder her, z.B. ein Tarifverlauf mit einem Durchschnittssatz von 20% für 25.000, 30% für 50.000 und 35 5/32% für 80.000 GE oder 20% für 25.000, 40% für 50.000 und 48 23/24% für 80.000 GE usw. Natürlich ändern sich die Gruppen entscheidungsneutraler direkt progressiver Steuersätze sowohl bei der Wahl anderer Risikonutzenfunktionen (den Fall absolut gleichbleibender Risikoabneigung im Sinne von *Pratt/Arrow* ausgeschlossen)[19] als auch bei der Wahl anderer Handlungsalternativen.

Die Voraussetzungen zinskorrigierter Einkommensbesteuerung, insbesondere die Annahmen der Planungssicherheit und konkurrenzgleichgewichtiger Märkte, sind für eine Handlungsempfehlungen und Verteilungsregeln aussprechende Theorie unhaltbar. Davon abweichende Konsumsteuersysteme, wie eine Cash-flow Steuer, enthalten nicht weniger Annahmen und wecken darüber hinaus folgenden Einwand: Eine Wettbewerbsordnung fordert eine Lenkung von Risikokapital über den Markt, also *Minimierung* der Innenfinanzierung durch Aufwandsverrechnung, zumindest auf ein entscheidungsneutrales Maß, während z.B. eine Cash-flow Steuer Sofortabschreibung sämtlicher Investitionen, also eine *Maximierung* der Innenfinanzierung, impliziert.

Im Hinblick auf die Verteilungsfolgen der Besteuerung entscheidet: Wirtschaftlich Schwache werden schwerlich über hohe Kapitaleinkünfte verfügen, sie bleiben auf Arbeitseinkünfte angewiesen. Dem schlägt eine Steuerfreiheit von Kapitaleinkünften ins Gesicht. Steuern von der Bemessungsgrundlage Kapitaleinkünfte weg allein auf Arbeitseinkünfte bzw. deren Konsum zu verlagern, nähert sich in ethischer Wertung durch *Nozick* der Zwangsarbeit.[20]

3.3. Die Überlegenheit des Einkommens als Besteuerungsbasis

Demgegenüber sprechen für eine Einkommensbesteuerung (mit einer Körperschaftsteuer nach dem Integrationsverfahren, also einer Teilhabersteuer[21]) mehrere Gründe:

Unter Unsicherheit und ungleichverteiltem Wissen verkörpern ex-post verwirklichte Periodeneinkommen das Signal für Wettbewerb im Sinne *Hayeks* als einer Verwertung von Wissen. Wer das ex post *verwirklichte* Einkommen aus Risikokapital besteuert, fragt nicht danach, ob die zugrunde liegenden Entscheidungen nutzenmaximal oder irrational fielen, auf geplanten vernünftigen Erwartungen oder Ex-post-Überraschungen beruhen. Das Steuersystem einer Wettbewerbsordnung hat die Werturteile intertemporaler und intersektoraler Allokationseffizienz zu verwerfen, weil sie nur bei getötetem Wettbewerb (im Konkurrenzgleichgewicht) erreicht wären und selbst für die unbewiesene Tendenz zum Gleichgewicht unter Unsicherheit entscheidungsneutrale Steuersysteme nicht geeignet erscheinen, wie Teil 1 gezeigt hat.

---

19 Vgl. *Pratt, J.W.* (1964); *Arrow, K.J.* (1965), S. 33.

20 Vgl. *Nozick, R.* (1975), S. 159, 161 f.; weniger scharf *Walzer, K.* (1986), S. 206.

21 Vgl. *Report of the Royal Commission on Taxation* (1966), S. 3-98; *Engels, W./Stützel, W.* (1968); die Grundgedanken dieses Verfahrens finden sich bereits im 19. Jahrhundert, vgl. *Schneider, D.* (1975), S. 108.

Wer das realisierte Einkommen besteuert, sieht jedermann, auch den Arbeitnehmer, im Hinblick auf die Unsicherheit des Einkommenserwerbs als Unternehmer seines Wissens, seiner Arbeitskraft und sonstigen Vermögens an. Gleichmäßigkeit der Besteuerung verlangt dann, daß das Ausmaß des Arbeitseinsatzes eines jeden dessen freie Entscheidung ist, die in einer demokratischen Gesellschaft jenseits des steuerlichen Zugriffs zu bleiben hat. Genauso hat die Einkommensverwendung als Konsum oder Ersparnis ordnungspolitisch Privatangelegenheit zu bleiben, die jenseits einer Gleichmäßigkeit der Besteuerung wahrenden Bemessungsgrundlage anzusiedeln ist.

Wer das jährliche Einkommen besteuert, belastet das verwirklichte Ergebnis eines Erwerbsplans, *bevor* dieses Ergebnis als Datum in Konsum- und Sparpläne eingeht. Deshalb ist auch eine Besteuerung der Einkünfte aus vorangegangener Ersparnis geboten, eine Vermögensbesteuerung als ergänzende Sollertragsbesteuerung jedoch zu verbieten. Da der *verwirklichte* Reinvermögenszugang je Periode zu besteuern ist, entfällt das Argument, daneben den Vermögens*bestand* als Potential zur Verringerung von Konsumunsicherheiten zu besteuern.

Im Vergleich zur indirekten, Preise erhöhenden Umsatz- und Verbrauchsbesteuerung oder zur direkten, persönlichen Konsumbesteuerung genügt deshalb eine reformierte Einkommensteuer einer Wettbewerbsordnung unter Regeln gerechten Verhaltens am ehesten.

4. Kritik politischer Reformvorschläge zur Steuerbelastung des Einkommens

Die Frage: In welchen Teilen ist die einkommensabhängige Besteuerung zu reformieren?, läßt sich kurz beantworten: in allen, nämlich an Haupt, Rumpf und Gliedern.

Im *Haupt* des Tarifverlaufs von Einkommen-, Körperschaft-, Gewerbeertragsteuer und Solidaritätszuschlag wären jene Schönheitsoperationen zu unterlassen, die eine Stärkung der Risikobereitschaft und Innovationsfreudigkeit nur vortäuschen. Dieses Vortäuschen scheint mir für Tarifsenkungen als Kernstück politischer Reformvorstellungen der Fall zu sein,[22] soweit sie nur durch Steuererhöhungen an anderer Stelle und nicht durch Ausgabenkürzungen zu finanzieren wären.

Im Hinblick auf die durchweg niedrigere Gewinnsteuerbelastung in konkurrierenden Industrieländern ist nicht die Senkung der Einkommen- und Körperschaftsteuersätze geboten, sondern *neben* dem *Wegfall der Vermögen- und Gewerbekapitalsteuer vor allem eine Abschaffung der Gewerbeertragsteuer* (und nicht deren verfassungsmäßige Festschreibung). Anstelle der Gewerbeertragsteuer wäre zur Finanzierung der Gemeinden ein eigenes Heberecht für einen Zuschlag zur Einkommen- und Körperschaftsteuer zu schaffen. Um Anreize für Gemeinden zu

---

[22] Vgl. *Bundestags-Drucksache 13/7480* vom 22.4.1997; *Bundestags-Drucksache 13/7775* vom 30.5.1997.

Infrastruktur-Investitionen zu schaffen, wäre der Gemeindezuschlag zur Einkommen- und Körperschaftsteuer etwa hälftig zwischen Wohnsitz- und Betriebsstättengemeinden aufzuteilen. Warum sollen Freie Berufe, Angestellte, Beamte oder gut versorgte Pensionäre nicht direkt zur Gemeindefinanzierung beitragen? Das Treffen des eigenen Geldbeutels würde das Interesse an der Gemeindepolitik wecken und von den Gemeindeparlamenten mehr Rechenschaft für ihre häufig anfechtbare Ausgabenpolitik verlangen.

Solange die Gewerbeertragsteuer besteht, hilft eine Senkung der Einkommen- und Körperschaftsteuersätze Gutverdienenden ohne Einkünfte aus Gewerbebetrieb mehr als Gewerbesteuerpflichtigen. Nicht Gewerbesteuerpflichtige genießen die Tarifsenkung voll, Gewerbesteuerpflichtige werden aber nur hinsichtlich des um die Gewerbeertragsteuer verkürzten Einkommens entlastet, obwohl nur sie und in geringerem Maße Freie Berufe über Investitionen im Inland Arbeitsplätze schaffen können. Da vor allem gutverdienende Nichtunternehmer von einer Senkung der Einkommensteuersätze profitieren (z.B. Verbandsfunktionäre, Politiker, Beamte einschließlich Professoren in Gutachtergremien), entsteht der Verdacht, daß mit der Behauptung, die Einkommen- und Körperschaftsteuersätze seien zum Zwecke der Investitionsförderung zu senken, die Gewerbeertragsteuer aber beizubehalten, hauptsächlich das Eigeninteresse der nicht investierenden Funktionäre gefördert werden soll.[23]

Der *Rumpf* der Steuerbemessungsgrundlagen wäre durch eine Vereinheitlichung der Gewinnermittlungsmethoden abzuspecken und durch Erweiterung der sonstigen Einkünfte oder eine achte Einkunftsart zu füttern, die Veräußerungsgewinne bei geringfügigen Freigrenzen, aber ohne Freibeträge, sowie Einkünfte aus Erbschaften und Schenkungen einschlösse. Demgegenüber laufen die Reformvorschläge der Bonner Parteien zur Gewinnermittlung auf eine milliardenfache Beschneidung der Innenfinanzierung aus Aufwandsverrechnung hinaus. Vor Zuhörern, die überwiegend Volkswirte sind, sei auf die oft in sich widersprüchlichen Vorschläge der einzelnen Parteien zum Bilanzsteuerrecht nicht eingegangen.[24] Die Anhörungen von Sachverständigen durch den Finanzausschuß des Deutschen Bundestages hierzu sind zu Alibiveranstaltungen verkommen, in der die wenigen Abgeordneten, die daran teilnehmen, zwar auf Verbandsvertreter hören, jedoch bei den oft einhelligen Stellungnahmen wissenschaftlicher Sachverständiger nur kräftig nicken, dann aber überwiegend das Gegenteil beschließen.

Eine Reform der einkommensabhängigen Steuern an den *Gliedern* hat die Warzen, Kröpfe und anderen Auswüchse an Steuerbefreiungen und ermäßigten Steuersätzen zu beschneiden, z.B. bei Überstunden- und Nachtzuschlägen, Veräußerungsgewinnen, denen im Privatvermögen ebenso wie denen bei Betriebs- oder Beteiligungsveräußerung. Gleichwohl wird diese Verbreiterung der Bemessungsgrundlagen durch Abbau von Steuerbefreiungen und -ermäßigungen von Regierungskoalition und Opposition allenfalls halbherzig aufgegriffen.

---

[23] Vgl. näher *Schneider, D.* (1997b), S. 627-629.

[24] Zu Vorschlägen, wie das Bilanzsteuerrecht im Einklang mit mehr Gleichmäßigkeit der Besteuerung reformiert werden könnte, vgl. *Schneider, D.* (1997a), S. 273-285.

Aus der gegenwärtigen Steuerreformdiskussion ausgeklammert wird der Mißstand, daß der Gesetzgeber eine Fülle von Vereinen und andere Organisationen für gemeinnützig erklärt und ihre Einkünfte genauso wie die von Kirchen, Parteien und Gewerkschaften grundsätzlich steuerfrei stellt (§ 5 Abs. 1 Nr. 5, 7, 9 KStG).

Solange die Einkünfte aus Kapitalvermögen oder Vermietung und Verpachtung des einzelnen Bürgers Steuerzahlungen auslöst, verlangt eine *Nicht-Benachteiligung von Menschen gegenüber Kollektiven,* daß diese Einkünfte bei Gewerkschaften und anderen Berufsverbänden, bei politischen Parteien, Kirchen sowie Sportvereinen und weiteren gesetzlich als gemeinnützig geltenden Einrichtungen gerade *nicht* steuerfrei bleiben. Warum soll ein Meerschweinchenzüchterverein gemeinnützig sein, nicht aber eine Familie mit Kindern?

Einerseits die Vermögensanlagen des einzelnen Bürgers progressiv zu besteuern, andererseits an der Steuerfreiheit für die Vermögensanlagen jener Kollektive festzuhalten, die Marktmacht auf dem Arbeitsmarkt, dem Freizeitmarkt und dem politischen Willensbildungsmarkt ausüben: Eine solche Steuerpolitik, wie sie derzeit alle Bundestagsparteien vertreten, verwirklicht ein eindeutig kollektivistisches Werturteil, das gegen eine freiheitliche Gesellschaftsordnung gerichtet ist, weil es eigenverantwortliches Handeln diskriminiert.

5. Folgerung

Die Einkommensteuer ist nur in Modellen überholt, die (1) Unsicherheit, Ungleichverteilung des Wissens unter Marktteilnehmern und damit Wettbewerb als evolutorischen Prozeß wegdefinieren, (2) die Ziele des Wirtschaftens eines jeden einzelnen auf dessen Konsumausgaben-Sucht reduzieren, und (3) mit der Steuerfreiheit der Kapitalbildung zugleich gegen Gleichmäßigkeit der Besteuerung verstoßen, weil sie Vermögende während ihres Lebens so stellen, als hätten sie kein gegen Unsicherheiten teilweise abschirmendes Vermögen. Das Werturteil einer intertemporalen Allokationseffizienz entlarvt sich somit als ideologisches Stützkorsett für Vermögensmillionäre gegen Gleichmäßigkeit der Besteuerung.

Sieht man in verwirklichten Gewinnen bzw. Einkommen ein Signal für ein mehr oder weniger erfolgreiches Bestehen im Wettbewerb, dann ist die einkommensabhängige Besteuerung, anders als derzeit durch deutsche Berufspolitiker vorgeschlagen, an Haupt, Rumpf und Gliedern zu reformieren. Bei einem für unerläßlich gehaltenen Steueraufkommen wäre entgegen dem vorherrschenden Werturteil die einkommensabhängige Steuerbelastung zu erhöhen, damit steuerliche Zusatzlasten durch indirekte Konsumsteuern sinken; denn durch diese Zusatzlasten wirkt ein Einstieg in ein „ökologisches Steuersystem" als Aufstieg zu noch mehr Arbeitslosigkeit.

Literatur

Arrow, K.J. (1965): Aspects of the Theory of Risk-Bearing, Helsinki.

Atkinson, A.B/Stiglitz, J.E. (1976): The Design of Tax Structure: Direct versus Indirect Taxation, Journal of Public Economics (6), S. 55-75.

Bradford, D.F. (1986): Untangling the Income Tax, Cambridge MA. et al.

Cournot, A. (1924): Untersuchungen über die mathematischen Grundlagen der Theorie des Reichtums (1838), deutsch Jena.

Engels, W./Stützel, W. (1968): Teilhabersteuer, 2. Aufl., Frankfurt a. M.

Fischel, A. (1906): Studien zur österreichischen Reichsgeschichte, Wien.

Hayek, F.A. von (1945): The Use of Knowledge in Society, The American Economic Review (35), S. 519-530.

Hayek, F.A. von (1969): Der Wettbewerb als Entdeckungsverfahren, in: F.A. v. Hayek (Hrsg.): Freiburger Studien, Tübingen, S. 249-265.

Hayek, F.A. von (1980): Recht, Gesetzgebung und Freiheit, Bd. 1: Regeln und Ordnung, München.

The Institute for Fiscal Studies (1978): The Structure and Reform of Direct Taxation, London.

Lavoie, D. (1985): Rivalry and central planning. The socialist calculation debate reconsidered, Cambridge MA.

Mill, J.S. (1861/1967): The Income and Property Tax (Parliamentary Papers, 1861), in: J.M. Robson (ed.): Collected Works of John Stuart Mill, Vol. V, Essays on Economics and Society, Toronto, S. 549-598.

Mirrlees, J.A. (1971): An Exploration in the Theory of Optimum Income Taxation, The Review of Economic Studies (38), S. 175-208.

Newman, P. (1965): The Theory of Exchange, Engelwood Cliffs N.J.

Nozick, R. (1975): Anarchie, Staat, Utopia, München.

Pratt, J.W. (1964): Risk Aversion in the Small and in the Large, Econometrica (32), S. 122-136.

Report of the Royal Commission on Taxation (1966): Vol. 4, Taxation of Income (continued), Ottawa.

Rose, M. (1994): Eine konsumorientierte Neuordnung des Steuerzyklus für mehr Entscheidungsneutralität und Transparenz, in: W. Bühler et al. (Hrsg.): Steuervereinfachung, Heidelberg, S. 233-251.

Rosenstein-Rodan, P.N. (1930): Das Zeitmoment in der mathematischen Theorie des wirtschaftlichen Gleichgewichts, Zeitschrift für Nationalökonomie (1), S. 129-142.

Sandmo, A. (1976): Optimal Taxation - An introduction to the literature, Journal of Public Economics (6), S. 37-54.

Schierendorff, C.J. von (1704-1706): Syntagma politico-camerale.

Schneider, D. (1971): Gewinnermittlung und steuerliche Gerechtigkeit, Zeitschrift für betriebswirtschaftliche Forschung (23), S. 364-372.

Schneider, D. (1975): Körperschaftsteuerreform und Gleichmäßigkeit der Besteuerung, Steuer und Wirtschaft (52), S. 97-112.

Schneider, D. (1977): Gewinnbesteuerung und Risikobereitschaft: zur Bewährung quantitativer Ansätze in der Entscheidungstheorie, Zeitschrift für betreibswirtschaftliche Forschung (29), S. 633-666.

Schneider, D. (1995): Betriebswirtschaftslehre, Bd. 1: Grundagen, 2. Aufl., München et al.

Schneider, D. (1997a): Betriebswirtschaftslehre, Bd. 2: Rechnungswesen, 2. Aufl., München et al.

Schneider, D. (1997b): Betriebswirtschaftslehre, Bd. 3: Theorie der Unternehmung, München et al.

Schumpeter, J. (1931): Theorie der wirtschaftlichen Entwicklung, 3. Aufl., München et al..

Wagner, F.W. (1989): Die zeitliche Erfassung steuerlicher Leistungsfähigkeit, in: H. Hax/H.-H. Schröder (Hrsg.): Zeitaspekte in betriebswirtschaftlicher Theorie und Praxis, Stuttgart, S. 261-276.

Walzer, K. (1986): Hauptgründe für die Wahl einer Besteuerung nach dem Leistungsfähigkeitsprinzip, Steuer und Wirtschaft (63), S. 201-208.

Wenger, E. (1983): Gleichmäßigkeit der Besteuerung von Arbeits- und Vermögenseinkünften, Finanzarchiv (41), S. 207-252.

Wenger, E. (1989): Besteuerung und Kapitalbildung als intertemporales Optimierungsproblem, in: H. Hax/H.H. Schröder (Hrsg.): Zeitaspekte in betriebswirtschaftlicher Theorie und Praxis, Stuttgart, S. 279-295.

Zodrow, G.R. (1990): The Choice between Income and Consumption: Efficiency and Horizontal Equity Aspects, in: S. Cnossen/R. M. Bird (eds.): The Personal Income Tax - Phoenix from the Ashes? Amsterdam et al., S. 85-115.

Eine Einkommensteuer muß eine konsumorientierte Steuer sein

Franz W. Wagner

1. Problemstellung

Ob die Farbe „hellgelb“ schöner ist als die Farbe „dunkelblau“, ist eine Frage des Geschmacks, und gerade deshalb wird darüber nicht gestritten. Gestritten wird aber über die Frage der „richtigen“ Steuerbemessungsgrundlage, denn im Gegensatz zu Farbliebhabern glauben Befürworter von Einkommen und Konsum als Steuerbemessungsgrundlage, den Streit entscheiden zu können. Nun ist es auffällig, daß im Laufe der Zeit die Zahl der Befürworter der Konsumbesteuerung zugenommen hat, so daß man möglicherweise abwarten könnte, bis diese Idee sich von allein durchsetzt. Glücklicherweise können diejenigen, die die Kontroverse am Leben erhalten wollen, darauf verweisen, daß frühere Befürworter der Konsumbesteuerung die Seiten zurück zur Einkommensteuer gewechselt[1] und in letzter Zeit auch von jüngeren Fachvertretern wieder Verstärkung erhalten haben,[2] so daß noch eine ausreichende Antagonie besteht, um das Thema dieses Bandes wissenschaftlich noch zu rechtfertigen.

Wenngleich ich im Titel meines Beitrags prätendiere, daß ich die Frage der Steuerbemessungsgrundlage generell für entscheidbar halte, so möchte ich klarstellen, daß ich die Diskussion über die „richtige Bemessungsgrundlage an sich“ genausowenig entscheiden kann, wie den Streit um die schönste Farbe. Falls es allerdings darum gehen würde zu entscheiden, ob hellgelbe Autos im Straßenverkehr stärker an Unfällen beteiligt sind als dunkelblaue, so könnte die Frage wohl

---

1 Bei *Schneider, D.* (1985), S. 31, findet sich noch Zustimmung zur Konsumbesteuerung. Die Ablehnung erfolgt ab *Schneider, D.* (1987), S. 693 ff.

2 Vgl. *Homburg, St.* (1997a).

anhand von Statistiken des ADAC oder ÖAMTC entschieden werden, die die Wirkung der Autofarben auf die Unfallhäufigkeit ausweisen.

Die Diskussion über die schönste Farbe an sich und über die beste Signalfarbe zur Vermeidung von Unfällen im Straßenverkehr, findet in der Diskussion über die Steuerbemessungsgrundlagen Einkommen und Konsum eine nahezu perfekte Parallele. Auch hier gibt es Diskutanten, die den Streit über die richtige Bemessungsgrundlage im Sinne einer steuerlichen Gleichbehandlung danach entscheiden wollen, wie „leistungsfähig jemand tatsächlich ist".[3] Neben solcher Suche nach einer in den Tatsachen liegenden steuerlichen Wahrheit gibt es aber auch eine Diskussion über die ökonomischen Wirkungen von Steuerbemessungsgrundlagen, die durch Steuerausweichhandlungen entstehen. Es wäre bedauerlich, wenn keine Einigkeit bestünde, über welches der beiden Probleme hier eigentlich geredet wird. Da die meisten Diskussionen bislang wohl an Mißverständnissen bezüglich der Problemstellung gescheitert sind, möchte ich zunächst meine Aufmerksamkeit der Klarstellung der beiden Fragestellungen widmen, die ich in „wahrheitsorientierte" und „wirkungsorientierte" Lösungsansätze unterscheiden möchte.

2. „Wahrheitsorientierte" Ansätze zur Bestimmung von Steuerbemessungsgrundlagen

Wenn jemand die Absicht verkündet, er wolle zunächst feststellen, wie leistungsfähig jemand tatsächlich ist, und anschließend wolle er diese Leistungsfähigkeit lückenlos besteuern, so dürfte es schwerfallen, ihm zu widersprechen. Der gutgemeinten Absicht, nur das „wirklich" erzielte Einkommen zu besteuern, die „echte" Leistungsfähigkeit zu belasten, alle „Schlupflöcher" zu schließen, „alle Ausnahmen ohne Ausnahme" zu beseitigen, wird man eine konsensmobilisierende Wirkung wohl nicht absprechen können. Ob man durch einen solchen Konsens der Antwort auf die Frage, was denn nun eigentlich besteuert werden soll, auch nur einen Schritt näher kommt, ist aber eine andere Sache.

So gerne man der wohlmeinenden Absicht zustimmen würde, nur die tatsächliche Leistungsfähigkeit zu besteuern: Bei der Klärung von Sachfragen ist das Herbeizwingenwollen der Wahrheit durch solche sprachlichen Kraftakte aus dem Repertoire des Begriffsessentialismus leider gänzlich nutzlos. Wer glaubt, sich bei der Besteuerung nur auf Tatsachen stützen zu müssen, sieht die Frage der Ermittlung der richtigen Bemessungsgrundlage schon als gelöst an, bevor die Analyse beginnt. Nun ist es bedauerlicherweise alles andere als klar, was nun eigentlich als tatsächliches Einkommen betrachtet werden und wie es ermittelt werden soll.

Formal ist Einkommen zunächst nur eine arithmetische Saldogröße und wird definiert als eine Vermögensmehrung, also als Überschuß, der entnommen werden kann, wobei das Anfangsvermögen intakt bleibt.[4] Hierbei ist jedoch nicht so einfach festzustellen, wieviel dies tatsächlich ist, da die Definition des Einkommens von der Definition des Vermögens abhängt.

---

[3] *Krause-Junk, G.* (1998).

[4] Vgl. *Hicks, J.R.* (1946), S. 172 , *Simons, H.C.* (1938), S. 41 ff., *Kaldor, N.* (1955), S. 54 ff.

Den Überschuß über ein Anfangsvermögen mag man dort auf einfache Weise messen können, wo er sich in Form von Früchten vom Stammvermögen auf biologisch beobachtbare Weise trennt, wie bei der Milch, die die Kuh gibt, bzw. den Früchten, die auf dem Baum wachsen. Aber bereits bei der Frage, wieviel Saatgetreide der Bauer zur Erhaltung seiner Existenz von der Erntemenge zurückhalten muß, fließt unexaktes Erfahrungswissen in die Bestimmung des Überschusses ein.[5] Daß sich die Ermittlung des Überschusses naturgemäß bei industriellen Produktionsprozessen noch viel schwieriger lösen läßt, ist unmittelbar einsichtig.

Wer die archaische Denkwelt von Frucht und Stamm verläßt und die Rechtswirklichkeit der gewerblichen Gewinnermittlung betritt, wird z.B. mit folgenden Fragen konfrontiert:

- Wenn Schlupflöcher durch „überhöhte"[6] Abschreibungen abgeschafft werden sollen: Welche Abschreibung ist dann die richtige?
- Gesetzt, man habe sich auf die Abschaffung „überhöhter" Rückstellungen geeinigt:[7] Welche Rückstellungen sollen dann überhaupt noch gebildet werden und in welcher Höhe?
- Angenommen, alle Schlupflöcher seien aus der kaufmännischen Gewinnermittlung zu eliminieren: Stellt dann die Anwendung der Lifo-Methode bei der Vorratsbewertung eines dar?[8]

Selbst bei einer Einigung, daß anstelle des Konsums das Einkommen besteuert werden soll, wäre bei Unklarheit der obigen Fragen damit nur wenig gewonnen.

Im Grunde kann jeder rechnerischen Kombination von Abschreibung, Rückstellungsbildung und Vorratsbewertung und unzähliger anderer Bilanzposten das Substantiv „Vermögen" zugeordnet werden, und Vermögensdifferenzen zwischen Anfang und Ende einer Periode können „Einkommen" genannt werden, aber deshalb bedeutet es nicht dasselbe. Ein deutliches Indiz liefern die zahllosen Streitfälle hinsichtlich der Einkommensdefinition, die jährlich vor den Finanzgerichten entschieden werden.[9] Ganz offensichtlich differieren die Steuerbarwerte verschiedener Möglichkeiten der Gewinnermittlung so stark, daß zwischen Fiskus und Steuerpflichtigen kein Konsens gefunden werden kann. Erstaunlicherweise haben sich die Befürworter des tatsächlichen Einkommens als Steuerbemessungsgrundlage also auf eine Lösung geeinigt, bevor sie überhaupt bestimmt haben, was Einkommen sein soll.

Nun ist zuzugeben, daß aus großer Höhe betrachtet die vorstehend genannten Probleme der Einkommensermittlung und viele weitere Probleme, die den Betriebswirt täglich beschäftigen, sich klein ausnehmen. Gegen eine Sichtweise, die das Einkommensermittlungsproblem als Randproblem ansieht, spricht unglücklicherweise, daß sich der Korpus gesetzlicher und gerichtlicher Regelungen zur Bestimmung des Einkommens ausschließlich um derartige Probleme dreht. Ihre Ignorierung durch die Theorie reduziert das praktische Interesse an ihnen keineswegs.

---

[5] Vgl. *Schneider, D.* (1981), S. 137 ff.
[6] *Uldall, G.* (1996), S. 113.
[7] Vgl. *Schleußer, H.* (o.J.).
[8] Vgl. *Sprey, R.* (1997).
[9] Vgl. *Haegert, R.* (1991), S. 36 ff.

Daß die Bedeutung dieser Probleme von der Finanzwissenschaft bisher gering geschätzt wurde,[10] ist nicht ganz unverständlich, da auch betriebswirtschaftliche Fachvertreter zunächst den gleichen essentialistischen Fehlschlüssen aufgesessen sind. Als es in der Geschichte der Betriebswirtschaftslehre nämlich um die Fragen ging, wie nun eigentlich Einkommen oder Gewinn ermittelt werden sollten, glaubten zahlreiche Betriebswirte, daß unter allen denkbaren Gewinnen nur der „periodengerechte" Gewinn in Frage käme. Vorübergehend glaubten einige Fachvertreter sogar, daß es ihnen gelungen sei, die Identität der beiden Begriffe feststellen zu können: „Der tatsächlich erwirtschaftete Gewinn des Kalenderjahres ist der periodengerechte Gewinn; der Grundsatz der Gleichmäßigkeit der Besteuerung bedingt also die periodengerechte Gewinnermittlung".[11] Der vermeintliche Erkenntnisgewinn durch bloße begriffliche Gleichsetzung zweier undefinierter Begriffe ist nun allerdings recht gering. Er hat nun anscheinend aber manche Beobachter außerhalb der Betriebswirtschaftslehre so beeindruckt, daß sie das Problem der Ermittlung des richtigen Einkommens bei Betriebswirten in so guten Händen sahen, daß sie glaubten, sich des Problems nicht mehr selbst annehmen zu müssen.

Wenngleich es für eine wissenschaftliche Disziplin und ihre Vertreter ehrenvoll ist, wenn soviel Vertrauen in sie gesetzt wird, ist einzugestehen, daß es leider bisher nicht gelungen ist, den periodengerechten Gewinn zu ermitteln. Da nicht der Gewinn, sondern künftige Zahlungsüberschüsse die eigentliche betriebswirtschaftliche Zielgröße sind, bestimmen sich die Qualitäten einer Gewinngröße ausschließlich danach, Rückschlüsse auf künftige Zahlungen zu liefern. Dies ist aber erst dann möglich, wenn diese bekannt sind und der Gewinn als Surrogatmaß folglich nicht mehr benötigt wird. Aus diesem Zirkel gibt es für die Betriebswirtschaftslehre keinen Ausweg.

Daß sich bei den rechtskritischen Beiträgen von Betriebswirten zudem ausnahmslos herausstellte, daß die „betriebswirtschaftlichen" Steuerideale sich in nahezu allen Fällen als niedriger erwiesen als der nach den gesetzlichen Vorschriften jeweils zu besteuernde Gewinn, führte dazu, daß sich Betriebswirte nicht ganz von dem Verdacht freisprechen konnten, daß sie die ihnen aus dem üblichen Forschungsansatz heraus vertraute Prämisse der Steuervermeidung auf ihre Beiträge zur Ausgestaltung eines steuerlichen Desideratums übertragen hatten. Zumindest bei Finanzgerichten war dies der Akzeptanz ihrer Forschungsergebnisse eher hinderlich.[12]

Wenngleich diese fehlgeschlagenen Versuche der Ermittlung des richtigen Gewinns heute erkannt sind und in der amerikanischen Literatur als längst überwundener „true value approach" ironisch karikiert werden, ist dies für die dritte Disziplin im Bunde der Steuerwissenschaften, die Steuerrechtswissenschaft, kein Grund gewesen, nicht erneut die Besteuerung nach der tatsächlichen Leistungsfähigkeit zu einem Steuerideal zu erklären. „Das Leistungsfähigkeitsprinzip als Maßstab der Steuerrechtsnormen"[13] war erneut im Weg des Recycling von Begriffen, die in der Ökonomie ausgedient haben, zu einer Wiedergeburt in einer anderen Wissen-

[10] Weit verbreitete Lehrbücher sprechen diese Probleme entweder gar nicht an oder widmen ihnen nur geringen Raum. Vgl. etwa *Andel, N.* (1992), *Brümmerhoff, D.* (1996).

[11] Vgl. *Jacobs, O.H.* (1971), S. 14.

[12] Vgl. etwa *Döllerer, G.* (1979/80), S. 198.

[13] So der Titel der Habilitationsschrift von *Birk, D.* (1983).

schaftsdisziplin gelangt. Ihm wurden immerhin umfängliche steuerrechtliche Habilitationschriften gewidmet, die nun erneut feststellten, daß die tatsächliche Leistungsfähigkeit vor allem im Einkommen zu finden sei.

Die Begründung hierfür wurde von *Kirchhof* vor allem darin gesehen, daß Einkommen „Zahlungsfähigkeit“ repräsentiere. „Das Leistungsfähigkeitsprinzip verweist deshalb vorrangig auf eine Besteuerung von Einkommen ...“, sowie: „Deshalb erfaßt nur die periodische, abschnittsweise Besteuerung des Einkommens die im Einkommen angelegte Leistungsfähigkeit“.[14]

Durch Anwendung juristischer Erkenntnismethoden war es der Steuerrechtswissenschaft also offenbar möglich geworden, die lange Zeit umstrittene Beweisführung für die Eignung der Steuerbemessungsgrundlage „Einkommen“ auf bestechend einfache Argumente zu verdichten. Leider erwies sich auch dies als Irrtum, denn eine Übereinkunft über das richtige Maß der Besteuerung konnte nicht herbeigeführt werden. Vielmehr wird die steuerrechtliche Argumentation in verschiedenen Denkschulen betrieben, denen es vor allem um die Frage geht, inwiefern das Vorsichtsprinzip bei der steuerbilanziellen Gewinnermittlung herangezogen werden müsse. Für die Beachtung des Vorsichtsprinzips plädiert z.B. der Bundesverband der deutschen Industrie, der den Maßstab der steuerlichen Leistungsfähigkeit in einer Bindung an die Handelsbilanz sieht, wonach der steuerliche Gewinn und somit die Steuerlast denn auch ein bißchen niedriger ausfällt.[15]

Demgegenüber wollen der BFH-Richter *Weber-Grellet* und andere ebenfalls mit der Berufung auf die tatsächliche steuerliche Leistungsfähigkeit gerade das Vorsichtsprinzip aus der Gewinnermittlung entfernen und den „vollen“ Gewinn besteuern.[16] Die Interpretation der Leistungsfähigkeit als Rechtsnorm wirft mit der Unterscheidung zwischen dem vorsichtig ermittelten, tatsächlichen Gewinn und dem vollen, tatsächlichen Gewinn schwer einsehbare Differenzierungen auf, deren Nachvollzug allenfalls in parteilicher Absicht zu dem eindeutigen Ergebnis führt, daß ein vorsichtig ermittelter Gewinn besser ist, weil die Steuerlast dann niedriger ist.

Zudem zeigte sich in der Steuerrechtswissenschaft, daß es mit juristischen Erkenntnismethoden anscheinend auch möglich war, den Maßstab der Leistungsfähigkeit in der „Konsumleistungsfähigkeit“[17] zu sehen, so daß die Frage der tatsächlichen Leistungsfähigkeit im Rechtssinne wieder völlig offen war.

Möglicherweise war gerade die völlige Unbestimmtheit des Begriffs der steuerlichen Leistungsfähigkeit der Grund, daß der Begriff nunmehr dort gelandet ist, wo er die besten Einsatzmöglichkeiten bietet, nämlich in der Politik. Alles was bisher als Schwäche des diffusen Konzepts gegolten hat, kann sich dann als Stärke erweisen, wenn eine vordergründig den Konsens mobilisierende Formel gesucht wird, die ebenso wie z.B. die Formel der sozialen Gerechtigkeit nach eigenem Gusto beliebig ausgelegt werden kann.

Zusammenfassend läßt sich feststellen, daß der Prozeß der Begriffsallokation insoweit zu funktionieren scheint, als nach ökonomischer Manier im Wege des Re-

[14] *Kirchhof, P.* (1985), S. 321 f.
[15] Vgl. *BDI* (1996), S. 5
[16] Vgl. *Weber-Grellet, H.* (1994), *Weber-Grellet, H.* (1996).
[17] *Lang, J.* (1990), S. 113 f.

cycling ein begriffliches Konstrukt solange wandert, bis es seinen besten Wirt dort findet, wo der Begriff am meisten Nutzen stiften kann. Immerhin ist es dem deutschen Finanzminister gelungen, unter Berufung auf dieses Prinzip gleichzeitig sowohl die Wahl der richtigen Bemessungsgrundlage als auch das Ausmaß der Tarifprogression zu begründen.[18] Angesichts einer solchen Nutzenstiftung durch Begriffe sollte die Wissenschaft sie neidlos denen überlassen, die den Nutzen von unbestimmten Begriffen für ihre Zwecke in einem solchen Maße auszuschöpfen vermögen.

Wenn das Problem allerdings weiter ernsthaft diskutiert werden soll, so zeigt sich nun, daß mit dem wahrheitsorientierten Denkansatz weder entschieden werden kann, was besteuert werden soll, noch entschieden werden kann, wie besteuert werden soll. Selbst der aktuellen Diskussion, ob die Bemessungsgrundlage überhaupt verbreitert werden soll, müssen wir ratlos gegenüberstehen.

3. Wirkungsorientierte Ansätze zur Bestimmung von Steuerbemessungsgrundlagen

Ich möchte die Darstellung von Steuerwirkungen mit einem kleinen Zahlenbeispiel beginnen:

Es gelte der Steuersatz $s = 0{,}5$, der Kalkulationszinssatz $i = 0{,}1$ und ein unendlicher Planungszeitraum (vgl. Tabelle 1)

Es handle sich um eine Investitionskette, die mit dem Kauf von Waren in $t = 0$ für 100 DM beginnt, die in der Folgeperiode $t = 1$ zu 120 DM verkauft werden. Die Ersatzbeschaffung und die eine Periode später folgende Veräußerung erfolgt jeweils zu einem um 10 DM erhöhten Preis, wobei von einer unendlich häufig vorgenommenen Wiederbeschaffung ausgegangen wird.

Der Kapitalwert C der Investitionskette errechnet sich vor Steuern allgemein als Barwert des Saldos von Einzahlungen E_t und Auszahlungen A_t:

$$C = \sum_{t=0}^{T} (E_t - A_t)(1+i)^{-t} \tag{1}$$

Nach Berücksichtigung einer Ertragsteuer ergibt sich ein Kapitalwert C_{ESt} von:

$$C_{ESt} = \sum_{t=0}^{T} (E_t - A_t - s \cdot BG_t)(1 + i(1-s))^{-t} \tag{2}$$

wobei BG_t die periodische Bemessungsgrundlage nach geltendem Recht bildet.[19]

[18] Vgl. *Waigel, Th.* (1996), S. 31, 41.
[19] Vgl. *Schneider, D.* (1992), S. 224.

Tabelle 1: Rentabilitätswirkungen einer Einkommensteuer

t	0	1	2	3	...	∞
A_t	100	110	120	130	...	...
E_t		120	130	140	...	...
$E_t - A_t$	-100	10	10	10	...	10
$BG_t = E_t - A_{t-1}$		(20)	(20)	(20)	...	(20)
$S_t = s \cdot BG_t$		10	10	10	...	10
$E_t - A_t - S_t$	-100	0	0	0	...	0

Für die dem Beispiel zugrunde liegende unendliche Rente reduziert sich die Rechnung gemäß obiger Zahlenwerte für den Kapitalwert ohne Berücksichtigung von Steuern auf:

$$C = -100 + \frac{10}{0{,}1} = 0$$

Der Kapitalwert C_{ESt} mit Berücksichtigung von Steuern ergibt sich als:

$$C_{ESt} = -100$$

Welchen Einfluß hat die Einkommensteuer auf die Rentabilität des Investitionsobjekts? Infolge der Besteuerung geht das Anfangskapital von 100 vollständig verloren, weil die Steuer die gesamten Zahlungsüberschüsse von 10 aufzehrt, wobei es sich sogar wegen Beachtung der 50%-Regel für den Steuersatz um eine in Deutschland verfassungskonforme Steuer handelt.[20] Somit ergeben sich aus diesem Beispiel interessante Schlußfolgerungen: In jeder Periode wird exakt der buchhalterische Gewinn von 20 besteuert. Hinsichtlich der Breite der Bemessungsgrundlage gab es kein Ermessen; der Gewinn ist also ganz eindeutig bestimmt. Gleichwohl scheint das Ergebnis unbefriedigend: Vom Investor wird verlangt, daß er ein Steuersystem akzeptiert, das von ihm den Verlust seines gesamten Kapitaleinsatzes fordert. Um Mißverständnisse auszuschließen: Es handelt sich hierbei nicht um ein fiktives Steuersystem, sondern um die in Österreich und Deutschland geltende Einkommensteuer.

Man mag ein solches Steuersystem für gerecht und für verfassungskonform halten. Hingegen ist es ausgeschlossen, es Investoren zuzumuten, da seine Anreizwirkung katastrophal ist.

[20] Vgl. *BVerfG* (1995).

Dies führt zu der Frage, wie Steuersysteme aussehen müssen, die Investoren zugemutet werden können und sollen. Hierzu könnte in obigem Beispiel die Steuerbemessungsgrundlage abgeändert werden und Zahlungsüberschüsse, also der Betrag, den der Investor für Konsumzwecke entnehmen kann, besteuert werden. Dann sieht die Rechnung wie folgt aus (vgl. Tabelle 2)

Tabelle 2: Rentabilitätswirkungen von konsumorientierten Steuersystemen

T	0	1	2	3	...	∞
$BG_t = E_t - A_t$	-100	10	10	10	...	10
$S_t = s \cdot (E_t - A_t)$	-50	5	5	5	...	5
$E_t - A_t - S_t$	-50	5	5	5	...	5

Der Kapitalwert C_{CFS} berechnet sich in allgemeiner Schreibweise als[21]

$$\begin{aligned} C_{CFS} &= \sum_{t=0}^{T}(1-s)(E_t - A_t)(1+i)^{-t} \\ &= (1-s)\sum_{t=0}^{T}(E_t - A_t)(1+i)^{-t} \\ &= (1-s)C \end{aligned} \tag{3}$$

Daß der Zinssatz i_s gleich dem Zinssatz i vor Steuern ist, erklärt sich daraus, daß bei der Alternativinvestition sich aus der Differenz von Endvermögen A_0 $(1+i)$ und Anfangsvermögen A_0 bezogen auf den Kapitaleinsatz A_0 folgende Rendite nach Steuern errechnet:[22]

$$i_s = \frac{-A_0(1-s) + A_0(1+i)(1-s)}{A_0(1-s)} = i \tag{4}$$

Für das Zahlenbeispiel ergibt sich die vereinfachte Rechnung:

$$C_s = -50 + \frac{5}{0{,}1} = 0$$

Bei der Besteuerung der Zahlungsüberschüsse, also des Cash-flow, ändert sich in diesem Fall der Kapitalwert vor und nach Steuern nicht, was bedeutet, daß das System für Investoren insoweit zumutbar ist, als es die Rangfolge zwischen Investition und Unterlassensalternative nicht verändert.

Den Effekt eines vor und nach Berücksichtigung von Steuern gleichen Kapitalwertes können wir als Wirkungsneutralität bezeichnen.[23] Damit ist das aus der

---

[21] Vgl. *Schneider, D.* (1992), S. 216 f.
[22] Vgl. *Wagner, F.W./Schwinger R.* (1991), S. 499.
[23] Vgl. *Elschen, R./Hüchtebrock M.* (1983).

Sicht der Finanzwissenschaft wohl wichtigste Desideratum eines Steuersystems angesprochen. Zu diesem Desideratum kann man verschiedene Einstellungen haben:

1. Man kann die Wirkungen des Steuersystems für ignorierbar halten.
2. Man kann vom Steuersystem ganz bestimmte Wirkungen fordern.
3. Man kann fordern, daß das Steuersystem keine Wirkungen entfaltet.

Es dürfte Einigkeit wohl insoweit herstellbar sein, daß uns die Wirkungen der Besteuerung auf den Einsatz von Kapital und Arbeit nicht völlig gleichgültig sein können. Wir können uns möglicherweise auch darauf einigen, daß zur Kompensation von etwaigem Marktversagen bestimmte Wirkungen gezielt erzeugt werden sollen, z.B. durch Mineralölsteuern oder Tabaksteuern. Ansonsten aber sollte die Besteuerung zumindest keine ungewollten Wirkungen entfalten. Auf dieser Annahme möchte ich meine weiteren Überlegungen aufbauen.

Das Problem der Steuerwirkungen kann man entscheidungslogisch und empirisch sehen. Da empirisch über Steuerwirkungen noch zuwenig bekannt ist, wird es sich nicht vermeiden lassen, in entscheidungslogischen Kalkülen Surrogate für empirische Steuerwirkungen zu sehen, die mit allen Mängeln behaftet sind, die Modellen anhaften. Ist empirisch beweisbar, daß die Modellwirkungen nicht eintreten, so sind die Modelle allerdings von geringem Wert.

Es stellt sich somit die Frage, an welchen Entscheidungen die Ermittlung von Steuerwirkungen nun ansetzen soll. Da es keinen natürlichen Ansatzpunkt gibt, lassen sich im Grunde beliebig viele Entscheidungstypen denken, die um Steuerwirkungen ergänzt werden könnten. In der Literatur werden üblicherweise die Steuerwirkungen anhand folgender Wahlprobleme diskutiert:[24]

1. Einkommenserwerb - Freizeit,
2. Gegenwartskonsum - Zukunftskonsum,
3. Investition A - Investition B.

Wie sich anläßlich verschiedener Anlässe gezeigt hat, pflegen Diskussionen hinsichtlich der Neutralität von Einkommens- und Konsumbesteuerung meist wie folgt zu enden:[25]

1. Die Befürworter einer Konsumbesteuerung führen gegen eine Einkommensteuer ins Feld, daß die Steuerbelastung der Transformationsrate von Gegenwarts- in Zukunftskonsum, also die Besteuerung des Kalkulationszinsfußes, dazu führt, daß die Konsumneutralität - auch intertemporale Neutralität genannt - verletzt wird, da die Einkommensteuer auf die Transformationsrate von Gegenwarts- in Zukunftskonsum die Sparneigung beeinflußt und daher eine geringere Kapitalbildung erfolgt. Der Einwand lautet, daß intertemporal eine Einkommensteuer also nicht neutral sein kann.
2. Die Befürworter der Einkommensteuer führen ins Feld, daß bei einer Einkommensteuer die Bemessungsgrundlage breiter sei als bei einer Konsumsteuer, weshalb bei gleichem Steueraufkommen ihre Steuersätze niedriger sein könnten. Dies schlage sich bei einer Einkommensteuer in einer geringeren Verzer-

---

[24] Vgl. etwa *Homburg, St.* (1997b), S. 184 f.
[25] ebd.

rung der Entscheidung zwischen Einkommenserwerb und Freizeit nieder. Das Argument lautet also, daß sowohl Einkommensteuer als auch Konsumsteuer in dieser Beziehung neutralitätsverletzend sind, die Einkommensteuer aber weniger. Da man aber Neutralitätsverletzungen nicht durch „Abzählen" gegeneinander aufrechnen könne, müsse die Frage der richtigen Steuerbemessungsgrundlage offen bleiben.

Auf der Modellebene sind beide Argumente nur dann nachzuvollziehen, wenn man sich darauf einigt, was unter Einkommen und Konsum verstanden werden soll. Da es letztlich beliebig viele Einkommensbegriffe gibt, stellt sich die Frage, welches Einkommen denn eigentlich gemeint sein kann, das sich gegenüber dem Konsum als überlegen oder unterlegen erweist. Kann Eindeutigkeit für einen nicht beliebigen Einkommensbegriff nicht hergestellt werden, blieben beide Aussagen inhaltlich unbestimmt und letztlich sinnlos.

Da über den wahrheitsorientierten Denkansatz kein eindeutiger Einkommensbegriff gefunden werden konnte, könnte man den Weg einer Bestimmung eines geeigneten Einkommensbegriffs durch Steuerwirkungen beschreiten. Das Problem besteht darin, das Spektrum denkbarer Einkommensbegriffe auf einen nicht beliebigen zu verengen. Hiermit steht und fällt das Konzept der Einkommensteuer. Die einzige bislang entwickelte Leitidee hierfür ist nun die, nach einem investitionsneutralen Einkommensbegriff zu suchen, also eine Definition des Einkommens vorzunehmen, die eingesetzt in Entscheidungskalküle die Alternativenrangfolge von Investitionen nicht ändert.[26] Im Gegensatz zum wahrheitsorientierten Ansatz wird hierbei das Ideal einer Einkommensteuer in einer Abwesenheit von Wirkungen auf die Vorteilhaftigkeit von Investitionsentscheidungen gesehen. Es wird nicht nach der richtigen Steuer an sich gefragt, sondern nach der Entscheidungsrelevanz einer in einem Entscheidungskalkül integrierten Steuer. Wenn der Begriff des Einkommens das Desideratum der Investitionsneutralität nicht erfüllt, so müßte Einkommen als Steuerbemessungsgrundlage in seinen Wirkungen gänzlich beliebig bleiben, da seine Besteuerung in Bezug auf die erstgenannten Probleme ohnehin nicht neutral sein kann. Somit bildet die Investitionsneutralität die einzige Verankerung der Einkommensteuer, die sie vor dem Absturz in die materielle Beliebigkeit bewahren kann.

4. Die Ableitung einer investitionsneutralen Einkommensteuer

Die Vorteilhaftigkeit von Investitionsentscheidungen wird durch das über mehrere Perioden definierte Kriterium des Kapitalwerts, also den Barwert der Zahlungsüberschüsse, gemessen. Anders wäre es im übrigen auch nicht möglich, die unterschiedlichen Steuerwirkungen einer Einkommens- und Konsumsteuer überhaupt unterscheidbar zu machen.

---

[26] Vgl. *Schneider, D.* (1992), S. 218 ff.

Die Diskussion einer investitionsneutralen Einkommensteuer ist im deutschen Sprachraum in besonderem Maße durch die Betriebswirtschaftslehre befruchtet worden.[27] Dies liegt zum einen wohl daran, daß die Betriebswirtschaftslehre durch ihre wechselvolle Geschichte in besonderer Weise gegenüber einer sorgfältigen Diskussion des zur Anwendung kommenden Entscheidungskriteriums sensibilisiert ist.[28] Da es seit den Anfängen der Betriebswirtschaftslehre eine lange Diskussion um den „richtigen" Gewinn gegeben hat, in dem über Jahrzehnte hinweg irrtümlicherweise ein Vorteilsmaß gesehen worden war, sind auch die Denkfehler der Diskussion hier sehr nachhaltig in Erinnerung. Im Verlauf der Diskussion hatte sich nämlich gezeigt, daß der Gewinn für mehrperiodige Kalküle als Vorteilsmaß ungeeignet ist: Wegen der Doppelzählung der Vorteile, die dann entsteht, wenn der Gewinn nicht ausschüttbar ist, weil er für Ersatzbeschaffungen benötigt wird, sind Investitionsalternativen auf Basis diskontierter Gewinne nicht korrekt vergleichbar.[29] Es werden dann bloße arithmetische Rechengrößen des Investitionsobjekts mit einer Alternativinvestition verglichen, bei der die Überschüsse in liquider Form vorliegen, wie bei Finanzinvestitionen, die sich hinter dem Kalkulationszinsfuß implizit verbergen. Um die Überschüsse einer Realinvestition und einer Finanzinvestition durch einen Investitionskalkül vergleichbar zu machen, ergibt sich die Notwendigkeit, beide in ein Vorteilsmaß umzurechnen, das die Anforderung erfüllt, liquide zu sein und damit gleichzeitig auch konsumierbare Beträge zu vergleichen.

Daß dieser in nahezu jedem Lehrbuch der Investitionsrechnung markierte Denkfehler die Unternehmenspraxis erst sehr spät durchdrungen hat, zeigt sich im übrigen an der in Deutschland erst vor einigen Jahren begonnenen Diskussion um den Shareholder Value als Maßausdruck für Unternehmenserfolg. Der Shareholder Value bzw. der Barwert des Cash-flow mißt die Steigerung des Konsumpotentials korrekt, im Gegensatz zu den bis dahin verwendeten buchhalterischen Erfolgsmaßen, die für den Kapitaleigner allenfalls als fehlerbehaftete Surrogatmaße für den Investitionserfolg in Frage kommen. Diese Einsichten in die notwendigen Eigenschaften betriebswirtschaftlicher Zielgrößen sind schon vor langer Zeit von *Schneider* in der unübertroffenen Formulierung zum Ausdruck gebracht worden, daß der Pfad betriebswirtschaftlicher Tugend den Zahlungströmen zu folgen habe.[30]

Was können wir hieraus für den Verlauf des Pfades steuerlicher Tugend lernen und wie sieht eine Steuer aus, die zwischen Investitionsalternativen keinen Rangfolgewechsel herbeiführt? Es muß sich hier offensichtlich um eine Steuer handeln, die auf einem Vorteilsmaß beruht, das den Barwert von Zahlungsströmen repräsentiert. Es kann also entweder eine Steuer auf den Kapitalwert sein, die sofort im Zeitpunkt t=0 erhoben würde, was allerdings für künftige Zahlungsüberschüsse ein Schätzproblem aufwerfen würde, oder es muß sich um eine Steuer auf die Zahlungsüberschüsse selbst handeln, wie aus den beiden Schreibweisen der Formel (3)

---

[27] Zu dieser Feststellung vgl. *Richter, W.* (1986), S. 435 ff.
[28] Vgl. *Moxter, A.* (1964).
[29] Vgl. *Drukarczyk, J./Schwetzler, B.* (1996), S. 103 ff.
[30] Vgl. *Schneider, D.* (1992), S. 712.

hervorgeht. Unter der Annahme der Sicherheit führen beide Vorgehensweisen zum gleichen Ergebnis.

Eine solche Steuer auf den Cash-flow ist dann gleichzeitig eine Konsumsteuer, wenn wir von Kassenhaltung absehen und annehmen, daß alle Zahlungen des Objektzahlungsstroms der Besteuerung unterliegen und daß sie sofort verzinslich zum Kalkulationszinsfuß angelegt werden, der laut Formel (4) seinerseits nicht der Besteuerung unterliegt.

Hiermit ist keineswegs die empirische Relevanz der Neutralitätsbedingung festgestellt, da es in der Empirie gute Gründe gibt, davon auszugehen, daß sich Manager bei Investitionsentscheidungen nicht immer an Kapitalwerten, sondern an buchhalterischen Gewinnen orientieren, vor allem dann, wenn ihre Entlohnungsfunktion an das Vorliegen von Gewinnen gekoppelt ist. Deshalb könnten sie übrigens auch eine Orientierung der Unternehmensziele am Shareholder Value ablehnen, wenn sie ihr persönliches Einkommen durch Gewinnmaximierung der Unternehmung maximieren. Wenn dies so ist, dann wirkt natürlich auch eine Cash-flow Steuer nicht investitionsneutral.

Wer gegenüber einer durch Modellanalyse begründeten Steuer skeptisch ist, sollte bedenken, daß der österreichische und deutsche Gesetzgeber beim Entwurf des EStG ebenfalls nicht ohne Prämissen gearbeitet hat, denn dem Design des Steuersystems liegt ganz offensichtlich eine Motivanalyse des menschlichen Verhaltens zugrunde. Die materielle Erklärung für die Neutralität der Cash-flow Steuer ist sehr einfach: Ganz offensichtlich kommt es dann nicht zu Rangfolgewechseln von Investitionsalternativen infolge Besteuerung, wenn es gelingt, die Zielgröße des Handelns zu besteuern. Wenn man das Finalziel ökonomischen Handelns im Konsum sieht, besteht eine neutrale Steuer naturgemäß in einer Konsumsteuer. Nun ist diese Einsicht alles andere als neu, denn der Gesetzgeber macht sie sich bei der Erhebung des Steueraufkommens schon seit jeher intuitiv zunutze. Bei den Lohneinkünften ist es ganz offensichtlich, daß der Fiskus die Zielgröße der Arbeitnehmer besteuert, nämlich die Höhe der ihnen vom Arbeitgeber ausgehändigten konsumfähigen Geldbeträge. Folglich ist Steuervermeidung bei der Lohnsteuer nur durch Lohnverzicht, also um den Preis der Selbstschädigung möglich, wenn man von häuslicher Konsumgutproduktion einmal absieht. Das Raffinement des Fiskus hinsichtlich der Bemessungsgrundlage ist also perfekt, ohne daß es einer tiefschürfenden Diskussion darüber, was nun steuerliche Leistungsfähigkeit tatsächlich ist, überhaupt bedurft hätte. Es reicht aus zu beobachten, nach welchen Zielen Steuerpflichtige streben und genau darauf dann fiskalisch Zugriff zu nehmen, indem eine Zielbesteuerung eingeführt wird. Hieraus folgt, daß wir bei Anstreben einer neutralen Besteuerung also keine eigene Diskussion über genuin steuerliche Ideale benötigen, weil die Wahl der richtigen Steuerbemessungsgrundlagen dem Streben nach konsumierbarem Einkommen auf dem Fuße folgt, wie es in Entscheidungsmodellen erfaßt wird.[31]

Wozu braucht man nun für eine investitionsneutrale Besteuerung überhaupt den Begriff des zu versteuernden Einkommens? Offensichtlich kommt der Begriff in den Modellvariablen des Kapitalwerts überhaupt nicht vor, da er in einer „Welt der Tugend" vollkommen entbehrlich ist. Wir können nun aber vom Pfad der Tugend

[31] Vgl. *Wagner, F.W.* (1992), S. 5 f.

abweichen und die Suche nach diesem Begriff trotzdem beginnen, da wir ihn für unser Thema benötigen. Den Begriff des Einkommens benötigen wir als Vorteilsmaß für Investitionsentscheidungen deshalb nicht, weil wir mit dem Barwert der Zahlungsüberschüsse bereits über ein korrektes Vorteilsmaß verfügen. Das Einkommen stellt hingegen die einer Periode zugerechnete Vermögensdifferenz dar. Warum nun sollten wir eine solche Zurechnung überhaupt vornehmen? In der Betriebswirtschaftslehre gibt es dafür einen Grund: Durch Bezug von Erfolgsgrößen auf Periodenabschnitte soll ein Surrogat-Erfolgsmaß gefunden werden, mittels dessen der Ertragswert, also die Zahlungsüberschüsse künftiger Perioden prognostiziert werden sollen. Das Problem, daß auf Basis dieser Prognosen Informationen erzeugt werden, die bei der Preisbildung über den Handel von Unternehmenseigentum benutzt werden können, stellt sich bei der Besteuerung aber gar nicht, weil für den Fiskus keine Prognosenotwendigkeiten für den Cash-flow bestehen. Im Gegensatz zum Aktionär, der durch falsche Prognosen bei der Preisbildung am Anteilsmarkt getäuscht werden kann, kann der Fiskus auf den Anfall des Cash-flow warten.[32]

Offensichtlich stellt sich das Problem der Ermittlung einer periodischen Vermögensdifferenz namens Einkommen als genuines Problem also nicht. Damit besteht auch keine Notwendigkeit, einen Begriff namens Einkommen für die Zwecke einer investitionsneutralen Besteuerung zu bestimmen.

Gegen den Konsum als Steuerbemessungsgrundlage ist eingewendet worden, daß ein Individuum zusätzlich zu den Konsumausgaben noch eine aus dem Vermögensbesitz resultierende Befriedigung des Sicherheitsmotivs als Argument seiner Nutzenfunktion betrachte.[33] Ob dies zutrifft, ist eine empirische Frage. Wenn es aber so ist, so wäre es vordringlich, dieses Argument auch in der Zielfunktion des Investitionskalküls zu berücksichtigen. Da sich Vermögen in investitionstheoretischer Sicht als Barwert des künftigen Cash-flow ergibt, zeigt sich, daß dieses Vermögen aus nichts anderem als dem Konsumpotential besteht. Somit laufen die Vermögensteuer und die Cash-flow Steuer auf ein und dasselbe Argument und dieselbe Form der Besteuerung hinaus, d.h. auch eine Vermögensteuer mit dem Tarif s_V ist eine Konsumbesteuerung und umgekehrt, wie sich aus (5) ergibt:

$$VSt = s_V \cdot \sum_{t=1}^{T} (E_t - A_t)(1+i)^{-t} \tag{5}$$

Es herrscht also zwischen beiden Steuern bei entsprechenden Steuersätzen völlige Äquivalenz. Gleichzeitig wird deutlich, daß das Argument, es müsse zusätzlich zum Konsum der Nutzen besteuert werden, der aus dem Vorhandensein von Vermögen erzielt wird, jeden Sinn verliert, denn eine sinnvolle Interpretation des Vermögens stellt nichts anderes dar als den Barwert der künftigen Zahlungsüberschüsse. Das von den Gegnern der Konsumbesteuerung vorgebrachte Argument, wegen des Sicherheitsnutzens des Vermögens müsse eine Einkommensteuer erhoben werden, ist jedenfalls nicht ableitbar.

---

[32] Vgl. *Wagner, F.W.* (1998).
[33] Vgl. z.B. *Pohmer, D.* (1994), S. 28.

Wenn sich in Vorteilsvergleichen das Problem der Ermittlung eines Begriffs namens Einkommen, verstanden als periodische Größe, also nicht stellt, so bedeutet dies noch nicht, daß das Einkommen nicht als formale Rechengröße in das Kalkül eingeführt werden könnte. Wenn Einkommen als Vermögensdifferenz zwischen zwei verschiedenen Zeitpunkten gemessen werden soll, so ist dies durch einen auf verschiedene Zeitpunkte bezogenen Vergleich der Barwerte künftiger Zahlungssalden, d.h. ihrer Ertragswerte, durchaus möglich. Entscheidend für den Einfluß der Besteuerung auf den Kapitalwert eines Investitionsobjekts ist daher die Art der Durchführung des Vermögensvergleichs.

Formuliert man die Neutralitätsbedingung als Niveauinvarianzbedingung, d.h. fordert man die Identität der Kapitalwerte vor und nach Steuern, die zugleich hinreichend für Rangfolgeinvarianz ist:

$$C = \sum_{t=0}^{T} \frac{E_t - A_t}{(1+i)^t} \stackrel{!}{=} C_S = \sum_{t=0}^{T} \frac{E_t - A_t - s \cdot BG_t}{\left(1+i(1-s)\right)^t}, \tag{6}$$

so ist hieraus die Bemessungsgrundlage namens Einkommen zu bestimmen, die sich über den Vergleich des Anfangsvermögens V_{t-1} und des Endvermögens V_t einer Periode t errechnet: $BG_t = V_{t-1} - V_t$. Durch Einsetzen in die Invarianzbedingung (6) und geeignete Umformung erhält man die Neutralitätsbedingung (7), wobei EW_t den Ertragswert in Periode t bezeichnet:[34]

$$\begin{aligned}\sum_{t=1}^{T}(V_t - V_{t-1})(1+i(1-s))^{-t} &= i\sum_{t=1}^{T}\underbrace{\sum_{\tau=t}^{T}(E_\tau - A_\tau)(1+i)^{-\tau+t-1}}_{EW_{t-1}}(1+i(1-s))^{-t} \\ &= i\sum_{t=1}^{T} EW_{t-1}(1+i(1-s))^{-t}\end{aligned} \tag{7}$$

Hinreichend für die Niveauinvarianz der Einkommensbesteuerung bei gegebenem Steuersatz s ist folglich die Barwertidentität von steuerlichen Gewinnen und dem ökonomischen Gewinn. Sollen Kapitalwert vor und nach Steuern unabhängig vom Steuersatz gleich sein, ist diese Bedingung dahingehend zu verschärfen, daß die Steuerbemessungsgrundlage in jeder Periode dem ökonomischen Gewinn entspricht:[35]

$$V_t - V_{t-1} = BG_t = i \cdot EW_{t-1} \tag{8}$$

Diese Neutralitätsbedingung steht in Einklang mit der oben erwähnten Aussage, nach der ein ökonomisch sinnvoller Vermögensbegriff nur dem Barwert zukünftiger Einzahlungsüberschüsse, d.h. dem Ertragswert entsprechen kann, womit ein Vermögensvergleich auf den Vergleich zweier Ertragswerte hinausläuft.

[34] Vgl. *Georgi, A.* (1994), S. 33.
[35] Vgl. *Wagner, F.W.* (1989), S. 268.

Die Differenz der Ertragswerte V_t und V_{t-1}, die sich nach (9) und (10) ermitteln, ergibt sich durch Umformung aus (11):

$$V_t = EW_t = \sum_{\tau=t+1}^{T} (E_\tau - A_\tau)(1+i)^{-(\tau-t)} \tag{9}$$

$$V_{t-1} = EW_{t-1} = \sum_{\tau=t}^{T} (E_\tau - A_\tau)(1+i)^{-(\tau-t+1)} \tag{10}$$

$$V_{t-1} - V_t = EW_{t-1} - EW_t = (E_t - A_t) - i \cdot EW_{t-1} \tag{11}$$

Die Differenz aus (11) ist nicht vorzeichenbeschränkt, es kann also zu „Ertragswertabschreibungen“ oder „Ertragswertzuschreibungen“ kommen. Als Steuerbemessungsgrundlage bei Anwendung der Ertragswertänderung ergibt sich:

$$BG_t = E_t - A_t - EWA_t = E_t - A_t - (EW_{t-1} - EW_t)$$

$$= E_t - A_t - (E_t - A_t - i \cdot EW_{t-1})$$

$$= i \cdot EW_{t-1} \tag{12}$$

Folglich kann man das steuerliche Einkommen einer Periode gemäß (8) und (12) als deren Zahlungssaldo abzüglich der Differenz des Barwertes künftiger Zahlungssalden am Periodenanfang und Periodenende interpretieren. Es handelt sich dann um Einkommen basierend auf einem Vermögensvergleich zuzüglich der Entnahmen einer Periode.[36]

Diese Bedingung ist unabhängig voneinander von *Johansson*[37] und *Samuelson*[38] (JS) entwickelt worden und in der Literatur zumeist nur auf die Abschreibung bezogen worden. Dies ist daraus zu erklären, daß die Bedingung i.d.R. mittels des sog. Standardmodells erläutert wird, bei dem davon ausgegangen wird, daß die Steuerbemessungsgrundlage grundsätzlich dem Cash-flow abzüglich Abschreibung entspricht.[39] Damit wird unterstellt, daß das gesamte Realvermögen ausschließlich aus Anlagen besteht, deren neutraler Abschreibungsverlauf gesucht wird.

In der Realität muß jedoch zur Kenntnis genommen werden, daß zur Ermittlung des investitionsneutralen Einkommens das gesamte Realvermögen einer Unternehmung bestehend aus Grundstücken, Anlagen, Vorräten usw. zu bewerten ist. Die JS-Neutralitätsbedingung gibt somit über den üblicherweise thematisierten Abschreibungsverlauf hinaus die Bewertung des gesamten Realvermögens vor. Sie bildet somit den theoretischen Kern der gesamten Gewinnermittlung.[40]

---

[36] Vgl. Fn. 4.
[37] Vgl. *Johansson, S.-E.* (1969), S. 104 ff.
[38] Vgl. *Samuelson, P.A.* (1964), S. 604 f.
[39] Vgl. *Wagner, F.W./Dirrigl, H.* (1980), S. 24 f.
[40] Vgl. *Richter, W.* (1986), S. 435 ff.

Die zu einer neutralen Einkommensteuer führende Bewertung des Vermögens leitet sich ausschließlich aus der Barwertdifferenz künftiger Zahlungsströme ab, die das Konsumpotential repräsentieren, da andere Argumente in der Neutralitätsbedingung nicht vorkommen. Eine nicht beliebige, also neutrale Einkommensteuer muß folglich aus dem Barwert künftigen Konsums abgeleitet werden. Die Besteuerung des ökonomischen Gewinns stellt nichts anderes als eine Lineartransformation des Ertragswerts dar, die mit dem Kalkulationszinsfuß vorgenommen wird.

Wer sich für eine neutrale Einkommensteuer ausspricht, argumentiert also, es sei besser, in jeder Periode Barwertdifferenzen künftiger Konsumausgaben als tatsächliche Konsumausgaben zu besteuern, denn die Definition des Einkommens leitet sich wie gesagt vollständig und ausnahmslos aus Konsumpotentialdifferenzen ab. Allerdings ist eine Differenzbildung zwischen Barwerten mit Prognoseproblemen behaftet, von denen die tatsächlichen Konsumausgaben selbst nicht betroffen sind. Wir haben uns also zwischen der Neutralität ohne Prognoseprobleme bei einer Konsumsteuer und der Neutralität mit Prognoseproblemen bei einer Einkommensteuer zu entscheiden.

Für den Fall, daß die Befürworter der Einkommensteuer gezwungen wären, die Überlegenheit ihrer Konzeption auszuspielen, wäre ihnen der Nachweis ihrer Praktikabilität wohl nicht zu ersparen. Fragen nach der Praktikabilität des Konzepts einer investitionsneutralen Einkommensteuer braucht man insofern wohl gar nicht erst zu stellen, als sie sich von selbst beantworten: Da das Konzept nicht nur auf Realinvestitionen und Finanzinvestitionen, sondern auch auf das Humanvermögen anzuwenden wäre, würde es die Notwendigkeit einer in eine unbestimmte Zukunft hineinreichenden Zahlungsstromprognose auch für Arbeitnehmer mit sich bringen, die anstelle des ihnen zugeflossenen Geldes bei einer neutralen Einkommensteuer nach Maßgabe von Barwertvergleichen ihrer Lohnerwartungen zu Beginn und zum Ende eines Kalenderjahres zu veranlagen wären. Diese unpraktikable Idee ist natürlich von keinem Befürworter der Einkommensteuer jemals ernsthaft in Erwägung gezogen worden. Sie hätte aber in Erwägung gezogen werden müssen, wenn es sich um eine materiell nicht beliebige Einkommensteuer handeln soll.

Im allgemeinen tragen sich die Befürworter der Einkommensteuer nicht mit der Absicht, sich solchen rigorosen theoretischen Kategorien zu stellen. Als praktikable Lösung schwebt ihnen wohl weniger das JS-Theorem als das sog. Schanz-Haig-Simons-Konzept (SHS) vor, das dem Einkommensteuergesetz cum grano salis zugrundeliegt und das Einkommen auf Vermögenszuwächse reduziert, die sich aus der Summe des Wertes einzelner Vermögensgegenstände ergeben. Man könnte daher die Frage stellen, inwiefern die auf dem SHS-Konzept basierende geltende Einkommensteuer für eine neutrale Einkommensteuer eine akzeptable Näherungslösung bildet.[41]

Das JS-Theorem weist jedoch mit dem SHS-Konzept kaum Berührungspunkte auf. JS ist gesamtwertorientiert, SHS hingegen einzelwertorientiert. Während JS auf eine Zurechnung des Barwerts künftiger Zahlungen auf einzelne Vermögensgegenstände verzichten, wird bei SHS Vermögen synthetisch durch Addition des Wertes einzelner Vermögensgegenstände ermittelt. Bei Bekanntheit des Einkom-

[41] Vgl. *Homburg, St.* (1997b), S. 218 ff.

mens in Form von Barwertdifferenzen ist es theoretisch durchaus möglich, diese durch Einzelbewertung von Vermögensgegenständen in gewissem Umfang nachzubilden. Die Nachbildung durch Einzelbewertung hat allerdings keinerlei Informationsgehalt, da sie bei Bekanntheit der Barwerte des gesamten Cash Flow überflüssig würde.

Außerdem ist es möglich, eine laut JS neutrale Gewinnreihe durch beliebige Kombinationen von Einzelbewertungsansätzen laut SHS nachzubilden, denn es ist letztlich gleichgültig, ob der neutrale Gewinnausweis durch eine Kombination von z.B. linearen Abschreibungen der Anlagen und Lifo-Bewertung der Vorräte oder degressiver Abschreibung und Fifo-Bewertung zustandekommt. Für einzelne Vermögensgegenstände folgt aus dem JS-Theorem also nichts.

Da die JS-Bedingung nur in Bezug auf Barwertdifferenzen definiert ist und in Bezug auf die Einzelposten, auf denen das SHS-Konzept beruht, also nichts besagt, kann daher auch nicht gefolgert werden, ob z.B. in der Behandlung irgendeines Einzelpostens eine im Sinne der Neutralität richtige Behandlung liegt, weil jeder einzelne Posten völlig falsch bewertet sein kann und alle zusammen doch richtig, da sich die Neutralitätsverletzungen gegenseitig kompensieren können. Die richtigen Werte der Einzelposten im Sinne von JS sind aber immer erst dann feststellbar, wenn sie - am Eichstrich der Barwertänderung gemessen - nicht mehr benötigt werden. Daher ist auch nicht beurteilbar, ob eine Reform der Einkommensteuer richtige Teilschritte macht, also Schritte in die „richtige Richtung", da lauter Schritte in die falsche Richtung in der Summe doch das Richtige ergeben können. Dies macht es auch kompromißbereiten Theoretikern nicht leicht, Reformbestrebungen der Einkommensteuer hinsichtlich ihrer Sinnhaftigkeit zu beurteilen.

Mit dem JS-Theorem ist zwar ein rechentechnisches Konstrukt einer „pro forma-Einkommensteuer" verfügbar, aber keine Einkommensteuer, die bezüglich ihrer Neutralitätsqualitäten gegen eine Konsumbesteuerung basierend auf dem Cash-flow gestellt werden könnte.

Daß es beim SHS-Konzept also zu verzerrenden Steuerwirkungen kommt, ist keineswegs auszuschließen, besteuert es doch letztlich eine beliebige Saldogröße ohne Zielbezug. Mal wird diese, mal jene Alternative besser behandelt. Der herkömmliche Vermögensvergleich

- bewirkt wegen des Aktivierungsverbots die steuerliche Begünstigung der Erstellung immaterieller Vermögensgegenstände des Anlagevermögens einerseits gegenüber ihrem Erwerb und andererseits gegenüber materiellen Vermögensgegenständen und somit eine daraus resultierende unterschiedliche Steuerbelastung verschiedener Branchen,[42]
- führt wegen der Wahlrechte beim Ansatz von Herstellungskosten[43] zu einer steuerlichen Begünstigung der Herstellung gegenüber dem Erwerb von Anlagen und Produkten, da in die Anschaffungskosten alle Kosten des Herstellers eingehen, die im Preis überwälzt werden,
- führt wegen fehlender Teilgewinnrealisation zur Begünstigung von Branchen mit langer Dauer der Auftragsabwicklung gegenüber kurzen,

[42] Vgl. *Sigloch, J.* (1990), S. 23 f.
[43] R 33 EstR.

- führt wegen des Niederstwertprinzips bei fehlendem Wertaufholungsgebot zur Begünstigung des Einsatzes von Produkten mit starken Preis- und Währungsschwankungen gegenüber stabilen Preisen,
- führt wegen der sofortigen Erfolgswirksamkeit von Erhaltungsaufwand zur Begünstigung von Reparaturen gegenüber aktivierungspflichtigen Ersatzinvestitionen,[44]
- und bewirkt vor allem die Begünstigung von Branchen, die von der großzügigen Bildung von Rückstellungen profitieren, wie z.B. die Kraftwerksbetreiber.[45]

Natürlich wäre es denkbar, daß von den Befürwortern der Einkommensteuer genau diese Wirkungen gewollt sind, aber warum sollten gerade sie gewollt sein? Eher ist anzunehmen, daß es sich um ungewollte Wirkungen handelt, die manchem Befürworter bisher wohl auch unbekannt geblieben sind.

Befürworter der Einkommensteuer sollten sich auch nicht der Illusion hingeben, der gegenwärtige Dualismus der Methoden der Einkunftsermittlung - Vermögensvergleich für gewerbliche Einkünfte und Überschußrechnung für Arbeitseinkünfte - könne beibehalten werden, ohne daraus resultierende Verzerrungen befürchten zu müssen. Infolge des Dualismus entstehen Korrespondenzprobleme einer enormen Größenordnung, da es durch bilanzielle Vermögensminderung zwar zu einer Minderung des Einkommens auf Unternehmensebene kommt, der aber auf Seite der Lohnempfänger kein korrespondierender Zufluß gegenübersteht. Diese Korrespondenzmängel mit bis zu 35-jähriger Zeitverzögerung zwischen der Passivierung von Pensionsrückstellungen auf Unternehmensebene und steuerlicher Erfassung bei Zufluß auf Arbeitnehmerebene haben dazu geführt, daß derartige Bilanzpositionen in Form von Pensionsrückstellungen in der Höhe von ca. 300 Mrd. DM entstanden sind, deren vorrangiger Zweck in der Nutzung der durch Korrespondenzmängel der Ermittlungsmethoden erzielbaren Steuervorteile liegt.

Wie man es auch wendet: Eine praktikable investitionsneutrale Einkommensteuer gibt es nicht und kann es auch nicht geben. Wer sich für die Einkommensteuer ausspricht, muß folglich auf den Anspruch der Neutralität generell verzichten, weil sie keines der Neutralitätsdesiderata erfüllen kann. Womit das Bekenntnis zur Vorziehenswürdigkeit eines beliebigen Begriffs gerechtfertigt ist, bleibt also offen. Selbst dies schließt natürlich nicht völlig aus, daß bei einer im Modell nicht neutralen Steuer trotzdem die Summe der Neutralitätsverletzungen in toto geringer sein kann als bei einer Konsumsteuer, die immerhin Investitionsneutralität und Konsumneutralität herstellen kann. Die Befürworter der Einkommensteuer müssen sich allerdings mit der Hoffnung auf solche Zufälligkeiten trösten.

---

[44] R 157 EstR.

[45] Vgl. *o.V.* (1997).

5. Schlußfolgerung

Eine hinsichtlich ihrer Wirkungen neutrale Einkommensteuer läßt sich nicht praktikabel installieren, da mit der Einkommensteuer immer nur Gleichheit in Bezug auf die Anwendung materiell gehaltloser formaler Rechtsbegriffe, nicht aber Gleichheit in Bezug auf einen materiell gehaltvollen Einkommensbegriff erreichbar ist. Ein materiell gehaltvoller Einkommensbegriff jedoch bezieht seine Relevanz ausschließlich aus seiner Repräsentanz des künftigen Cash-flow. Somit ist Einkommen stets ein Vergleich künftiger Konsumpotentiale.

In der Modellanalyse zeigt sich somit, daß der Konsum als Abrechnung über bereits realisierte Überschüsse dem Einkommen hinsichtlich seiner Neutralitätseigenschaften und der erfassungstechnischen Objektivierbarkeit überlegen ist.

Literatur

Andel, N. (1992): Finanzwissenschaft, 3. Aufl., Tübingen.

Birk, D. (1983): Das Leistungsfähigkeitsprinzip als Maßstab der Steuernormen, Köln.

Brümmerhoff, D. (1996): Finanzwissenschaft, 7. Aufl., München.

Bundesverband der deutschen Industrie (BDI) (1996): Reform der Einkommensbesteuerung – Verbreiterung der Bemessungsgrundlagen für die Unternehmen, Schreiben vom 19.11.1996.

Bundesverfassungsgericht (1995): BVerfG-Beschluß vom 22.6.1995 – 2 BvL 37/91, abgedruckt in: Betriebs-Berater 50, Beilage 13 zu Heft 36/1995.

Döllerer, G. (1979/80): Gedanken zur „Bilanz im Rechtssinne", Jahrbuch der Fachanwälte für Steuerrecht, S. 195-205.

Drukarczyk, J./Schwetzler, B. (1996): Unternehmensbewertung, München.

Elschen, R./Hüchtebrock, M. (1983): Steuerneutralität in Finanzwissenschaft und Betriebswirtschaftslehre – Diskrepanzen und Konsequenzen, Finanzarchiv (41), S. 253-280.

Georgi, A. (1994): Steuern in der Investitionsplanung, 2. Aufl., Hamburg.

Haegert, L. (1991): Eine empirische Widerlegung der gängigen Thesen über die Ursachen für die Überlastung der Finanzgerichte, Betriebs-Berater (46), S. 36-46.

Hicks, J.R. (1946): Value and Capital, Oxford.

Homburg, St. (1997a): Soll die klassische Einkommensteuer wiederbelebt werden?, in: M. Rose (Hrsg.): Standpunkte zur aktuellen Steuerreform, Heidelberg, S. 107-114.

Homburg, St. (1997b): Allgemeine Steuerlehre, München.

Jacobs, O.H. (1971): Das Bilanzierungsproblem in der Ertragsteuerbilanz, Stuttgart.

Johansson, S.-E. (1969): Income Taxes and Investment Decisions, Swedish Journal of Economics (71), S. 104-110.

Kaldor, N. (1955): An Expenditure Tax, London.

Kirchhof, P. (1985): Der verfassungsrechtliche Auftrag zur Besteuerung nach der finanziellen Leistungsfähigkeit, Steuer und Wirtschaft (62), S. 319-329.

Krause-Junk, G. (1998): Roses falsche Rechnung – Zins ist Einkommen, Welt am Sonntag 2/98, S. 43.

Lang, J. (1990): Reform der Unternehmensbesteuerung auf dem Weg zum europäischen Binnenmarkt und zur deutschen Einheit, Steuer und Wirtschaft (67), S. 107-129.

Moxter, A. (1964): Präferenzstruktur und Aktivitätsfunktion des Unternehmers, Zeitschrift für betriebswirtschaftliche Forschung (16), S. 6-35.

o.V. (1997): Stromkonzerne sollen 5 Milliarden DM zahlen, Frankfurter Allgemeine Zeitung Nr. 84 vom 11.4.1997, S. 15.

Pohmer, D. (1994): Steuervereinfachung und „gerechte" Steuerlastverteilung. in: W. Bühler/P. Kirchhof/F. Klein (Hrsg.): Steuervereinfachung, Festschrift für Dietrich Meyding zum 65. Geburtstag, Heidelberg, S. 21-31.

Richter, W.F. (1986): Das Johansson-Samuelson-Theorem bewertungsneutraler Abschreibung langlebiger Wirtschaftsgüter bei Einkommensbesteuerung, Finanzarchiv (44), S. 435-449.

Samuelson, P.A. (1964): Tax Deductability of Economic Depreciation to Insure Invariant Valuations, Journal of Political Economy (72), S. 604-606.

Schleußer, H. (o.J.): Vorschläge zur Steuerpolitik.

Schneider, D. (1981): Die Wissenschaftsgeschichte der Trennung von Kapital und Einkommen: Ökonomische Zwänge gegen gesellschaftliche Konventionen, in: F. Neumark (Hrsg.): Studien zur Entwicklung der ökonomischen Theorie, Berlin, S. 137-161.

Schneider, D. (1985): Grundzüge der Unternehmensbesteuerung, 4. Aufl., Wiesbaden.

Schneider, D. (1987): Reform der Unternehmensbesteuerung durch „Eckwerte" oder durch Cash-flow Besteuerung, Betriebs-Berater (42), S. 693-699.

Schneider, D. (1992): Investition, Finanzierung und Besteuerung, 7. Aufl., Wiesbaden.

Sigloch, J. (1990): Verzerrende Wirkungen von Bemessungsgrundlagen und Tarif auf Unternehmensentscheidungen nach der Steuerreform 1990, Steuer und Wirtschaft (67), S. 229-239.

Simons, H.C. (1938): Personal Income Taxation. The Definition of Income as a Problem of Fiscal Policy, Chicago.

Sprey, R. (1997): Das LIFO-Verfahren als Steuervergünstigung?, Hamburg.

Uldall, G. (1996): Die Steuerwende, München.

Waigel, Th. (1996): Rede anläßlich des CDU-Zukunftsforums „Steuerpolitik des 21. Jahrhunderts" am 30.9.1996 in Bonn (vervielfältigtes Manuskript).

Wagner, F.W. (1989): Die zeitliche Erfassung steuerlicher Leistungsfähigkeit, in: H. Hax/W. Kern/H.-H. Schröder (Hrsg.): Zeitaspekte betriebswirtschaftlicher Theorie und Praxis, S. 262-277.

Wagner, F.W. (1992): Neutralität und Gleichmäßigkeit als ökonomische und rechtliche Kriterien steuerlicher Normkritik, Steuer und Wirtschaft (69), S. 291-301.

Wagner, F.W. (1998): Kann die Reform von Rechnungslegung und Steuersystem leisten, was die Finanzmärkte fordern? in: M. Becker/J. Kloock/R. Schmidt/G. Wäscher (Hrsg.): Unternehmen im Wandel und Umbruch, Stuttgart.

Wagner, F.W./Dirrigl, H. (1980): Die Steuerplanung der Unternehmung, Stuttgart, New York.

Wagner, F.W/Schwinger, R. (1991): Der Einfluß einer Cash-flow Steuer auf Finanzierung und Rechnungslegung, in: M. Rose (Hrsg.): Konsumorientierte Neuordnung des Steuersystems, Heidelberg 1991, S. 495-521.

Weber-Grellet, H. (1996): Steuerbilanzrecht, München.

Weber-Grellet, H. (1994): Maßgeblichkeitsschutz und eigenständige Zielsetzung der Steuerbilanz, Der Betrieb (47), S. 288-291.

Warum die Finanzwissenschaft bei der Suche nach einer theoretischen Basis für die Einkommensteuer erfolglos bleiben mußte

Ekkehard Wenger

1. Einleitung

Klagen über den chaotischen Zustand der Einkommens- und Gewinnbesteuerung sind derzeit wieder an der Tagesordnung, haben jedoch alles andere als Neuigkeitswert. Auch die Vorschläge, wie man das Übel kurieren könnte, entlocken dem langjährigen Beobachter der Steuerreformszene allenfalls ein gelangweiltes Gähnen. Wieder einmal wird die Devise ausgegeben, man müsse die unzähligen „Ausnahmeregeln", „Sondervergünstigungen" und „Schlupflöcher" beseitigen, um endlich jene transparente und allseits gerechte Verteilung der Steuerlasten zu erreichen, von der man in Wissenschaft und Praxis schon immer geträumt hat.

Nachdem solche abgegriffenen Parolen auch noch Eingang in das Vokabular des Bundeskanzlers[1] gefunden haben, mag sich bei den Anhängern der wirklichen Einkommensteuer immerhin die Hoffnung verbreitet haben, daß es eines nicht mehr allzu fernen Tages doch noch gelingt, die Bemessungsgrundlagen der Einkommens- und Gewinnbesteuerung auf „systemgerechte" Weise zu „verbreitern" und statt einer vielfältig durchlöcherten in Zukunft „die volle" wirtschaftliche Leistungsfähigkeit endlich in ihrer ganzen Tatsächlichkeit zu erfassen. Jedenfalls setzen Essentialisten aller Schattierungen[2] seit Jahren darauf, daß man im Falle des

[1] So etwa in der Neujahrsansprache zur Jahreswende 1996/1997.

[2] Vgl. zuletzt *Krause-Junk, G.* (1998), S.43: „Steuerliche Gleichbehandlung hier und heute läßt sich .. dadurch herstellen, daß man zu ermitteln versucht ..., wie leistungsfähig jemand tatsächlich ist." Zur Auseinandersetzung mit vorwissenschaftlichen Vorstellungen von „tatsächlicher Leistungsfähigkeit" vgl. *Wenger, E.* (1998), S. 43.

Übergangs zu einer Besteuerung des „wirklichen" Einkommens und des „wirklichen" Gewinns die Rationalität des Steuersystems in ungeahnter Weise steigern könnte. Sofern solche Bemühungen der Beseitigung der Steuerfreiheit von Sonntags- und Nachtarbeitszuschlägen gelten, braucht man sie jedenfalls im Ergebnis nicht zu bekämpfen. Ärgern muß man sich freilich dann, wenn die Freunde der wirklichen Bemessungsgrundlagen den von ihnen vermuteten Schlupflöchern bei der Besteuerung von Kapitalerträgen zu Leibe rücken wollen.

Wie im folgenden gezeigt werden soll, läßt sich die traditionelle Einkommens- und Gewinnbesteuerung nämlich nicht auf ein einheitliches Grundkonzept zurückführen, das als theoretische Leitlinie für die Abgrenzung zwischen systemwidrigen Schlupflöchern und systematisch Gewolltem fungieren könnte. Infolgedessen unterscheidet sich die wirkliche Einkommensteuer vom wirklichen Sozialismus vor allem dadurch, daß sie nicht einmal als theoretisches Modell existiert. Alle Reformvorhaben, die im herkömmlichen Sinne auf eine gleichmäßige und ungeschmälerte Erfassung des „vollen" Einkommens und des „tatsächlichen" Gewinns abzielen, sind deshalb zum Scheitern verurteilt. Wer im Austausch gegen eine „Verbreiterung" der einschlägigen Bemessungsgrundlagen die Steuersätze senken will, muß sich darüber im klaren sein, daß die derzeit angestrebten „Verbreiterungen" den bisherigen „Schmälerungen" und „Durchlöcherungen" in steuersystematischer Hinsicht nicht notwendigerweise etwas voraus haben. Das gilt insbesondere für die immer wieder von neuem beschworene Forderung, Veräußerungsgewinne aus privat gehaltenen Aktien und Immobilien in eine „verbreiterte" steuerliche Bemessungsgrundlage einzubeziehen. Seit Jahrzehnten werden solche Reformvorschläge bei jeder sich bietenden Gelegenheit auf die Tagesordnung gesetzt. Neuerdings hat sich unter anderem der im Sachverständigenrat für Besteuerungsfragen zuständige Weise *Peffekoven* mit solchen Vorstellungen profiliert[3] und der CDU den Rücken gestärkt, die sogar mit einschlägigen Parteitagsbeschlüssen aufwarten kann.[4] Unter solchen Umständen kann es natürlich schon gar nicht überraschen, wenn Sozialexperten von noch weiter links stehenden Parteien, der Deutsche Gewerkschaftsbund oder auch ein finanzpolitischer Vordenker der Grünen in dasselbe Horn stoßen.[5] Selbst die Arbeitsgemeinschaft Selbständiger Unternehmer kämpft an dieser Front. Sie will einen Beitrag zur Behebung des Mangels an Risikokapital leisten und fordert tatsächlich mit dieser Begründung, eine zukünftige Steuerreform zum Anlaß zu nehmen, Gewinne und Verluste aus dem Verkauf von Anteilen an Kapitalgesellschaften steuerlich voll zu erfassen.[6]

So bemüht sich eine unheilige Koalition - bisher zum Glück vergeblich -, eine vermeintliche „Sondervergünstigung" für Kapitalanleger zu beschneiden. Hinter

[3] Vgl. *Handelsblatt* vom 15.8.1996. Der Kreis der Fachwissenschaftler und Expertenkommissionen, die sich in der jüngeren oder ferneren Vergangenheit für eine Besteuerung von Wertsteigerungen im Privatvermögen ausgesprochen haben, ist unübersehbar; zu einer Übersicht vgl. *Hecker, R.* (1987).

[4] Zu dem am 22.10.1996 in Hannover mit überwältigender Mehrheit beschlossenen Leitantrag „Tarif 2000: weniger Steuern - mehr Arbeitsplätze" vgl. *Der Spiegel* vom 21.10.1996, S. 25 f.; *Frankfurter Allgemeine Zeitung* vom 23.10.1996, S. 1.

[5] Zur Breite des Spektrums der Befürworter einer umfassenden Besteuerung von Veräußerungsgewinnen vgl. *Der Spiegel* vom 20.4.1998, S. 112.

[6] Vgl. *Arbeitsgemeinschaft Selbständiger Unternehmer* (1997), S. 4.

diesen Bestrebungen steht die meist implizit vorausgesetzte, zuweilen aber auch explizit geäußerte Vorstellung, daß das Arbeitseinkommen bislang „zu hoch, das Kapital dagegen zu niedrig besteuert worden“[7] sei. Gerade im Vergleich zur Besteuerung der Arbeitseinkommen wird sich indessen zeigen, daß sich kein wie auch immer gearteter Systemgedanke für die Schließung dieser vermeintlichen „Lücke“[8] im derzeitigen Steuerrecht mobilisieren läßt. Der traditionellen Einkommens- und Gewinnbesteuerung fehlt es an einem geschlossenen Systementwurf, der es überhaupt erst ermöglichen könnte, „Lücken“ im „System“ zu identifizieren; argumentiert man hingegen auf der Grundlage systematisch geschlossener Besteuerungskonzepte, so erweist sich das, was den unreflektierten Bemessungsgrundlagenverbreiterern als Lücke oder Schlupfloch erscheint, unter Umständen als Beitrag zur Einebnung von Systembrüchen.[9]

Wenn es die wirkliche Einkommensteuer als systematisches Konzept nicht gibt, so bedeutet dies noch nicht notwendigerweise, daß systematische Besteuerungskonzepte einer Einkommensteuer mit einer spezifischen Struktur von Systembrüchen überlegen sein müssen. Systematik ist nicht das einzige und auch nicht das ausschlaggebende Kriterium für die Erhebung von Steuern. Aus diesem Grund wird man auch der Frage nachgehen müssen, warum das, was den traditionellen Bemessungsgrundlagenverbreiterern mit ihrer Vorstellung von der wirklichen Einkommensteuer vorschwebt, wirtschaftspolitisch verfehlt wäre. Daraus erschließt sich dann auch, warum die Realisierung dieser Zielsetzung in der Vergangenheit unterblieben ist und auch in Zukunft unterbleiben sollte.

2. Steuerliche Leistungsfähigkeit und traditionelle Einkommensbesteuerung

Die einkommensteuerliche Leistungsfähigkeit umfaßt nach herkömmlicher Auffassung zunächst einmal die laufenden Zahlungen aus der Verwertung der Arbeitskraft des Steuerpflichtigen, insbesondere also den Arbeitslohn. Hinzutreten die in den Bilanzen gewerblicher Unternehmen periodisch ermittelten Veränderungen des Eigenkapitals und alles, was sonst noch mit mehr oder weniger großer Gewalt in eine Vermögensänderung umgedeutet werden kann; dazu gehören etwa laufende

---

[7] Diese Auffassung vertreten insbesondere vier Vorsitzende von CDU-Landtagsfraktionen unter Führung des Hessen *Koch*, dem der Finanzplatz Frankfurt offenbar besonders am Herzen liegt; vgl. *Die Welt* vom 27.9.1996 und vom 28.9.1996.

[8] Die Bundesbank vertritt dazu die bemerkenswerte Auffassung, für eine Schließung dieser Lücke sprächen zwar „steuersystematische Gründe“, eine generelle Besteuerung von Veräußerungsgewinnen im Privatvermögen sei aber aus wirtschaftspolitischen Gründen abzulehnen; vgl. *Börsenzeitung* vom 26.11.1996, S. 6. Welches System hier aus wirtschaftspolitischen Gründen außer Kraft gesetzt wird, bleibt ebenso unklar wie die Antwort auf die Frage, warum man das vermeintliche System nicht sofort über Bord wirft, statt sich zunächst daran zu orientieren, um sich anschließend darüber hinwegzusetzen. Zu steuersystematischen Gründen gegen (!) eine Besteuerung von Aktienkursgewinnen vgl. *Hecker, R.* (1987), *Wagner, F.W./Kiesewetter, D.* (1996), Wissenschaftlicher Beirat beim Bundesministerium für Wirtschaft (1996), *Wenger, E.* (1997a).

[9] Vgl. hierzu *Wagner, F.W.* (1997).

Zinszahlungen aus privaten Ersparnissen, Nettoerträge aus Vermietung und Verpachtung oder auch Wertzuwächse von Aktien und Immobilien. All diese Sachverhalte müssen als gleichwertig angesehen werden, wenn es nach den Anhängern dieses Konzepts geht. Die Freunde dieses Eintopfs sprechen bezeichnenderweise von der „synthetischen Einkommensteuer“[10] und glauben, daß er um so besser wird, je mehr man hineinwirft. „Verbreiterung der Bemessungsgrundlage“ lautet dann die ambitionierte Bezeichnung, die für solche Verschlimmbesserungen in Anspruch genommen wird.

In der Tat sucht man vergeblich nach einem systematischen Kriterium, anhand dessen sich entscheiden läßt, was in den Eintopf hineingehört und was nicht. Mit inhaltsleeren Worthülsen wie „Reinvermögenszufluß“ oder „Reinvermögenszugang“[11] wird verdeckt, welche Ratlosigkeit in der etablierten Finanzwissenschaft herrscht, wenn es gilt, eine theoretisch konsistente Abgrenzung vorzunehmen. Gelegentlich ist zum „Reinvermögenszugangsprinzip“ noch zu erfahren, daß Einkommen jeweils in dem Kalenderjahr zu versteuern sei, „in dem es entsteht“.[12] Damit werden alle Definitionsprobleme ausgeblendet, mit denen man sich auseinandersetzen muß, wenn man das Einkommen ermitteln will. Die „Entstehung von Einkommen“ ist nun einmal kein Vorgang, der sich ohne menschliches Zutun aus den Naturgesetzen ergibt. Ob Einkommen „entsteht“, bestimmt sich aus zufällig oder planmäßig zusammengestrickten Rechenregeln, für deren konkreten Inhalt die Finanzwissenschaft vorsichtshalber keine allzu tiefgreifende Zuständigkeit beansprucht; ansonsten bestünde für die Vertreter dieser altehrwürdigen Disziplin die Gefahr, daß sie in die Niederungen des Bilanzsteuerrechts hinabsteigen müssen, wo sie sich im allgemeinen nicht zu Hause fühlen. Statt dessen verlassen sie sich lieber darauf, daß in der Zuständigkeit von Betriebswirten jene Buchhaltungsregeln entwickelt werden, mit denen das volle Einkommen und der wirkliche Gewinn absolut exakt ermittelt werden können. Nach einer solchen Kompetenzzuweisung braucht sich die etablierte Finanzwissenschaft dann nicht mehr um lästige Details zu kümmern. Die Frage, ob man sich eher an deutschen oder an amerikanischen Gewinnermittlungsregeln orientieren solle und welche Bilanzierungsvorschriften nun im einzelnen diejenigen sind, die die tatsächliche Leistungsfähigkeit definieren, verliert sich in den Nebelschwaden, die aus dem Reinvermögens-Zufluß aufsteigen.

So nimmt es nicht wunder, daß sich einer der bekanntesten Vertreter der traditionellen Einkommens- und Gewinnbesteuerung - nämlich *Musgrave* - darauf beruft, es gebe „something meaningful in the concept of taxable income“.[13] Auch wenn die Finanzwissenschaft auf diesem Gebiet zugegebenermaßen schon etwas präzisere Beiträge geleistet hat, ist nach wie vor rätselhaft, wie man auf die Idee kommen konnte, daß Löhne, Zinsen, buchmäßige und nicht buchmäßig erfaßte

---

[10] Vgl. etwa *Homburg, St.* (1997), S. 108.

[11] Vgl. hierzu schon *Schanz, G.* (1896), S. 23. Zur Auseinandersetzung mit der Worthülsenökonomie der traditionellen Finanzwissenschaft vgl. *Wenger, E.* (1983), S. 207-210; vgl. insoweit auch *Schneider, D.* (1987), S. 422 u. S. 426: „Der seit 80 Jahren gelobte Aufsatz von Schanz“ und die Arbeiten seiner „angelsächsischen Epigonen“ sind „ein Beispiel dafür, wie man normative Wirtschaftstheorie gerade nicht betreiben“ darf.

[12] So jedenfalls *Homburg, St.* (1997), S. 108.

[13] *Musgrave, R.A.* (1976).

Vermögensänderungen einer „Synthese“ in Form einer einheitlichen Besteuerung zu unterwerfen seien. In der einschlägigen Literatur ist zwar durchaus der Versuch unternommen worden, dieses institutionell bedingte Steuerchaos auf einen möglichst einheitlichen theoretischen Nenner zu bringen; von Erfolg gekrönt waren diese Bemühungen aber leider nicht. In den Wirtschaftswissenschaften herrscht heute Konsens darüber, daß in der traditionellen Einkommens- und Gewinnbesteuerung zwei unterschiedliche steuertheoretische Idealkonzeptionen nebeneinander angelegt sind. Beim Humanvermögen ist im wesentlichen eine sogenannte „Cash-flow Steuer“ realisiert, also eine Besteuerung laufender Zahlungsüberschüsse, die sich in ihrer einfachsten Erscheinungsform als Lohnsteuer niederschlägt. Die steuerliche Bemessungsgrundlage für Einkünfte aus Sach- und Finanzvermögen hingegen wird auf das steuerpolitische Ideal des sogenannten „ökonomischen Gewinns“ zurückgeführt;[14] dabei handelt es sich um die rechnerische Verzinsung, die der Ertragswert der Einkunftsquelle in der steuerlichen Abrechnungsperiode abwirft. Das nach Einkunftsarten differenzierende Nebeneinander dieser beiden theoretischen Grundkonzepte der Einkommens- und Gewinnbesteuerung ist der idealisierte Kern dessen, was nach heute üblicher Terminologie als „Schanz-Haig-Simons-Konzept“ der traditionellen Einkommensbesteuerung bezeichnet wird.[15] Die erfassungstechnische Umsetzung dieser beiden Ideale ist im Fall der Cash-flow Steuer relativ einfach, weshalb sich die Besteuerung von Arbeitseinkünften in der Praxis vom theoretischen Grundkonzept nur geringfügig unterscheidet. Hingegen liegen bei den Einkünften aus Sach- und Finanzvermögen Ideal und Praxis oftmals weit auseinander, wie sich im folgenden zeigen wird.

3. Der ökonomische Gewinn als Bemessungsgrundlage für die gleichmäßige Besteuerung von Sach- und Finanzvermögen

Die Berechnung des ökonomischen Gewinns erweist sich oft als schwierig, weil der zugrunde zu legende Ertragswert von der Prognose zukünftiger Zahlungsüberschüsse abhängt. Ersatzweise bedient man sich deshalb vergangenheitsorientierter Konventionen der Buchhaltung. Bei bilanzierungspflichtigen Gewerbetreibenden orientiert man sich beispielsweise am periodischen Zuwachs des in der Bilanz als Saldo aus Vermögensgegenständen und Schulden ausgewiesenen Eigenkapitals; dabei erfolgt die Bilanzierung der einzelnen Vermögensgegenstände im wesentlichen zu historischen Anschaffungskosten abzüglich planmäßiger und außerplanmäßiger Abschreibungen.

---

[14] Dies scheint heute so selbstverständlich, daß es in aller Regel nicht explizit ausgesprochen wird; ausdrücklich von einer „Idealform“ spricht beispielsweise *Sinn, H.-W.* (1985), S. VII. Wesentlich häufiger wird der „ökonomische“ oder „ideale“ Gewinn indirekt angesprochen über die Ertragswertabschreibung als zugehörige Abschreibungsmethode; diese wird dann als „ökonomisch richtige Abschreibungsmethode“ oder „true economic depreciation“ bezeichnet; vgl. statt vieler *Stiglitz, J.E.* (1976), S. 303.

[15] Vgl. statt vieler *Sinn, H.-W.* (1985), S. VII et passim.

Mit dem ökonomischen Gewinn stimmt das bilanzrechnerische Ergebnis genau dann überein, wenn der Buchwert aller Vermögensgegenstände und Schulden ihrem Ertragswert entspricht und ihre Ertragskraft durch jenen Zins bestimmt ist, der in die Berechnung des ökonomischen Gewinns eingeht. Dies wäre dann der Fall, wenn alle Güter- und Faktormärkte vollkommen sind und die buchmäßigen Abschreibungen die Entwicklung der Ertragswerte reflektieren.[16] Ansonsten weicht die tatsächliche Steuerbemessungsgrundlage von ihrem Ideal mehr oder weniger stark ab; die grundsätzliche Orientierungsfunktion des Ideals für eine systematische Steuerreform wird allein dadurch aber noch nicht in Frage gestellt. Solange man am steuersystematischen Ideal des ökonomischen Gewinns festhält, dürfen Abweichungen der Buchhaltungsmethoden von diesem Ideal grundsätzlich nicht dazu führen, daß die ökonomisch relevante Steuerbelastung von der Idealbelastung abweicht; allenfalls solche Abweichungen können hingenommen werden, die auf administrative Vereinfachungen zurückzuführen sind und dabei im Ausmaß vernachlässigt werden können. Am ehesten gilt dies noch für die Besteuerung von festverzinslichen Wertpapieren, wo die herkömmliche Besteuerung der laufenden Zinserträge mit der Besteuerung des ökonomischen Gewinns exakt übereinstimmt, sofern von Zinsschwankungen im Zeitablauf und Bonitätsrisiken beim Emittenten abstrahiert werden kann.

Die Zufälligkeiten buchhalterischer Konventionen und Manipulationen dürfen jedenfalls nicht dazu führen, daß sich die Steuerbelastung nennenswert ändert, weil die Wertansätze in der kaufmännischen Buchführung von den Ertragswerten abweichen. Dies bedeutet im Prinzip, daß spätestens im Liquidationszeitpunkt eines Unternehmens ex post zu überprüfen ist, ob sich die buchhalterische Steuerbemessungsgrundlage in irgendeiner Periode von der Verzinsung jenes Ertragswerts unterschieden hat, der sich unter Berücksichtigung der später gewonnenen Erkenntnisse im Nachhinein ermitteln läßt. Alle Belastungsdifferenzen, die sich aus einer solchen Prüfung ergeben sollten, wären dann einschließlich Zinsen nachträglich auszugleichen. Naturgemäß braucht man mit einer solchen Belastungsrevision nicht bis zum Liquidationszeitpunkt zu warten, sondern kann sie auch alljährlich vornehmen, indem man den jeweils im Rahmen der Buchhaltung neu erreichten Abrechnungsstand zugrunde legt.

Solche Belastungskorrekturen sind in administrativer Hinsicht vergleichsweise kompliziert. Sie aus Vereinfachungsgründen zu unterlassen, ist aber nicht einmal dann zu rechtfertigen, wenn man die Frage der steuerlichen Gleichmäßigkeit ausschließlich auf die Belastung des Sach- und Finanzvermögens bezieht; denn im Rahmen der kaufmännischen Buchführung müssen gravierende Unsicherheiten verarbeitet werden, für deren Handhabung oft nichts weiter zur Verfügung steht als mehr oder weniger willkürliche Konventionen. Einige Beispiele, die dem bilanzierenden Praktiker durchaus geläufig sind, mögen auch dem abgehobenen Anhänger der traditionellen Einkommens- und Gewinnbesteuerung verdeutlichen, was er seiner Umwelt zumutet:[17]

[16] Dies entspricht dann der „true economic depreciation" im Sinne von Fußnote 14.
[17] Vgl. hierzu *Wagner, F.W.* (1998).

- Das Anschaffungswertprinzip, das die Verbuchung unrealisierter Gewinne verbietet, führt nicht selten zu grotesken Unterbewertungen;[18] seine Abschaffung aber würde gravierende administrative Probleme einer laufenden Wertermittlung aufwerfen.[19]
- Immaterielle Wirtschaftsgüter und alle sonstigen „nicht greifbaren" Investitionen in die Zukunft eines Unternehmens werden auch dann sofort abgeschrieben, wenn sie den Wert eines Unternehmens nahezu allein ausmachen. Gerade dies aber ist zunehmend häufiger der Fall, wie sich am Beispiel der heute üblichen Informationstechnologien unschwer nachvollziehen läßt: Der Tageswert in Gebrauch befindlicher Hardware, die man anfassen kann und deshalb aktivieren muß, wird in der Regel durch die Preisverhältnisse am Flohmarkt bestimmt.
- Entsorgungsverpflichtungen und sonstige Risiken aus dem Betrieb von Kernkraftwerken schlagen sich in milliardenschweren Rückstellungspositionen nieder, von denen niemand weiß, ob sie vom Barwert der tatsächlichen Inanspruchnahme um eine Zehnerpotenz überschritten werden.

Wenn aber in Buchhaltungsregeln unvermeidbar solche Freiheitsgrade angelegt sind, kann eine abschließende Festsetzung der Steuerbelastung nicht von derartigen Zufälligkeiten abhängig gemacht werden. Steuerliche Gleichmäßigkeit wird nicht dadurch verwirklicht, daß man das, was die Buchhalter als gemeinschaftliches Regelwerk oder individuelles Bilanzergebnis auswürfeln, zum Maßstab der wirtschaftlichen Leistungsfähigkeit erklärt.

4. Gleichmäßige Besteuerung von Sach-, Finanz- und Humanvermögen

Wenn die traditionelle Einkommensbesteuerung für Sach- und Finanzvermögen einerseits und Humanvermögen andererseits jeweils unterschiedliche steuerpolitische Ideale bereithält, fehlt der Forderung nach gleichmäßiger und systematischer Erfassung der „tatsächlichen" Leistungsfähigkeit von vornherein die theoretische Basis. Statt eines für alle Einkunftsarten maßgeblichen Systems gibt es zunächst einen Steinbruch von Bewertungskonventionen für das Sach- und Finanzvermögen, die erst mit Hilfe von bisher unverwirklicht gebliebenen Belastungskorrekturen zu einem administrativ höchst unübersichtlichen System mit beschränktem Geltungsbereich zusammengefügt werden können. Weit abseits dieses Steinbruchs existiert zwar mit dem Zahlungsüberschuß eine transparente Bemessungsgrundlage; ihre Anwendung bleibt aber auf die Besteuerung der Erträge des Humanvermögens beschränkt. Wer sich mit diesem Zustand abfindet, sollte aufhören, im Hinblick auf die Einkommens- und Gewinnbesteuerung nach einer systematischen

---

[18] Daraus können dann massive Verzerrungen von Veräußerungsentscheidungen resultieren; vgl. dazu ausführlich *Hecker, R.* (1987).

[19] Welche grotesken Vorschläge man machen kann, wenn man an die Lösbarkeit der administrativen Probleme einer Besteuerung unrealisierter Gewinne glaubt, zeigt ein Beitrag von *Rädler, A.J.* (1996).

und gleichmäßigen Erfassung der „vollen" steuerlichen Leistungsfähigkeit zu rufen und statt dessen ein offenes Bekenntnis zu willkürlichen Steuerreformen abgeben. Forderungen nach Streichung von Sondervergünstigungen, Beseitigung von Ausnahmeregeln und Schließung von Schlupflöchern verbieten sich dann von selbst. Wo es kein einheitliches steuerpolitisches Ideal für alle Einkunftsarten gibt, fehlt es an einer Bezugsbasis, an der sich festmachen ließe, wo eine Vergünstigung vorliegt und wo nicht. Wie man Ausnahmen beseitigt, ohne Regeln zu haben, bleibt das Geheimnis derer, die zur „Verbreiterung von Bemessungsgrundlagen" und zur „Schließung von Schlupflöchern" angetreten sind.

Hiergegen könnte man einwenden, Humankapital sei von Sach- und Finanzvermögen so verschieden, daß sich die Frage nach gleichmäßiger Besteuerung im Verhältnis zwischen Arbeits- und Vermögenseinkünften nicht stelle und man die Unterteilung des Einkommensteuersystems in zwei getrennte Schubladen akzeptieren müsse. Wollte man das „Schanz-Haig-Simons-Konzept" in diesem Sinne verstehen, so wäre die Gleichmäßigkeit der Besteuerung in der Tat nicht zwischen, sondern nur innerhalb der einzelnen Einkunftsarten von Belang.

Mit dieser „Zwei-Schubladen-Theorie" haben sich weite Teile der volkswirtschaftlichen Literatur angefreundet. Ausgesprochen populär sind Modelle, in denen Arbeitnehmer aus ihren Arbeitseinkünften Ersparnisse bilden, die sich am vollkommenen Kapitalmarkt verzinsen. Andere Einkunftsarten gibt es in derartigen Modellwelten regelmäßig nicht;[20] dafür wird um so intensiver der Frage nachgegangen, ob und warum es zu rechtfertigen ist, daß die Aufzinsung des nach und nach gebildeten Finanzvermögens einer Steuer unterworfen wird, von der das Humanvermögen verschont bleibt. Dabei wird offensichtlich unterstellt, daß die Ressourcen des Arbeitnehmers irgendwann aus der Humankapital- in die Finanzvermögensschublade hinüberdiffundieren. Die hierfür nötige Unterstützung muß dann wohl von einem konzeptionell unentbehrlichen Holzwurm kommen, der den Trennwänden der beiden Schubladen zur benötigten Durchlässigkeit verhilft. Nur so wird es möglich, daß der steuerliche Status der Vermögensposition des Arbeitnehmers die wundersame Metamorphose vom Substrat der Cash-flow Steuer zum Gegenstand der Zinsbesteuerung durchmacht.

Angesichts solcher Wechselfälle wird man sich damit abfinden müssen, daß sich die Welt leider nicht mehr in zwei Schubladen einteilen läßt, wenn es an die praktische Umsetzung des „Schanz-Haig-Simons-Konzepts" geht. Völlig unklar ist nämlich, nach welchem Kriterium der Zeitpunkt festgelegt wird, zu dem die Ressourcen des Arbeitnehmers die Dienste des Holzwurms in Anspruch nehmen. Wer glaubt, dieser Zeitpunkt ergebe sich „aus der Natur der Sache", täuscht sich gründlich. Versucht man nämlich, die Sache, aus deren Natur sich irgend etwas ergeben soll, inhaltlich zu präzisieren, so stößt man unvermeidlich auf den Beamten, der sich von vielen anderen Arbeitnehmern auf bemerkenswerte Weise unterscheidet: Beim Staatsdiener dauert die Entleerung der Humanvermögensschublade bis zu seinem Tod. Bis zu diesem Zeitpunkt bezieht er eine Pension, die auf Cash-flow Basis besteuert wird, obwohl sich das Humanvermögen aus der Sicht des Arbeitgebers längst verflüchtigt hat. Sofern der Beamte aber aus seinen laufenden Bezü-

---

[20] Zum grundlegenden Argumentationsmuster vgl. *Atkinson, A./Stiglitz, J.* (1980), Kapitel 3 und 14-4.

gen Ersparnisse bildet, die derselben ökonomischen Funktion dienen wie die Pension, nämlich der Altersvorsorge, gelten bereits die Gesetze der Finanzvermögensschublade mit der Steuerpflicht auf Zinsen.

Ganz offensichtlich wäre der Beamte in einer weitaus ungünstigeren Lage, wenn der Wechsel ins Finanzvermögen wie bei einer mobilen Putzfrau bereits nach Maßgabe der erbrachten Arbeitsleistungen erfolgen würde: Je früher der Wechsel erfolgt, desto länger ist der Zeitraum bis zum endgültigen Konsum, in welchem der Beamte seine Ersparnisse nur zum Zinssatz nach Steuern anlegen kann; der Staat hingegen, der selbst keine Steuern zahlt, kann zunächst vorenthaltene Arbeitsentgelte zum Zinssatz vor Steuern akkumulieren[21] und den Beamten am Vorteil der insoweit vermiedenen Zinsbesteuerung teilhaben lassen.

Nun könnte beim Beamten der Vorteil der vermiedenen Zinsbesteuerung noch dadurch ausgeglichen werden, daß der Staat auf die betreffenden Steuern deshalb verzichtet, weil er den Steuervorteil des Beamten einfach durch niedrigere Zahlungen vor Steuern kompensiert. Die Ungleichmäßigkeit der Besteuerung würde dann außerhalb des Steuerrechts korrigiert. Aber es kommt nicht einmal mehr zu einer solchen unsystematischen Korrektur, wenn private Arbeitgeber ein Steuersparmodell nach dem Muster der Beamtenpension entwickeln: Auch die betriebliche Pensionszusage hat den Effekt, daß der Arbeitnehmer bis zur Entgegennahme der Pensionszahlungen die private Zinsbesteuerung vermeidet, während der Arbeitgeber die zunächst vorenthaltenen Arbeitsentgelte zwischenzeitlich steuerfrei anlegen kann, indem er eine Pensionsrückstellung bildet.[22] Das auf die Zwei-Schubladen-Theorie zugeschnittene Steuersparmodell beruht einfach darauf, daß der Arbeitgeber Arbeitsentgelte zurückhält, die er steuerfrei anlegen kann, weil er einen Passivposten in Höhe des Barwerts der noch ausstehenden Verpflichtung bilden muß; gleichzeitig zahlt der Arbeitnehmer bis zur verspäteten Auszahlung auf seinen Anspruch keine Steuern, weil bei ihm nur eine Cash-flow Steuer erhoben wird.[23]

---

[21] In diesem Zusammenhang spielt es natürlich keine Rolle, ob der Staat die Mittel tatsächlich in einem Pensionsfonds akkumuliert oder sich in geringerem Umfang am Kapitalmarkt verschulden muß.

[22] Weil sich Pensionsrückstellungen nach Maßgabe eines Rechnungszinses von 6 % aufbauen, ist streng genommen nicht die tatsächliche Verzinsung der über Pensionsrückstellungen einbehaltenen Mittel steuerfrei, sondern eine normierte Verzinsung von 6 %. Da dieser Satz nur geringfügig unter der Durchschnittsverzinsung langfristiger Bundesanleihen in der Nachkriegszeit liegt, wird im folgenden aus Vereinfachungsgründen so argumentiert, als sei die Verzinsung der Gegenwerte von Pensionsrückstellungen gänzlich steuerfrei. Zur Vermeidung von Mißverständnissen sei noch darauf hingewiesen, daß eine Erhöhung des normierten Rechnungszinses den Steuervorteil nicht notwendigerweise steigert, sondern je nach Sachlage auch reduzieren kann. Bei höherem Rechnungszins würde die steuerfrei bleibende Verzinsung zwar zunehmen; bei gegebener Pensionszusage wird dieser Effekt aber dadurch überkompensiert, daß ein höherer Rechnungszins zu einer stärkeren Diskontierung bei der Rückstellungsbildung führt und damit den Anlagebetrag reduziert, dessen Verzinsung steuerfrei bleibt. Der steuerliche Vorteil würde sich bei höherem Rechnungszins nur dann vergrößern, wenn der Anlagebetrag gleich bleibt; dafür müßte der Arbeitgeber aber die Pensionszusage erhöhen und gegebenenfalls das laufende Gehalt reduzieren.

[23] Vgl. *Knoll, L.* (1996), S. 268f.; aus amerikanischer Perspektive vgl. *Miller, M./Scholes, M.* (1982), insbesondere S. 200.

Offensichtlich verkörpern derartige Steuersparmodelle gerade dann kein steuerliches Schlupfloch, wenn man das Schanz-Haig-Simons-Konzept ernst nimmt: Beim Arbeitnehmer wird in der Humanvermögensschublade „systemgemäß" nur der Zahlungsüberschuß besteuert, während der in der Finanzvermögensschublade agierende Unternehmer ebenso „systemgemäß" den Barwert der noch ausstehenden Verpflichtungen passivieren muß. Unter solchen Umständen steht dem Fiskus eine Koalition von Arbeitgeber und Arbeitnehmer gegenüber, die förmlich dazu eingeladen wird, durch Manipulation von Zahlungszeitpunkten die Summe ihrer Steuerlasten zu verringern.[24] Damit einher geht eine massive Verletzung der steuerlichen Gleichmäßigkeit zu Lasten derjenigen, denen einschlägige Koalitionsmöglichkeiten nicht oder jedenfalls nur unter Inkaufnahme von Schwierigkeiten offenstehen. Hierzu gehören neben selbständigen Kleingewerbetreibenden vor allem die Arbeitnehmer von Unternehmen, die nur kurzfristig angelegte Beschäftigungsmöglichkeiten anbieten oder zu klein sind, um sich die fixen Kosten eines eigenen Altersversorgungswerks leisten zu können; soweit Tarifverträge eine bindende Untergrenze für den Barlohn darstellen, scheidet dessen partielle Substitution durch Pensionszusagen auch in jenen Unternehmen aus, die Mühe haben, gerade die Tariflöhne zu erwirtschaften. Eine starke Tendenz des Schanz-Haig-Simons-Konzepts zur Umverteilung von unten nach oben ist insoweit in das „System" eingebaut.

Da das Zwei-Schubladen-Modell nicht funktionieren kann, wenn sich die Inhalte der beiden Schubladen nicht „systemgerecht" trennen lassen, wird man es nicht einmal als Notlösung akzeptieren können. Statt die Frage der steuerlichen Gleichmäßigkeit im Verhältnis zwischen unterschiedlichen Einkunftsarten einfach wegzudefinieren, kommt man nicht umhin, sich doch auf die Suche nach einem einheitlichen Konzept wirtschaftlicher Leistungsfähigkeit zu machen, das auf alle Einkunftsarten angewendet wird. Das aber bedeutet zwingend, daß die Regeln der Einkommensermittlung vereinheitlicht werden müssen. Nach dem bisher Gesagten kommen dafür prinzipiell zwei Wege in Betracht: Entweder wird der ökonomische Gewinn oder aber der Zahlungsüberschuß einheitlich in beiden Schubladen als steuerliche Bemessungsgrundlage herangezogen.

5. Von der einheitlichen Besteuerung des Zahlungsüberschusses zur zinsbereinigten Einkommens- und Gewinnbesteuerung

Wendet man die Cash-flow Steuer nicht nur auf das Humankapital, sondern auch auf Sach- und Finanzvermögen an, so wird die steuerliche Buchhaltung sehr einfach: Neben der menschlichen Arbeitskraft werden auch alle herkömmlichen Bilanzpositionen mit einem Buchwert von Null angesetzt. Dann würde der Arbeitnehmer wie bisher seinen Lohn versteuern, aber Sparer und Unternehmer dürften auf jede Investition in Finanz- und Sachanlagen sofort eine Abschreibung von

[24] Zur Konzeption solcher Steuervermeidungskoalitionen zwischen Arbeitgebern und Arbeitnehmern vgl. *Wagner, F.W.* (1991).

100 % des Anschaffungswerts vornehmen. Das wäre naturgemäß das Ende der gegenwärtig so populären Bemühungen um die Beseitigung von „Abschreibungsvergünstigungen": Alles, was hinter der hundertprozentigen Sofortabschreibung zurückbleibt, benachteiligt den Kapitalgeber im Vergleich zu einem Arbeitnehmer, der seine Arbeitskraft nicht aktivieren und nur den Überschuß der laufenden Lohnzahlungen über die Werbungskosten versteuern muß. Rückstellungen und Verbindlichkeiten wären in der auf Null zusammengestrichenen Steuerbilanz zwar ebenfalls unzulässig; aber solange eine nach herkömmlichen Regeln erstellte Steuerbilanz ein positives Eigenkapital ausweist, ist die Benachteiligung des Kapitalgebers aus dem Aufschub von Abschreibungen zwangsläufig größer als seine Bevorzugung aus der Zulassung von Rückstellungen.[25] Mit dem Übergang zur einheitlichen Cash-flow Steuer wäre die traditionelle Einkommens- und Gewinnbesteuerung aufgegeben zugunsten eines konsistenten Konzepts der wirtschaftlichen Leistungsfähigkeit. Danach erscheint in einem ganz neuen Licht, was bei unreflektierter Deutung des geltenden Steuerrechts als Ausnahmeregel, Steuervergünstigung, Lücke oder gar Schlupfloch eingeordnet wurde. Was bei vordergründiger Betrachtung wie ein „Schlupfloch" aussieht, dient in Wahrheit oft nur dazu, das herrschende Steuerchaos näher an ein konsistentes Steuersystem heranzuführen.

In diesem Sinne wirkt unter anderem auch die Steuerfreiheit privater Veräußerungsgewinne, die nach den Vorstellungen der eingangs zitierten Experten als eines von vielen „Schlupflöchern" gilt, die gestopft werden sollten. Aus der Perspektive einer systematischen Cash-flow Steuer sieht die Welt nun einmal anders aus als beim Blick in den Zerrspiegel des herkömmlichen Einkommensteuer-Sammelsuriums, an das man sich offenbar vielerorts gewöhnt hat. Eine systematische Gleichbehandlung von Löhnen und Veräußerungsgewinnen ist dann erreicht, wenn der Anschaffungspreis des Investitionsobjekts im Anschaffungszeitpunkt steuerlich wirksam abgeschrieben werden darf. Wird der Kaufpreis auf diese Weise den ebenfalls sofort abzugsfähigen Werbungskosten des Arbeitnehmers gleichgestellt,[26] dann können Veräußerungserlöse aus Aktien auch systemgerecht in vollem Umfang wie Löhne versteuert werden. Wird die Sofortabschreibung aber versagt, ist die volle Besteuerung von Veräußerungsgewinnen eine Benachteili-

[25] Selbst bei negativem Eigenkapitalausweis ist der Kapitalgeber nur dann bessergestellt als der Arbeitnehmer, wenn für Verluste, denen keine steuerpflichtigen Gewinne vorausgegangen sind, sofortige Steuererstattungen beansprucht werden können.

[26] Hier könnte man einwenden, daß dem Arbeitnehmer die Sofortabschreibung von Arbeitsmitteln nicht in allen Fällen gestattet wird. Auch im Hinblick auf eine Erwerbstätigkeit aufgewendete Ausbildungskosten können nicht immer in vollem Umfang abgesetzt werden. Von daher stellt sich die Frage, ob diese beiden Abweichungen von der Cash-flow Steuer in quantitativer Hinsicht bedeutsam sind. Indessen erreichen weder die nicht sofort absetzbaren Arbeitsmittel noch die bei Verzicht auf eine spätere Erwerbstätigkeit einsparungsfähigen Ausbildungskosten eine Größenordnung, die im Verhältnis zum aufsummierten Barwert der Lohnzahlungen während des Erwerbslebens ins Gewicht fällt. Obendrein ist noch zu berücksichtigen, daß Eltern oft Freibeträge für die Ausbildungskosten ihrer Kinder in Anspruch nehmen können. Vor diesem Hintergrund könnten die Abweichungen von der Besteuerung des Cash-flow beim Arbeitnehmer allenfalls dafür herhalten, auf Unternehmensebene eine Aktivierungspflicht für den Inhalt der Portokasse zu begründen. Die im Hinblick auf die steuerliche Behandlung von Arbeitnehmern begründbaren Einschränkungen der Sofortabschreibung auf Unternehmensebene dürfen also getrost vernachlässigt werden.

gung des Anlegers gegenüber dem Arbeitnehmer; denn der Aktionär kann dann den Anschaffungspreis erst im Veräußerungszeitpunkt mit seinen Einnahmen aus der Veräußerung verrechnen. Dadurch entsteht ihm ein Zinsverlust, für den er gegenwärtig durch die Steuerfreiheit der Veräußerungsgewinne kompensiert wird.

Naturgemäß ist diese Kompensation nicht notwendigerweise perfekt. Sie kann in ihrer ökonomischen Auswirkung über die streng systematische Lösung hinausschießen oder dahinter zurückbleiben; aber sie ist als Vereinfachungslösung tragbar, wenn man bedenkt, daß der Wertzuwachs einer risikofreien Anlage ohne laufenden Ertrag auf funktionierenden Märkten im Durchschnitt den Marktzins abgelten muß. Wie weit diese Überlegung für einzelne Anlageformen trägt, hängt von der Existenz laufender Erträge, deren steuerlicher Behandlung und dem Risikogehalt des Investitionsobjekts ab; immerhin bietet die gegenwärtige Steuerfreiheit von Veräußerungsgewinnen aus privat gehaltenen Aktien jedenfalls dann eine perfekte Kompensation für die verweigerte Sofortabschreibung, wenn der Veräußerungspreis mit dem aufgezinsten Anschaffungspreis übereinstimmt und der Steuersatz im Zeitablauf gleich bleibt. Unter diesen Umständen ist es für den Steuerpflichtigen egal, ob es beim bisherigen Recht bleibt oder ob er den Anschaffungspreis sofort abschreiben darf und den Veräußerungserlös voll versteuern muß; gemessen am geltenden Recht hätte der Übergang zur Cash-flow Steuer dann nur den Effekt, daß die systematisch gebotene Sofortabschreibung zu einer Steuerersparnis führt, die im Veräußerungszeitpunkt in aufgezinster Höhe wieder an den Staat zurückgegeben werden muß.

Wenn es den nichtakademischen Befürwortern einer umfassenden Veräußerungsgewinnbesteuerung im Einklang mit zahlreichen Stimmen aus der Wissenschaft gelungen wäre oder doch noch gelingen sollte, die Kompensation für die fehlende Sofortabschreibung zu streichen, würde damit also kein „Schlupfloch" geschlossen; vielmehr würde die Distanz der Besteuerungspraxis zu einem logisch konsistenten System steuerlicher Gleichmäßigkeit nur noch vergrößert. Dies gilt jedenfalls für privat gehaltene Aktien, bei denen die laufenden Erträge voll steuerpflichtig sind, weil nicht nur die Sofortabschreibung, sondern überhaupt jede Abschreibung verweigert wird;[27] bei Immobilien ist demgegenüber völlig unklar, ob eine Veräußerungsgewinnbesteuerung gemessen am Ideal der Cash-flow Steuer zu mehr oder weniger Gleichheit führt, solange zeitlich gestaffelte Abschreibungen auf den Gebäudeteil zulässig sind.

Wer steuerliche Gleichmäßigkeit in einem streng verstandenen Sinne will, mag die Sofortabschreibung einführen und dafür den Veräußerungserlös voll besteuern. Alternativ kann er es bei der Steuerfreiheit von Veräußerungsgewinnen belassen. Eine dritte Möglichkeit besteht darin, zwar keine Sofortabschreibung, aber dafür im Veräußerungszeitpunkt den Abzug des Anschaffungspreises zuzüglich einer marktüblichen Verzinsung zuzulassen, um den Zinsverlust aus der verspäteten Abschreibung auf diese Weise auszugleichen. Offensichtlich ist dies gleichbedeutend mit der Steuerfreiheit von Zinsen, die dann entsprechend auch bei festverzinslichen Wertpapieren zu gewähren wäre.

[27] Auf die Sonderregelung für wesentliche Beteiligungen in § 17 EStG soll in diesem Zusammenhang nicht weiter eingegangen werden; hier steht der Abschreibungsmöglichkeit eine Veräußerungsgewinnbesteuerung gegenüber.

Auf der betrieblichen Ebene und auch bei privat gehaltenen Grundstücken können diese Varianten analog praktiziert werden. Hier führt die Sofortabschreibung zur Besteuerung allein der kassenmäßig wirksamen Zahlungsüberschüsse; gegebenenfalls sind natürlich Korrekturen für Entnahmen und Einlagen durchzuführen. Alternativ kann wie bisher eine Aktivierung vorgeschrieben werden; das bedeutet dann aber, daß bei der betrieblichen Gewinnermittlung durch Vermögensvergleich nicht der Überschuß des Endvermögens über das Anfangsvermögen, sondern nur der Überschuß über das marktüblich aufgezinste Anfangsvermögen steuerpflichtig ist. Erhebungstechnisch läßt sich das am einfachsten dadurch bewerkstelligen, daß vom herkömmlichen Gewinn aus der kaufmännischen Buchführung eine kalkulatorische Verzinsung des bilanzierten Eigenkapitals abgesetzt wird. Nach einer solchen „zinsbereinigten Gewinnbesteuerung“[28] auf Betriebsebene dürften Ausschüttungen beim Anteilseigner nicht nochmals besteuert werden, sondern müßten steuerfrei bleiben. Vermieter können im Prinzip wie Betriebe besteuert werden.

Die im Interesse einer materiell verstandenen Gleichmäßigkeit gebotene Steuerreform ist also das genaue Gegenteil des Programms zur Beseitigung von Schlupflöchern, mit dem Bemessungsgrundlagenverbreiterer aller Schattierungen die private Vermögensbildung zu bekämpfen versuchen: Will man nicht zur Cashflow Steuer mit der dann gebotenen Sofortabschreibung übergehen, so sind marktübliche Zinsen steuerfrei zu halten. In diesem Fall wäre auf betrieblicher Ebene eine zinsbereinigte Gewinnbesteuerung durchzuführen, wie sie seit 1994 in Kroatien praktiziert wird. Private Vermögensverwaltung kann aus Vereinfachungsgründen steuerfrei bleiben, es sei denn, man will Differenzen zwischen tatsächlich realisierter und marktüblicher Verzinsung im Privatvermögen mit derselben Genauigkeit erfassen wie auf Betriebsebene. Da das wohl nicht lohnt, ist die Vereinfachungslösung vorzuziehen; das würde dann bedeuten, daß man den scheinbar üppigen Sparerfreibetrag nicht kürzt oder gar auf Null heruntersetzt, wie derzeit vielfach gefordert, sondern auf den Wert „unendlich“ anhebt.

Ob man sich letzten Endes für die Cash-flow Steuer oder die zinsbereinigte Einkommens- und Gewinnbesteuerung in einer mehr oder weniger vereinfachten Variante entscheidet, ist keine Frage, die unter dem Gesichtspunkt der steuerlichen Gleichmäßigkeit entschieden werden kann. Bei vollkommenem Kapitalmarkt sind die beiden Steuersysteme in ihren ökonomischen Wirkungen ohnehin identisch und führen nur zu einer anderen Verteilung des Barwerts der Steuerzahlungen in der Zeit. Auf Kapitalmarktunvollkommenheiten reagieren sie zwar nicht exakt gleich; die insoweit bestehenden Unterschiede lassen aber keine Entscheidung in dem Sinne zu, daß sich eine unter rein steuersystematischen Gesichtspunkten überlegene Alternative identifizieren ließe. Insofern muß sich die Auswahl an erhebungstechnischen Gesichtspunkten und den Kosten des Systemwechsels orientieren. In dieser Hinsicht hat die zinsbereinigte Systemvariante den Vorteil, daß sie den Erhebungsapparat der traditionellen Einkommens- und Gewinnbesteuerung unter Verzicht auf die wenig einträgliche Überwachung der privaten Vermögensverwaltung übernehmen kann. Selbst die kaufmännische Buchhaltung mit ihren mehr oder weniger willkürlichen Bewertungsregeln kann weiterverwendet werden, weil

[28] Zur „Zinsbereinigung“ steuerlicher Bemessungsgrundlagen vgl. erstmals *Wenger, E.* (1983), S. 227 ff.

sich die Auswirkungen manipulierter Bilanzwerte auf den Barwert der Steuerbelastung im Zeitablauf neutralisieren, wenn auf das gebuchte Eigenkapital kalkulatorische Zinsen verrechnet werden dürfen. Streng genommen ist die kaufmännische Buchführung für die Ermittlung einer Steuerbemessungsgrundlage überhaupt erst dann sinnvoll verwendbar, wenn sie um eine solche Zinsbereinigung ergänzt wird. Die traditionelle Einkommensteuer mit ihren „system"-immanenten Gleichheitsverstößen kann also aufgehoben werden, ohne daß ihr administrativer Unterbau wesentlich umgestaltet werden muß.

6. Die logische Unmöglichkeit einer einheitlichen Besteuerung des ökonomischen Gewinns

Gegen die im letzten Abschnitt praktizierte Vorgehensweise, die traditionelle Einkommensteuer einfach durch den Gleichheitsmaßstab der Cash-flow Steuer abzulösen, könnte man einwenden, die Entscheidung für ein solches steuerliches Ideal sei willkürlich; mit mindestens derselben Berechtigung könne man fordern, daß die Welt durch die Brille der Steuer auf den ökonomischen Gewinn zu betrachten sei. In der Tat entspricht die in dieser Bemessungsgrundlage angelegte Besteuerung von Zinsen und anderen „wirklichen" Vermögensänderungen sehr viel eher der landläufigen Vorstellung von dem, was eine Einkommensteuer erfassen soll. Wenn man bereit ist, sich auf eine solche Sichtweise einzulassen, wird man aber immerhin fordern müssen, daß die Besteuerung des ökonomischen Gewinns nicht nur für das Sach- und das Finanzvermögen, sondern auch für das Humanvermögen das maßgebliche Ideal zu sein hat. Es wird sich jedoch zeigen, daß die konsistente Umsetzung eines daran ausgerichteten Steuersystems logisch unmöglich ist.

Die logische Inkonsistenz einer konsequenten Besteuerung des ökonomischen Gewinns hängt damit zusammen, daß eine als Verzinsung des Ertragswerts definierte Bemessungsgrundlage in endlichen Zeiten keinen definierten Anfang hat.[29] Man kann zunächst versuchen, den Ertragswert eines Investitionsobjekts auf den Zeitpunkt der ersten Objektzahlung zurückzuverfolgen. Allerdings stößt man dann schnell auf Zurechnungsprobleme; denn ein Unternehmer, der über neue Projekte nachdenkt und sie mit bezahlten Mitarbeitern bespricht, tätigt die erste Investition in ein Projekt lange, bevor es sich sichtbar in einem „ersten Spatenstich" niederschlägt. Aber selbst wenn man dieses Problem wegdefiniert und tatsächlich eine „erste" Zahlung ausgemacht hat, ist der Anfang der steuerlichen Existenz eines Investitionsprojekts grundsätzlich undefiniert, wenn der ökonomische Gewinn als Bemessungsgrundlage dient.

Nur ein Sonderfall bereitet keine Schwierigkeiten: Ist der Ertragswert eines Projekts vor der ersten zurechenbaren Zahlung null, so gilt dies auch für dessen Verzinsung; das Projekt hat dann keine steuerliche Vergangenheit und braucht erst ab der ersten Zahlung verfolgt zu werden. Aus investitionstheoretischer Sicht handelt es sich dabei um ein Projekt mit einem Kapitalwert von null, bei dem sich die

[29] Dieses Problem wurde in der Literatur gelegentlich angesprochen, bisher aber nicht weiter verfolgt; vgl. *Wenger, E.* (1985).

eingesetzten Mittel gerade mit dem Satz verzinsen, der in die Kapital- bzw. Ertragswertberechung eingeht. Ist der Kapitalwert eines Projekts aber positiv, so gibt es in einer endlichen Vergangenheit vor der ersten Zahlung keinen Zeitpunkt, in dem der Ertragswert und seine Verzinsung verschwinden. Anders ausgedrückt: Die steuerliche Vergangenheit eines Projekts mit positivem Kapitalwert beginnt im Unendlichen.

Hiergegen läßt sich nicht einwenden, man brauche erst im Zeitpunkt der ersten Zahlung zu beginnen. Der Ertragswert ist gerade definiert als Summe der Barwerte aller zukünftigen Zahlungen; ein Abstellen darauf, wie weit die erwarteten Zahlungen oder jedenfalls die erste unter ihnen in der Zukunft liegen, ist vom begrifflichen Konzept her logisch ausgeschlossen. Ebenso ist die Steuer auf den ökonomischen Gewinn konzeptionell losgelöst von der Frage, wann irgendwelche nicht zur Begleichung von Steuern dienenden Zahlungen fließen; sie ist gerade keine Cash-flow Steuer und wird unabhängig vom laufenden Cash-flow erhoben.

Alle Projekte mit positivem Kapitalwert müssen also bei konsistenter Besteuerung des ökonomischen Gewinns bereits in unendlicher Vergangenheit Steuerlasten tragen. Da ihr Ertragswert vor der ersten Zahlung dem diskontierten Kapitalwert entspricht, steigt er bis dahin in jeder Periode nach Maßgabe des Aufzinsungsfaktors, der in die Berechnung des ökonomischen Gewinns eingeht; dies bedeutet, daß der Ertragswert, der ökonomische Gewinn und die periodische Steuerbelastung einer exponentiellen Entwicklung folgen und asymptotisch gegen Null gehen, wenn man vom Zeitpunkt der ersten Zahlung in die Vergangenheit zurückblickt. Eine Besteuerung, die ein so definiertes Belastungsniveau erzeugt, ist von der Sachlogik her unvermeidlich, wenn man das System manipulationsfrei halten und steuerliche Gleichmäßigkeit verwirklichen will. Würde man nur nach Maßgabe des Zeitpunkts der ersten Zahlung belasten, so könnten Steuerlasten reduziert werden, indem Zahlungen im Einvernehmen der Marktpartner unter Beibehaltung ihres Barwerts hinausgeschoben werden. Aus demselben Grunde müssen Fehlantizipationen von Zahlungen im Rahmen der Ertragswertberechnung natürlich nachträglich korrigiert werden; in der Vergangenheit gesparte oder auch zuviel gezahlte Steuern müssen einschließlich Zinsen nacherhoben bzw. erstattet werden, sobald der Antizipationsfehler in der Buchhaltung erfaßt wird.

Auf diese Weise wird erreicht, daß der Zeitpunkt, in welchem ein Antizipationsfehler korrigiert wird, die ökonomische Steuerbelastung, verstanden als Barwert aller Steuerzahlungen, unberührt läßt. Ein solches Invarianzprinzip - also die Invarianz der ökonomischen Steuerbelastung gegenüber buchhalterischen Methoden der Einkommensermittlung - bringt das zum Ausdruck, was man gewissermaßen als hygienische Mindestanforderung an jedes Einkommensteuersystem stellen muß: Zumindest unter der modellmäßigen Idealbedingung eines vollkommenen Kapitalmarkts dürfen Rechnungslegungsvorschriften und darauf abgestellte Maßnahmen der Bilanzpolitik an der ökonomischen Steuerbelastung nichts ändern. Wollte man auf eine solche Invarianzbedingung verzichten, so würde die Forderung nach Gleichmäßigkeit der Besteuerung zur Farce.

Mit der Frage, in welcher Form und zu welchem Zeitpunkt der Anfangsertragswert eines Investitionsobjekts einschließlich etwaiger ex post-Korrekturen in die Berechnung einer aus dem ökonomischen Gewinn abgeleiteten Steuerschuld eingeht, hat sich die Theorie der Einkommensbesteuerung bisher nicht ausreichend befaßt. Dies mag zum Teil daran liegen, daß man diese Frage einfach beiseite geschoben hat; womöglich hat man sogar geglaubt, der Beginn eines Projekts und damit auch das Einsetzen der Besteuerung sei irgendwie auf „natürliche" Weise vorgegeben. Zum Teil könnte die Ursache aber auch darin bestehen, daß man die Besteuerung des ökonomischen Gewinns regelmäßig nur im Hinblick auf das Sach- und Finanzvermögen untersucht hat; unterstellt man dann vollkommene Märkte für Investitionsgüter, so verschwinden die Kapitalwerte und damit auch das Problem, die steuerliche Geschichte eines Projekts über den ersten Zahlungszeitpunkt hinaus in die Vergangenheit zurückverfolgen zu müssen. Bei Sach- und Finanzvermögen mag das im Durchschnitt keine ganz schlechte Approximation sein; beim Humankapital aber stellt es die tatsächlichen Verhältnisse auf den Kopf. Man mag in Rechnung stellen, daß vor Eintritt in das Berufsleben einige Investitionen in die Ausbildung erforderlich sind, die sich ein Müßiggänger ersparen kann; dennoch sind die Ertragswerte, die sich für den Zeitpunkt der Geburt oder der Zeugung eines Steuerpflichtigen aus der zukünftigen Verwertung seiner Arbeitskraft ergeben, regelmäßig deutlich positiv und können nicht approximativ auf null gesetzt werden. Damit verbietet es sich auch, der Frage auszuweichen, ob die Besteuerung des ökonomischen Gewinns logisch konsistent umgesetzt werden kann, wenn für Projekte mit positivem Kapitalwert die Steuerbelastung aus einer unendlichen Vorgeschichte hergestellt werden muß.

Naturgemäß wird man nicht erwarten dürfen, daß für ein Investitionsprojekt oder einen Arbeitnehmer bereits in unendlicher Vergangenheit Steuern entrichtet wurden; erforderlich ist lediglich, daß zu irgendeinem Zeitpunkt der Antizipationsfehler korrigiert wird, den man begangen hat, weil man ein Projekt nicht erkannt oder zu pessimistisch eingeschätzt oder die Geburt eines Arbeitnehmers nicht vorhergesehen hat. Dieser Zeitpunkt darf aber keinen Einfluß darauf haben, wie hoch die ökonomische Steuerlast ist. Deshalb muß anläßlich der Korrektur eines Antizipationsfehlers nachträglich jene Steuerbelastung hergestellt werden, die sich ergeben hätte, wenn auf den zunächst nicht antizipierten Ertragswert seit ewigen Zeiten die Steuer auf den ökonomischen Gewinn erhoben worden wäre. Um sie zu begleichen, hätte mangels laufender Zahlungen ein sukzessive anwachsender Kredit aufgenommen werden müssen, dessen Verzinsung allerdings steuerlich absetzbar gewesen wäre. Die entscheidende Frage lautet nun: Welche Höhe erreicht der fiktive Kredit bis zu jenem Zeitpunkt, in welchem der Antizipationsfehler korrigiert und tatsächlich zur periodischen Besteuerung des ökonomischen Gewinns übergegangen wird. Die Höhe des fiktiven Kredits im Verhältnis zur Korrektur des Ertragswerts entspricht dem „Nachhol"-Steuersatz, der auf den korrigierten Ertragswert erhoben werden muß, um die in der Vergangenheit unterbliebene Besteuerung des ökonomischen Gewinns systemkonform auszugleichen.

Wann die Erwartungskorrektur mit der entsprechenden Nachbelastung durchgeführt wird, spielt ebenso wenig eine Rolle wie die Frage, ob es sich um einen Arbeitnehmer oder eine Sach- oder eine Finanzinvestition handelt; im Hinblick auf die sprachliche Einkleidung der weiteren Überlegungen sei davon ausgegangen, daß die Nachholbesteuerung für einen Arbeitnehmer im Zeitpunkt seines Eintritts in das Berufsleben erfolgt. Der bis dahin unversteuert gebliebene Ertragswert seines zukünftigen Arbeitseinkommens wird auf 1 normiert. Der ökonomische Gewinn werde mit einem Steuersatz von s versteuert und ergebe sich aus der Verzinsung des laufenden Ertragswerts mit einem Zinssatz von i. Bei korrekter Besteuerung der Verzinsung des richtig antizipierten Ertragswerts hätte n Besteuerungsperioden vor der Erwartungsrevision folgende Steuerzahlung geleistet werden müssen:

$$S_{-n} = s\left(i\left(\frac{1}{1+i}\right)^{n+1} - iK_{-n-1}\right) \tag{1}$$

$\left(\frac{1}{1+i}\right)^{n+1}$ gibt den Ertragswert zu Beginn der in -n endenden Besteuerungsperiode an.

K_{-n-1} ist der bis dahin zur Begleichung von Steuern aufgenommene Kredit, dessen Verzinsung in der laufenden Periode steuerlich absetzbar ist.

Im Zeitpunkt -n erhöht sich der Kredit um die laufende Steuerzahlung und die auflaufenden Zinsen

$$K_{-n} = S_{-n} + K_{-n-1}(1+i) = s\left(i\left(\frac{1}{1+i}\right)^{n+1} - iK_{-n-1}\right) + K_{-n-1}(1+i) = \tag{2}$$

$$= si\left(\frac{1}{1+i}\right)^{n+1} + K_{-n-1}\left(1+i(1-s)\right)$$

Rekursives Einsetzen der Werte für weiter zurückliegende K_{-n-1}, K_{-n-2} usw. liefert:

$$K_{-n} = si\left(\frac{1}{1+i}\right)^{n+1} \sum_{t=0}^{\infty} \left(\frac{1+i(1-s)}{1+i}\right)^{t} \tag{3}$$

Wertet man die Summe unter den Voraussetzungen $i > 0$ und $1 \geq s > 0$ aus, so ergibt sich für $n = 0$ der Nachholsteuersatz

$$s^{*} = K_{0} = 1 \tag{4}$$

Der Antizipationsfehler wird also mit einem Steuersatz von 100 % belegt, sobald er vom Steuersystem erkannt wird; dies bedeutet, daß positive Kapitalwerte von Investitionsprojekten ebenso vollständig weggesteuert werden wie das Humanvermögen des Arbeitnehmers. Die einzige konsistente Lösung besteht in restloser Konfiskation und ist offensichtlich undurchführbar.

Aus einer anderen Sicht kann dieses Ergebnis noch in einen transparenteren Zusammenhang gestellt werden. Dabei wird entsprechend dem zuvor formulierten Invarianzprinzip von der Überlegung ausgegangen, daß der Steuerpflichtige keinen Vorteil davon haben darf, ob ein Antizipationsfehler im Zeitpunkt 0 oder schon im Zeitpunkt -1 aufgedeckt wird. Wieder wird die Größe des Antizipationfehlers im Zeitpunkt 0 auf 1 normiert; im Zeitpunkt -1 beträgt er dann notwendigerweise 1/(1+i). Die Steuer auf den ökonomischen Gewinn sei wieder s und der gesuchte Nachholsteuersatz sei s^*. Dann verbleibt dem Steuerpflichtigen bei Aufdeckung im Zeitpunkt 1 ein Restertragswert von $1-s^*$ Wird der Antizipationsfehler eine Periode früher aufgedeckt, so wird bereits zu diesem Zeitpunkt der Nachholsteuersatz auf den Ertragswert von 1/(1+i) erhoben; der dafür erforderliche Kredit verzinst sich bis zum Zeitpunkt 0 mit dem Nettozins (1+i(1-s)), weil Kreditzinsen steuerlich absetzbar sind. Darüber hinaus wird bereits im Zeitpunkt 0 erstmals die Steuer auf den ökonomischen Gewinn der abgelaufenen Periode fällig; bei einem Anfangsertragswert von 1/(1+i) beträgt die Steuer auf dessen Verzinsung si/(1+i). Somit ist der Steuerpflichtige indifferent gegenüber dem Zeitpunkt der Aufdeckung des zunächst nicht antizipierten Ertragswerts, wenn gilt:

$$1-s^* = 1-s^* \frac{1+i(1-s)}{1+i} - \frac{si}{1+i} \tag{5}$$

Daraus folgt:

$$s^* is = is \tag{6}$$

Ist s = 0, so wird keine Steuer auf den ökonomischen Gewinn erhoben. In diesem Fall sind beide Seiten der Gleichung null und der Nachholsteuersatz s^* kann beliebig variiert werden, ohne Konsistenzprobleme auszulösen. In diesem Fall kann man es sich mit der Korrektur von Antizipationsfehlern sehr einfach machen: Man korrigiert nicht antizipierte Ertragswerte immer dann, wenn eine Zahlung fließt und erhebt auf diese dann den Nachholsteuersatz s^*. Aus dieser Überlegung wird unmittelbar deutlich, daß sich eine so konzipierte Nachholsteuer, die bei s = 0 zugleich die einzige hier relevante Steuer ist, als Cash-flow Steuer mit einem Steuersatz von s^* entpuppt. Naturgemäß können wegen des Invarianzprinzips auch andere Zeitpunkte für die Korrektur von Antizipationsfehlern gewählt werden; aus dieser Perspektive erweist sich die zinsbereinigte Einkommensteuer ebenfalls als Nachholsteuer für den Fall s = 0: Antizipationsfehler werden hier immer dann korrigiert, wenn in der Buchhaltung ein zinsbereinigter Gewinn ausgewiesen wird.

Sind s und i größer als null, so wird eine Steuer auf den ökonomischen Gewinn erhoben; in diesem Fall ist Gleichung (6) nur für s^* = 1 erfüllt. Konsistenzprobleme können in Übereinstimmung mit der zuvor angestellten Rechnung also nur dann vermieden werden, wenn der Nachholsteuersatz s^* einem Wert von 100 % entspricht und restlose Konfiskation stattfindet.

Daraus folgt: Eine logisch konsistente Besteuerung des ökonomischen Gewinns ist undurchführbar, weil sie zwangsläufig als vollständige Konfiskation ausgestaltet sein müßte. Findet keine vollständige Konfiskation statt, so ist es für den Steuerpflichtigen vorteilhaft, die buchmäßige Aufdeckung positiver Kapitalwerte so weit wie möglich hinauszuschieben; dies kann daran abgelesen werden, daß die für spätere Aufdeckung stehende linke Seite von Gleichung (5) größer ist als die rechte, wenn i und s größer sind als null und s^* kleiner ist als 1. Unter diesen Umständen wäre dann ein Zinseinkommensbezieher, der den vollen ökonomischen Gewinn zu versteuern hat, gegenüber einem Arbeitnehmer diskriminiert.

Aus diesen Überlegungen wird auch deutlich, daß eine Besteuerung des ökonomischen Gewinns ohne vollständige Konfiskation nur dann möglich ist, wenn sie nicht konsequent durchgeführt wird. Es muß mindestens eine Einkunftsart geben, die gerade nicht nach dem ökonomischen Gewinn besteuert wird und die es ermöglicht, die Anschaffungskosten von Investitionen zu finanzieren, die ihrerseits nach dem ökonomischen Gewinn besteuert werden. In diesem Sinne schafft das mysteriöse Hinüberdiffundieren der Ressourcen des Arbeitnehmers aus der anderweitig besteuerten Humanvermögensschublade in die Finanzvermögensschublade erst die Voraussetzung dafür, daß über die Besteuerung des ökonomischen Gewinns überhaupt diskutiert werden kann. Ohne eine Systemdurchbrechung, wie sie insbesondere in der Cash-flow Besteuerung von Arbeitseinkünften angelegt ist, verschwindet das im ökonomischen Gewinn angelegte Ideal der Einkommensbesteuerung im schwarzen Loch der vollständigen Konfiskation. Damit fehlt der traditionellen Einkommensteuer die theoretische Basis; als konsistentes System ist sie nicht denkbar.

7. Warum der ökonomische Gewinn aus Sach- und Finanzvermögen nicht besteuert werden sollte

Wie sich gezeigt hat, gibt es keine ökonomisch sinnvolle und zugleich logisch konsistente Möglichkeit, alle Einkunftsarten einheitlich nach Maßgabe des ökonomischen Gewinns zu besteuern. Nicht einmal eine zweigeteilte Systematik mit Sollbruchstelle ist realisierbar; denn zuvor hat sich schon gezeigt, daß ein Nebeneinander von Steuern auf den Zahlungsüberschuß beim Arbeitnehmer und den ökonomischen Gewinn beim Sparer modellmäßig nicht nachvollziehbar ist, weil die zugrunde liegende Zwei-Schubladen-Theorie letztlich unterstellt, daß die Trennwand zwischen den Schubladen in nicht präzisierbarer Weise undicht sein muß. Trotzdem kann man natürlich die Frage stellen, ob eine irgendwie zusammengewürfelte Zwei-Schubladen-Besteuerung ungeachtet ihrer Konsistenzprobleme Vorzüge aufweist, die den unheilbaren Mangel an Systematik kompensieren. Wer diese Frage stellt, muß zunächst einmal präzisieren, wie er sich die Zwei-Schubladen-Besteuerung überhaupt vorstellt; dabei kann kaum etwas anderes herauskommen als die unter theoretisierenden Ökonomen populären Spielereien mit einem Wirtschaftssubjekt, das zunächst lohnsteuerpflichtige Zahlungen aus der Verwertung seiner Arbeitskraft bezieht, die sich, soweit sie nicht konsumiert werden, irgendwann in Sach- oder Finanzvermögen verwandeln, das einer Besteuerung des ökonomischen Gewinns unterworfen wird. Mit dieser Vorstellung wird letzten Endes das zum Ausdruck gebracht, was den Vertretern der wirklichen Einkommens- und Gewinnbesteuerung als steuerpolitisches Ideal vorschwebt - ein freilich sehr eigenartiges Ideal, wie man schon im einfachsten Fall eines in der Zeit und von der Höhe der Bemessungsgrundlage unabhängigen Steuersatzes sieht: In diesem Fall wird beim Cash-flow besteuerten und sofort konsumierenden Arbeitnehmer der Kapitalwert der Zahlungen aus der Verwertung seiner Arbeitskraft besteuert, während beim Bezieher marktmäßiger Zinseinkommen die intertemporale Transformation von Konsum belastet wird.

Vor der Verwirklichung solcher Vorstellungen darf nun nicht nur aus Gründen systematischer Konsistenz gewarnt werden. In der geschlossenen Volkswirtschaft führt die lückenlose Besteuerung von Kapitalmarktzinsen und anderen Vermögenseinkünften bekanntlich zu Verzerrungen der intertemporalen Transformationsraten; die Folge ist eine Begünstigung des Sofortkonsums zu Lasten des Sparens, der Investitionstätigkeit und des Zukunftskonsums.

In der offenen Volkswirtschaft mit gegebenen Steuersystemen im Ausland wird der Effekt der inländischen Kapitaleinkommens- und Gewinnbesteuerung auf das inländische Investitionsvolumen durch die internationale Mobilität des Kapitals abgeschwächt; allerdings verschwindet der Effekt bei weitem nicht vollständig, wie viele Finanzwissenschaftler seit den Arbeiten von Sinn zu glauben geneigt sind.[30] Die Irrelevanz der inländischen Kapitaleinkommensbesteuerung für das inländische Investitionsvolumen hängt davon ab,

- daß der internationale Kapitalverkehr friktionslos abläuft,
- daß die Kapitaleinkommensbezieher im Wohnsitzland besteuert werden und
- daß weder im Investitionsland noch in einem eventuell zwischengeschalteten Standort der Finanzintermediation Steuern auf Kapitalerträge anfallen, die im Wohnsitzland nicht angerechnet werden können.

In der Praxis gibt es selbst bei vollständigem Abbau aller Kapitalverkehrsbeschränkungen Wechselkursrisiken und Intermediationsprobleme bei der Kontrolle von Kapitalnehmern, insbesondere aber nicht über die Grenzen hinweg anrechenbare Steuern, wobei letzteres nicht nur bei Eigenkapitaltiteln ein gravierendes Problem darstellt[31].

Kombiniert man das ganze noch mit internationalen Steuerhinterziehungsmöglichkeiten, so werden Intermediationsfunktionen ins Ausland verlagert und die Bereitschaft zur Zeichnung einheimischer Eigenkapitaltitel vermindert; das schwächt dann auch den negativen Effekt der inländischen Kapitaleinkommensbesteuerung auf die inländische Ersparnis etwas ab. Ob das inländische Investitionsvolumen dadurch weiter beeinträchtigt wird, ist unklar, weil der verstärkten Behinderung der Beteiligungsfinanzierung eine Erleichterung der Finanzierung durch Fremdkapital gegenübersteht, wenn die derzeit üblichen Regeln verwirklicht sind, wonach ins Ausland abfließende Zinsen keiner Besteuerung an der Quelle im Inland unterliegen.

Man kann nun natürlich versuchen, die Außenflanke bei der Kapitaleinkommensbesteuerung durch Erhebung einer lückenlosen, auch von Ausländern zu entrichtenden Quellensteuer auf Kapitalerträge zu schließen, wobei zuvor allerdings zahlreiche Doppelbesteuerungsabkommen neu verhandelt werden müßten; eine solche Abdichtung der außenwirtschaftlichen Flanke wird dann allerdings dazu führen, daß das inländische Zinsniveau um die darin enthaltene Steuerlast

---

[30] Vgl. *Sinn, H.-W.* (1985), *Sinn, H.-W.* (1987); kritisch hierzu *Wenger, E.* (1989b)

[31] Oft wird vergessen, daß die internationalen Kapitalströme zu einem wesentlichen Teil von institutionellen Anlegern alimentiert werden, die in ihrem Heimatland steuerbefreit sind. Hierher gehören in der Regel Pensionsfonds, aber auch Lebensversicherungsgesellschaften, soweit sie Kundengelder anlegen. Die üblichen Anrechnungsmöglichkeiten für im Ausland gezahlte Quellensteuern sind für solche Anleger bedeutungslos. Unter solchen Umständen führen bereits geringfügige Quellensteuersätze auf Fremdkapitaltitel dazu, daß der gewichtigste Teil des internationalen Anlagepublikums ausfällt. Daß diese Zusammenhänge übersehen wurden, war der entscheidende Grund dafür, daß das weiter unten beschriebene, im Jahre 1987 angekündigte Quellensteuerexperiment nach einem kurzen Anlauf wieder abgebrochen werden mußte; vgl. dazu *Wenger, E.* (1990).

ansteigt. Sehr anschaulich miterleben konnte man das bei Ankündigung der Quellensteuer von 1987, die sich von der seit 1993 erhobenen Zahlstellensteuer auf inländische Zinseinkünfte bekanntlich dadurch unterschieden hat, daß auch ins Ausland abfließende Zinsen an der inländischen Quelle besteuert wurden. Sechs Monate nach Einführung der Steuer hat man das Experiment mit der Abdichtung der außenwirtschaftlichen Flanke wieder abgebrochen.[32] Wollte man es mit dem derzeit für Inländer maßgeblichen Quellensteuersatz von 30 % wiederholen, käme es beim derzeitigen Zinsniveau zu einem Zinsanstieg um knapp drei Prozentpunkte; die Unternehmen werden sich für den damit verbundenen Anstieg der Kapitalkosten mit dem Abbau all der Arbeitsplätze bedanken, die die erhöhten Kapitalkosten nicht mehr tragen können. Mit einem Programm im Sinne der großen Koalition von Bemessungsgrundlagenverbreiterern, die vermeintliche Defizite bei der Kapitaleinkommensbesteuerung ausmerzen wollen, könnte man unsere Volkswirtschaft also zielsicher an die Wand fahren.

In einem Land, das sich gegen Zuwanderung von Arbeitskräften wehrt und der Abwanderung von Kapital Einhalt gebieten will, wäre es geradezu irrsinnig, wenn man die Nettorendite mobilen Kapitals durch weitere Steuerlasten noch reduzieren wollte. Als am Arbeitsmarkt noch Knappheit herrschte, hätte man einen Unternehmer vermutlich auf seinen Geisteszustand untersuchen lassen, wenn er die Abwanderung von Arbeitnehmern mit Lohnsenkungen hätte bekämpfen wollen. Dasselbe Reaktionsmuster gegenüber dem Produktionsfaktor Kapital führt heute aber nicht zur Einlieferung in eine Klinik, sondern zu überwältigenden Parteitagsmehrheiten.[33]

Man könnte diesen Überlegungen natürlich entgegenhalten, daß man die unerwünschten außenwirtschaftlichen Effekte einer lückenlosen Besteuerung des ökonomischen Gewinns aus Sach- und Finanzvermögen unterbinden könnte, indem man der UNO den Auftrag und die militärische Durchsetzungsmacht gibt, die konsequente Besteuerung von Zinsen und anderen Kapitaleinkünften in Verbindung mit perfekten internationalen Anrechnungsverfahren weltweit durchzusetzen. Den Realitätsbezug eines solchen Szenarios dürfte vermutlich sogar der eingefleischteste Anhänger des Schanz-Haig-Simons-Konzepts in Zweifel ziehen. Aber selbst wenn es prinzipiell realisierbar wäre, stellt sich immer noch die Frage, warum sich alle Länder dieser Welt auf Verzerrungen der intertemporalen Transformationsraten einlassen sollten. Gerade die wichtigsten Industrieländer, die sich an einer international koordinierten Steuerpolitik beteiligen könnten, laufen in den nächsten Jahrzehnten in gravierende Defizitsituationen ihrer gesetzlichen Altersversorgungssysteme hinein, die mit mehr privater Vorsorge überbrückt werden muß. Durch eine verschärfte Kapitaleinkommensbesteuerung wird man die damit verbundenen Probleme sicher nicht lösen. Es gibt also nicht den geringsten Grund für die nicht nur von politischer Seite, sondern auch von höchstrangigen Politikberatern aus der etablierten Finanzwissenschaft ins Auge gefaßten internationalen Kartellierungsbemühungen mit dem Ziel einer Verschärfung der Kapitaleinkom-

[32] Vgl. *Wenger, E.* (1990).
[33] Vgl. Fußnote 4.

mensbesteuerung.[34] Keine rational beratene Regierung sollte sich darauf einlassen; und angesichts des internationalen Wettbewerbs um anlagesuchendes Kapital genügen wenige rational beratene Regierungen, um eine internationale Kartellierung der Besteuerung von Kapitaleinkünften zu Fall zu bringen.

Manche Finanzwissenschaftler glauben nun allerdings, es gebe doch ein Argument, warum man geneigt sein könnte, die mit einer konsequenten Besteuerung von Kapitaleinkünften verbundenen intertemporalen Verzerrungen in Kauf zu nehmen. Folge man beispielsweise dem Konzept der Zinsbereinigung und beseitige die Besteuerung von Kapitaleinkünften nicht nur faktisch, sondern auch konzeptionell, so könnten damit zwar Spar- und Investitionsentscheidungen entzerrt werden; dafür aber komme es „zwangsläufig (!) zu einer stärkeren Verzerrung anderer Entscheidungen, insbesondere der Arbeitsangebotsentscheidung, weil das Arbeitseinkommen nun entsprechend schärfer besteuert wird."[35] Diese Aussage von *Homburg* ist zumindest in ihrer Allgemeinheit falsch. Zur Verdeutlichung betrachte man zunächst einen Arbeitnehmer, der nur in der Zukunft konsumiert. Für diesen ist es irrelevant, ob seine zukünftigen Konsummöglichkeiten durch eine Lohn- oder eine Zinssteuer beschnitten werden; die Verzerrung der Arbeitsangebotsentscheidung hängt also allein von der Summe der beiden Steuerbelastungen ab. In einem solchen Fall ändert sich an der Arbeitsangebotsentscheidung überhaupt nichts, wenn die Zinssteuer durch eine aufkommensneutrale Erhöhung der Lohnsteuer ersetzt wird. In einem zweiten Schritt kann man nun fragen, wie die Aufhebung der Zinssteuer zu beurteilen ist, wenn die Rückwärtsverlagerung von Konsum in die Gegenwart möglich ist. In diesem Fall führt eine Zinssteuer zu intertemporalen Verzerrungen, die bei einem Wegfall der Zinssteuer verschwinden; diesem Effizienzgewinn steht aber kein entsprechender Effizienzverlust durch erhöhte Verzerrung der Arbeitsangebotsentscheidung gegenüber, wenn die zeitliche Struktur des Konsums nicht in Wechselwirkung zum Arbeitsangebot tritt.[36] Unter dieser Voraussetzung ist nun die Beseitigung der Zinssteuer tatsächlich optimal; eine aufkommensneutrale Erhöhung der Lohnsteuer führt dann eben nicht zu einer zusätzlichen Verzerrung des Arbeitsangebots, die *Homburg* als „zwangsläufig" hinstellt.

Man kann nun darüber streiten, ob das Fehlen einer Wechselwirkung zwischen Arbeitsangebot und zeitlicher Konsumstruktur der empirisch relevante Fall ist. Wenn man allerdings der Frage nachgeht, welche Art von Wechselwirkung empirisch plausibel ist, dann gibt es gute Gründe für die Vermutung, daß eine aufkommensneutrale Anhebung der Lohnsteuer zum Ausgleich einer Streichung der Zinssteuer die Arbeitsangebotsentscheidung entzerrt und nicht etwa stärker verzerrt, wie *Homburg* behauptet.

Der Grund liegt in folgendem: Geht man von der vernünftigen Annahme aus, daß Gegenwartskonsum Zeit bindet und deshalb eine Reduktion des Arbeitsange-

---

[34] Vgl. etwa *Krause-Junk, G.* (1998); selbstverständlich wird in diesem Zusammenhang nicht von Kartellierungsbemühungen gesprochen, sondern auf gefälligere Ausdrücke wie Koordination oder Zusammenarbeit zurückgegriffen.

[35] *Homburg, St.* (1997), S. 112f.

[36] Zu verschiedenen Möglichkeiten einer mathematischen Formulierung dieses hier bewußt in Alltagssprache präsentierten Arguments vgl. *Feldstein, M.* (1978), S.33, *Corlett, W.J. /Hague, D.C.* (1953).

bots erzwingt, während Zukunftskonsum tendenziell in die Ruhestandsphase fällt, in der der Steuerpflichtige ohnehin nicht mehr arbeitet, dann wird die Arbeitsangebotsentscheidung verbessert, wenn Zukunftskonsum steuerlich gefördert und Gegenwartskonsum steuerlich diskriminiert wird.[37] Das aber bedeutet: Die bestmögliche „Entzerrung" des Arbeitsangebots wird dadurch erreicht, daß Zinsen nicht etwa besteuert, sondern subventioniert werden. Vermutlich sind die davon ausgehenden Effekte nicht stark genug, um die Verwaltungskosten einer Subventionierung von Zinsen zu tragen;[38] jedenfalls aber kann *Homburg* nicht gefolgt werden, wenn er behauptet, eine Beseitigung der Zinsbesteuerung in Verbindung mit einer aufkommensneutralen Anhebung der Lohnsteuer führe zwangsläufig (!) zu einer stärkeren Verzerrung der Arbeitsangebotsentscheidung. Empirisch plausibel scheint das genaue Gegenteil.

Wer nach internationaler Koordination zum Zwecke der Durchsetzung einer verschärften Kapitaleinkommensbesteuerung ruft, sollte sich nicht nur überlegen, ob eine solche Kooperation überhaupt realisierbar ist, sondern sich zunächst einmal mit der Frage befassen, wo denn die Vorteile einer solchen Kooperation überhaupt liegen könnten. Mit Verzerrungen der Arbeitsangebotsentscheidung kann man jedenfalls nicht so argumentieren, wie dies von Finanzwissenschaftlern zuweilen getan wird.

8. Kann das Schanz-Haig-Simons-Konzept „wiederbelebt" werden?

Trotz allem ist in der Finanzwissenschaft immer noch die Forderung verbreitet, das Schanz-Haig-Simons-Konzept wiederzubeleben. Eine solche Forderung setzt allerdings implizit voraus, daß die Leiche irgendwann einmal lebendig oder wenigstens nur scheintot war. Davon sollte man aber nicht leichtfertig ausgehen. Wenn man nämlich die Geschichte des deutschen Einkommensteuerrechts verfolgt, kann es keinen Zweifel daran geben, daß es die umfassende Kapitaleinkommens- und Gewinnbesteuerung, von der die Anhänger des Schanz-Haig-Simons-Konzepts bis heute träumen, niemals gegeben hat.[39] Weniger bekannt ist, ob es nicht wenigstens Zeiten gab, in denen die Kapitaleinkünfte der Armen, nämlich die Zinseinkünfte konsequent besteuert wurden. Dann wäre die Leiche wenigstens schon einmal scheintot gewesen.

Zu dieser Frage gibt es aufschlußreiche Vorarbeiten, die dem Bundesverfassungsgericht zu verdanken sind. In seiner Entscheidung zur Verfassungsmäßigkeit der Besteuerung von Zinseinkünften[40] hat es sich ausführlich damit auseinanderge-

[37] Dies entspricht der bekannten Regel, wonach diejenigen Güter verschärft besteuert werden sollen, die in einer komplementären Beziehung zur Freizeit stehen; vgl. hierzu schon *Corlett, W.J./Hague, D.C.* (1953).

[38] Vgl. hierzu schon *Wenger, E.* (1983), S. 251.

[39] Zum Ausmaß der Erfassungslücken vgl. *Wenger, E.* (1989a).

[40] Urteil des Bundesverfassungsgerichts vom 27.6.1991, 2 BvR 1493/89, abgedruckt in *ZIP - Zeitschrift für Wirtschaftsrecht*, 12. Jg. (1991), S. 1123-1133.

setzt, inwiefern einschlägige Erfassungslücken nicht nur faktischer Natur, sondern institutionell vorprogrammiert waren.

Bei Lektüre der Urteilsgründe erfährt man, daß es vor dem Ersten Weltkrieg für die Steuerbehörden keine gesetzliche Grundlage gab, im Veranlagungsverfahren Auskünfte bei Kreditinstituten einzuholen. Sicherlich waren das für die Banken schönere Zeiten als heute. Am 13. Dezember 1919 sollte das anders werden. Kreditinstitute wurden verpflichtet, dem örtlich zuständigen Finanzamt ein Verzeichnis ihrer Kunden mitzuteilen und monatliche Bestandsänderungen anzuzeigen.[41] Nach dem Willen des Gesetzgebers sollte diese Anzeigepflicht dem Steuerpflichtigen die „Sicherheit" (!) nehmen, durch Kapitalanlage bei einem Kreditinstitut Steuern hinterziehen zu können. Aus der verwendeten Formulierung muß man wohl schließen, daß bis zum 13. Dezember 1919 in dieser Frage Sicherheit herrschte. Ob die Vorschrift vor Weihnachten noch umgesetzt wurde oder ob es damals schon für Vollstreckungsmaßnahmen den Weihnachtsfrieden gab, wird nicht berichtet; aber schon kurz nach Weihnachten, nämlich am 27. Januar 1920, gab es die erste Verordnung über Erleichterungen der Anzeigepflicht. Nur noch ab 3000 Mark sollte sie gelten. Das war immer noch nicht genug. Ein Erlaß des Reichsministers der Finanzen vom 1. Juli 1920 schränkte die Ermittlungsbefugnis der Finanzbehörden weiter ein.[42] Die Auskunftspflicht sollte ab sofort nicht mehr zur Aufdeckung unbekannter Steuerfälle benutzt werden.

Davon träumen die Banken noch heute, aber es kommt noch besser. Am 20. März 1923 wurden die wichtigsten Vorschriften von 1919 überhaupt gestrichen.[43] Die Begründung des zu diesem Zweck erlassenen Gesetzes hebt hervor, zwar sei die Aufhebung der nicht unwirksamen Mittel zur systematischen steuerlichen Erfassung von Kapitaleinkünften wenig wünschenswert, doch dürfe wegen der immer größer werdenden Zahlungsmittelnot nichts unversucht bleiben, das nicht produktiv genutzte Kapital der Wirtschaft zuzuführen. Hier darf man sich an die eingangs mitgeteilte Stellungnahme der Bundesbank zur Besteuerung privater Veräußerungsgewinne erinnert fühlen.[44] Auch bei der Bundesbank paart sich der Glaube an das, was steuersystematisch richtig sein soll, mit der Vorstellung, es sei besser, das vermeintliche System doch lieber nicht zu verwirklichen. Einen solchen Kampf gegen das System führt die Bundesbank, wenn sie eine Kursgewinnsteuer zwar für systemgerecht hält, aber trotzdem von der Verwirklichung einschlägiger Pläne abrät. Wenn solche Argumentationsmuster schon in den zwanziger Jahren dieses Jahrhunderts gegen steuerliche Offenlegungspflichten für Zinseinkünfte ins Feld geführt wurden, darf man getrost die Schlußfolgerung ziehen, daß die Besteuerung von Kapitaleinkünften sogar bei den Kapitaleinkünften der Armen schon immer absurdes Theater war. Daran dürfte sich kaum etwas ändern. Die außenwirtschaftlichen Verflechtungen lassen es in Zukunft weniger zu denn je.

Der Übergang zur zinsbereinigten Einkommens- und Gewinnbesteuerung mag demjenigen, der an das traditionelle Schanz-Haig-Simons-Konzept glaubt, als tiefer Einschnitt in die Grundstruktur der direkten Steuern erscheinen. Wer aller-

[41] RGBl. 1919, S. 1993.
[42] RGBl. 1920, S. 377.
[43] RGBl. 1923, S. 198.
[44] Vgl. Fußnote 8.

dings die Praxis der Steuererhebung vorurteilsfrei betrachtet, der muß feststellen, daß die Realität der Zinsbereinigung weit näher kommt als dem Schanz-Haig-Simons-Konzept, das immer nur in der Phantasie der Finanzwissenschaftler existierte.[45] Wer dessen Realisierungsprobleme seit hundert Jahren verdrängt, mag für die Zukunft die Forderung erheben, daß die steuerliche Erfolgsrechnung auf der Basis von Ertragswerten erstellt wird. Er sollte dann erklären, wie er zu treffsicheren Bilanzansätzen für Rückstellungen kommt. Er müßte auch darüber nachdenken, wie er eine Besteuerung von Pensionszusagen durchsetzen will, die mit einer lückenlosen Besteuerung von Zinsen harmoniert. Er könnte sich auf den Standpunkt stellen, daß ein Crash am Immobilienmarkt und eine Verlagerung privater Wertpapierdepots ins Ausland hingenommen werden müssen, weil die lückenlose Durchsetzung des Schanz-Haig-Simons-Konzepts von vorrangiger Bedeutung sei. Er darf sich darüber beschweren, daß die Zinsbesteuerung nur den trifft, der sein Kapital bei inländischen Banken anlegt. Er kann die deutsche Volkswirtschaft einem gigantischen Experiment mit einem noch nirgendwo verwirklichten Besteuerungsmodell aussetzen, das sich so weit abseits von der Realität bewegt wie er selbst. Er kann sogar verlangen, daß die internationalen Kapitalmärkte auf den Übergang zu einer weltweit konsequenten Zinsbesteuerung mit einer Jubelhausse reagieren.

Er sollte nur eines nicht tun: Er sollte nicht den Vorwurf erheben, daß derjenige, der ihn mit den Problemen des Schanz-Haig-Simons-Konzepts konfrontiert, zu Übertreibungen neigt und „das Kind mit dem Bade ausschüttet".[46] Niemand sollte sich von der Einsicht ausschließen, daß die etablierte Finanzwissenschaft seit hundert Jahren in einer Wanne herumplanscht, in der noch nie ein Kind gebadet hat.

Literatur

Arbeitsgemeinschaft Selbständiger Unternehmer (1997): Stellungnahme zur Anhörung des Bundesministeriums der Finanzen zum Entwurf eines Steuerreformgesetzes 1999 am 8. April 1997, Bonn.

Atkinson, A./Stiglitz, J. (1980): Lectures on Public Economics, London - New York.

Corlett, W.J./Hague, D.C. (1953), Complementarity and the Excess Burden of Taxation, in: Review of Economic Studies (21), S. 21-30.

Feldstein, M. (1978): The Welfare Cost of Capital Income Taxation, Journal of Political Economy (86), S. 29-51.

Hecker, R. (1987): Die Besteuerung von Kapitalgewinnen im System der Einkommenbesteuerung - eine investitionstheoretische Analyse, unveröff. Diplomarbeit, Stuttgart.

[45] Zu einer quantitativen Abschätzung der Unterschiede zwischen Phantasie und Wirklichkeit vgl. *Wenger, E.* (1989).

[46] Der Verfasser hatte bereits an anderer Stelle Gelegenheit, sich mit diesem Vorwurf auseinanderzusetzen; vgl. *Wenger, E.* (1997b), S. 140.

Homburg, St. (1997): Soll die klassische Einkommensteuer wiederbelebt werden?, in: M. Rose (Hrsg.): Standpunkte zur aktuellen Steuerreform, Heidelberg, S. 107-114.

Knoll, L. (1996): Anmerkungen zum Beitrag von Hardes, H./Uhly, A.: Optionen betrieblicher Entgeltflexibilität aus anreiztheoretischer Sicht: Umsetzungsvorschläge für die Praxis betrieblicher Entgeltsysteme, Zeitschrift für Personalforschung (10), S. 267 ff.

Krause-Junk, G. (1998): Roses falsche Rechnung - Zins ist Einkommen, Welt am Sonntag vom 11. Jänner 1998, S. 43.

Miller, M./Scholes, M. (1982): Executive Compensation, Taxes and Incentives, in: W. Sharpe/C. Cootner (eds.): Financial Economics, Essays in Honour of Paul Cootner, S.179ff.

Musgrave, R.A. (1976): Comment, in: H.J. Aaron (ed.): Inflation and the Income Tax, Washington, S. 323 f.

Rädler, A.J. (1996): Steuerfragen aus der Sicht der Europäischen Union und der Globalisierung - Vision oder Utopie?, Deutsches Steuerrecht (34), S. 1472-1475.

Schanz, G. (1896): Der Einkommensbegriff und die Einkommensteuergesetze, Finanzarchiv, (13), S. 1 ff.

Schneider, D. (1987): Allgemeine Betriebswirtschaftslehre, 3. Aufl., München.

Sinn, H.-W. (1985): Kapitaleinkommensbesteuerung - Eine Analyse der intertemporalen, internationalen und intersektoralen Allokationswirkungen, Tübingen.

Sinn, H.-W. (1987): Capital Income Taxation and Resource Allocation, Amsterdam.

Stiglitz, J.E. (1976): The Corporation Tax, Journal of Public Economics, (5), S. 303-311.

Wagner, F.W. (1991): Steuersystem und Unternehmenstheorie, in: D. Ordelheide/B. Rudolph/E. Büsselmann (Hrsg.): Betriebswirtschaftslehre und ökonomische Theorie, Stuttgart, S. 75-96.

Wagner, F.W. (1997): Kann es eine Beseitigung aller steuerlichen Ausnahmen geben, wenn es keine Regel gibt?, Deutsches Steuerrecht (35), S. 517-521.

Wagner, F.W. (1998): Kann die Reform von Rechnungslegung und Steuersystem leisten, was die Finanzmärkte fordern?, in: M. Becker/J. Kloock/R. Schmidt/G. Wäscher (Hrsg.): Unternehmen im Wandel und Umbruch, Stuttgart, S. 51-73.

Wagner, F.W./Kiesewetter, D. (1996): CDU-Vorschläge führen zur Doppelbelastung der Aktie, Handelsblatt vom 16. Oktober 1996, S. 8.

Wenger, E. (1983): Gleichmäßigkeit der Besteuerung von Arbeits- und Vermögenseinkünften, Finanzarchiv (41), S. 207-252.

Wenger, E. (1985): Einkommensteuerliche Periodisierungsregeln, Unternehmenserhaltung und optimale Einkommensbesteuerung, Teil I, Zeitschrift für Betriebswirtschaft (55), S. 710-739.

Wenger, E. (1989a): Besteuerung und Kapitalbildung als intertemporales Optiminierungsproblem, in: H. Hax/W. Kern/ H.-H. Schröder (Hrsg.): Zeitaspekte in betriebswirtschaftlicher Theorie und Praxis, Stuttgart, S. 279-295.

Wenger, E. (1989b): Wirtschaftswachstum, Unternehmensfinanzierung und internationaler Kapitalverkehr unter dem Einfluß der Besteuerung von Vermögenseinkünften, Finanzarchiv (47), S. 181-249.

Wenger, E. (1990): Das Quellensteuerexperiment von 1987, Zeitschrift für Bankrecht und Bankwirtschaft (2), S. 177ff.

Wenger, E. (1997a): Ohne Ausweg ins Chaos, Wirtschaftswoche 3/1997, S. 24-25.

Wenger, E. (1997b): Traditionelle versus zinsbereinigte Einkommens- und Gewinnbesteuerung: Vom Sammelsurium zum System, in: M. Rose (Hrsg.): Standpunkte zur aktuellen Steuerreform, Heidelberg, S. 115-140.

Wenger, E. (1998): Die etablierte Finanzwissenschaft hat leider total versagt, Welt am Sonntag vom 1. Februar 1998, S. 43.

Wissenschaftlicher Beirat beim Bundesministerium für Wirtschaft (1996): Anstehende große Steuerreform, Gutachten, Frankfurt, 9. November1996.

Lohnt sich eine konsumorientierte Neugestaltung des Steuersystems?*

Hans Fehr / Wolfgang Wiegard

1. Einleitung

Seit dem „Heidelberger Konsumsteuerkongreß“[1] wird auch im deutschsprachigen Raum vehement über die Vorteilhaftigkeit einer konsumorientierten Neuordnung des Steuersystems gestritten. Dabei geht der Riß zwischen Befürwortern und Skeptikern quer durch alle drei Steuerwissenschaften, die Finanzwissenschaft, die betriebswirtschaftliche und die juristische Steuerlehre. Zu den vehementesten Verfechtern einer Konsumbesteuerung gehören sicherlich die Steuerwissenschaftler *Rose* (Heidelberg), *Wagner* (Tübingen) und *Wenger* (Würzburg), die als (inzwischen wohl aufgelöste) KNS-Steuerreformgruppe[2] unermüdlich und scharfzüngig für ihre steuerpolitischen Ideale eingetreten ist. Und dies mit beträchtlichem Erfolg. So hat die Republik Kroatien im Jahre 1994 auf Ratschlag und unter Beteiligung der KNS-Steuerexperten als erstes Land die von *Rose/Wagner/Wenger* favorisierte zinsbereinigte Einkommen- und Gewinnsteuer eingeführt. Und auch in der Bundesrepublik wird ihr Steuerreformkonzept sowohl von der Wirtschaftspresse als auch von einigen Verbänden und Organisationen wohlwollend bis positiv aufgenommen. Auf der anderen Seite ist das Lager der Skeptiker nicht minder

---

* Dieser Beitrag ist Teil eines durch das Human Capital and Mobility Programme der EU (Grant No. ERBCHLRX-CT94-0493) geförderten Forschungsprojekts. Wir bedanken uns auch bei *Dirk Kiesewetter* für kostenlose Nachhilfestunden zu einigen Fragen der betriebswirtschaftlichen Steuerlehre.

[1] Vgl. *Rose, M.* (1990), *Rose, M.* (1991), *Rose, M.* (1997).

[2] KNS steht dabei für konsumorientierte Neuordnung des Steuersystems.

prominent besetzt. Verwiesen sei hier nur auf die Beiträge von *Schneider* oder *Homburg*.[3]

Beide Seiten - Befürworter und Gegner einer Konsumsteuer - argumentieren im wesentlichen normativ. Gestritten wird darüber, was unter Zugrundelegung bestimmter Zielvorstellungen und Werturteile die „richtige" Steuerbemessungsgrundlage ist. Dabei ist unmittelbar klar, daß unterschiedliche Werturteile in aller Regel auch zu unterschiedlichen Schlußfolgerungen über die zielkonforme Ausgestaltung der Einkommens- und Unternehmensbesteuerung führen werden. Wir wollen uns an dieser Auseinandersetzung, die gelegentlich an frühere Glaubenskriege erinnert, nicht beteiligen. Stattdessen fragen wir nach den Wohlfahrts-, Effizienz- und Verteilungseffekten, die beim Übergang vom gegenwärtigen zu einem reformierten, zinsbereinigten Steuersystem auftreten würden. Unsere Analyse ist also positiver Natur. Uns interessiert demnach nicht, was sein *sollte*, sondern schlicht und einfach, was bei einer konsumorientierten Neuordnung des Steuersystems passieren *würde*. Dafür können wir mit (einigermaßen) handfesten Ergebnissen aufwarten und auf diese Weise eventuell einen bescheidenen Beitrag zur Klärung der Frage beitragen, ob sich eine konsumorientierte Neuordnung des Steuersystems lohnt. Diese Frage ist dann zu bejahen, wenn die Wohlfahrtseffekte einer Zinsbereinigung des Steuersystems positiv sind. Dies wiederum ist dann der Fall, wenn die Steuerreform zu Effizienzgewinnen führt und die intragenerativen und intergenerativen Umverteilungswirkungen akzeptabel oder gar erwünscht sind.

Im nächsten Abschnitt beschreiben wir zunächst die Eckpunkte der zur Diskussion stehenden Steuersysteme, erläutern die Wirkungen unterschiedlicher Gewinnsteuersysteme auf die unternehmerischen Investitionsentscheidungen und skizzieren in der gebotenen Kürze die Grundzüge unseres makroökonomischen Simulationsmodells. Im Anschluß daran finden sich einige methodische Erläuterungen zur Ermittlung von Effizienz- und Verteilungseffekten von Steuerreformen. Im vierten Abschnitt präsentieren wir unsere numerischen Ergebnisse und bemühen uns um eine ökonomische Erklärung. Unser Beitrag schließt mit einer Zusammenfassung und einer steuerpolitischen Empfehlung.

2. Modellierung von Einkommen und Gewinnsteuern und Grundstruktur des dynamischen Makromodells

2.1. Eckpunkte einer Reform der Bemessungsgrundlage

In diesem Abschnitt sollen kurz die Kernelemente des gegenwärtigen und eines zinsbereinigten Steuersystems skizziert werden. Tabelle 1 gibt einen Überblick über die Eckpunkte der zur Diskussion stehenden Steuersysteme.

---

[3] Vgl. *Schneider, D.* (1998), *Homburg, St.* (1997).

Tabelle 1: Eckpunkte des Steuersystems

Gegenwärtiges Steuersystem		Reformiertes Steuersystem
	Einkommensbesteuerung	
Einkünfte aus nichtselbständiger Arbeit: linear-progressiver Tarif	⟶	unverändert
Einkünfte aus Kapitalvermögen: hoher Sparerfreibetrag	⟶	Keine Besteuerung von Kapitaleinkünften (Zinsbereinigung)
	Unternehmensbesteuerung	
Gewerbeertragsteuer	⟶	Abschaffung
Körperschaftsteuer mit Vollanrechnung	⟶	Abzug eines Schutzzinses auf das in der Steuerbilanz ausgewiesene Eigenkapital vom Steuerbilanzgewinn
	Besteuerung von Alterseinkünften	
unterschiedliche Besteuerung von gesetzlichen Renten, Pensionen, Auszahlungen privater Lebensversicherungen	⟶	Sparbereinigung: volle Abzugsfähigkeit der Beiträge, volle Steuerpflicht der Renten

Ausgangspunkt ist das zur Zeit in der Bundesrepublik Deutschland geltende Einkommen- und Unternehmensteuersystem. Danach unterliegen die in § 2 (1) EStG aufgeführten Einkunftsarten dem in § 32 a (1) präzisierten linear-progressiven Tarif. Bei den Einkünften aus Kapitalvermögen bewirkt ein hoher Sparerfreibetrag von DM 6.000/12.000 für ledige/verheiratete Steuerpflichtige, daß rund 80 Prozent aller Kapitaleinkommensbezieher schon heute keine Steuern auf Kapitaleinkünfte zahlen. In einem zinsbereinigten Einkommensteuersystem werden Einkünfte aus Kapitalvermögen vollständig aus der Besteuerungspflicht herausgenommen. Einkünfte aus nichtselbständiger Arbeit sollen dagegen wie bisher nach dem linear-progressiven Tarif besteuert werden.[4] Die Reform der Unternehmensbesteuerung sieht zwei Maßnahmen vor. Zum einen soll nach der Gewerbekapitalsteuer auch die Gewerbeertragsteuer abgeschafft werden. Zum anderen ist vorgesehen, daß sämtliche Einkünfte aus unternehmerischer Tätigkeit einer allgemeinen Unternehmensteuer unterliegen. Deren wesentliches Merkmal ist, daß neben den Fremdkapitalzinsen auch eine marktübliche Verzinsung des in der Steuerbilanz ausgewiesenen Eigenkapitals vom herkömmlichen Steuerbilanzgewinn abgezogen werden kann. Diese Form der Unternehmensbesteuerung wird daher treffend als *zinsbereinigte Gewinnsteuer* bezeichnet.[5] Schließlich wird auch eine Reform der Besteuerung der Alterseinkünfte vorgeschlagen. Die gegenwärtig geltende unterschiedli-

---

[4] Anzumerken ist allerdings, daß die KNS-Steuergruppe einen Stufentarif präferieren würde. Die Effizienz- und Verteilungseffekte einer solchen Tarifreform haben wir in *Fehr, H./ Wiegard, W.* (1998a) untersucht.

[5] Dieses Konzept geht wesentlich zurück auf *Wenger, E.* (1983).

che und unsystematische Behandlung von Renten aus der gesetzlichen Rentenversicherung, von betrieblichen Pensionen und von Beamtenpensionen soll durch eine systematische Sparbereinigung ersetzt werden: Danach sind Beiträge zur Altersvorsorge voll abzugsfähig, während die Rentenzahlungen ohne Einschränkungen steuerpflichtig sind.

Ob ein derart reformiertes Steuersystem nun einer Konsumbesteuerung entspricht oder nicht, ist aus unserer Sicht keine besonders spannende Frage. Worauf es letztlich ankommt, sind die Effizienz- und Verteilungswirkungen, die mit dem Übergang zu einer zinsbereinigten Einkommen- und Gewinnsteuer verbunden sind. Die quantitative Ermittlung dieser Effekte steht deshalb im Mittelpunkt unseres Beitrags.

2.2. Unternehmensteuern und Investitionsentscheidungen

Die Reform der Unternehmensbesteuerung ist sicherlich das zentrale und weitreichendste Element einer konsumorientierten Neuordnung des Steuersystems. Deshalb soll in diesem Abschnitt etwas genauer auf die Bemessungsgrundlagen von Körperschaftsteuer und zinsbereinigter Gewinnsteuer sowie auf die Beeinflussung der unternehmerischen Investitionsentscheidungen eingegangen werden. Dabei vernachlässigen wir im folgenden die Unterschiede in der Ermittlung der Bemessungsgrundlagen von Gewerbeertragsteuer und Körperschaftsteuer.

Die Bemessungsgrundlage der Gewinnsteuer wird hier nicht über einen Betriebsvermögensvergleich, sondern mittels einer Überschußrechnung ermittelt. Die Tabelle 2 verdeutlicht Gemeinsamkeiten sowie die Unterschiede bei der Feststellung der Bemessungsgrundlagen. Im oberen Teil der Tabelle 2 sind die, beiden Unternehmensteueralternativen gemeinsamen Determinanten der Bemessungsgrundlage aufgeführt. Von den Erlösen (Y_t) in einer Periode t werden zunächst abgezogen: die Lohnkosten ($w_t L_t$), die Zinsen ($r_t B_t$) auf den Fremdkapitalbestand (B_t) zu Beginn der Periode t, die steuerlich zulässigen Abschreibungen ($\tilde{\delta}_t \tilde{K}_t$) auf den in der Steuerbilanz ausgewiesenen Buchwert (K_t) des Kapitalstocks sowie der Teil α der Bruttoinvestitionen (I_t), der im Jahr der Anschaffung sofort abgeschrieben werden kann. Im unteren Teil der Tabelle sind diejenigen Bestandteile der Bemessungsgrundlage aufgeführt, in denen sich Körperschaftsteuer und zinsbereinigte Gewinnsteuer unterscheiden. Bei einer Körperschaftsteuer mit Vollanrechnungsverfahren gehen die Ausschüttungen an die Anteilseigner (DIV_t) dann nicht in die Bemessungsgrundlage ein, wenn der Einfachheit halber von einer Ausschüttungsbelastung abgesehen wird. Dividenden werden also nur auf der Ebene der Aktionäre besteuert. Bei einer zinsbereinigten Gewinnsteuer dagegen können stattdessen die kalkulatorischen Zinsen („Schutzzins") auf den Buchwert des bilanzierten Eigenkapitals ($\tilde{K}_t - B_t$) zum Abzug gebracht werden. Bei einem vollkommenen Kapitalmarkt stimmen Schutzzinssatz und Marktzinssatz überein. Die Gegenüberstellung in Tabelle 2 verdeutlicht, daß der Übergang von einer Körperschaftsteuer zu einer zinsbereinigten Gewinnsteuer - zumindest in unserem Modell - durch eine administrativ wenig aufwendige Modifikation der Bemessungsgrundlage zu erreichen ist. Für spätere Zwecke notieren wir noch, daß der zeitkonstante ökonomische Abschreibungssatz mit δ bezeichnet wird und der physische Kapitalstock mit K_t. Die ökonomischen Abschreibungen (δK_t) verlaufen also geometrisch-degressiv.

Tabelle 2: Bemessungsgrundlage der Unternehmensteuer

Variable	Symbol
periodische Erlöse	Y_t
– Lohnkosten	$w_t L_t$
– Fremdkapitalzinsen	$r_t B_t$
– (erhöhte) Abschreibungen	$\tilde{\delta}_t \tilde{K}_t$
– Sonderabschreibung im Jahr der Anschaffung eines Investitionsgutes	αI_t

Körperschaftsteuer

– Ausschüttungen	DIV_t
$Y_t - w_t L_t - r_t B_t - \tilde{\delta}_t \tilde{K}_t - \alpha I_t - DIV_t$	

zinsbereinigte Gewinnsteuer

– Schutzzins auf das bilanzielle Eigenkapital	$r_t(\tilde{K}_t - B_t)$
$Y_t - w_t L_t - r_t B_t - \tilde{\delta}_t \tilde{K}_t - \alpha I_t - r_t(\tilde{K}_t - B_t)$	

Eine effizienzorientierte Beurteilung von Unternehmensteuern hängt wesentlich ab von ihrem Einfluß auf die Investitionsentscheidungen. Dieser wiederum wird in erheblichem Maße von Annahmen über das Finanzierungsverhalten determiniert. Unser Modell erlaubt keine Endogenisierung der Finanzierungsentscheidung. Wir nehmen deshalb einfach an, daß ein Teil β der Nettoinvestitionen ($I_t - \delta K_t$) fremdfinanziert und ein Teil γ über Neuausgabe von Aktien finanziert wird. Die Restfinanzierung erfolge über einbehaltene Gewinne. Die Anteilsparameter β und γ sind so gewählt, daß mögliche Ausschüttungssperren erfüllt sind. Insbesondere sind die Dividenden nicht negativ und strikt kleiner als die unter Beachtung des umgekehrten Maßgeblichkeitsprinzips ermittelten Bilanzgewinne nach Steuern.

Als Zielsetzung der Unternehmung wird - wie üblich - von der Maximierung des Marktwertes der Unternehmung ausgegangen. Wir verzichten an dieser Stelle auf die Wiedergabe des formalen Optimierungskalküls[6] und präsentieren in Tabelle 3 gleich die für die Investitionsentscheidungen und die Unternehmenswertbestimmung charakteristischen Kenngrößen. Zu beachten ist dabei, daß zur Vereinfachung nur ein langfristiges Wachstumsgleichgewicht betrachtet wird, so daß die Zeitindizes weggelassen werden können. Mit τ^u bezeichnen wir den proportionalen Unternehmensteuersatz. Nicht aufgeführt ist die eine optimale Arbeitsnachfrage kennzeichnende Bedingung - die Übereinstimmung von Reallohnsatz und (Wert-) Grenzprodukt der Arbeit - , die für beide Unternehmenssteuersysteme übereinstimmt.

[6] Vgl. dazu etwa *Fehr, H./Wiegard, W.* (1996, 1998b).

In der ersten Zeile dieser Tabelle sind die Kapitalnutzungskosten („user cost of capital") angegeben. Diese sind definiert als diejenigen (Brutto-)Erträge, die eine marginale Erhöhung des Kapitalstocks mindestens erzielen muß, wenn sie sich lohnen soll. Bei vollkommenen Märkten stimmen Kapitalnutzungskosten und Grenzprodukt des Kapitals im langfristigen Wachtstumsgleichgewicht überein.

Man sieht, daß die Kapitalnutzungskosten bei Erhebung einer zinsbereinigten Gewinnsteuer völlig unabhängig von jeglichen steuerrechtlichen Bestimmungen mit dem um die ökonomischen Abschreibungen erhöhten Marktzins - den „Mietkosten" einer Kapitaleinheit - übereinstimmen. Die Unternehmensbesteuerung hat keinen Einfluß auf die (marginale) Investitionsentscheidung, sie ist *investitionsneutral.* Eine Zinsbereinigung von Einkommen- und Gewinnsteuern ist darüber hinaus auch *intertemporal neutral*, da wegen der Nicht-Besteuerung von Kapitaleinkünften auf der Haushaltsebene auch die Zeitpräferenzraten der Konsumenten mit der (Netto-)Grenzproduktivität des Kapitals übereinstimmen. Eine völlig andere Situation ergibt sich bei der hier modellierten Körperschaftsteuer. Die Kapitalnutzungskosten hängen im allgemeinen sowohl von den Abschreibungsregeln als auch von der Unternehmensbesteuerung ab. Dabei ist von vornherein nicht einmal klar, wie die Gewinnbesteuerung die Kapitalnutzungskosten und damit das Investitionsverhalten beeinflußt. Bei hinreichend hohen Abschreibungsvergünstigungen kann es durchaus zu dem zunächst überraschend erscheinenden - und von *Schneider*[7] vor nunmehr fast 30 Jahren als *Steuerparadoxon* bezeichneten - Ergebnis kommen, daß die Körperschaftsteuer investitionsfördernd wirkt. Jedenfalls wird die Körperschaftsteuer mit Ausnahme von Spezialfällen zu einer Verzerrung der Investitionsentscheidungen und der Kapitalallokation führen.

In den beiden anderen Zeilen der Tabelle 3 sind die Schattenpreise $\tilde{q}$ und q des in der Steuerbilanz ausgewiesenen Buchwertes $\tilde{K}$ bzw. des tatsächlich vorhandenen Kapitalstocks K angegeben. Diese sind deshalb von Interesse, weil sich der Marktwert eines Unternehmens als Summe der mit den jeweiligen Schattenpreisen bewerteten Bestandsgrößen K_t und $\tilde{K}_t$ darstellen läßt,[8] d.h.

$$V_t = q_t K_t + \tilde{q}_t \tilde{K} \cdot \qquad (1)$$

Diese Beziehung gilt in jeder Periode auch außerhalb eines langfristigen Wachstumsgleichgewichts. Ökonomisch gibt der Schattenpreis $\tilde{q}$ den Barwert der mit bestimmten steuerlichen Regelungen verbunden Steuerersparnisse an. Bei der zinsbereinigten Gewinnsteuer stimmt dieser Schattenpreis gänzlich unabhängig von speziellen Abschreibungsregeln im steady state immer mit dem Gewinnsteuersatz überein. Bei der Körperschaftsteuer dagegen nimmt der Barwert der Steuerersparnisse mit dem steuerlich zulässigen Abschreibungssatz zu.

---

7 Vgl. *Schneider, D.* (1969).
8 Vgl. *Hayashi, F.* (1982).

Tabelle 3: Kapitalnutzungskosten und Schattenpreise im langfristigen Wachstumsgleichgewicht

		Körperschaftsteuer	**zinsbereinigte Gewinnsteuer**
Kapital-nutzungs-kosten	$\frac{\partial F}{\partial K}$	$\frac{1}{1-\tau^u}\{(\beta+\gamma)[(1-\tau^u)r+\delta]+ \left[1-\beta-\gamma-\tau^u\left(\alpha+\frac{(1-\alpha)\tilde{\delta}}{r+\tilde{\delta}}\right)\right](r+\delta)\}$	$r+\delta$
Schatten-preis $\tilde{K}$	$\tilde{q}=$	$\frac{\tau^u\tilde{\delta}}{(1-\tau^u)(r+\tilde{\delta})}$	τ^u
Schatten-preis K	$q=$	$\frac{(1-\tau^u)\left(\frac{\partial F}{\partial K}-\beta r+\gamma\delta\right)-(\beta+\gamma)\delta}{(1-\tau^u)(r+\delta)}$	$\frac{(1-\tau^u)\frac{\partial F}{\partial K}-\beta(r+\delta)}{r+\delta}$ $=1-\beta-\tau^u$

Der Schattenpreis q des vorhandenen Kapitalstocks K in der Schlußzeile schließlich ergibt sich als Gegenwartswert der mit einer zusätzlichen Kapitalstockeinheit einhergehenden Nettoerträge. Der anzusetzende Kalkulationszinsfuß besteht aus der Summe von Marktzins und kalkulatorischer Abschreibungsrate. Einmal mehr bestimmt sich dieser Schattenpreis bei der zinsbereinigten Gewinnsteuer (im steady state) auf ganz einfache Weise als der Eigenkapitalanteil abzüglich des Gewinnsteuersatzes. Insbesondere ist das gewählte Abschreibungsverfahren ohne jeden Einfluß auf diesen Preis. Auf der anderen Seite wird auch ohne detaillierte Erläuterung deutlich, daß der Schattenpreis q bei Erhebung einer Körperschaftsteuer in komplizierter Weise von den Finanzierungsannahmen und den Abschreibungsregeln (über deren Einfluß auf $\partial F/\partial K$) abhängt.

Tabelle 3 illustriert anschaulich die Attraktivität einer zinsbereinigten Gewinnsteuer gegenüber der herkömmlichen Körperschaftsbesteuerung. Die zinsbereinigte Gewinnsteuer ist investitionsneutral; die steuerlich zulässigen Abschreibungsregeln haben keinerlei Einfluß auf die Rentabilität alternativer Investitionsprojekte oder den Marktwert des Unternehmens. Dies sind effizienztheoretisch attraktive Eigenschaften, auf die die Protagonisten einer zinsbereinigten Gewinnbesteuerung zu Recht hinweisen. Wir wollen nun darüber hinaus wissen, welche quantitative

Bedeutung diesen Effizienzüberlegungen zukommt - und ob ihnen nicht unerwünschte intra- und intergenerative Verteilungseffekte gegenüberstehen.

2.3. Übrige Modellbestandteile und Ausgangsgleichgewicht

Wir haben der Beschreibung des unternehmerischen Entscheidungskalküls unter Berücksichtigung alternativer steuerlicher Regelungen im vorigen Abschnitt breiten Raum gewidmet, weil dieser Modellbaustein einerseits für unsere Problemstellung von entscheidender Bedeutung ist, und weil er andererseits eine wesentliche Erweiterung unserer früheren Arbeiten darstellt. Im Gegenzug soll dafür allerdings die Erläuterung der übrigen Modellbestandteile kurz gehalten werden. Wir verweisen den interessierten Leser auf die Monographie von *Auerbach/Kotlikoff*, auf die unser Modell aufbaut.[9] An dieser Stelle müssen die folgenden Anmerkungen genügen:

Auf der Haushaltsseite werden die Entscheidungen der privaten Haushalte über ein Lebenszyklus-Modell erklärt. Der Lebenszyklus einer Person wird dabei in 55 Perioden oder Jahre unterteilt. Man kann sich das so vorstellen, daß die ökonomisch relevanten Entscheidungen eines Individuums im Alter von 20 Jahren mit dem Eintritt in das Erwerbsleben beginnen und im Alter von 75 Jahren enden. Die Sparentscheidungen, die Arbeitsangebots- sowie die Partizipationsentscheidungen werden modellendogen über nutzenmaximierendes Verhalten erklärt. Ein Individuum wird dann aus dem Erwerbsleben ausscheiden, wenn der individuelle Reservationslohn den Marktlohn übersteigt. Berücksichtigt wird dabei, daß die Produktivität eines Arbeitnehmers im Zeitablauf erst zunimmt, ab einem bestimmten Alter aber abnimmt. In jeder Periode wird eine neue Generation geboren, wobei die Bevölkerung mit einer konstanten Rate wachsen soll. Innerhalb jeder Generation unterscheiden wir zwischen fünf nach Einkommensklassen geordneten Haushaltstypen. Die Einkommensintervalle wurden dabei so gewählt, daß alle Klassen dieselbe Besetzungsdichte aufweisen. Die Einkommenshöhe bzw. die Arbeitsproduktivität sollen das einzige Unterscheidungsmerkmal für die zu einer bestimmten Generation gehörenden Haushalte sein. Funktionale Form[10] und Parameterwerte der Nutzenfunktion sollen dagegen für alle Haushalte übereinstimmen. Dies bedeutet, daß sich arme genau wie reiche Haushalte verhalten würden, wenn sie nur deren Einkommen hätten. In den unterschiedlichen Phasen des Lebenszyklus beziehen die Haushalte Arbeitseinkommen, Kapitaleinkommen und Altersrenten.

Die Altersrenten resultieren dabei aus lohneinkommensabhängigen Beiträgen. Das als Umlageverfahren ausgestaltete Alterssicherungssystem und die steuerliche Behandlung von Beiträgen und Renten entsprechen weitgehend den institutionellen Gegebenheiten in der Bundesrepublik. Reformmaßnahmen innerhalb des Rentensystems untersuchen wir in diesem Beitrag nicht.[11] Wir verzichten also bewußt auf eine vollständige Modellierung des Steuerreformkonzepts der KNS-Gruppe. Danach werden nicht nur eine zinsbereinigte Einkommen- und Gewinnsteuer emp-

[9] Vgl. *Auerbach, A./Kotlikoff, L.J.* (1987).

[10] Konkret unterstellen wir Nutzenfunktionen vom CES-Typ (CES, constant elasticity of substitution).

[11] Vgl. hingegen *Fehr, H.* (1998).

fohlen, sondern auch eine volle Abzugsfähigkeit der Rentenbeiträge und vollständige Steuerpflicht der Rentenzahlungen nach dem Konzept der Sparbereinigung. Die Lohneinkünfte unterliegen dem gegenwärtig in der Bundesrepublik geltenden linear-progressiven Einkommensteuertarif. Zur Vereinfachung unterstellen wir einen einheitlichen Freibetrag für alle Lohnsteuerzahler. Seine Höhe wurde so festgelegt, daß sich im Ausgangsgleichgewicht ein realistisches Lohnsteueraufkommen einstellt. Die direkt progressive Besteuerung der Lohneinkünfte wird auch unter einer zinsbereinigten Einkommensteuer beibehalten.

De facto unterliegen gegenwärtig auch die Kapitaleinkünfte dem linear-progressiven Tarif, verbunden mit einem besonderen Sparerfreibetrag von DM 6.000/12.000 für ledige/verheiratete Steuerzahler. Ein großer Teil der Zinseinkommen wird also derzeit nicht besteuert. Die Modellierung dieser hohen Freibeträge hat allerdings den unangenehmen Effekt, daß es zu Unstetigkeitsstellen in den effektiven Grenzbelastungen über den Lebenszyklus kommt, die wir rechentechnisch bislang nicht befriedigend lösen konnten. Wir unterstellen deshalb, daß Kapitaleinkünfte einer indirekt progressiven Besteuerung unterliegen, mit (neben dem Sparerfreibetrag) höheren sonstigen Freibeträgen für höhere Einkommensklassen. Tatsächlich modellieren wir in der Ausgangssituation also eine duale Einkommensteuer, ähnlich wie sie seit einiger Zeit in den nordischen Ländern oder in Österreich erhoben wird. Das ist in gewisser Weise unbefriedigend, muß angesichts ansonsten auftretender numerischer Lösungsprobleme aber in Kauf genommen werden. Im übrigen sind ähnliche Vereinfachungen in vergleichbaren Studien durchaus üblich, sie werden nur selten explizit erwähnt.

Der Fiskus erhebt neben den bereits erwähnten Einkommen- und Gewinnsteuern noch eine Konsumsteuer. Außerdem verschuldet er sich am Kapitalmarkt, um mit den Einnahmen aus Steuern und öffentlichen Krediten Ausgaben für öffentliche Konsumgüter, für Transfers an die privaten Haushalte und für Zinsausgaben auf die aufgelaufene öffentliche Schuld zu finanzieren. Flexible Preise sorgen dafür, daß kurzfristig alle Märkte geräumt sind. Ein langfristiges Wachstumsgleichgewicht liegt vor, wenn Sozialprodukt, Kapitalstock usw. mit ein- und derselben Rate wachsen. Dabei wird die Bundesrepublik als kleine offene Volkswirtschaft modelliert.

Zu erwähnen ist schließlich, daß die Parameter unseres Simulationsmodells so gewählt wurden, daß die Werte zentraler Makrovariablen im Ausgangsgleichgewicht in etwa mit den tatsächlich in der Bundesrepublik im Jahre 1996 realisierten Werten übereinstimmen.

3. Zur Ermittlung von Effizienz- und Verteilungswirkungen: Einige methodische Überlegungen

Die Befürworter eines zinsbereinigten Einkommen- und Gewinnsteuersystems versprechen sich von einer konsumorientierten Neuordnung des Steuersystems zusätzliche Arbeitsplätze, Effizienzgewinne und zugleich auch noch mehr Gerechtigkeit. Umfassende quantitative Analysen über die Höhe der Effizienz- und Verteilungseffekte, die beim Übergang vom gegenwärtigen zu einem zinsbereinigten

Steuersystem auftreten, liegen bislang allerdings nicht vor. Aber genau das dürfte den die Möglichkeit einer Steuerreform erwägenden Politiker in erster Linie interessieren. In welcher Größenordnung liegen denn nun die behaupteten Effizienzgewinne, ausgedrückt etwa in Prozent des Bruttoinlandsprodukts (BIP) oder aber in Mark und Pfennig? Und welche Haushalte - arme oder reiche, junge oder alte - gewinnen, welche verlieren als Folge einer solchen Steuerreform? Was also sind die intragenerativen, was die intergenerativen Umverteilungswirkungen einer Zinsbereinigung des Steuersystems? Und sind die Effizienz- und Verteilungseffekte quantitativ überhaupt so bedeutend, daß sich die Umstellung auch lohnt oder handelt es sich letztlich nur um „Peanuts"?

Um diese (und andere) Fragen zu beantworten, wird wie folgt vorgegangen: Wir gehen aus vom gegenwärtigen Steuersystem und ermitteln für sämtliche Haushalte, arme und reiche, junge und alte, das jeweilige Wohlfahrtsniveau, das in diesem Ausgangsgleichgewicht realisiert wird. Dann wird in einer bestimmten Periode eine Steuerreform durchgeführt, die hier in einer Zinsbereinigung der Einkommen- und Gewinnsteuer bestehen soll. Als Reaktion auf diese Reformmaßnahme kommt es zu veränderten Steuerbelastungen, zu Preisanpassungen und zu Verhaltensreaktionen auf seiten der Investoren und Konsumenten. Unter Berücksichtigung all dieser Zusammenhänge berechnen wir dann die sich im Jahr der Steuerreform und in allen nachfolgenden Jahren einstellenden Wohlfahrtspositionen sämtlicher Haushalte. Die Differenz ΔW der Wohlfahrtsniveaus nach und vor Durchführung der Steuerreform gibt dann an, ob sich ein Haushalt besser stellt ($\Delta W > 0$) oder verschlechtert ($\Delta W < 0$). Für die Beurteilung von Steuerreformen ist die Ermittlung dieser Wohlfahrtseffekte von zentraler Bedeutung. In ihnen kommt die „wahre" Steuerbelastung zum Ausdruck.[12] Die Ermittlung dieser Wohlfahrtsänderungen ist kompliziert genug, aber sie ist noch relativ einfach im Vergleich zur Lösung der Aufgabe, die wir uns gestellt haben. Uns interessieren nämlich nicht nur die Wohlfahrtseffekte der Steuerreform, wir wollen ja detaillierter die Effizienz- und Umverteilungseffekte von Steuerreformen ermitteln. Uns geht es also um die *Zerlegung* der durch Steuerreformen hervorgerufenen Wohlfahrtsänderung in eine effizienzbedingte und eine umverteilungsbedingte Komponente. Diese Aufspaltung ist hilfreich, wenn man Pareto-superiore Steuerreformen implementieren will. Betrachten wir dazu folgendes Beispiel. Wie sich zeigen wird - und wie zu erwarten war - ist der Übergang zu einer zinsbereinigten Einkommen- und Gewinnsteuer mit aggregierten Effizienzgewinnen verbunden. Er ist also potentiell Pareto-superior, d.h. die Gewinner *könnten* die Verlierer kompensieren. Nun führt die Zinsbereinigung aber auch zu einer Umverteilung zu Lasten der in der Reformperiode lebenden älteren Generationen und zu Gunsten der jüngeren und zukünftigen Generationen. Im nächsten Kapitel werden wir begründen, warum dies so ist. Man kann nun kaum davon ausgehen, daß die Verteilungsgewinner - die zukünftigen Generationen -, die Verlierer - die gegenwärtig lebenden älteren Mitbürger - freiwillig kompensieren werden.[13] Allerdings könnte dann der Staat

[12] Aus der umfangreichen Literatur vgl. etwa *Ahlheim, M./Rose, M.* (1992) oder *Krause-Junk, G.* (1980).

[13] Ganz ausgeschlossen ist eine solche Kompensation allerdings nicht. Bei Vorliegen eines operativen altruistischen Erbschaftsmotivs wurde die steuerlich bedingte intergenerative Umverteilung durch veränderte Erbschaften neutralisiert.

einspringen, um durch geeignete Maßnahmen - in unserem Fall etwa eine Erhöhung der Staatsverschuldung oder eine Anhebung der Leistungen aus der Rentenversicherung - den als unerwünscht angesehenen intergenerativen (und intragenerativen) Umverteilungswirkungen entgegenzuwirken.

Die Zerlegung der gesamten Wohlfahrtseffekte in eine Effizienz- und eine Umverteilungskomponente ist aufwendig und kompliziert. Aber die Mühe lohnt sich. Die umverteilungsbedingten Wohlfahrtsänderungen können im übrigen auf zwei unterschiedliche Ursachenkomplexe zurückgeführt werden. Zum einen wird sich selbst bei insgesamt aufkommensneutralen Steuerreformen für einzelne Haushalte per Saldo die Steuerbelastung ändern; einige Steuerpflichtige werden höher belastet, für andere dagegen wird die Steuerbelastung sinken. Hinzu kommt, daß (größere) Steuerreformen im allgemeinen nicht nur die relativen Preise nach Steuern, sondern auch die Vor-Steuer-Preise ändern werden. Solche Marktpreisänderungen sind zwar allokativ unschädlich, sie sind aber mit Umverteilungseffekten verbunden. Effizienzeffekte gehen dagegen von den Verhaltensreaktionen aus, die nach Kompensation der Verteilungseffekte von den steuerlich induzierten Preisänderungen verursacht werden. Die gesamten Wohlfahrtseffekte ΔW für einen bestimmten Haushaltstyp lassen sich also über

$$\Delta W = -\Delta T + \Delta P + \Delta X \tag{2}$$

aufspalten in die Komponenten: Steuerlastverschiebung[14] $(-\Delta T)$, Preisänderungen (ΔP) und Mengenänderungen (ΔX) aufgrund von Verhaltensanpassungen. Die ersten beiden Terme stellen den umverteilungsbedingten Teil der Wohlfahrtsänderung dar, aus dem letzten lassen sich nach Eliminierung der Einkommenseffekte die Zusatzlasten (oder „excess burden") ableiten.

Die grundlegende Schwierigkeit bei der Ermittlung der einzelnen Komponenten dieser Wohlfahrtszerlegung besteht darin, die von den Unternehmen an den Fiskus abgeführten Körperschaftsteuern oder zinsbereinigten Gewinnsteuern den einzelnen Haushalten zuzuordnen. Denn letztlich sind es natürlich die privaten Haushalte, die die ökonomischen Lasten der Unternehmensbesteuerung zu tragen haben. Diese Zuordnung der Unternehmensteuern auf die privaten Haushalte ist nicht explizit erforderlich, wenn „nur" die *Wohlfahrts*wirkungen von Steuerreformen ermittelt werden. Die Belastung der Haushalte etwa mit der Körperschaftsteuer ist dann implizit in den Wohlfahrtseffekten enthalten. Erst dann, wenn man die Umverteilungs- und Effizienzeffekte von Steuerreformen getrennt ermitteln will, stellt sich die Notwendigkeit einer expliziten Zurechnung von Unternehmensteuern auf die privaten Haushalte.

Auch die traditionelle finanzwissenschaftliche Verteilungslehre sah sich vor die Aufgabe gestellt, einzelne Steuern den privaten Haushalten zuzurechnen. Aber diese Zurechnung erfolgte immer ad hoc, aufgrund mehr oder weniger überzeugender Plausibilitätsüberlegungen. So gingen *Musgrave/Case/Leonard* in ihrer Inzidenzuntersuchung von unterschiedlichen Überwälzungsannahmen bezüglich der Körperschaftsteuer aus.[15] In einer Variante A wurde ein Drittel des Körper-

---

[14] Das Minuszeichen soll darauf hinweisen, daß eine (positive) zusätzliche Steuerbelastung zu einer Wohlfahrtsminderung führt.

[15] Vgl. *Musgrave, R.A./Case, K.E./Leonard, H.* (1974).

schaftsteueraufkommens den Haushalten proportional zu den Konsumausgaben, die restlichen zwei Drittel dagegen in Relation zu den Dividendeneinkünften verteilt. In einer zweiten Variante wurde die Hälfte des Körperschaftsteueraufkommens im Verhältnis zu sämtlichen Kapitaleinkünften verteilt, der Rest jeweils wiederum zur Hälfte proportional zu den Lohneinkommen und den Konsumausgaben. Es ist offensichtlich, daß diese Überwälzungsannahmen und die daraus resultierenden Verteilungsergebnisse einen hohen Grad an Willkür aufweisen. In vollständig spezifizierten Gleichgewichtsmodellen ist diese Willkür, wenn nicht beseitigt, so doch begrenzt. Sie erlauben insbesondere eine konsistente und willkürfreie Zurechnung der Unternehmensteuern auf die privaten Haushalte.

Wir wollen das grundsätzliche Vorgehen ganz kurz für den Fall einer zinsbereinigten Gewinnsteuer im Rahmen eines Zwei-Generationen-Models verdeutlichen. Die zu beantwortende Frage lautet dann, wie das Steueraufkommen aus der zinsbereinigten Gewinnsteuer auf die in einer Periode lebenden jungen und alten Mitglieder aufeinanderfolgender Generationen verteilt werden kann.

Betrachten wir dazu die Aufkommensgleichung für die zinsbereinigte Gewinnsteuer

$$\mathrm{T}_t^u = \tau_t^u \left[\mathrm{Y}_t - w_t L_t - \left(r_t + \tilde{\delta}_t\right)\tilde{\mathrm{K}}_t - \alpha\, \mathrm{I}_t\right] \tag{3}$$

Wir berücksichtigen nun die folgenden Gleichungen:

a) das Euler-Theorem für die linear-homogene Produktionsfunktion $Y_t = F(L_t, K_t)$:

$$\mathrm{Y}_t = \frac{\partial F}{\partial L_t} L_t + \frac{\partial F}{\partial \mathrm{K}_t}\mathrm{K}_t = w_t L_t + \frac{\partial F}{\partial K_t}\mathrm{K}_t \tag{4}$$

b) die aus den Bewegungsgleichungen für den physischen Kapitalstock

$$\mathrm{K}_{t+1} = (1-\delta)\mathrm{K}_t + I_t \tag{5}$$

sowie aus dem Buchwert der Steuerbilanz

$$\tilde{\mathrm{K}}_{t+1} = \left(1-\tilde{\delta}_t\right)\tilde{\mathrm{K}}_t + (1-\alpha)\mathrm{I}_t \tag{6}$$

ableitbare Beziehung

$$\alpha\, \mathrm{I}_t = \left[\mathrm{K}_{t+1} - (1-\delta)\mathrm{K}_t\right] - \left[\tilde{\mathrm{K}}_{t+1} - \left(1-\tilde{\delta}_t\right)\tilde{\mathrm{K}}_t\right] \tag{7}$$

Nach Einsetzen und Auflösen wird die Steueraufkommensgleichung zu

$$\mathrm{T}_t^u = \tau_t^u \left\{\left[\left(1+\frac{\partial F}{\partial \mathrm{K}_t} - \delta\right)\mathrm{K}_t - (1+r_t)\tilde{\mathrm{K}}_t\right] - \left[\mathrm{K}_{t+1} - \tilde{\mathrm{K}}_{t+1}\right]\right\} \tag{8}$$

Wenn man sich nun auf die Betrachtung langfristiger Wachstumsgleichgewichte beschränkt, vereinfacht sich die letzte Gleichung zu

$$\mathrm{T}_t^u = \underbrace{\tau^u (1+r)\left[\mathrm{K}_t - \tilde{\mathrm{K}}_t\right]}_{\substack{\textit{der alten Generation}\\ \textit{zurechenbare Steuerlast}}} - \underbrace{\tau^u \left[\mathrm{K}_{t+1} - \tilde{\mathrm{K}}_{t+1}\right]}_{\substack{\textit{der jungen Generation}\\ \textit{zurechenbare Subvention}}} \tag{9}$$

Die letzte Gleichung verdeutlicht anschaulich, daß man das Aufkommen der zinsbereinigten Gewinnsteuer fiktiv zerlegen kann in eine Besteuerung des in der Periode t existierenden Altkapitalbestandes bei gleichzeitiger Subventionierung des in Periode t neuaufgebauten Kapitalstocks (bzw. der Differenz von Marktwert und Buchwert des Kapitalstocks). In unserem Zwei-Generationen-Modell liegt es nun nahe, das aus der Besteuerung des Altkapitals resultierende Aufkommen den Eigentümern des Kapitalstocks, also der in dieser Periode lebenden alten Generation, zuzurechnen und der jungen Generation, die den Aufbau des neuen Kapitalstocks finanziert, das Subventionselement $-\tau^u\left[K_{t+1}-\tilde{K}_{t+1}\right]<0$ zuzuordnen.[16]

Wenn n die Wachstumsrate in einem langfristigen Gleichgewicht bezeichnet, läßt sich die Steueraufkommensfunktion wegen $K_{t+1}=(1+n)K_t$ und $\tilde{K}_{t+1}=(1+n)\tilde{K}_t$ auch als $T_t^u=\tau^u\left\{(r-n)\left[K_t-\tilde{K}_t\right]\right\}$ schreiben.

Diese Darstellung zeigt anschaulich, unter welchen Bedingungen eine zinsbereinigte Gewinnsteuer in einem langfristigen Wachstumsgleichgewicht überhaupt ein Aufkommen erbringt. Zum einen muß langfristig der Zinssatz die Wachstumsrate der Volkswirtschaft übersteigen. Theoretische- und empirische Studien zeigen aber, daß dies der Fall ist.[17] Folglich erzielt eine zinsbereinigte Gewinnsteuer in einem langfristigen Wachstumgleichgewicht in unserem Modell nur dann ein positives Aufkommen, wenn wegen beschleunigter Abschreibungen stille Reserven in der Unternehmensbilanz existieren. Während das Aufkommen einer zinsbereinigten Gewinnsteuer bei ökonomischen Abschreibungen langfristig verschwindet,[18] führen beschleunigte Abschreibungen zu einem positiven Aufkommen. Dieses auf den ersten Blick vielleicht nicht unmittelbar einleuchtende Ergebnis erklärt sich dadurch, daß bei erhöhten Abschreibungen auch nur die Schutzzinsen auf den Buchwert des Kapitals von der Bemessungsgrundlage abgezogen werden dürfen.

Nach diesen Bemerkungen kommen wir jetzt zur Präsentation und Interpretation unserer numerischen Ergebnisse.

4. Modellergebnisse

Wir modellieren den Übergang zu einem konsumorientierten Steuersystem in zwei Schritten. Als erstes schaffen wir die Besteuerung von Kapitaleinkünften auf der

[16] Für eine ausführliche Darstellung der generellen Vorgehensweise vgl. *Fehr, H.* (1996).

[17] Zu ersterem vgl. *Homburg, St.* (1992), zu letzerem vgl. *Abel, A.B. et al.* (1989).

[18] Diese logische Konsequenz unseres Modells darf man nicht überbewerten. Bei Berücksichtigung monopolistischer Unternehmensgewinne wäre das Steueraufkommen einer zinsbereinigten Gewinnsteuer positiv. Es wäre allerdings wenig überzeugend, wenn sich ein positives Steueraufkommen einer effizienten Unternehmensteuer nur unter der Voraussetzung einer ineffizienten Wettbewerbspolitik begründen ließe. Überzeugender ist es da schon, das Steueraufkommen mit der Existenz einer ökonomischen Rente aufgrund der „kostenlosen" Bereitstellung öffentlicher Infrastruktur zu rechtfertigen. Die zinsbereinigte Gewinnsteuer würde dann einen Teil dieser Rente abschöpfen und damit zugleich zur effizienten Finanzierung der öffentlichen Infrastruktur beitragen.

Haushaltsebene ab. Diese Maßnahme hatten wir schon untersucht.[19] In einem zweiten Schritt betrachten wir dann zusätzlich eine Reform der Unternehmensbesteuerung. Diese besteht ihrerseits aus mehreren Komponenten. Einmal wird die Gewerbeertragsteuer abgeschafft. In unserem Modell kommt dies darin zum Ausdruck, daß der Körperschaftsteuersatz von ursprünglich 53% auf 45% gesenkt wird. Gleichzeitig führen wir eine Zinsbereinigung der Bemessungsgrundlage durch. Einem Vorschlag von *Rose* folgend, wird die Einbeziehung der Dividenden in die Bemessungsgrundlage und der gleichzeitige Abzug des Schutzzinses auf das Eigenkapital in Prozentschritten von null auf hundert über einen Zeitraum von 20 Jahren vorgenommen.[20] In unseren Simulationsanalysen unterstellen wir, daß das öffentliche Güterangebot unverändert bleibt und der periodische Budgetausgleich über eine Anpassung der Konsumsteuersätze erfolgt.

Die folgenden Tabellen enthalten ausgewählte Ergebnisse unserer numerischen Berechnungen. Ergänzend könnte auch noch die zeitliche Entwicklung zentraler makroökonomischer Variablen angegeben werden. Darauf soll jedoch aus Raumgründen verzichtet werden. Tabelle 4 enthält zunächst einige aggregierte Maßzahlen zu den Effizienz- und Verteilungswirkungen einer stufenweisen konsumorientierten Neuordnung des Steuersystems.

Tabelle 4: Aggregierte Effizienz- und Verteilungswirkungen einer konsumorientierten Besteuerung

	zinsbereinigte ESt	**zinsbereinigte ESt + GSt**
– in % des Steueraufkommens	3.38	6.31
– in Mrd. DM	27.04	50.48
Entwicklung des Gini-Koeffizienten (Ausgangsjahr: 0.270) bezogen auf die jährlichen verfügbaren Einkommen		
1	0.277	0.269
10	0.282	0.277
20	0.288	0.283
∞	0.294	0.295

Im ersten Teil der Tabelle 4 weisen wir die jährlichen Effizienzeffekte einmal in Prozent des jährlichen Steueraufkommens, das andere Mal in Mrd. DM aus. Man sieht, daß durch den Übergang zu einem zinsbereinigten Steuersystem jährliche Effizienzgewinne von insgesamt rund 50 Mrd. erzielt werden könnten. Das ist natürlich eine beeindruckende Zahl. Allerdings muß man sie mit einiger Vorsicht interpretieren. Sie hängt selbstverständlich von den vorgegebenen Parameterwerten ab. Aber selbst wenn man ein Unsicherheitsintervall von etwa 10 Mrd. nach oben und unten zuläßt - das sind die Schwankungen, die sich bei veränderter Parameterwahl ergeben - ließen sich doch beträchtliche Effizienzgewinne erzielen. Würde man den Übergang zu einem konsumorientierten Steuersystem nicht stu-

[19] Vgl. *Fehr, H./Wiegard, W.* (1998a).
[20] Vgl. *Rose, M.* (1998), S. 253, Fn.12.

fenweise, sondern in einem Schritt vollziehen, lägen die jährlichen Effizienzgewinne noch wesentlich höher.[21]

Im unteren Teil der Tabelle 4 finden sich die Gini-Koeffizienten, bezogen auf die jährlichen verfügbaren Einkommen in der Steuerreformperiode und in ausgewählten Jahren danach. Der die Einkommensverteilung im Ausgangsgleichgewicht beschreibende Gini-Koeffizient beträgt 0.270. Aus Tabelle 4 sieht man, daß der isolierte Übergang zu einer Zinsbereinigung nur auf Haushaltsebene zu einer im statistischen Sinne ungleicheren Einkommensverteilung führen würde. Der zusätzliche Übergang zu einer Zinsbereinigung auf Unternehmensebene führt hingegen - für uns durchaus überraschend - zu keiner weiteren Ungleichverteilung.

Nun sind natürlich auch diese Angaben mit der nötigen Vorsicht zu interpretieren. Aber sie legen doch die Schlußfolgerung nahe, daß die hohen Effizienzgewinne nicht von auffällig negativ einzuschätzenden Verteilungseffekten überlagert werden. Problematisch bei der Interpretation der Gini-Koeffizienten ist vor allem, daß sie sich auf das verfügbare *jährliche* Einkommen beziehen. Systematisch läßt sich eine Zinsbereinigung von Einkommen- und Gewinnsteuern aber nur bei einer Lebenseinkommensbetrachtung rechtfertigen. Dieser Betrachtungsweise wenden wir uns jetzt zu.

Tabelle 5 enthält detaillierte Ergebnisse unserer Simulationsrechnungen. Wir erläutern zunächst den Aufbau der Tabelle, verdeutlichen die Ergebnisse und erklären diese dann ökonomisch. Die Zahlen in der ersten Spalte der Tabelle 5 geben das Geburtsjahr eines Haushalts oder einer Generation bezogen auf das Reformjahr 1996 an. So bedeutet ein „-70", daß der betreffende Haushalt 70 Jahre vor der Reformperiode geboren wurde und damit noch 5 Jahre zu leben hat. Die Zahl „1" steht für diejenigen Haushalte, die im Reformjahr geboren werden und 20 Jahre später in das Erwerbsleben eintreten. Schließlich gibt „∞" die Generation an, die erst nach Erreichen eines neuen langfristigen Wachstumsgleichgewichts geboren wird. In den nächsten vier Spalten stehen dann die Wohlfahrts- und Effizienzwirkungen, die sich bei den unterschiedlichen Politikreformen ergeben. Die ausgewiesenen Effekte geben den Gegenwartswert der induzierten Nutzenänderung über den gesamten (verbleibenden) Lebenszyklus als Prozentsatz des maximal verfügbaren Lebenseinkommens an. Neben dem Lohneinkommen schließt dieses auch die Opportunitätskosten der Freizeit (bewertet mit dem Lohnsatz) ein. Dies ist in der einschlägigen Literatur üblich[22]. Da die Bezugsgröße „maximal verfügbares Lebenseinkommen" groß ist, sind die die Wohlfahrts- und Effizienzeffekte repräsentierenden Zahlen klein. Für unsere Zwecke ist dies ohne Belang, da es uns nur auf den Vergleich der Effekte ankommt, die sich bei unterschiedlichen Reformmaßnahmen und bei unterschiedlichen Modellannahmen ergeben. Durch die Wahl einer anderen Bezugsgröße zur Inzidenzmessung - statt des maximal verfügbaren Lebenseinkommens könnte man etwa den Gegenwartswert der Steuerschuld wählen -, ließen sich auch wesentlich höhere Werte erhalten. Materiell würde sich dadurch allerdings nichts ändern.

Die *inter*generativen Wohlfahrtseffekte einer Reform entnimmt man dem unteren, unter „aggregiert" angeführten Tabellenteil. Die *intra*generativen Inzidenzwir-

---

[21] Vgl. *Fehr, H./Wiegard, W.* (1998b).
[22] Zur Begründung vgl. etwa *Fullerton, D./Rogers, D.L.* (1993), S. 22f.

kungen ermitteln wir durch Vergleich der sich bei unterschiedlichen Einkommensklassen einstellenden Wohlfahrtseffekte. Der Übersichtlichkeit halber wurden in der Tabelle 5 nur die Werte für das erste, das dritte und das fünfte Einkommensquintil ausgewiesen.

Wenden wir uns nun der Interpretation und ökonomischen Erklärung der numerischen Ergebnisse unserer Simulationen zu. Dabei betrachten wir zunächst die intergenerativen Wirkungen einer zinsbereinigten Einkommensteuer im untersten Teil von Tabelle 5.

Tabelle 5: Intra- und intergenerative Effizienz- und Verteilungswirkungen einer konsumorientierten Besteuerung

	Zinsbereinigung ESt		Zinsbereinigung ESt + GSt	
Geburtsjahr	**Wohlfahrt**	**Effizienz**	**Wohlfahrt**	**Effizienz**
1. Quintil				
- 70	0.19	- 0.10	- 2.62	- 0.21
- 50	2.12	0.20	0.26	0.15
- 30	0.87	0.81	1.33	1.10
- 10	0.36	0.66	2.79	0.72
1	0.44	0.62	4.47	0.84
∞	0.48	0.59	5.75	0.94
3. Quintil				
- 70	0.09	- 0.09	- 3.08	- 0.20
- 50	1.68	0.49	- 0.26	0.54
- 30	0.47	0.69	0.72	0.93
- 10	0.11	0.27	2.11	0.96
1	0.18	0.24	3.26	1.28
∞	0.22	0.23	4.07	1.53
5. Quintil				
- 70	0.06	- 0.07	- 2.63	- 0.15
- 50	0.35	0.30	- 1.57	0.41
- 30	- 0.14	0.11	- 0.03	0.40
- 10	- 0.16	- 0.02	1.67	0.49
1	- 0.09	0.02	2.52	0.82
∞	- 0.05	0.02	3.08	0.96
aggregiert				
- 70	0.08	- 0.08	- 2.79	- 0.17
- 50	1.10	0.34	- 0.81	0.40
- 30	0.24	0.48	0.46	0.74
- 10	0.01	0.19	1.99	0.72
1	0.08	0.19	3.12	1.03
∞	0.12	0.18	3.93	1.19

Bei der Beurteilung der Effizienzwirkungen sind zwei gegenläufige Effekte zu unterscheiden. So wirkt die Abschaffung der Kapitaleinkommensbesteuerung eindeutig effizienzsteigernd, gleichzeitig aber führt der Anstieg der Konsumsteuersätze zu Effizienzverlusten. Ältere Generationen liegen mit ihrem Kapitaleinkommen bereits unter den Freibeträgen, deshalb profitieren sie nicht von der Zinsbereinigung und realisieren folglich Effizienzverluste. Bei allen anderen Generationen wird der negative Konsumsteuereffekt durch den Effizienzgewinn aufgrund der abgeschafften Zinsbesteuerung überkompensiert. Dabei realisieren die Generationen mittleren Alters besonders hohe Effizienzzuwächse, weil vor allem sie mit ihrem Kapitaleinkommen über den Freibeträgen liegen.
Addiert man zu den Effizienzeffekten die mit dieser Reform einhergehenden Einkommenseffekte, so erhält man die in der zweiten Spalte ausgewiesenen Wohlfahrtsveränderungen. Zunächst einmal zeigt sich, daß die einzelnen Generationen in der Regel von der Zinsbereinigung profitieren werden. Allerdings kommt es infolge der Reform zu einer Einkommensumverteilung von den jungen und künftig lebenden Generationen hin zu den gegenwärtig lebenden Generationen hohen und mittleren Alters. Die älteren Generationen profitieren vor allem vom Anstieg der Unternehmenswerte nach der Reform. Dies überkompensiert in den meisten Fällen die erhöhte Konsumsteuerbelastung. Bei Generationen mittleren Alters war die Zahlung der Kapitaleinkommensteuer der Zahlung der Konsumsteuer zeitlich vorgelagert. Deshalb ist bei ihnen der Gegenwartswert der Steuerersparnisse höher als der Gegenwartswert der zusätzlichen Konsumsteuerbelastung. Umgekehrt verhält es sich mit Generationen, die gerade erst ins Erwerbsleben eintreten. Aufgrund der hohen Freibeträge haben sie im alten System zunächst noch keine Kapitaleinkommensteuer bezahlt. Deshalb ist bei ihnen der Gegenwartswert der Steuerersparnis geringer als der Gegenwartswert der gestiegenen Konsumsteuern.

Betrachten wir nun die Wohlfahrts- und Effizienzeffekte für die einzelnen Einkommensklassen. Da die Freibeträge mit dem Einkommen ansteigen, realisieren die armen Haushalte überproportional hohe Effizienzgewinne. Gleichzeitig fallen die Umverteilungsgewinne für die Haushalte mittleren Alters im untersten Einkommensquintil unverhältnismäßig hoch aus. Insgesamt verbessern sich daher wohlfahrtsmäßig vor allem die ärmeren Haushalte. Bei jungen und künftig lebenden reichen Haushalten kommt es dagegen zu Wohlfahrtsverlusten infolge der Reform.

In den beiden letzten Spalten der Tabelle 5 finden sich die Wohlfahrts- und Effizienzwirkungen. wenn zusätzlich zur Zinsbereinigung auf Haushaltsebene auch bei der Unternehmensteuer *stufenweise* zu einer zinsbereinigten Gewinnsteuer übergegangen wird. Die Reform der Unternehmensbesteuerung besteht dabei aus drei Komponenten: erstens wird sofort die Gewerbeertragsteuer abgeschafft. Zweitens werden schrittweise Dividenden in die Bemessungsgrundlage der Körperschaftsteuer aufgenommen und drittens wird der Abzug der fiktiven Eigenkapitalverzinsung schrittweise zugelassen. Im Vergleich zur ersten Simulation ergeben sich nun vor allem drei Unterschiede.

Erstens realisieren, abgesehen von den ältesten Generationen, alle Haushalte beträchtliche Effizienzgewinne, die sogar während der Transition ansteigen. Zweitens kommt es nun zu einer starken Einkommensumverteilung zu Lasten der alten Generationen und zugunsten der jungen und künftig lebenden Generationen.

Drittens fallen die Einkommenszuwächse bei den Haushalten des untersten Einkommensquintils überproportional hoch aus. Zunächst zur ökonomischen Erklärung der Effizienzwirkungen: Kurzfristig scheint hier das Steuerparadoxon zu wirken. Die sofortige Absenkung des Steuersatzes verschlechtert aufgrund der beschleunigten Abschreibung die Kapitalallokation und führt zu Effizienzverlusten bei den ältesten Generationen. Mittel- und langfristig jedoch wandelt sich die Unternehmensteuer zu einer neutralen Steuer, was sich in ansteigenden Effizienzgewinnen bei mittleren und künftig lebenden Generationen niederschlägt. Die Einkommensverluste der älteren Generationen sind bedingt durch das enorme Absinken der Unternehmenswerte im Zuge einer Besteuerung der Dividenden. Die Eigentümer dieser Unternehmen sind haupsächlich die älteren Haushalte. Generationen mittleren Alters und künftig lebende Generationen dagegen profitieren davon, weil sie die Kapitalgüter nun wesentlich günstiger erwerben können. Außerdem ist zu beachten, daß während der Transition die Arbeitsproduktivität steigt und damit auch das Lohnsteueraufkommen. Der Konsumsteuersatz kann deshalb langfristig um etwa 3 Prozent abgesenkt werden. Dies wiederum erklärt die Unterschiede bei den Wohlfahrts- und Effizienzeffekten der einzelnen Einkommensquintile. Die steigenden Löhne implizieren auch höhere Grenzsteuersätze. Wenn das Jahreseinkommen gerade unter dem Grundfreibetrag liegt, kann es zu beträchtlichen Sprüngen bei den Grenzsteuersätzen kommen, obwohl die Lohnsteuerlast selbst nur geringfügig ansteigt. Dies ist gerade im untersten Einkommensquintil der Fall. Deshalb weisen ärmere Haushalte einerseits unterdurchschnittliche Effizienzgewinne aus und gleichzeitig überdurchschnittliche Einkommenszuwächse. Sie profitieren nämlich überproportional von der Absenkung der Konsumsteuer, weil aufgrund der progressiven Lohnsteuer der Freizeitkonsum mit dem Einkommen ansteigt. Bezogen auf das maximal verfügbare Einkommen wirkt die Konsumsteuer somit regressiv selbst im Lebenszyklusmodell.[23] Bei den reichen Haushalten dagegen steigen infolge des Lohnwachstums die Grenzsteuersätze stark an, weil ihr Jahreseinkommen in der zweiten linear-progressiven Zone liegt. Dies dämpft sowohl ihre Effizienz- als auch ihre Einkommensgewinne. Einerseits steigen die Lohnsteuerlasten überproportional an und gleichzeitig sinken die Konsumsteuerlasten unterproportional aufgrund des hohen Freizeitkonsums.

5. Schlußbemerkungen

Gegenstand unserer Untersuchung waren die Effizienz- und Verteilungswirkungen einer Zinsbereinigung von Einkommen- und Gewinnsteuern. Diese Variante einer konsumorientierten Neuordnung des Steuersystems wird vor allem von der (ehemaligen) KNS-Steuerreformgruppe um die Experten *Rose/Wagner/Wenger* befürwortet. In der Republik Kroatien wurde ein derartiges Steuersystem erstmals implementiert. Uns interessiert natürlich in erster Linie die Frage, ob dieses Steuersystem als Leitbild für eine Neuordnung des bundesdeutschen Steuersystems geeig-

---

[23] Gerade in den letzten Jahren wurde immer wieder zugunsten der Konsumsteuer ins Feld geführt, daß diese bei einer Lebenszeitbetrachtung proportional zum Lebenseinkommen ist, vgl. etwa den Überblick in *Chernick, H./Reschovski, A.* (1996).

net ist. In einer früheren Veröffentlichung hatten wir uns eher skeptisch geäußert.[24] Wir mußten allerdings den Vorwurf akzeptieren, daß unsere damaligen Berechnungen den qualitativ wichtigsten Teil einer konsumorientierten Steuerreform, nämlich die Neugestaltung der Unternehmensbesteuerung ausgeblendet hatten. Deshalb haben wir in diesem Beitrag die Reform der Gewinnsteuern in den Vordergrund gerückt. Insgesamt müssen wir unsere eher skeptische Einschätzung revidieren. Eine Zinsbereinigung des Steuersystems würde nicht nur beträchtliche Effizienzreserven mobilisieren, auch die Verteilungseffekte wären keineswegs so negativ anzusehen, wie wir in unserer ersten Untersuchung vermutet hatten. Die Frage: „Lohnt sich eine konsumorientierte Neugestaltung des Steuersystems?" würden wir aufgrund unserer neueren Simulationsergebnisse ohne Einschränkung bejahen. Da negative Verteilungsergebnisse vor allem von der Abschaffung der Besteuerung von Kapitaleinkünften auf Haushaltsebene ausgehen, erscheint uns als Steuerreformempfehlung bedenkenswert, auf Haushaltsebene eine duale Einkommensteuer wie in den nordischen Ländern einzuführen und bei der Unternehmensbesteuerung zu einer zinsbereinigten Gewinnsteuer überzugehen.

Zuvor sind allerdings noch tiefergehende Analysen erforderlich, die sich vor allem mit dem Einfluß einer zinsbereinigten Gewinnsteuer auf die internationale Kapitalallokation, den Standortwettbewerb und den internationalen Kooperationsbedarf beschäftigen. Damit wollen wir uns an anderer Stelle auseinandersetzen.

Literatur

Abel, A.B.,/Mankiw, N.G.,/Summers, L.H./Zeckhauser, R.J. (1989): Assessing Dynamic Efficiency: Theory and Evidence, Review of Economic Studies (56), S. 1-20.

Ahlheim, M./Rose, M. (1992): Messung individueller Wohlfahrt, 2. Aufl., Berlin et al.

Auerbach, A./Kotlikoff, L.J. (1987): Dynamic Fiscal Policy, Cambridge MA.

Chernick, H./Reschovsky, A. (1996): Measuring Consumption Tax Burdens: Revisiting the Annual Income - Lifetime Income Debate, in: National Tax Association (ed.): Proceedings of the Eighty-eight Annual Conference, S. 130-137.

Fehr, H. (1996): Welfare Effects of Investment Incentive Policies: A Quantitative Assessment, Finanzarchiv (53), S. 515-544.

Fehr, H. (1998): Privatization of Public Pensions in Germany: Who Gains and How Much?, unveröffentlichtes Diskussionspapier, Tübingen.

Fehr, H./Wiegard, W. (1996): Numerische Gleichgewichtsmodelle. Grundstruktur, Anwendungen und Erkenntnisgehalt, in: Ökonomie und Gesellschaft, Jahrbuch 13: Experimente in der Ökonomie, Frankfurt, S. 296-339.

Fehr, H./Wiegard, W. (1998a): Effizienzorientierte Steuerreformen - läßt sich die Verteilungsfrage vernachlässigen? in: G. Krause-Junk (Hrsg.): Steuersysteme der Zukunft, Schriften des Vereins für Socialpolitik, Bd. 256, S. 199-245.

[24] Vgl. *Fehr, H./Wiegard, W.* (1998a).

Fehr, H./Wiegard, W. (1998b): Effizienz- und Verteilungswirkungen einer zinsbereinigten Einkommen- und Gewinnsteuer, Tübinger Diskussionsbeiträge Nr. 124.

Fullerton, D./Rogers, D.L. (1993): Who Bears the Lifetime Tax Burden?, Washington.

Hayashi, F. (1982): Tobin's Marginal Q and Average Q: A Neoclassical Interpretation, Econometrica (50), S. 213-224.

Homburg, St. (1992): Efficient Economic Growth, Heidelberg et al.

Homburg, St. (1997): Soll die klassische Einkommensteuer wiederbelebt werden?, in: M. Rose (Hrsg.): Standpunkte zur aktuellen Steuerreform, Heidelberg, S. 107-114.

Krause-Junk, G. (1980): Von der „wahren" Steuerlast und den Problemen ihrer Messung, in: H. Hesse (Hrsg.): Arbeitsbuch angewandte Mikroökonomie, Tübingen, S. 9-16.

Musgrave, R.A./Case, K.E./Leonard, H. (1974): The Distribution of Fiscal Burdens and Benefits, Public Finance Quarterly (2), S. 259-311.

Rose, M. (1990): Heidelberg Congress on Taxing Consumption, Heidelberg et al.

Rose, M. (1991): Konsumorientierte Neuordnung des Steuersystems, Heidelberg et al.

Rose, M. (1997): Standpunkte zur aktuellen Steuerreform, Vorträge des zweiten Heidelberger Steuerkongresses 1997, Heidelberg.

Rose, M. (1998): Konsumorientierung des Steuersystems - theoretische Konzepte im Lichte empirischer Erfahrungen, in: G. Krause-Junk (Hrsg.): Steuersysteme der Zukunft, Schriften des Vereins für Socialpolitik, Bd. 256, S. 247-278.

Schneider, D. (1969): Korrekturen zum Einfluß der Besteuerung auf die Investition, Zeitschrift für betriebswirtschaftliche Forschung (21), S. 297-325.

Schneider, D. (1998): Ist die Einkommensteuer überholt? Kritik und Reformvorschläge (in diesem Bd.).

Wenger, E. (1983): Gleichmäßigkeit der Besteuerung von Arbeits- und Vermögenseinkünfen, Finanzarchiv (41), S. 207-252.

Der Cash-flow als Bemessungsgrundlage der Unternehmensbesteuerung

Stefan Bach

1. Einleitung

Seit langem wird in Finanzwissenschaft und Steuerlehre ein grundsätzliches Alternativkonzept der Unternehmensbesteuerung diskutiert, die *Cash-flow Steuer*.[1] Die herkömmliche Betriebs- und Unternehmensbesteuerung belastet Gewinne oder Erträge - im Sinne von periodengerecht abgegrenzten Erträgen abzüglich Aufwendungen. Statt dessen soll der *Cash-flow* - Einzahlungen abzüglich Auszahlungen - besteuert werden. Als Bemessungsgrundlage läßt sich entweder der originäre *realwirtschaftliche Cash-flow* verwenden; alternativ können auch die komplementären *finanzwirtschaftlichen Zahlungsströme* zugrundegelegt oder Mischsysteme aus beiden Konzepten gebildet werden. Allen Varianten gemeinsam und maßgeblich für die steuersystematische Einordnung der Cash-flow Steuer ist deren Eigenschaft, die *investive Mittelverwendung* innerhalb der steuerpflichtigen Unternehmen von der Besteuerung *freizustellen.*

Die Besteuerung des realwirtschaftlichen Cash-flows und die damit verbundenen Wirkungen sind erstmals im Jahre 1948 von *Brown* dargestellt worden.[2] Bekannt wurde die Cash-flow Steuer im angelsächsischen Schrifttum vor allem durch die Arbeiten des „*Meade Committees*“[3] sowie von *Kay/King*[4] aus den späten sieb-

---

[1] Grundlegend hierzu *Meade Committee* (1978), S. 230 ff.; *Sinn, H.-W.* (1984), S. 330 ff.; *Sinn, H.-W.* (1985), S. 125 ff., 300 ff.; *Sinn, H.-W.* (1987), S. 131 ff, 349 ff.; *Cansier, D.* (1989), S. 49 ff.; *Kaiser, M.* (1992), S. 36 ff.; *Bach, St.* (1992), S. 325 ff.; *Bach, St.* (1993).

[2] Vgl. *Brown, E.C.* (1948), S. 300 f., 309 ff.

[3] Vgl. *Meade Committee* (1978), S. 226 ff.

[4] Vgl. *Kay, J.A./King, M.A.* (1978), S. 199 ff.; beide Autoren waren Mitglieder des Meade Committees.

ziger Jahren; letztere verwendeten erstmalig den Begriff „Cash-flow tax".[5] Insbesondere in den achtziger Jahren gewann die Cash-flow Steuer dann das Profil einer Alternative zur gegenwärtigen gewinnorientierten Unternehmensbesteuerung. Letztlich besteuert sie die Ausschüttung und damit die konsumtive Verwendung von Einkommen. Sie ist daher in den Kontext einer konsumorientierten Neuordnung der „direkten" Besteuerung einzuordnen.

Daneben wurden spezielle Varianten der Cash-flow Steuer zur Abschöpfung von Rohstoffrenten entwickelt und in die Praxis umgesetzt. Ferner gibt es Vorschläge zum Einsatz der Cash-flow Steuer als spezielle Unternehmen- oder Betriebsteuer im Rahmen des kommunalen Steuersystems, etwa als Alternative zur gegenwärtigen Gewerbesteuer. In diesem Beitrag soll ein Überblick über die verschiedenen Ausgestaltungsmöglichkeiten der Cash-flow Besteuerung sowie deren Einsatzmöglichkeiten im Steuersystem gegeben werden.

2. Grundlagen der Cash-flow Steuer

Folgende Grundlagen der Cash-flow Steuer sind festzuhalten:[6]

- Die Cash-flow Steuer ist eine *Unternehmen-* oder *Betriebsteuer*. D.h., die Steuererhebung erfolgt objektbezogen („analytisch") für Betriebe oder sonstige wirtschaftliche Betätigungen - ohne Berücksichtigung der übrigen wirtschaftlichen Betätigungen des Steuerpflichtigen, wie dies die Einkommensteuer anstrebt. Die Cash-flow Steuer könnte neben den „Betriebseinkunftsarten" (Land- und Forstwirtschaft, Gewerbebetrieb und selbständige Arbeit) auch den Bereich der heutigen Einkunftsart Vermietung und Verpachtung einbeziehen. Im Gegensatz dazu faßt die Personalbesteuerung „synthetisch" sämtliche steuerrelevanten Sachverhalte der natürlichen Person zusammen. Dies gilt - zumindest vom Anspruch her - für die gegenwärtige Einkommensteuer, würde aber auch von einer denkbaren persönlichen Konsumsteuer bzw. einer zinsbereinigten Einkommensteuer angestrebt werden.
- Die Cash-flow Steuer wird bemessen auf einen Zahlungsüberschuß. Maßgeblich für die steuersystematische Einordnung der Cash-flow Steuer sowie allen ihren Varianten gemeinsam ist die effektive *Freistellung* der *investiven Mittelverwendung* von der Besteuerung innerhalb des Kreises der steuerpflichtigen Unternehmen. Dies wird gewährleistet, indem sämtliche mit den betrieblichen Investitionen zusammenhängenden Zahlungen von der Bemessungsgrundlage abgezogen werden dürfen („Sofortabschreibung") und die darüber hinaus auflaufenden Zahlungsüberschüsse besteuert werden. Dies kann unmittelbar erfolgen, indem auf die *realwirtschaftlichen* Zahlungsströme („R-Basis") abgestellt wird; es ist aber auch denkbar, die komplementären *finanzwirtschaftlichen* Zahlungs-

---

[5] Bei *Kay, J.A./King, M.A.* (1978), S. 200 ist die Rede von „Cash-Flow corporation tax". Das *Meade Committee* (1978), S. 230 ff. spricht dagegen von der „flow-of-funds base" der Körperschaftsteuer. Im angelsächsischen Schrifttum wird unter „Cash-Flow Tax" oder „Cash-Flow-Income-Tax" teilweise auch eine persönliche Konsumsteuer verstanden, etwa bei *Blueprints* (1984), S. 8 ff. oder bei *Andrews, W.D.* (1974), S. 1113 ff.

[6] Vgl. *Bach, St.* (1992), S. 31 ff.

ströme zugrundezulegen oder *Mischsysteme* aus beiden Varianten zu praktizieren (dazu ausführlich Abschnitt 3.). Mittel, die aus der nicht-steuerpflichtigen in die steuerpflichtige Sphäre eingebracht werden, erfahren eine „Entlastung", da sie die steuerliche Bemessungsgrundlage mindern. Die Cash-flow Steuer wird dagegen gar nicht erst erhoben bzw. zurückerstattet, wenn die Zahlungsüberschüsse innerhalb des Kreises steuerpflichtiger Unternehmen reinvestiert werden und die damit verbundenen Zahlungen die Bemessungsgrundlage mindern. Eine effektive Besteuerung erfolgt somit letztlich erst dann, wenn Mittel die Sphäre steuerpflichtiger Unternehmen endgültig verlassen.

- Bezeichnet man das Gegenteil von Investition als Desinvestition, so läßt sich die Cash-flow Steuer auch als *Desinvestitionsteuer* bezeichnen. Letztlich besteuert die Cash-flow Steuer also die Aussschüttung und somit - cum grano salis - die *konsumtive* Verwendung von Einkommen. Im Kontext einer konsumorientierten Neuordnung der „direkten" Besteuerung, die dem Prinzip der *„spar- bzw. investitionsbereinigten"* Einkommen- bzw. Gewinnsteuern folgt, kann sie die Rolle des betriebs- bzw. objektsteuerlichen Pendants zur persönlichen Konsumbesteuerung einnehmen.
- Grundsätzlich soll ein *unbeschränkter* und *unmittelbarer „Verlustausgleich"* ermöglicht werden. Dies bedeutet, daß der Fiskus im Falle eines negativen Cash-flows eine Steuererstattung zu leisten hat - ähnlich wie bei der gegenwärtigen Mehrwertsteuer. Alternativ kann auch ein *zeitlich unbegrenzter* und *verzinslicher Verlustvortrag* angewendet werden.
- Der Steuertarif der Cash-flow Steuer muß aus naheliegenden Gründen streng *proportional* ausgestaltet werden, er besteht also aus einem einzigen Steuersatz. Dies bedeutet lediglich die Abwesenheit von direkter Progression, nicht notwendigerweise von persönlichen Abzugsbeträgen (vgl. unten, Abschnitt 4.1.1.).

Diese Grundprinzipien der Cash-flow Steuer sowie deren einzelwirtschaftliche Wirkungen im Vergleich zu anderen Systemen der Unternehmensbesteuerung sollen im folgenden anhand eines einfachen Rechnenbeispiels illustriert werden (Tabelle 1). Angenommen sei eine Unternehmensneugründung: Investiert werden 1.000 Geldeinheiten (GE), davon 600 in Ausrüstungen und 400 in Bauten. Im Verlaufe seines zehnjährigen Bestehens erziele das Unternehmen den in Zeile (1) angegebenen (realwirtschaftlichen) Cash-flow.[7] Die Gesamt-Rendite dieses Unternehmens vor Steuern beträgt über den gesamten Zeitraum betrachtet 8 % (berechnet als interner Zinssatz des Cash-flow Vektors (1)); der Kapitalwert beträgt bei einem Kalkulationszinssatz von 6 % 124,9 GE. Unterstellt sei im folgenden eine Finanzierung ausschließlich über Eigen- bzw. Beteiligungskapital.[8] Der Steuersatz betrage 35 %.

[7] Angenommen ist, daß das Unternehmen im Zeitraum t_{10} 162 GE aus wirtschaftlicher Tätigkeit erzielt; zum Ende des Zeitraums wird es für 370 GE verkauft.

[8] Die Berücksichtigung von Fremdfinanzierung verändert die im folgenden dargestellten Wirkungen auf Kapitalwerte und interne Renditen der Investition nicht qualitativ. Sofern die interne Rendite der Investition höher liegt als die Fremdkapitalkosten, erhöht sich entsprechend die Rendite des Beteiligungskapitals („leverage-Effekt").

Tabelle 1: Rechenbeispiel zu unterschiedlichen Systemen der Unternehmensbesteuerung

Annahmen

Anlageinvestitionen t_0	1.000	Abschreibungsverfahren	
Ausrüstungen	600	Ausrüstungen degressiv in %	30
Bauten	400	Bauten linear in %	4
Kalkulationszinssatz in %	6		
Steuersatz in %	35		

Cash-flow

Nr. Position	t_0	t_1	t_2	t_3	t_4	t_5	t_6	t_7	t_8	t_9	t_{10}
(1) Cash-flow	-1.000,0	40,0	70,0	100,0	125,0	150,0	170,0	180,0	150,0	180,0	532,0
Kapitalwert Cash-flow	**124,9**										
Rendite in %	**8,00**										

Cash-flow Steuer

Nr. Position	t_0	t_1	t_2	t_3	t_4	t_5	t_6	t_7	t_8	t_9	t_{10}
a) mit sofortigem Verlustausgleich											
(2) Steuerzahlung	-350,0	14,0	24,5	35,0	43,8	52,5	59,5	63,0	52,5	63,0	186,2
(3) Cash-flow (netto)	-650,0	26,0	45,5	65,0	81,3	97,5	110,5	117,0	97,5	117,0	345,8
Kapitalwert Steuer	**43,7**										
Kapitalwert Cash-flow (netto)	**81,2**										
Rendite (netto) in %	**8,00**										
b) mit verzinslichem Verlustvortrag											
(4) Verlustvortrag	-1.000,0	-1.020,0	-1.011,2	-971,9	-905,2	-809,5	-688,1	-549,3	-432,3	-278,2	0,0
(5) Steuerpflichtiger Cash-flow	0,0	0,0	0,0	0,0	0,0	0,0	0,0	0,0	0,0	0,0	237,1
(6) Steuerzahlung	0,0	0,0	0,0	0,0	0,0	0,0	0,0	0,0	0,0	0,0	83,0
(7) Cash-flow (netto)	-1.000,0	40,0	70,0	100,0	125,0	150,0	170,0	180,0	150,0	180,0	449,0
Kapitalwert Steuer	**43,7**										
Kapitalwert Cash-flow (netto)	**81,2**										
Rendite (netto) in %	**7,35**										

Gewinnbesteuerung

Nr. Position	t_0	t_1	t_2	t_3	t_4	t_5	t_6	t_7	t_8	t_9	t_{10}
(8) Abschreibungen		144,4	113,6	92,8	81,1	72,1	45,5	40,0	36,0	33,4	31,2
(9) Rückstellungen					5,0	-5,0	25,0	5,0	-30,0		
(10) Nachricht.: Eigenkapital	1.000,0	855,6	742,0	649,3	563,2	496,1	425,6	380,6	374,6	341,2	309,9
(11) Gewinn		-104,4	-43,6	7,2	38,9	82,9	99,5	135,0	144,0	146,6	190,8
(12) Verlustvortrag		-104,4	-148,0	-140,7	-101,8	-18,9	0,0	0,0	0,0	0,0	0,0
(13) Steuerpflichtiger Gewinn		0,0	0,0	0,0	0,0	0,0	80,6	135,0	144,0	146,6	190,8
(14) Steuerzahlung	0,0	0,0	0,0	0,0	0,0	0,0	28,2	47,2	50,4	51,3	66,8
(15) Cash-flow (netto)	-1.000,0	40,0	70,0	100,0	125,0	150,0	141,8	132,8	99,6	128,7	465,2
Kapitalwert Steuer	**142,1**										
Kapitalwert Cash-flow (netto)	**-17,2**										
Rendite (netto) in %	**5,70**										

Zinsbereinigte Gewinnsteuer (mit verzinslichem Verlustvortrag)

Nr. Position	t_0	t_1	t_2	t_3	t_4	t_5	t_6	t_7	t_8	t_9	t_{10}
(16) Eigenkapitalverzinsung		60,0	51,3	44,5	39,0	33,8	29,8	25,5	22,8	22,5	20,5
(17) Gewinn (11 abzgl. 16)		-164,4	-94,9	-37,3	-0,1	49,1	69,7	109,5	121,2	124,1	170,4
(18) Verlustvortrag		-164,4	-269,2	-322,6	-342,0	-313,4	-262,5	-168,8	-57,7	0,0	0,0
(19) Steuerpflichtiger Gewinn		0,0	0,0	0,0	0,0	0,0	0,0	0,0	0,0	62,9	170,4
(20) Steuerzahlung	0,0	0,0	0,0	0,0	0,0	0,0	0,0	0,0	0,0	22,0	59,6
(21) Cash-flow (netto)	-1.000,0	40,0	70,0	100,0	125,0	150,0	170,0	180,0	150,0	158,0	472,4
Kapitalwert Steuer	**43,7**										
Kapitalwert Cash-flow (netto)	**81,2**										
Rendite (netto) in %	**7,35**										

Die schlichte Mechanik der (realwirtschaftlichen)[9] Cash-flow Steuer mit sofortigem Verlustausgleich ist in den Zeilen (2) und (3) von Tabelle 1 abgebildet: Die Investitionsauszahlungen von 1.000 GE mindern unmittelbar die Bemessungsgrundlage. Der Fiskus hat eine Steuererstattung von 350 GE zu leisten; in den Folgejahren schöpft er die auflaufenden Überschüsse mit dem Steuersatz von 35 % ab. Entsprechend wird der Kapitalwert der Investition auf 65 % des Wertes vor Steuern vermindert; dafür muß der Steuerpflichtige aber auch nur 65 % der Investitionskosten finanzieren (3). Daher entspricht die Rendite des Netto-Cash-flows (nach Steuern) weiterhin der Brutto-Rendite vor Steuern von 8 %.

Die Cash-flow Steuer belastet somit den Kapitalwert einer Investition; der ökonomische Gewinn bleibt steuerfrei. Sofern ein vollständiger und unmittelbarer Verlustausgleich gewährleistet wird, beteiligt sich der Fiskus im Anteil des Steuersatzes an den Investitionen der steuerpflichtigen Unternehmen, er wird faktisch zu deren Teilhaber.

Ein solcher unmittelbarer Verlustausgleich wirft jedoch Probleme auf: Zum einen verzichtet der Fiskus zunächst auf Steuereinnahmen; zum anderen ist die „Teilhaberschaft" an den privaten Investitionen problematisch, wenn der Fiskus nicht weis, ob er es mit einem „ordentlichen Kaufmann" zu tun hat. So könnten dubiose Unternehmer Investitionen fingieren und die Steuererstattung kassieren, um sie dann auf ihre Privatkonten abzuleiten - Probleme, die auch im Rahmen der gegenwärtigen Mehrwertsteuer unter dem Stichwort „Vorsteuerabzugs-Betrug" bekannt sind.

Alternativ zum sofortigen Verlustausgleich kann auch ein zeitlich unbegrenzter und verzinslicher Verlustvortrag gewährt werden, der in späteren Phasen mit den Zahlungsüberschüssen verrechnet wird (Variante b), Zeilen (4) und (5) in Tabelle 1.[10] Der Unternehmer muß dann wie bisher seine Investition vollständig finanzieren, dafür wird der nicht ausgeglichene „Verlust" aufgezinst vorgetragen. Insgesamt wird hierbei also die Investition nicht entlastet, sie muß also aus versteuertem Einkommen finanziert werden; dafür wird auf die spätere Kapitalertragsbesteuerung verzichtet, insoweit sie den zugrundegelegten Kalkulationszinssatz nicht übersteigt. In der Literatur ist daher auch von „Steuervorauszahlungsansatz" („tax prepayment approach") die Rede.[11]

Die Kapitalwerte von Steuerzahlung und Cash-flow nach Steuern verändern sich in dieser Variante b) nicht gegenüber der Variante a) mit sofortigem Verlustausgleich. Jedoch fällt die (Netto-) Rendite auf das eingesetzte Kapital geringer aus. Dies ist darauf zurückzuführen, daß in dem hier gewählten Rechenbeispiel die interne Rendite von 8 % über dem Kalkulationszinssatz von 6 % liegt. Entspricht dagegen die interne Rendite der Investition dem Kalkulationszinssatz - wie in einfachen Modellzusammenhängen zumeist unterstellt - bliebe auch im hier gewählten Rechensbeispiel die Rendite unbesteuert. D.h., die Cash-flow Steuer mit verzinslichem Verlustvortrag belastet allein die „Überrendite", also den Teil der Rendite des Unternehmens, der den vorgegebenen Kalkulationszinssatz übersteigt,

[9] Zu den einzelnen rechentechnischen Varianten der Cash-flow Steuer ausführlich der folgende Abschnitt 3.

[10] So auch *Kay, J.A./King, M.A.* (1978), S. 201.

[11] Dazu unten, Fußnote 27.

ohne daß der Fiskus sich am Unternehmen über den sofortigen Verlustausgleich beteiligt. Daher ist diese Variante der Cash-flow Steuer besonders geeignet, um „Übergewinne" bzw. ökonomische Renten abzuschöpfen (dazu ausführlich Abschnitt 4.3.).

Zum Vergleich mit der Cash-flow Steuer sind in Tabelle 1 auch die Wirkungen der gegenwärtigen Gewinnbesteuerung abgebildet, wie sie im Rahmen der Einkommen- oder Körperschaftsteuer erfolgt. Unterstellt wird hierbei, daß die Anfangsinvestitionen von 1.000 GE vollständig aktivierungspflichtig und somit planmäßig abzuschreiben sind. Für die Ausrüstungsinvestitionen (Zeile (8)) wurde angenommen, daß jeweils ein Fünftel des Investitionsvolumens über 5, 10, 15, 20 und 25 Jahre degressiv abgeschrieben wird (nach dem gegenwärtigen deutschen Steuerrecht zum dreifachen Betrag der linearen Abschreibung maximal 30 %); die Bauten werden linear zu 4 % abgeschrieben. Ferner wurden Rückstellungen berücksichtigt (Zeile (9)). Der Kapitalwert der Steuerzahlung fällt im Vergleich zur Cash-flow Steuer höher aus. Die Netto-Rendite der Investition liegt nur noch bei 5,7 % und damit niedriger als der Kalkulationszinsfuß; entsprechend ist der Kapitalwert nach Steuern negativ. Es zeigt sich das Grundprinzip der gegenwärtigen Gewinn- bzw. Einkommensbesteuerung, die einen Keil („wedge") zwischen die Brutto-Rendite und die Netto-Rendite nach Steuern schiebt und damit die intertemporale Allokationsentscheidung beeinflußt.

Wie an anderer Stelle dieses Beitrags (vgl. Abschnitt 4.) sowie in anderen Beiträgen dieses Tagungsbands vielfach aufgegriffen,[12] läßt sich die ökonomische Wirkung der Cash-flow- bzw. Konsumbesteuerung hinsichtlich der Kapitalwerte von Investitionen auch durch eine sogenannte *zinsbereinigte Gewinn- und Einkommensteuer* herstellen. Dabei werden die Kapitalerträge generell steuerfrei gestellt; die Unternehmen dürfen eine kalkulatorische Eigenkapitalverzinsung vom steuerpflichtigen Gewinn abziehen.[13] Diese Variante der Unternehmensbesteuerung ist abschließend in Tabelle 1 für das hier zugrundegelegte Beispiel berechnet worden, wobei die Verlustvorträge aus der Anfangsphase der Investition ebenfalls verzinst werden. Tatsächlich entsprechen die resultierenden Kapitalwerte den Ergebnissen der Cash-flow Steuer; die Netto-Rendite ist praktisch identisch mit der Netto-Rendite der Cash-flow Steuer-Variante bei verzinslichem Verlustvortrag.[14]

---

[12] Vgl. *Wagner, F.W.* (1998); *Wenger, E.* (1998); *Fehr, H./Wiegard, W.* (1998b) und *Rose, M.* (1998b).

[13] Zur Besteuerung des zinsbereinigten persönlichen Einkommens und des zinsbereinigten Gewinns von Unternehmen *Boadway, R.W./Bruce, N.* (1984), S. 231 ff.; *Wenger, E.* (1983), S. 207 ff.; vgl. auch *Devereux, M./Freeman, H.* (1991), S. 1 ff.; *Rose, M.* (1994), S. 424 ff.; *Rose, M.* (1998a), S. 247 ff.

[14] Tatsächlich liegt die Rendite nach Steuern im Falle der zinsbereinigten Gewinnbesteuerung im Vergleich zur Cash-flow Steuer mit verzinslichen Verlustvortrag leicht niedriger (hier um 0,0024 Prozentpunkte). Dies ist darauf zurückzuführen, daß bei der zinsbereinigten Gewinnsteuer die Besteuerung früher (bereits in t_9) einsetzt und die Rendite (nach Steuern) höher liegt als der Kalkulationszinssatz.

3. Die rechentechnischen Varianten der Cash-flow Steuer

Um die einzelnen rechentechnischen Varianten der Cash-flow Steuer darzustellen, sollen im folgenden die betrieblichen Zahlungsströme in drei Bereiche untergliedert werden, wobei die Notation in Anlehnung an die Studie des Meade Committees erfolgt (dazu Tabelle 2 und Abb. 1).[15]

Tabelle 2: Konto der betrieblichen Zahlungsströme

Einzahlungen	**Auszahlungen**
Realwirtschaftliche Produktionssphäre ("real items")	
Verkäufe von erstellten Gütern und Dienstleistungen	Käufe von Vorleistungen
Verkäufe von Vermögensgegenständen	Käufe von Bauten und Ausrüstungen
	Lohnkosten
R	**R´**
Fremdfinanzierung ("financial items")	
Kreditaufnahme	Kreditvergabe
Tilgung von Schuldner	Tilgung an Gläubiger
Empfangene Zinsen	Geleistete Zinsen
F	**F´**
Beteiligungsfinanzierung ("share items")	
Einlage bzw. Kapitalerhöhung	Entnahme bzw. Kapitalherabsetzung
Entnahme bzw. Kapitalherabsetzung bei einem anderen Unternehmen	Einlage bzw. Kapitalerhöhung bei einem anderen Unternehmen
Empfangene Gewinnausschüttungen	Geleistete Gewinnausschüttungen
S	**S´**
Saldo: Änderung des Zahlungsmittelbestandes	
ΔM	

Quelle: *Meade Comittee* (1978), S. 231.

Grundsätzlich wird unterschieden zwischen der *realwirtschaftlichen Produktionssphäre*, der *Finanzierungssphäre* und der *Konsumsphäre*, genauer gesagt, der Sphäre der nicht-steuerpflichtigen Institutionen. Die Zahlungsströme der Produktionssphäre werden mit dem Symbol R bezeichnet („real items"). Diese betreffen

---

[15] Vgl. *Meade Committee* (1978), S. 231.

Auszahlungen zum Kauf von Bauten und Ausrüstungen, weiteren Vorleistungen sowie zur Entlohnung von Arbeitskräften (R´); als Einzahlungen (R) sind die Verkäufe von Gütern und Dienstleistungen sowie von Vermögensgegenständen abgebildet. Hinsichtlich der Finanzierungsströme[16] wird zwischen Fremdfinanzierung und Beteiligungsfinanzierung[17] unterschieden. Ein- und Auszahlungen im Zusammenhang mit der Fremdfinanzierung werden mit F und F´ bezeichnet („financial items"). Diese beziehen sich auf die Vergabe und Tilgung von Krediten sowie die empfangenen und geleisteten Zinszahlungen. Die Ein- und Auszahlungen, die mit der Beteiligungsfinanzierung einhergehen, notiert das Meade Committee mit S und S´ ("share items"), also die Zahlungen aufgrund von Kapitalerhöhungen bzw. Einlagen sowie Gewinnausschüttungen. Das Konto wird abgeschlossen mit dem Saldo Δ M, der (positiven) Änderung des Bestands an Zahlungsmitteln. Es gilt also:

$$R + F + S = R' + F' + S' + \Delta M \qquad (1)$$

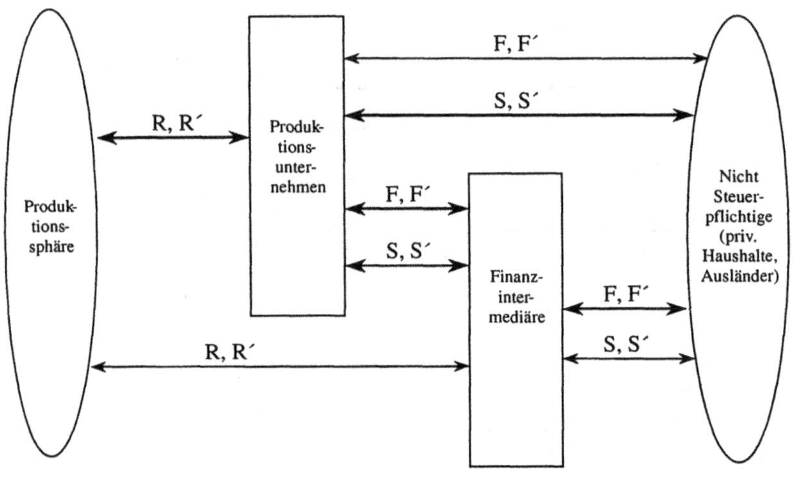

Abb. 1: Schematische Darstellung der besteuerungsrelevanten Zahlungsströme

16 Im Sinne der betriebswirtschaftlichen Finanzierungslehre wird hier allein auf die externe Finanzierung oder Außenfinanzierung abgestellt. Die interne oder Innenfinanzierung - etwa aus Abschreibungen, Rückstellungen oder Gewinnen - ist hier unbeachtlich.

17 Anzumerken ist, daß zwischen diesen beiden idealtypischen Alternativen der Außenfinanzierung zahlreiche Misch- oder Zwischenformen bestehen - etwa Gesellschafterfremdkapital („verdecktes Eigenkapital") oder haftendes Fremdkapital wie nachrangige Verbindlichkeiten, stille Beteiligungen mit voller Verlustbeteiligung oder Genußrechte. Dies spielt für bestimmte Praktikabilitätsaspekte eine Rolle (dazu unten, Abschnitt 5.).

In Abb. 1 sollen die Finanzierungsströme anschaulich gemacht werden - von der nicht-steuerpflichtigen Sphäre über die steuerpflichtigen Unternehmen (Finanzintermediäre und Produktionsunternehmen) in die realwirtschaftliche Produktionssphäre, wo Güter und Dienstleistungen hergestellt werden, und wieder zurück. Die Unternehmen werden im übertragenen Sinne bilanzmäßig dargestellt: Die Produktionsunternehmen betreiben auf der „Aktivseite" allein realwirtschaftliche Geschäfte (die R-items), während die Finanzintermediäre - Banken und Investment-Gesellschaften - hauptsächlich Finanzierungsgeschäfte durchführen, daneben aber auch Beratungsleistungen anbieten;[18] Produktionsunternehmen und Finanzintermediäre finanzieren sich über Beteiligungs- (S) und Fremdfinanzierung (F). Die Sphäre der nicht steuerpflichtigen Institutionen umfaßt neben den privaten Haushalten auch Ausländer sowie inländische Unternehmen und sonstige Institutionen, die nicht der Steuerpflicht unterliegen (gemeinnützige Unternehmen, öffentliche Körperschaften, private Organisationen ohne Erwerbszweck).

3.1. Die R-Basis-Cash-flow Steuer

Die von Brown entwickelte Grundvariante der Cash-flow Steuer besteuert den Saldo der Zahlungsströme aller realwirtschaftlichen Transaktionen (R - R´). Im Gegensatz zur gegenwärtigen Gewinnermittlung und ähnlich wie bei der Umsatzsteuer/Mehrwertsteuer können Sachinvestitionen unmittelbar zum Zeitpunkt ihres Zahlungsmittelabflusses von der Bemessungsgrundlage abgezogen werden („Sofortabschreibung"); umgekehrt erhöhen Verkäufe von aktivierten Vermögensgegenständen die Bemessungsgrundlage. Zinsauszahlungen sind nicht abzugsfähig, Zinseinnahmen steuerfrei.

Eine solche Besteuerung des realwirtschaftlichen Cash-flows führt allerdings dazu, daß Betriebe mit einem hohen Anteil von Finanzanlagen im Portefeuille eine permanent negative Bemessungsgrundlage aufweisen und damit ständig Steuererstattungen von den Finanzämtern erhalten können.[19] Dies betrifft Banken, Investment-Gesellschaften und andere Finanzintermediäre, Der Grund dafür ist, daß die Finanzintermediäre ihre Dienstleistungen den Kunden nur zum Teil in Form von Gebühren, Provisionen etc. in Rechnung stellen (in Abb. 1 durch den unteren R-Zahlungsstrom symbolisiert). Im Kredit- und Beteiligungsgeschäft werden die Gewinne dagegen durch die Zinsspanne zwischen Soll- und Habenzinsen verdient. Zinsen und Kapitalerträge sind jedoch bei der R-Basis-Steuer nicht steuerpflichtig; gleichzeitig können die Finanzintermediäre im realwirtschaftlichen Bereich abzugsfähige Auszahlungen (sowohl laufende Kosten für Vorleistungen und Löhne als auch Ausrüstungs- und Bauinvestitionen) geltend machen.

Diese Steuerfreiheit der Zinsüberschüsse ist weniger problematisch, insoweit die Finanzintermediäre steuerpflichtige Betriebe finanzieren. Denn diese dürfen im Gegenzug die Zinszahlungen an die Finanzintermediäre nicht steuerlich geltend machen. Die hinter den Zinserträgen stehende realwirtschaftliche Wertschöpfung wird also bei den steuerpflichtigen Betrieben vorbelastet. Ein systematisches Pro-

[18] Die jeweils vorherrschenden Finanzierungsströme wurden in Abb. 1 fett unterlegt.

[19] Zum folgenden etwa *Meade Committee* (1978), S. 233; *Kay, J.A./King, M.A.* (1978), S. 202 f.; *Hall, R.E./Rabushka, A.* (1983), S. 49 ff.; *Hall, R.E./Rabushka, A.* (1985), S. 59 ff.

blem entsteht dagegen, wenn die Schuldner nicht steuerpflichtig sind. Dies gilt etwa für Kredit- und Beteiligungsgeschäfte mit privaten Haushalten, nicht steuerpflichtigen Betrieben oder Ausländern. Sofern bei einer R-Basis-Cash-flow Steuer diese Geschäfte nicht privilegiert werden sollen, müßte der die Finanzdienstleistungen abgeltende Anteil an den Kapitalerträgen gesondert ermittelt und in die Steuerpflicht einbezogen werden.[20] Dies brächte große Vollzugsprobleme mit sich - insbesondere im Falle von Beteiligungsfinanzierungen.

3.2. Die (R + F)-Basis- und die S-Basis-Cash-flow Steuer („Ausschüttungsteuer")

Um auch die Finanzintermediäre „regulär" in die Cash-flow Besteuerung einzubeziehen, hat das *Meade Committee* vorgeschlagen, die Bemessungsgrundlage der R-Basis-Steuer um die Fremdfinanzierungsströme (F - F´) zu erweitern.[21] Damit sind die Einnahmen aus Zinserträgen sowie Tilgungen von Krediten steuerpflichtig; zugleich erhöht die Aufnahme von Krediten als Einzahlung die Bemessungsgrundlage (Tabelle 2, Abb. 1). Umgekehrt können Zinsauszahlungen, Tilgungen eigener Verbindlichkeiten sowie Auszahlungen für Kreditvergaben abgezogen werden.[22]

Es ist naheliegend, diese Variante der Cash-flow Steuer in Form einer (Netto-) Ausschüttungsteuer zu erheben. Bemessungsgrundlage ist dann der Saldo der Zahlungströme bei der Beteiligungsfinanzierung (S´ - S).[23] Hier wird der Zahlungsverkehr zwischen dem Betrieb und seinen Eignern (Mitunternehmern, Teilhabern) besteuert, wobei nun die betrieblichen *Auszahlungen* in Form von Entnahmen, Kapitalherabsetzungen und Gewinnausschüttungen zugunsten der Eigner des Betriebs *abzüglich* der entsprechenden *Einzahlungen* die Bemessungsgrundlage bilden.

Diese Variante der Cash-flow Steuer entlastet die Investition nur dann, wenn die investierten Zahlungsmittel durch Beteiligungsfinanzierung bei Nicht-Steuerpflichtigen aufgebracht werden; sie entlastet die Investition effektiv bei demjenigen Betrieb, der das Beteiligungskapital in Realinvestitionsprojekte oder Fremdkapital investiert; wird ein Realinvestitionsprojekt dagegen fremdfinanziert, tritt sie letztlich nicht in Erscheinung. Insgesamt betrachtet liegt hier der oben beschriebene Fall des „Steuervorauszahlungsansatzes" vor.

[20] Vgl. *Meade Committee* (1978), S. 240, 259 ff.; *Kay, J.A./King, M.A.* (1978), S. 202 f.
[21] Vgl. *Meade Committee* (1978), S. 233.
[22] Das *Meade Committee* (1978), S. 231, zählt die Änderung des Bestands an Zahlungsmitteln Δ M mit zu den „F-items", behandelt diese also wie eine Investition in Forderungstitel.
[23] Aus dem in Tabelle 2 dargestellten Kontozusammenhang läßt sich die Identität der Bemessungsgrundlagen unmittelbar ableiten: $R - R' + F - F' - \Delta M = S' - S$.

3.3. Das Mischsystem von H.- W. Sinn

Die bis hier besprochenen rechentechnischen Varianten der Cash-flow Steuer bedingen notwendigerweise, daß die Kapitaleinkünfte der privaten Haushalte - also einschließlich deren Zinseinkünfte - steuerfrei gestellt werden müssen. Bei der R-Basis-Steuer werden die Zinseinkünfte in der Betriebsphäre (vor-) belastet; bei der (R + F)- und S-Basis werden Zinszahlungen von der Cash-flow Steuer überhaupt nicht tangiert. Dieser Sachverhalt dürfte einer breiten Öffentlichkeit nur schwer zu vermitteln sein.

Um daher aus Akzeptanzgründen im größeren Umfang Elemente der gegenwärtigen Unternehmensbesteuerung beizubehalten, hat *Sinn* eine rechentechnische Variante der Cash-flow Besteuerung vorgeschlagen, die an die Grundkonzeption der R-Basis-Steuer anknüpft, jedoch die Zinszahlungen zum Abzug von der Bemessungsgrundlage zuläßt, dagegen die Zinserträge bei den Empfängern besteuert.[24] Sofern Betriebe und Personen, die nicht der Cash-flow Besteuerung unterliegen, Zinserträge von steuerpflichtigen Betrieben beziehen, müßten diese einer eigenständigen Kapitalertragsteuer in Höhe des Cash-flow Steuersatzes unterworfen werden. Dies beträfe steuerfreie inländische Betriebe, private Kapitalanleger, Ausländer. Die Kapitalertragsteuer ließe sich als Quellensteuer beim betrieblichen Schuldner erheben.

Eine Belastung der ausländischen Kapitalanleger mit inländischer Kapitalertragsbesteuerung kann allerdings zu Konflikten mit dem bestehenden internationalen Steuerrecht führen. So wenden die Vorschriften des internationalen Steuerrechts bei Portfolioinvestitionen zumeist die Anrechnungsmethode an, es gilt also letztlich das Wohnsitzlandprinzip. Das OECD-Doppelbesteuerungs-Musterabkommen empfiehlt für Zinseinkünfte eine Quellensteuer von maximal 10 %. In den bestehenden Doppelbesteuerungsabkommen der Bundesrepublik Deutschland werden die Zinseinkünfte regelmäßig dem Wohnsitzstaat zugewiesen. Insoweit macht das Mischsystem bei der Besteuerung von internationalen Kapitalerträgen den Übergang zum Quellenlandprinzip notwendig; dies würde entsprechende Änderungen nahezu sämtlicher Doppelbesteuerungsabkommen erfordern.

Wie bei der R-Basis-Steuer werden bei dieser Variante der Cash-flow Besteuerung die Investitionen in der Produktionssphäre entlastet. Der Unterschied besteht lediglich darin, daß die Zinsen nicht als realwirtschaftliche Wertschöpfung bereits in der Produktionssphäre belastet, sondern erst bei den Empfängern besteuert werden. Sinn hat seinen Vorschlag als Mischsystem bezeichnet.

[24] Vgl. *Sinn, H.-W.* (1984), S. 331 f.; *Sinn, H.-W.* (1985), S. 300 ff.; *Sinn, H.-W.* (1987), S. 349 ff.

Dabei entsteht allerdings ein Problem, wenn steuerpflichtige Betriebe - insbesondere Banken - Kredite an nicht steuerpflichtige Schuldner vergeben - also an private Haushalte, nicht steuerpflichtige Betriebe oder Ausländer. Hier ist die volle Zinsbesteuerung bei den Empfängern nach der Logik der Cash-flow Besteuerung bzw. des dahinterstehenden Konsumsteuer-Gedankens nicht gerechtfertigt, da diese Kreditnehmer keine Steuererstattung bzw. -minderung auf ihre Investitionsauszahlungen erfahren haben. Diese Zinseinzahlungen müßten also bei den steuerpflichtigen Betrieben steuerfrei gestellt werden, gemäß dem Prinzip des „Steuervorauszahlungsansatzes“. Dann aber stellt sich wieder das für die R-Basis-Steuer bereits beschriebene Problem der Steuerfreiheit der Zinsdifferenz bei Finanzierungsgeschäften mit Nicht-Banken.

3.4. Die erweiterte Ausschüttungsteuer

Schließlich ist es denkbar, den Anknüpfungspunkt der Cash-flow Besteuerung an die „Grenze“ zwischen betrieblicher und nicht-betrieblicher Sphäre zu verlegen.[25] Dies würde bedeuten, daß ihr sämtliche externen Finanzierungsvorgänge - sowohl Beteiligungs- wie Fremdfinanzierung - zwischen den steuerpflichtigen Betrieben und übrigen Personen oder Betrieben unterworfen werden. Diese hier als erweiterte Ausschüttungsteuer bezeichnete Variante der Cash-flow Steuer besteuert die Finanzierungsauszahlungen an und entlastet die Finanzierungseinzahlungen von privaten Kapitalanlegern, Ausländern sowie nicht steuerpflichtigen Betrieben. Finanzwirtschaftliche Zahlungen zwischen den steuerpflichtigen Betrieben bleiben dagegen unberücksichtigt. Die Besteuerung wird hier auf die Finanzierungstransaktionen mit den Nicht-Steuerpflichtigen beschränkt. Bei den Produktionsunternehmen dürfte dies die Administration entlasten, da derartige Transaktionen im Vergleich zu den realwirtschaftlichen Zahlungsbeziehungen eher selten vorkommen. Entsprechend liegt das Schwergewicht der Besteuerung bei den Finanzintermediären.

Die erweiterte Ausschüttungsteuer dokumentiert schon steuertechnisch die Nähe zur Konsumbesteuerung, da sie die Investition konsequent beim Eintritt in die betriebliche Sphäre entlastet und die Belastung der Zahlungsüberschüsse erst dann vornimmt, wenn diese endgültig die betriebliche Sphäre verlassen - sozusagen in die Konsumsphäre entnommen werden. Dies dürfte die Transparenz und das Verständnis der Cash-flow Besteuerung in der breiten Öffentlichkeit wesentlich erhöhen.

---

[25] Vgl. *Bach, St.* (1992), S. 326 f.; *Bach, St.* (1993), S. 66 ff.

4. Steuersystematische Einordnung

4.1. Die Cash-flow Steuer als Element der (direkten) Konsumbesteuerung

Wie gesehen belastet die Cash-flow Besteuerung letztlich den Ressourcentransfer aus einer steuerpflichtigen wirtschaftlichen Betätigung in die nicht-steuerpflichtige Sphäre. Damit kann sie als betriebs- oder objektbezogenes Element der (direkten) Konsumbesteuerung eingesetzt werden. Grob gesprochen funktionieren die direkten Konsumsteuersysteme in ihrer steuertechnischen Umsetzung als eine Art „spar- bzw. investitionsbereinigte" Einkommen- bzw. Gewinnsteuern: Sie leiten die Bemessungsgrundlage Konsum aus den Größen Einkommen/Ertrag abzüglich der Ersparnis/-Investition ab. Das *Meade Committee* unterscheidet in seiner grundlegenden Arbeit vier Typen der Konsumbesteuerung (dazu auch Tabelle 3):[26]

- die Mehrwertsteuer (vom Konsumtyp) als „value added tax",
- das hier im folgenden so genannte konsumorientierte Cash-flow Steuersystem als „single basic rate of income tax with 100 per cent capital allowances",
- die persönliche Konsumsteuer als „universal expenditure tax" im Sinne einer „sparbereinigten" Einkommensteuer,
- sowie die Einkommensteuer mit Befreiung der Kapitalerträge als „income tax with remission of yield from investment"; andere sprechen hier von zinsbereinigter Einkommensteuer oder Steuervorauszahlungsansatz/„tax prepayment approach".[27]

4.1.1. Das konsumorientierte Cash-Flow-Steuersystem

Die betriebliche Cash-flow Besteuerung läßt sich mit einer Lohnsteuer gleichen Steuersatzes zu einer Art konsumorientierten Cash-flow Steuersystem kombinieren. Dieses wirkt praktisch wie eine Konsumsteuer, die jedoch erhebungstechnisch „analytisch" aus einzelnen Objektsteuern (betrieblicher Cash-flow Steuer und Lohnsteuer) aufgebaut ist. Es kann daher unabhängig von einer persönlichen Konsumsteuer eingeführt werden und vermeidet deren Vollzugsprobleme bei der Kontrolle der Ersparnisbildung und -auflösung der privaten Haushalte.

Ausformuliert wurde der Gedanke eines solchen konsumorientierten Cash-flow Steuersystems im Umfeld der US-amerikanischen Steuerreformdiskussion seit Anfang der achtziger Jahre vor allem durch den einflußreichen Vorschlag einer „Flat Tax" von *Hall/Rabushka.*[28]

---

[26] Dazu *Meade Committee* (1978), S.150 ff., 160.

[27] Dazu *Blueprints* (1984), S. 110; *Seidl, Ch.* (1990), S. 414; *McLure Jr., Ch./Zodrow, G.* (1990), S. 335 ff.; *Bradford, D.F.* (1991), S. 177.

[28] Vgl. *Hall, R.E./Rabushka, A.* (1981); *Hall, R.E./Rabushka, A.* (1983), S. 32 ff.; *Hall, R.E./ Rabushka, A.* (1985), S. 40 ff.; *Hall, R.E./Rabushka, A.* (1995).

Tabelle 3: Typen der Konsumbesteuerung

	Mehrwertsteuer	**Cash-flow Steuer**
Steuertyp	indirekt	direkt
Steuertechnik	verkehrsteuerliche Erhebungstechnik: die Steuererhebung erfolgt auf der Betriebsebene; die Steuer ist zur Überwälzung in die Preise vorgesehen	betrieblich/objektbezogene Erhebungstechnik: die Steuererhebung erfolgt "analytisch" auf Betriebsebene ohne Berücksichtigung der persönlichen Verhältnisse der Teilhaber
Steuersubjekt	unternehmerische Tätigkeiten natürlicher und juristischer Personen	
Steuerobjekt	(Netto-)Umsatz der einzelnen wirtschaftlichen Betätigung Einfuhrumsätze	(realwirtschaftlicher) Cash-flow = Netto-Umsatz abzüglich Lohnsumme
Bemessungsgrundlage	Umsatzerlöse abzüglich Vorleistungen (Vorsteuer- oder Vorumsatzabzugsmethode) Einfuhrumsätze Ausfuhrumsätze sind steuerfrei	je nach rechentechnischer Variante unterschiedlich definierte betriebliche Zahlungsüberschüsse
Steuertarif	proportional	
Internationale Besteuerung	Bestimmungslandprinzip	Ursprungs-/Quellenlandprinzip

	persönliche Konsumsteuer	**zinsbereinigte Einkommensteuer**
Steuertyp	direkt	
Steuertechnik	haushalts-/subjektbezogene Erhebungstechnik: die Steuererhebung erfolgt "synthetisch" in Bezug auf die natürlichen Personen, für die sämtliche steuerrelevanten Sachverhalte zusammengefaßt werden; es können Quellensteuern erhoben werden, die auf die veranlagten Steuern anrechenbar sind	
Steuersubjekt	natürliche Personen	
Steuerobjekt	- persönliche Konsumausgaben - persönliche Konsumaufwendungen	persönliches Einkommen abzüglich der Kapitalerträge
Bemessungsgrundlage	- konsumtiv veranlaßter Zahlungsmittelabgang (d.h., bei dauerhaften Konsumgütern Konsumgutlösung) - konsumtiv veranlaßter Reinvermögensabgang (d.h., bei dauerhaften Konsumgütern Investitionsgutlösung)	Reinvermögenszugang abzüglich - Einkünfte aus Kapitalvermögen, Vermietung und Verpachtung - kalkulatorische Eigenkapitalverzinsung des betrieblichen Eigenkapitals
Steuertarif	direkte Progression möglich	
Internationale Besteuerung	Wohnsitzlandprinzip	

Dieser Steuerreformvorschlag aus den Jahren 1981, 1983 und 1985, der Mitte der achtziger Jahre mehrfach als Gesetzentwurf in den Kongress der USA eingebracht wurde, verbindet eine nach der R-Basis ausgestaltete allgemeine Betriebsteuer („Business Tax") mit einer Lohnsteuer („Individual Compensation Tax"), wobei die persönlichen Verhältnisse der natürlichen Personen durch Abzugsbeträge bei der Lohnsteuer berücksichtigt werden. Die Lohnsteuer könnte wie bisher als Quellensteuer bei den Arbeitgebern erhoben werden. In die gleiche Richtung geht auch der Vorschlag einer „X-Tax" von *Bradford*, der im Rahmen der Lohnsteuer eine Steuerdegression unterhalb einer bestimmten Höhe der Bemessungsgrundlage vorsieht.[29] In der deutschen Literatur hat insbesondere *Sinn* auf die Möglichkeiten einer Cash-flow Besteuerung hingewiesen: So vertrage sich die in der rechentechnischen Variante des von ihm so bezeichneten Mischsystems erhobene Cash-flow Steuer am besten mit der überall erhobenen Lohnsteuer.[30]

Auf die direkte Steuerprogression der Einkommensteuer müßte in einem solchen Cash-flow Steuersystem verzichtet werden. Aufgrund des objektsteuerartigen Charakters der einzelnen Gliedsteuern ist es nicht möglich, für eine Person die Einkünfte aus den verschiedenen Quellen zusammenzurechnen. Dennoch können die bei der Lohnsteuer gewährten persönlichen Abzugsbeträge auch den im eigenen Betrieb beschäftigten Personen (Einzelunternehmer, Personengesellschafter) zugänglich gemacht werden, indem diese eine Art kalkulatorische Geschäftsführervergütung bei der Cash-flow Steuer abziehen dürfen. Diese soll dann der Lohnsteuer unterliegen - so wie dies in Deutschland gegenwärtig bei der Körperschaftsteuer möglich ist.

In der steuerpolitischen Diskussion der USA ist der *Hall/Rabushka*-Vorschlag bis heute aktuell geblieben.[31] Insbesondere wird er von Politikern des republikanischen Lagers vertreten, so etwa in den Vorwahlkämpfen zur letzten Präsidentschaftswahl von *Forbes*, gegenwärtig von dem republikanischen Repräsentantenhaus-Mehrheitsführer *Armey* und dem Senator *Shelby*.[32]

Um das bestehende deutsche Steuersystem in ein solches konsumorientiertes Cash-flow Steuersystem überzuleiten, müßten die Betriebseinkunftsarten der Einkommensteuer (Einkünfte aus Land- und Forstwirtschaft, Gewerbebetrieb, selbständiger Arbeit) sowie die Körperschaftsteuer in eine allgemeine betriebliche Cash-flow Steuer überführt werden. Die Besteuerung der Einkünfte aus nichtselbständiger Arbeit wendet bereits gegenwärtig eine zahlungsstromorientierte Überschußrechentechnik an, so daß die vorhandenen Regelungen weitgehend in die Lohnsteuer des Cash-flow Steuersystems übernommen werden könnten.

Ein solches konsumorientiertes Cash-flow Steuersystem hat große Ähnlichkeiten mit der *Mehrwertsteuer*, insbesondere wenn diese nicht nach der Vorsteuer-Abzugsmethode (wie die gegenwärtige europäische Mehrwertsteuer) sondern

---

29 *D.F. Bradford* spricht in diesem Zusammenhang von „Two-Tiered Cash-Flow Tax". Vgl. *Bradford, D.F.* (1986), S. 76; *Bradford, D.F.* (1987), S. 245 ff.; *Bradford, D.F.* (1989), S. 382 ff.; *Bradford, D.F.* (1991), S. 175 ff.

30 Vgl. *Sinn, H.-W.* (1984), S. 331 ff.; *Sinn, H.-W.* (1989), 153 ff, 164.

31 Vgl. *Mühl-Schimmele, P.* (1996).

32 Vgl. *Armey, D./Shelby, R.* (1997).

gemäß der Vorumsatz-Abzugsmethode („Subtraktionsmethode")[33] erhoben wird (vgl. auch Tabelle 3). Die Mehrwertsteuer ist aber auf die Überwälzung in die Absatzpreise hin angelegt und soll so „indirekt" den Konsum der inländischen Privathaushalte belasten. Das hier vorgestellte konsumorientierte Cash-flow Steuersystem weist zwar eine ähnliche, an den Betrieb anknüpfende Bemessungsgrundlage auf, nämlich den realwirtschaftlichen Cash-flow (inklusive der Fremdkapitalerträge) und die Lohnauszahlungen. Hierbei ist die Steuer jedoch zur Rückwälzung in die Faktorentgelte vorgesehen: Schuldner der Lohnsteuer ist der Arbeitnehmer; der Betrieb hat sie lediglich als Quellensteuer einzubehalten; die Cash-flow Steuer selbst erfaßt lediglich die inländischen Betriebe; importierte Güter und Dienstleistungen bleiben von ihr unberührt. In internationaler Perspektive wird die Cash-flow Steuer also gemäß dem Ursprungs- oder Quellenlandprinzip erhoben, während die gegenwärtige europäische Mehrwertsteuer grundsätzlich das Bestimmungslandprinzip verwirklicht.

Von der *zinsbereinigten Gewinn- und Einkommensteuer* unterscheidet sich das konsumorientierte Cash-flow Steuersystem zunächst durch seinen objektsteuerartigen Charakter, der eine Steuersatzprogression nicht zuläßt.[34] Ein weiterer wichtiger Unterschied besteht hinsichtlich der intertemporalen Belastung der Investitionen (dazu ausführlich bereits oben, Abschnitt 2.):

- Bei einer Cash-flow Steuer mit vollem *Verlustausgleich* beteiligt sich der Fiskus an den betrieblichen Investitionen; diese Beteiligung schöpft er bei Desinvestition der betreffenden Mittel wieder ab; er wird praktisch zum Teilhaber des Unternehmens.
- Bei der *zinsbereinigten* Einkommens- oder Gewinnbesteuerung gilt hingegen der Steuervorauszahlungsansatz: Die Investition wird nicht entlastet, dafür verzichtet der Fiskus auf die spätere Kapitalertragsbesteuerung (bis zur Höhe des Kalkulationszinssatzes). Die gleiche Wirkung ergibt sich aber auch, wenn die Cash-flow Steuer nach der *Verlustvortragsmethode* erhoben wird. Von der zinsbereinigten Gewinnbesteuerung unterscheidet sich diese Variante der Cash-flow Steuer im wesentlichen hinsichtlich des Abschreibungsverfahrens sowie weiterer Periodisierungsvorschriften: Während die zinsbereinigte Gewinnbesteuerung ein stetiges Abschreibungsverfahren anwendet (linear oder degressiv), erfolgt bei der Verlustvortragsmethode eine Art „Abschreibung" entsprechend der positiven Zahlungsüberschüsse; ist der aufgezinste Verlustvortrag abgebaut, beginnt die Besteuerung. Sofern bei der zinsbereinigten Gewinnbesteuerung die Verlustvorträge ebenfalls verzinst vorgetragen werden (wie oben unterstellt, vgl. Abschnitt 2), sind die Wirkungen auf die Kapitalwerte identisch. Dies gilt auch für weitere Periodisierungsvorschriften, etwa die Bildung von Rückstellungen oder Rechnungsabgrenzungsposten: Insoweit die Steuerpflichtigen auf diese Weise Steuerbelastungen in spätere Perioden verschieben, vermindern sie das steuerbilanzielle Eigenkapital und damit die

[33] Dabei wird der steuerpflichtige Umsatz aus Absatzerlösen abzüglich der steuerpflichtigen Vorumsätze ermittelt.

[34] Zur Integration der verschiedenen Modelle der konsumorientierten Unternehmensbesteuerung in die Personalbesteuerung ausführlich *Kaiser, M.* (1992), S. 131 ff.

Bemessungsgrundlage für die Normalverzinsung, die sie vom steuerpflichtigen Gewinn abziehen dürfen.

Wenn man in einfachen theoretischen Zusammenhängen einen vollkommenen Kapitalmarkt mit einheitlichem Zinssatz unterstellt (keine Transkationskosten, Risikoprämien), führen Cash-flow Besteuerung und zinsbereinigte Gewinnbesteuerung überzeitlich betrachtet zum gleichen Ergebnis (wie in Abschnitt 2. ausführlich dargestellt). In der Realität, wo unterschiedliche Finanzierungskosten bzw. Risikozuschläge auftreten, unterscheiden sich die Verfahren insbesondere hinsichtlich der Risikoaufteilung zwischen Fiskus und Steuerpflichtigen:[35]

- Wie bereits mehrfach dargelegt beteiligt sich der Fiskus bei der Cash-flow Besteuerung mit unmittelbarem *Verlustausgleich* am Risiko der privaten Investitionen. Sofern diese - aufgrund von höheren Kapitalkosten - höher als die prime rates rentieren, profitiert auch der Fiskus von dieser höheren Rendite durch längerfristig höhere Steuereinnahmen.
- Eine solche Beteiligung findet bei der *zinsbereinigten* Gewinnbesteuerung nicht statt; gleiches gilt auch für die Cash-flow Steuer nach der *Verlustvortragsmethode*.

Für die Entscheidung zwischen diesen Besteuerungsmodellen spielen sowohl *fiskalische* Wirkungen als auch Gesichtspunkte der gesamtwirtschaftlichen *Risikoallokation* eine Rolle:

- Beim sofortigen Verlustausgleich verzichtet der Fiskus zunächst auf Steuereinnahmen; dafür erzielt er in späteren Perioden Mehreinnahmen. Über den gesamten Zeitraum betrachtet ist der Kapitalwert der Steuereinnahmen in beiden Varianten gleich, so daß der Fiskus intertemporal indifferent sein müßte. Etwa könnte er die in der Anfangsphase geringeren Einnahmen über eine temporäre Erhöhung der Staatsverschuldung vorfinanzieren. Angesichts von Unsicherheit über die zukünftige Entwicklung, mag dies jedoch auf zahlreiche politische oder rechtlich-institutionelle Hemmnisse (z.B. Verschuldungsgrenzen) stoßen. Die Steuerpolitik dürfte aus fiskalischen Gründen eher die Verlustvortragsmethode präferieren.
- Gesichtspunkte der Risikoallokation betreffen sowohl einzelwirtschaftliche als auch gesamtwirtschaftliches Zusammenhänge.
  - Es wurde bereits auf das Risiko eines betrügerischen Mißbrauchs von Steuererstattungen hingewiesen; dies gilt vor allem für neugegründete Unternehmen, deren Bonität die Finanzbehörden nicht ohne weiteres einschätzen können. Wenn höhere Steuersätzen angewendet werden, dürfte daher die Verlustvortrags-Methode angemessener sein. Dies ist insbesondere der Fall, wenn die Cash-flow Steuer zur Abschöpfung von Übergewinnen wie Rohstoffrenten eingesetzt wird und damit sehr hohe Steuersätze angewendet werden müssen (vgl. unten, Abschnitt 4.3.).
  - Im Normalfall einer rentierlichen Investition sprechen dagegen Aspekte des gesamtwirtschaftlichen Risikoausgleichs für den unmittelbaren Verlustausgleich. Denn der Fiskus kann sich zu wesentlich günstigeren Kon-

[35] Dazu auch *Bond, S.R./Devereux, M.* (1995), S. 57 ff.

ditionen auf den Kapitalmärkten finanzieren als private Unternehmen. Auch innerhalb der privaten Unternehmen haben Großunternehmen günstigere Finanzierungskosten als kleine und mittlere Unternehmen. Finanzierungsrestriktionen bestehen insbesondere für neugegründete Unternehmen, die regelmäßig nur eine dünne Eigenkapitaldecke haben, oder für innovative Engagements, die meist überdurchschnittlich riskant sind. Indem sich der Fiskus mit der Cash-flow Besteuerung an diesen Investitionen beteiligt, kann er eine höhere gesamtwirtschaftliche Riskoübernahme ermöglichen.

- Die Cash-flow Besteuerung nach der Verlustvortragsmethode wie auch die zinsbereinigte Gewinn- und Einkommensbesteuerung bedeuten dagegen eine Art Übergewinnbesteuerung (vgl. Abschnitte 2., 4.3.). Der Fiskus belastet allein die „Überrendite", also den Teil der Rendite des Unternehmens, der den vorgegebenen Kalkulationszinssatz übersteigt, ohne daß er sich an den steuerpflichtigen Unternehmen mittels des sofortigen Verlustausgleichs beteiligt. Dies kann positiv gesehen werden, wenn Übergewinne oder Renteneinkommen „unverdient" erzielt werden - etwa aufgrund von Marktmacht oder ungewollten Effekten öffentlicher Regulierungen. Auf der anderen Seite belohnt eine Freistellung des Normalzinssatzes - etwa in Höhe der Marktverzinsung für öffentliche Anleihen - die „statischen Wirte". Innovative und riskantere Engagements werden im Vergleich zur gegenwärtigen Situation relativ schlechter gestellt.

4.1.2. Die Cash-Flow-Steuer als Quellensteuer einer persönlichen Konsumsteuer

Darüber hinaus läßt sich die Cash-flow Steuer als Quellensteuer in eine persönliche Konsumsteuer integrieren.[36] Die Steuerbelastung wäre dann auf die persönliche Konsumsteuer anzurechnen.

4.2. Die Cash-flow Steuer als kommunale Betriebsteuer

Eine Art kommunale Cash-flow Besteuerung der Betriebe ist denkbar als Alternative zur gegenwärtigen Gewerbesteuer. Der *Kronberger Kreis* hat Ende der achtziger Jahre eine als (Netto-)Umsatzsteuer im Vorumsatzabzugsverfahren erhobene „Gemeindebetriebsteuer" vorgeschlagen, wobei Banken und Versicherungen einer Wertschöpfungs- oder Ertragsteuer unterliegen sollen;[37] das gleiche Konzept wurde vor kurzem von *Homburg* als „kommunale Unternehmensteuer" aufgegriffen.[38] Explizite Cash-flow Steuer-Vorschläge für die Reform der Gewerbesteuer haben

---

[36] Vgl. *Meade Committee* (1978), S. 248; *Blueprints* (1984), S. 107 f., 120 f.; *Aaron, H.J./ Galper, H.* (1985), S. 66 ff.; *Cansier, D.* (1989), S. 53; *McLure Jr., Ch./Zodrow, G.* (1990), S. 341 ff. Vgl. auch *Graetz, M.J.* (1980), S. 245 ff.

[37] Vgl. *Kronberger Kreis* (1989), S. 25 f., 45.

[38] Vgl. *Homburg, St.* (1996).

Richter/Wiegard sowie *Cansier* vorgelegt; beide Konzepte sehen vor, die Lohnsumme nicht zu erfassen.[39]
Eine solche Cash-flow Besteuerung in der Form einer kommunalen Betriebsteuer ermöglicht ein eigenständiges Hebesatzrecht der Gemeinden. Aus Sicht der speziellen Anforderungen an das kommunale Steuersystem ist dies ein Vorteil, da auf diese Weise den Gesichtspunkten fiskalischer Äquivalenz bzw. des Interessenausgleichs sowie der Einnahmenautonomie Rechnung getragen werden kann.[40]

Von einer Wertschöpfungsteuer, wie sie seit langem von verschiedener Seite als Reformalternative zur Gewerbesteuer vorgeschlagen wurde,[41] würden sich diese Konzepte einer kommunalen Cash-flow Steuer im wesentlichen dadurch unterscheiden, daß statt der Wertschöpfungsgrößen Betriebsgewinn sowie Mieten und Pachten (berechnet gemäß der traditionellen Gewinnermittlungsmethode) der Cash-flow zugrundegelegt wird. Auch hierbei wäre die Analogie zur Mehrwertsteuer nach der Vorumsatz-Abzugsmethode evident, wobei in internationaler Perspektive die Besteuerung dem Ursprungs- oder Quellenlandprinzip folgt.

Die Frage ist allerdings, ob - wie bei einer reinen Cash-flow Unternehmensteuer - die Lohnsumme unberücksichtigt bleiben soll. *Richter/Wiegard* befürworten dies mit der Begründung, ansonsten würde der Faktor Arbeit diskriminiert.[42] Dann wäre allerdings die Steuerbasis sehr schmal; die Steuersätze müßten bei gleichem Aufkommen recht hoch sein. Im Gegenzug könnte der Kreis der Steuerpflichtigen im Vergleich zur gegenwärtigen Gewerbesteuer stark ausgeweitet werden (auf die Landwirtschaft, die freien Berufe, die Wohnungswirtschaft, die Hoheitsbetriebe). Ferner könnte die Steuer nach der unten sogenannten „Belastungsmethode“ eingeführt werden, wie es Richter/Wiegard offenbar vorschwebt.[43] Problematisch wäre daran indes, daß die Cash-flow Steuer hinsichtlich des zum Einführungszeitpunkt vorhandenen Kapitalbestandes wie eine zusätzliche Vermögensteuer wirkt (vgl. unten, Abschnitt 6.3.).

Generell erscheint es unter dem Gesichtspunkt der fiskalischen Äquivalenz bzw. des Interessenausgleichs problematisch, wenn das in den lokalen Betrieben gebundene Kapital kaum noch zur Kommunalbesteuerung herangezogen würde. Gleichzeitig wäre die Aufkommensentwicklung einer kommunalen Cash-flow Steuer sehr stetig, da die Investitionen, die von der Cash-flow Steuer nicht erfaßt werden, im Konjunkturverlauf besonders stark schwanken. Dies wäre ein Vorteil gegenüber der Besteuerung von Wertschöpfungskomponenten wie Gewinnen und Mieten.

---

[39] Vgl. *Richter, W.F./Wiegard, W.* (1990), S. 40 ff., 44 f.; *Richter, W.F./Wiegard, W.* (1991), S. 193 ff., 201 f.; *Cansier, D.* (1990), S. 253 ff.

[40] Zu den Beurteilungskriterien der Gemeindebesteuerung etwa *Wissenschaftlicher Beirat beim BMF* (1982), S. 23 ff.; *Zimmermann, H./Postlep, R.D.* (1980), S. 248 ff.

[41] Vor allem *Wissenschaftlicher Beirat beim BMF* (1982), S. 57 ff.; vgl. auch *Sachverständigenrat* (1995), Tz. 346 ff.

[42] Vgl. *Richter, W.F./Wiegard, W.* (1990), S. 41; *Richter, W.F./Wiegard, W.* (1991), S. 195.

[43] Vgl. *Richter, W.F./Wiegard, W.* (1990), S. 42.

4.3. Die Cash-flow Steuer als Übergewinnsteuer

Sofern die Verlustvortragsmethode angewendet und die Verlustvorträge verzinst werden, belastet die Cash-flow Steuer allein die ökonomische Rente, also das die kalkulatorische Normalverzinsung übersteigende Übergewinneinkommen (Abschnitt 2.). Damit läßt sie sich gezielt einsetzen, um Übergewinne und Renteneinkommen abzuschöpfen.[44] Insbesondere angesprochen sind hier Renten, die durch die Unvermehrbarkeit oder Erschöpfbarkeit von natürlichen Ressourcen entstehen, also etwa bei der Förderung von Rohstoffen.

Im Vergleich zu den traditionellen Ansätzen etwa bei der Besteuerung von Rohstoffrenten erweist sich die Cash-flow Steuer als besonders geeignet, exakt das Renteneinkommen der Besteuerung zu unterwerfen. Mengen- und Wertabgaben auf das produzierte und abgesetzte Produkt, wie sie auch in Deutschland angewendet werden, treffen die Rente nur zufällig und Differentialrenten in unterschiedlichem Anteil.[45] Auch eine erhöhte Gewinnabgabe oder eine Einkommensdifferenzsteuer ist aufgrund der konzeptionellen Schwierigkeiten, den ökonomischen Gewinn exakt der Besteuerung zu unterwerfen, nicht in der Lage, Differentialrenten exakt zu ermitteln und abzuschöpfen.

Eine spezielle Übergewinn-Cash-flow Steuer für die Besteuerung von Rohstoffrenten ist in den siebziger Jahren von *Garnaut/Clunies Ross* als *Resource Rent Tax* entwickelt worden[46] und wird seitdem in Papua-Neuguinea erfolgreich angewendet.[47] Diese orientiert sich an der R-Basis. Es wird ein unbegrenzter und zu verzinsender Verlustvortrag gewährt. In der Phase der Prospektion und Erschließung werden die anfallenden Auszahlungsüberschüsse als „Verluste" aufgezinst und nach Aufnahme der Förderung gegen Einnahmeüberschüsse verrechnet; später entstehende Auszahlungsüberschüsse werden ebenfalls verzinslich vorgetragen. Da nach dem Ende der Förderphase im Bergbau üblicherweise noch Aufräumungsarbeiten, Abraumbeseitigungen und Rekultivierungsmaßnahmen zu finanzieren sind, fallen in der Endphase des Investitionsprojektes erneut Auszahlungsüberschüsse an. Diese sind im Wege eines verzinslichen Verlustrücktrags mit verzinslicher Rückzahlung der zuviel geleisteten Steuern zu berücksichtigen; alternativ oder ergänzend dazu könnten auch während der Förderungsphase entsprechende Rückstellungen gebildet werden. Der zur Aufzinsung bzw. Abzinsung angewendete einheitliche Kalkulationszinsfuß wird entsprechend der tatsächlichen Kapitalkosten konkret für das betreffende Investitionsprojekt festgelegt.

Zum gleichen Ergebnis gelangt man, wenn in jeder Periode die interne Rendite des betreffenden Investitionsprojekts berechnet wird und ab Überschreiten des festgelegten Kalkulationszinsfußes die Einzahlungsüberschüsse besteuert werden.[48] Hierbei kann auch ein progressiver Steuersatz in Abhängigkeit von der Rendite angewendet werden.

---

44 Vgl. *Bach, St.* (1993), S. 387 ff.

45 Vgl. *Cansier, D.* (1987).

46 Vgl. *Garnaut, R./Clunies Ross, A.* (1975), S. 277 ff.; *Garnaut, R./Clunies Ross, A.* (1977), S. 82 ff.; *Garnaut, R./Clunies Ross, A.* (1983), S. 97 ff. Dazu auch *Cansier, D.* (1987), S. 97 ff.

47 Dazu *Garnaut, R./Clunies Ross, A.* (1983), S. 228 ff.; *Cansier, D.* (1987), S. 118 ff.

48 Eine solche Ertragsratensteuer („rate-of-return system") ist von *Mackenzie, B.W./Bilodeau, M.L.* (1979) vorgeschlagen worden. Dazu auch *Cansier, D.* (1987), S. 99.

5. Die Praktikabilität der Cash-flow Steuer

In der Literatur werden die Praktikabilitätseigenschaften der Cash-flow Steuer[49] besonders hervorgehoben. Die „primitiv" anmutende, rein zahlungsorientierte Rechentechnik ermöglicht im Gegensatz zur ertragsteuerlichen Gewinnermittlung den Verzicht auf Ansatz- und Bewertungsvorschriften, die sich auf die *Periodisierung* von Zahlungsströmen beziehen. Dies betrifft insbesondere

- Abschreibungsverfahren und -sätze;
- Teilwertabschreibung, Zuschreibung, Rückstellungen;
- periodische Rechnungsabgrenzung;
- Ansatz und Bewertung von Vorräten, nicht abgesetzten Produktionsgütern sowie selbst erstellten materiellen und immateriellen Vermögensgegenständen.

Alle diese Vorschriften zeichnen sich dadurch aus, daß sie Zahlungsströme (Ein- und Auszahlungen) in periodengerechte Vermögensänderungen (Erträge und Aufwendungen) transformieren („accretion principle"). Derartige Vorschriften sind für die Cash-flow Besteuerung obsolet, da diese allein auf die effektiven Zahlungsflüsse und Zahlungszeitpunkte abstellt. So werden Investitionen in Sachanlagen zum Zeitpunkt des Zahlungsmittelabflusses wirksam („Sofortabschreibung" bei der R-Basis, vorgelagerte Finanzierungsströme bei der Ausschüttungsbesteuerung); eine Periodisierung dieser Auszahlungen etwa über den Zeitraum der Nutzung des Investitionsobjektes mittels Abschreibungen ist daher nicht erforderlich. Wertminderungen und drohende Verluste, wie sie im gegenwärtigen Bilanzsteuerrecht durch Teilwertabschreibungen oder Rückstellungen berücksichtigt werden, sind ebenso irrelevant, da keine Zahlungsflüsse erfolgen. Auch wenn steuerpflichtige Unternehmen untereinander Wirtschaftsgüter austauschen, statt Zahlungsmittel zu verwenden, ist die konkrete Bewertung letztlich irrelevant, sofern beide Unternehmen dem gleichen Grenzsteuersatz unterliegen (also keine Steuerermäßigungen etwa durch Freibeträge oder Tarifermäßigungen involviert sind).

Insoweit bedeutet die Besteuerung des Cash-flows eine erhebliche Vereinfachung des Besteuerungsverfahrens. Unbestimmte und damit streitanfällige Regelungen, wie sie für die Periodisierungsvorschriften kennzeichnend sind, werden vermieden. Man denke etwa an unbestimmte Begrifflichkeiten wie den Teilwert[50] oder die über den Maßgeblichkeitsgrundsatz auch steuerlich relevanten handelsrechtlichen Grundsätze ordnungsmäßiger Buchführung und Bilanzierung (GoB), die zahlreiche Generalklauseln (z.B. „nach kaufmännischer Beurteilung") enthalten.

Indes hat sich auch die Cash-flow Besteuerung mit den zahlreichen aus der Praxis der gegenwärtigen Unternehmensbesteuerung bekannten Praktikabilitätsproblemen auseinanderzusetzen, die sich auf die Bewertung von Zahlungsströmen und anderen Ressourcenströmen zwischen steuerpflichtigen Unternehmen und der

---

[49] Dazu ausführlich *Kaiser, M.* (1992), S. 162 ff.; *Bach, St.* (1993), S. 104 ff.

[50] Der Teilwert ist nach § 6 Abs. 1 Nr. 1 Satz 3 EStG definiert als „der Betrag, den ein Erwerber des ganzen Betriebs im Rahmen des Gesamtkaufpreises für das einzelne Wirtschaftsgut ansetzen würde; dabei ist davon auszugehen, daß der Erwerber den Betrieb fortführt".

nicht-steuerpflichtigen Sphäre beziehen. Wie bereits mehrfach betont, ist es das Grundprinzip der Cash-flow Besteuerung, die betrieblichen Investitionen steuerfrei zu stellen (bzw. einfließende Mittel zu entlasten); effektiv besteuert werden erst die Desinvestitionen. Infolgedessen besteht für die Steuerpflichtigen ein Anreiz, abzugsfähige Zahlungsströme hoch und steuerpflichtige Zahlungsströme möglichst niedrig anzusetzen. Dies betrifft folgende Sachverhalte:

- Weiterhin relevant ist die Abgrenzung der privaten Ausgaben von den Betriebsausgaben. Auch unter dem Regime der Cash-flow Besteuerung werden Steuerpflichtige versuchen, die Kosten ihrer privaten Lebensführung über das Betriebskonto laufen zu lassen.
- Des weiteren muß auch eine Cash-flow Steuer die außerordentlich komplexen Regelungen im Umfeld von „verdeckter Gewinnausschüttung" und „Einkünfteberichtigung" weiterführen:
  Dies betrifft zum einen die Geschäftsbeziehungen von Unternehmen mit ihren Gesellschaftern oder diesen nahestehenden Personen; ferner ist hier die Gestaltung von Geschäftsbeziehungen (internen Verrechnungspreisen, Darlehensgewährung) zu verbundenen ausländischen Unternehmen angesprochen. Hierbei ist zu verhindern, daß Steuerpflichtige mittels Preisgestaltung (z.B. unter-Preis-Verkäufen an bzw. über-Preis-Käufen von diesem Personenkreis, Zinsgestaltung bei Darlehen) steuerpflichtige Bemessungsgrundlagen unbelastet in die nicht steuerpflichtige Sphäre transferieren. Ferner lassen sich Transaktionen nicht in Geld, sondern in Naturalien abwickeln (z.B. im Falle von Sachentnahme, -einlage). In allen diesen Fällen wird neben der Ermittlung der zugrundeliegenden Sachverhalte stets die Bewertung der betreffenden Transaktionen notwendig.
- Hinzu kommen die spezifischen Eigenschaften der einzelnen Varianten der Cash-flow Steuer. So etwa bleiben bei der R-Basis-Steuer die Finanzierungsströme bei der Besteuerung unberücksichtigt. Daher bestehen für die Steuerpflichtigen Anreize, realwirtschaftliche Einnahmen in den Finanzierungsbereich zu verlagern. Die Probleme, die eine Cash-flow Besteuerung nach der R-Basis bei den Finanzintermediären auslöst, wurden oben bereits ausführlich dargestellt. Bei der Ausschüttungssteuer entsteht das Problem, daß Fremd- und Beteiligungsfinanzierung unterschiedlich behandelt werden. Daher ist zu verhindern, das betriebliche Ressourcen, die aufgrund von Beteiligungsfinanzierung entlastet worden sind, als Fremdkapitalströme (Zinsen und Tilgungen) dem Betrieb entnommen werden. Ein weiteres Problem der Ausschüttungssteuer besteht darin, das sie - im Gegensatz zu den übrigen Varianten der Cash-flow Besteuerung - nicht streng nach dem Quellenlandprinzip ausgerichtet ist. Da die Steuertechnik an die vorgelagerte (Beteiligungs-) Finanzierung anknüpft, werden damit finanzierte Investitionen im Ausland sowie in nicht steuerpflichtigen inländischen Betrieben entlastet. Insbesondere bei ausländischen Engagements eröffnen sich zahlreiche Möglichkeiten, die Besteuerung des Kapitalrückflusses zu vermeiden, zumal die inländischen Finanzbehörden keine unmittelbaren Kontroll- und Zugriffsmöglichkeiten auf die ausländischen Vermögen haben.

Insgesamt ist also davon auszugehen, daß die Cash-flow Steuer die Vollzugskosten im Vergleich zur gegenwärtigen Ertrags- bzw. Einkommensbesteuerung nur insoweit verringert, wie die Periodisierungsvorschriften obsolet werden. Dies mindert die Befolgungskosten der Betriebe, die nun lediglich über ihre externen Zahlungsbeziehungen Buch führen müssen,[51] wie auch die Überwachungskosten der Finanzverwaltung. Auch ermöglicht die Cash-flow Besteuerung sehr kurze Veranlagungszeiträume - etwa von einem Monat analog dem Steueranmeldungsverfahren bei der Mehrwertsteuer. Dies ist für die Aufkommenselastizität und damit auch für die stabilisierungspolitische Dimension ein wichtiger Punkt.

6. Übergangsprobleme der Cash-flow Steuer

Ein steuerpolitisch besonders wichtiger Punkt der Cash-flow Steuer sind deren Übergangswirkungen.[52] Insbesondere stellt sich die Frage, wie der zum Einführungszeitpunkt der Cash-flow Steuer in den steuerpflichtigen Betrieben vorhandene Kapitalbestand behandelt werden soll.

6.1. Entlastungslösung

In der Regel wird davon ausgegangen, daß der zum Einführungszeitpunkt vorhandene Kapitalbestand ebenso wie die nach der Einführung erfolgenden Investitionen in das Entlastungsverfahren einbezogen werden (*Entlastungslösung*). Im Falle einer entsprechenden Anwendung des Verlustausgleichs würde dies bedeuten, daß die steuerpflichtigen Unternehmen vom Fiskus eine Zuwendung in Höhe des Cashflow Steuersatzes an ihrem Kapitalbestand erhalten. Der Finanzierungsbedarf des Fiskus wäre allerdings erheblich (s. unten). Da ausgeschlossen ist, daß der Fiskus diesen aus seinen Haushaltsmitteln aufbringen kann, sind folgende Möglichkeiten vorstellbar:

- Der Fiskus kann sich in Höhe der an die Unternehmen zu leistenden Erstattung auf den Kapitalmärkten verschulden.
- Er kann statt dessen die Verlustvortragsmethode wählen, also den steuerpflichtigen Unternehmen einen unbegrenzten und zu verzinsenden Verlustvortrag in Höhe des Anfangskapitalbestandes gewähren.[53]

Zu entscheiden ist, wie der zum Einführungszeitpunkt vorhandene Kapitalbestand bewertet wird. Naheliegenderweise wird man an den steuerbilanziellen Wertansätzen der aktivierten Wirtschaftsgüter anknüpfen. Stille Reserven blieben somit von der Entlastung ausgeschlossen. Da die Cash-flow Besteuerung als Alternative zur

---

[51] Zu Kontrollzwecken müssen die Betriebe bzw. die Betriebsinhaber verpflichtet werden, Aufzeichnungen zu führen über sämtliche (nicht nur über die für die jeweilige rechentechnische Variante der Cash-flow Steuer relevanten) Zahlungsbeziehungen sowie über Sacheinlagen und -entnahmen, Tauschgeschäfte und unentgeltliche Bereitstellungen von Leistungen an Betriebsfremde.

[52] Vgl. *Kaiser, M.* (1992), S. 194 ff.; *Bach, St.* (1993), S. 122 ff.

[53] So auch *Kay, J.A./King, M.A.* (1978), S. 201.

gegenwärtigen Gewinnbesteuerung konzipiert ist, kann dieses Verfahren durchaus gerechtfertigt werden. Denn die stillen Reseven sind bereits unter dem Regime der Einkommensbesteuerung wie bei einer Cash-flow Steuer behandelt worden; die Steuerentlastung allein der bilanzierten Wirtschaftsgüter bedeutet insoweit eine Art späten Ausgleich für die „Diskriminierung“ der zu bilanzierenden Investitionen durch das Einkommensteuersystem.

Bei einem Übergang zur Cash-flow Steuer gemäß der Entlastungslösung dürften die Marktwerte der Betriebe mit einem hohen Anteil von bilanzierten Wirtschaftsgütern relativ gewinnen. Bereits im Vorfeld der Einführung wird es zu entsprechenden Verschiebungen in der Unternehmensbewertung durch die Kapitalmärkte kommen.

6.2. Abschreibungslösung

Denkbar wäre es auch, daß der zum Einführungszeitpunkt vorhandene Kapitalbestand weiterhin planmäßig abgeschrieben werden muß *(Abschreibungslösung)*. Dies hätte zur Folge, daß die vor dem Einführungszeitpunkt der Cash-flow Steuer getätigten Investitionen in zu aktivierende Wirtschaftsgüter auch nach diesem Zeitpunkt gleichsam einkommensteuerartig behandelt werden, d.h., der Kapitalrückfluß bleibt in Höhe der Abschreibungen steuerfrei. Damit bleibt diesen Investitionen aber auch insoweit die Investitions-Entlastungswirkung der Cash-flow Besteuerung vorenthalten. Daher ist *nach Ankündigung* der Cash-flow Steuer mit einem spürbaren Rückgang von Investitionen in Real-investitionsprojekte mit langer Kapitalbindung zugunsten von Investitionen in immaterielle Wirtschaftsgüter oder in Anlageformen mit kürzerer Kapitalbindung zu rechnen. *Nach dem Einführungszeitpunkt* werden die steuerpflichtigen Betriebe aktivierte Wirtschaftsgüter durch Verkauf liquidieren, um die erlösten Mittel zu reinvestieren und somit früher in das Cash-flow Steuer-Verfahren einbezogen zu sein (so bei der R-Basis-Steuer; bei der Ausschüttungsbesteuerung müßte ein Schütt-aus-hol-zurück-Verfahren angewendet werden).

Diese Prozesse werden solange anhalten, bis die damit einhergehenden Änderungen der relativen Preise das durch den Übergang zur Cash-flow Steuer entstandene Renditedifferential ausgeglichen haben. Auf den Finanzmärkten werden die Beteiligungstitel der steuerpflichtigen Betriebe insgesamt gegenüber Forderungstiteln und den Beteiligungstiteln ausländischer sowie nicht steuerpflichtiger inländischer Betriebe verlieren. Am stärksten wird sich der Marktwert derjenigen Betriebe vermindern, die im hohen Anteil in langfristig gebundene materielle Wirtschaftsgüter wie Bauten und Anlagen investiert sind (z.B. Immobiliengesellschaften, kapitalintensive Industriebetriebe). Betriebe mit einem hohen Anteil von unentgeltlich erworbenen immateriellen Vermögen oder beschleunigt abgeschriebenen Wirtschaftsgütern, wie z.B. Dienstleistungsunternehmen oder Forschungszentren, werden dagegen kaum von der Einführung der Cash-flow Steuer betroffen sein.

6.3. Belastungslösung

Wird dagegen die Cash-flow Steuer ohne weitere Abschreibungen auf den vorhandenen Kapitalbestand eingeführt, so unterliegt der gesamte Cash-flow inklusive der Desinvestitionen des zum Einführungszeitpunkt vorhandenen Kapitalbestands der Besteuerung (*Belastungslösung*). Auch bei diesem Verfahren gilt, daß Investitionen in immaterielle Wirtschaftsgüter oder Wirtschaftsgüter mit Sonderabschreibungen von diesem Steuersystemwechsel nicht tangiert sind. Der Bestand an aktivierten Wirtschaftsgütern, der unter dem Regime der Einkommensbesteuerung hätte steuerfrei liquidiert werden können, wird hingegen von der Cash-flow Steuer erfaßt. Ähnlich der Abschreibungslösung werden die Betriebe daher bei Ankündigung der Cash-flow Steuer Realinvestitionen mit langer Kapitalbindung und einem hohen Anteil an aktivierten Wirtschaftsgütern meiden zugunsten von Investitionen mit kürzerer Kapitalbindung und einem hohen Anteil an immateriellen Wirtschaftgütern bis hin zu hochliquiden Finanzaktiva. Ebenso wird sich der Marktwert derjenigen Betriebe relativ stark vermindern, die in hohem Anteil in langfristig gebundene aktivierte Wirtschaftsgüter wie Bauten und Anlagen investiert sind, während Betriebe mit einem hohen Anteil von immateriellen Vermögen und beschleunigt abgeschriebenen Wirtschaftsgütern kaum von der Einführung der Cash-flow Steuer betroffen würden.

Die damit verbundenen Belastungswirkungen der Unternehmen sowie die Reaktionen auf den Kapitalmärkten dürften jedoch im Vergleich zur Abschreibungslösung ungleich stärker ausfallen. Während die Abschreibungslösung die Desinvestition der zum Einführungszeitpunkt aktivierten Wirtschaftsgüter steuerfrei stellt, unterwirft die Belastungslösung diese Zahlungsüberschüsse der Steuer. Im Prinzip wirkt eine solche nach der Belastungslösung eingeführte Cash-flow Steuer wie eine einmalige Substanz- bzw. Vermögensteuer auf den zum Einführungszeitpunkt bestehenden aktivierten Kapitalbestand (zum Cash-flow Steuersatz).[54] Dies würden wohl auch die Kapitalmärkte so interpretieren; der Marktwert der steuerpflichtigen Unternehmen dürfte entsprechend sinken.

Einmal abgesehen von den verfassungsrechtlichen Implikationen dieses Zusammenhangs (Enteignung) entstehen dabei Probleme mit dem fremdfinanzierten Anteil des zum Einführungszeitpunkt bestehenden Kapitalbestands. Insbesondere die Gläubiger des Betriebs haben einen schuldrechtlichen Anspruch auf Rückzahlung des vollen Kreditbetrags. Die auf das Fremdkapital entfallende Cash-flow Steuer hätte dann letztlich das Beteiligungskapital zu tragen. Streng genommen müßte daher bei Rückzahlung von Fremdkapital eine eigenständige Vermögensteuer in Höhe des Cash-flow Steuersatzes auf die betreffende Zahlung erhoben werden. Hinzu kommt die Frage der ausländischen Kapitalgeber, die unter der Belastungslösung ebenso wie ihre inländischen Partner der durch die Einführung der Cash-flow Steuer induziertenVermögenseinbuße unterliegen. Dies würde auch gegen geltendes Völkervertragsrecht und die Doppelbesteuerungsabkommen verstoßen.

[54] Vgl. *Graetz, M.J.* (1980), S. 268; *Bradford, D.F.* (1987), S. 258.

6.4. Einführungsverfahren

Die Stärke all dieser hier beschriebenen Reaktionen der Wirtschaftssubjekte sowie der Wirkungen auf die Märkte hängen allerdings wesentlich von der Höhe des Cash-flow Steuersatzes ab, also der „Schärfe" des Übergangs. So entstehen den Wirtschaftssubjekten bei den beschriebenen Ausweich- und Anpassungsreaktionen vielfältige Kosten, z. B. Transaktionskosten für den Kauf und Verkauf von Wirtschaftsgütern, Zinsverluste für die Kassenhaltung. Diese erhöhen die „Schwelle", die die ausgelösten Preisdifferentiale übersteigen müssen, um die Wirtschaftssubjekte zu Anpassungsreaktionen zu veranlassen. Daher vermag ein „sanfter" Übergang, der die Cash-flow Steuer schrittweise einführt („phasing in"), die Übergangsprobleme erheblich zu mildern.[55] Eine frühzeitige Ankündigung des neuen Steuerregimes („delayed effective date") würde den Wirtschaftssubjekten Zeit geben, sich längerfristig darauf einzustellen.[56]

7. Die gesamtwirtschaftliche Bemessungsgrundlage einer allgemeinen betrieblichen Cash-flow Steuer

Im folgenden sollen die gesamtwirtschaftlichen Bemessungsgrundlagen sowie das Steueraufkommen einer allgemeinen betrieblichen Cash-flow Steuer eingegrenzt werden, die als Ersatz der gegenwärtigen Ertrags- und Einkommensbesteuerung der Unternehmen konzipiert wird.

Wie bereits ausführlich dargestellt, belastet die Cash-flow Steuer den realwirtschaftlichen Cash-flow der inländischen steuerpflichtigen Betriebe, auch wenn sie (wie die Ausschüttungsteuern) aus Gründen der Rechentechnik an den Finanzierungsvorgängen anknüpfen oder aber (wie das *Sinnsche* Mischsystem) die Fremdkapitalzinsen erst beim Empfänger besteuern. Eine solche Größe läßt sich aus dem Datenmaterial der Volkswirtschaftlichen Gesamtrechnung (VGR) ableiten, indem für den gesamten Unternehmenssektor die bereinigte Bruttowertschöpfung[57] zunächst um die Größe Produktionssteuern abzüglich Subventionen sowie um die in den Unternehmen entstandenen Bruttoeinkommen aus unselbständiger Arbeit (die bei der Cash-flow Steuer als Lohnkosten abzugsfähig sind) vermindert wird und anschließend sämtliche Bruttoanlageinvestitionen und Vorratsveränderungen der Unternehmen abgezogen werden. Alternativ dazu läßt sich der gesamtwirtschaftliche Cash-flow des Unternehmenssektors auch indirekt aus den Einkommensaggregaten ableiten, indem die entstandenen (bereinigten) Bruttoeinkommen aus Unternehmertätigkeit und Vermögen zunächst um die Abschreibungen der Unternehmen erhöht und anschließend wiederum die Bruttoanlageinvestitionen und Vorratsver-

---

[55] Vgl. *Meade Committee* (1978), S. 188 f.; *Graetz, M.J.* (1980), S. 262 ff.; *Blueprints* (1984), S. 168; *Bradford, D.F.* (1989), S. 394.

[56] Vgl. *Graetz, M.J.* (1980), S. 269, 273.

[57] Ebenso wie bei der R-Basis-Cash-flow Steuer entsteht auch in der VGR bei der Aggregation der Bruttowertschöpfung über den gesamten Unternehmenssektor das Problem der Entgelte für Bankdienstleistungen der Kreditinstitute. Um Doppelzählungen zu vermeiden, muß die Bruttowertschöpfung um diese Größe bereinigt werden.

änderungen der Unternehmen abgezogen werden (Tabelle 4). Der Sektor „Wohnungsvermietung", der auch die Eigennutzung von Wohnungen miteinschließt, wurde hier nicht berücksichtigt.[58] Zur Interpretation der im folgenden abgeleiteten Ergebnisse sind ferner noch folgende methodische Vorbehalte zu machen:

- Der Unternehmenssektor der VGR erfaßt sämtliche Wirtschaftsbereiche, die gegenwärtig nicht steuerpflichtig sind. Dies sind vor allem Hoheitsbetriebe oder gemeinnützige Unternehmen.
- Ferner werden die Abschreibungen in der VGR anhand einer Modellrechnung auf Basis der Anlagevermögensrechnung geschätzt; sie werden im Gegensatz zur steuerlichen Gewinnermittlung zu Wiederbeschaffungspreisen angesetzt; auch hinsichtlich der zugrundegelegten Nutzungsdauer und des Abschreibungsverfahrens dürften sie sich von den steuerbilanziellen Abschreibungen teilweise deutlich unterscheiden.[59]

Tabelle 4: Realwirtschaftlicher Cash-flow des gesamten Unternehmenssektors (ohne Wohnungsvemietung) in Abgrenzung der VGR, Deutschland, in Mrd. DM.

Nr.	Aggregat	1994	1995	1996
1	Bruttowertschöpfung (bereinigt)	2.343,7	2.433,3	2.481,2
2	Produktionssteuern abzgl. Subventionen	105,5	105,7	112,5
3	Entstandene Bruttoeink. aus unselbst. Arbeit	1.388,4	1.434,5	1.445,3
4	Entstandene Bruttoeink. aus Unternehmertätigkeit. u. Vermög.	537,8	571,6	596,3
5	Abschreibungen	312,1	321,5	327,2
6	Bruttoanlageinvestitionen	425,7	432,8	426,7
7	Vorratsveränderung	16,4	24,8	20,1
8	**Realwirtschaftlicher Cash-flow (1-2-3-6-7 oder 4+5-6-7)**	**407,7**	**435,5**	**476,6**
9	Nachrichtlich: Anlagevermögen zu Anschaffungspreisen, netto	3.018,1	3.136,0	3.198,7

Quelle: *Statistisches Bundesamt.*

Insbesondere was die institutionelle Abgrenzung des Unternehmenssektors anbelangt, müssen die hier präsentierten Zahlen eher als die Obergrenze interpretiert werden. Man könnte argumentieren, wenn eine grundlegende Steuerreform wie der Übergang zur Cash-flow Besteuerung angestrebt wird, so wäre dies eine günstige Gelegenheit, die mit Steuerbegünstigungen und unsystematischen Einzelregelungen überfrachtete Gewinn- und Kapitaleinkommensbesteuerung systematisch zu bereinigen.

[58] Im gegenwärtigen Einkommensteuersystem ist die Wohnungsvermietung per saldo ein erheblicher „Verlustbringer" für den Fiskus.

[59] Dazu *Schäfer, D./Schmidt, L.* (1983), S. 990, 923 ff.

Um ausgehend vom gesamtwirtschaftlichen Cash-flow des Unternehmenssektors die möglichen Bemessungsgrundlagen einzugrenzen, sind zum einen die Subventionen abzuziehen, da diese regelmäßig nicht besteuert werden. Zum anderen sollen hier noch die persönlichen Abzugsbeträge der Selbständigen (außergewöhnliche Belastungen, Grundfreibeträge) berücksichtigt werden (Tabelle 5).[60] Diese wurden anhand der Steuerstatistik 1992 geschätzt.

Tabelle 5: Mögliche Bemessungsgrundlagen einer Cash-flow Steuer in Deutschland, in Mrd. DM.

Nr.	Aggregat	1994	1995	1996
1	Realwirtschaftlicher Cash-flow	407,7	435,5	476,6
2	abzgl. Subventionen	69,1	71,0	69,1
3	abzgl. Grundfreibeträge, Sonderausgaben und außergewöhnliche Belastungen der Selbständigen	67,1	68,0	68,9
=	**Bemessungsgrundlagen der Cash-flow Steuer**			
4	Belastungslösung (1 abzgl. 2 abzgl. 3)	271,6	296,5	338,6
5	Abschreibungslösung (4 abzgl. Abschreibungen)	- 40,5	- 25,0	11,4
6	Entlastungslösung (bei 6 % Kalkulationszins) (4 abzgl. Verzinsung des Anlagevermögens zu 6%)	90,5	108,3	146,7

Quellen: *Statistisches Bundesamt*; eigene Berechnungen.

Der realwirtschaftliche Cash-flow, vermindert um die persönlichen Abzugsbeträge, ergibt zunächst die Bemessungsgrundlage nach der oben so genannten *Belastungslösung*. Diese wird hier für 1996 mit knapp 340 Mrd. DM veranschlagt. Werden dagegen nach Einführung der Cash-flow Steuer die zum Einführungszeitpunkt vorhandenen Kapitalbestände weiterhin planmäßig abgeschrieben, liegt die oben so genannte *Abschreibungslösung* vor. Insgesamt verringert sich dadurch die Bemessungsgrundlage der Cash-flow Steuer in den Jahren unmittelbar nach deren Einführung sehr stark. Erst wenn die zum Einführungszeitpunkt bestehenden Kapitalbestände völlig abgeschrieben sind, wird das Aufkommen deutlich zunehmen.

Bei der *Entlastungslösung* müßte streng genommen der zum Einführungszeitpunkt der Cash-flow Steuer vorhandene Kapitalbestand von der Bemessungsgrundlage abgezogen werden. Die volkswirtschaftliche Gesamtrechnung weist für 1996 ein Nettoanlagevermögen (zu Anschaffungspreisen) von 3 200 Mrd. DM aus. Soll nun der Steuersatz z.B. 35 % betragen, hätten die Unternehmen einen Steuererstattungsanspruch von 1 120 Mrd. DM, was den Umfang des gegenwärtigen Steueraufkommens um ein Viertel übersteigen würde. Da der Fiskus nicht bereit sein dürfte, die Staatsverschuldung entsprechend anzuheben, bleibt als realistische Alternative allein der verzinsliche Vortrag dieses Entlastungsbetrages. Ein mögliches Verfahren bestünde darin, den Verlustvortrag konstant zu halten - also nicht abzubauen. Dies entspricht einer entsprechenden Ausweitung der Staatsverschul-

[60] Dies würde bei einer kommunalen Cash-flow Steuer nicht gelten.

dung, denn künftige Zahlungsüberschüsse der Unternehmen bleiben dann in Höhe der Verzinsung des Verlustvortrags steuerfrei. Dann ergibt sich unter Zugrundelegung eines Kalkulationszinssatzes von 6 % ein jährlicher Abzugsbetrag von 190 Mrd. DM. Übrig bliebe eine Bemessungsgrundlage von knapp 150 Mrd. DM (1996).

Nimmt man das zuletzt dargestellte System der Entlastungslösung bei steuerfreier Verzinsung des zum Einführungszeitpunkt vorhandenen Kapitalbestandes als realistisches Modell an, dann könnte nach den hier vorgenommenen Berechnungen bei einem Steuersatz von 35 % ein jährliches Steueraufkommen von gut 50 Mrd. DM in Deutschland erzielt werden. Wie angedeutet sind hier gewisse Vorbehalte zu machen. Insbesondere ist unklar, in welchem Anteil der realwirtschaftliche Cash-flow tatsächlich steuerlich erfaßt werden kann.

Daher soll abschließend ein Blick auf die gegenwärtigen Einnahmen aus der deutschen Unternehmens- und Kapitalertragsbesteuerung geworfen werden (Tabelle 6).

Tabelle 6: Unternehmen- und kapitalbezogene Besteuerung in Deutschland 1997

Aggregat	Unternehmen- und kapitalbezogene Besteuerung		Auf Unternehmen entfallender Teil	
	Mill. DM	**vH**	**Mill. DM**	**vH**
Einkommensteuer	68.900	8,7	46.200	5,8
Veranlagte Einkommensteuer[A]	42.600	5,4	37.600	4,7
Nicht veranlage Steuern vom Ertrag	15.000	1,9	7.500	0,9
Zinsabschlag	11.300	1,4	1.100	0,1
Körperschaftsteuer[B]	32.700	4,1	32.700	4,1
Solidaritätszuschlag	25.700	3,2	5.900	0,7
Gewerbesteuer	47.300	5,9	47.300	5,9
Grundsteuer	15.400	1,9	4.600	0,6
Vermögensteuer	1.700	0,2	1.000	0,1
Insgesamt	260.600	32,8	137.700	17,3
nachr.:				
Steueraufkommen, insgesamt	795.100	100,0	-	-

[A] Einschließlich Arbeitnehmererstattungen nach § 46 EstG und Investitionszulage.
[B] Einschließlich Investitionszulage.

Quellen: *Arbeitskreis „Steuerschätzungen"*, November 1997; eigene Berechnungen.

Davon ausgehend wäre zu fragen, welche Aufkommenseffekte sich ergäben, wenn ohne größere Veränderungen beim Kreis der Steuerpflichtigen eine Cash-flow Besteuerung nach der Verlustvortragsmethode oder eine zinsbereinigte Einkommens- und Gewinnbesteuerung eingeführt würde. Dann entfallen die Einnahmen aus der Kapitalertragsbesteuerung und der Körperschaftsteuer weitgehend. Dabei handelt es sich um Steuereinnahmen von gegenwärtig knapp 60 Mrd. DM (1997). Allerdings ist hier die Zinsbereinigung zu einem Normalzins zu berücksichtigen, der sich an den üblichen Marktrenditen für festverzinsliche Wertpapiere orientieren dürfte; diesen übersteigende Renditen wären also weiterhin steuerpflichtig. Bei der veranlagten Einkommensteuer, in der sich vor allem die Einkünfte der Einzelunternehmer und Personengesellschafter spiegeln, ist zu berücksichtigen, daß sich darin vor allem der kalkulatorische Unternehmerlohn niederschlägt; der Anteil der Kapitalverzinsung an den steuerpflichtigen Gewinnen dürfte hier relativ gering ausfallen. Insgesamt wären nach überschlägigen Berechnungen Steuerausfälle in Größenordnungen von etwa 70 Mrd. DM zu erwarten.

Damit würde das Finanzierungsdefizit der öffentlichen Haushalte um zwei Prozentpunkte des BIP hochschnellen, sofern das Ausgabenvolumen aufrecht erhalten werden soll. Dabei ist aber noch unberücksichtigt, welche Wachstums- und Wohlfahrtseffekte eine solche Steuerreform längerfristig auslöst. So haben *Fehr/Wiegard* auf Grundlage ihres dynamischen Gleichgewichtsmodells für die deutsche Volkswirtschaft jährliche Effizienzgewinne in Höhe von 70 bis 80 Mrd. DM für den Übergang zur zinsbereinigten Gewinn- und Einkommensteuer berechnet.[61] Dies würde also längerfristig erhebliche Selbstfinanzierungseffekte einer solchen Steuerreform bedeuten. Wie realistisch derartige „Laffer"-Effekte sind, kann hier nicht abschließend beurteilt werden. Die Finanz- und Steuerpolitik dürfte aber eher zurückhaltend auf künftige Mehreinnahmenversprechen reagieren; die Aufkommenswirkungen im unmittelbaren zeitlichen Kontext - d.h., bei konstantem „Mengengerüst" - dominieren jedenfalls die Entscheidungsprozesse der Steuerpolitik.

8. Wirtschaftliche Wirkungen der Cash-flow Besteuerung

Sowohl in den theoretischen Diskussionen als auch in der wirtschaftspolitischen Rezeption der diversen Vorschläge im Umfeld von Cash-flow Besteuerung, zinsbereinigter Gewinn- und Einkommensbesteuerung, letztlich der Konsumbesteuerung allgemein werden vor allem die günstigen Wirkungen hervorgehoben, die ein solches Steuersystem auf Kapitalbildung und Wachstum auslöse. Der theoretische Referenzrahmen ist dabei die traditionelle österreichisch-neoklassische Kapitaltheorie. Demnach werden Ersparnisbildung und Kapitalangebot sowie die Kapitalnachfrage für Realinvestitionen durch den Zinssatz gesteuert. Die Kapitaleinkommensbesteuerung treibt einen „Keil" („wedge") zwischen die Grenzproduktivität des Kapitals und die Zeitpräferenzrate der Steuerpflichtigen. Es resultiert eine suboptimale Kapitalbildung.[62] Dies ist die klassische These von der „Doppelbesteuerung" durch die Einkommensteuer: „To tax the sum invested, and afterwards

[61] Vgl. *Fehr, H./Wiegard, W.* (1998a) sowie den Beitrag von *Fehr, H./Wiegard, W* (1998b); vgl. auch *Richter, H.* (1994), S. 187 ff.

[62] Eine breitangelegte Analyse der allokativen Wirkungen der Kapitaleinkommensbesteuerung findet sich bei *Sinn, H.-W.* (1985); *Sinn, H.-W.* (1987).

tax also the proceeds of the investment, is to tax the same portion of the contributer's means twice over".[63]

Die empirische und praktische Relevanz dieses Zusammenhangs ist allerdings unklar. Das Ersparnisangebot der privaten Haushalte insgesamt dürfte relativ unelastisch auf Veränderungen des Zinssatzes reagieren. Deren Vermögensbildung und Sparverhalten hängt vor allem vom Einkommen und den persönlichen Umständen im Verlaufe der Lebens- und Arbeitskarrieren ab.[64] Angesichts der Notwendigkeiten von Alterssicherung, Risikovorsorge und weiterer „Sparziele" dürfte vor allem das zinsunempfindliche „Zweck"- und „Restsparen" vorherrschen. Die Zinshöhe spielt dabei allenfalls eine untergeordnete Rolle. Studien, die für die kompensierte Zinselastizität der Ersparnis Werte bis zu 0,4 ermitteln,[65] sind eher mit Vorsicht zu betrachten. Für die makroökonomische Bedeutung dieser Zusammenhänge gibt es jedenfalls nur wenig empirisch fundierte Analysen.[66] Modelltheoretische Abbildungen sind zwar hilfreich, angesichts der Komplexität der Zusammenhänge aber auch problematisch, denn restriktive Modellannahmen erschweren eine Verallgemeinerung der Ergebnisse.

Daneben ist zu berücksichtigen, daß bei großen Publikums-Aktiengesellschaften das Management einen großen Spielraum hat, Selbstfinanzierung zu betreiben. Die Investitionsentlastung, wie sie das hier vorgestellte System der Cash-flow Besteuerung bedeutet, könnte den Managern verbesserte Argumentationsmöglichkeiten eröffnen, den Aktionären ausschüttungsfähige Mittel unter Hinweis auf die dann erfolgende Besteuerung vorzuenthalten, um damit Selbstfinanzierung zu betreiben. Ähnliche Tendenzen könnten auch von einer Steuerbefreiung der Kapitalerträge ausgehen, wie sie eine zinsbereinigte Gewinnbesteuerung mit sich bringt. Dies würde zwar für sich genommen die Kapitalakkumulation tendenziell erhöhen, begünstigt aber die Unternehmenskonzentration und verhindert die Marktlenkung von Risikokapital. Unter dem Gesichtspunkt der volkswirtschaftlich effizienten Kapitalallokation erscheint dies eher problematisch.

Im internationalen Zusammenhang würde sich bei einem Übergang zur Cashflow- oder Konsumbesteuerung die Attraktivität des inländischen Standorts spürbar erhöhen. Dies gilt insbesondere für ausländische Direktinvestitionen (Betriebsstätten oder wesentliche Beteiligungen an ausländischen Kapitalgesellschaften), bei denen die Doppelbesteuerungsabkommen regelmäßig die Freistellungsmethode vereinbaren. Da selbst für den Fall eines „großen Landes" von einer erheblich höheren Elastizität von Kapitalangebot und -nachfrage des gesamten Auslands im Vergleich zum Inland auszugehen ist, sind erhöhte Kapitalimporte zu erwarten. Derartige Entlastungsmaßnahmen bei der Unternehmens- und Kapitalertragsbesteuerung dürften in einem gewichtigen Land wie Deutschland von den übrigen Industrieländern als offensive Standortpolitik oder sogar als „beggar-myneighbour-policy" empfunden werden. Dies würde Unruhe in die internationalen Wirtschaftsbeziehungen bringen.

[63] *Mill, J. St.* (1868), S. 490.

[64] Ein Überblick bei *Schlomann, H.* (1992), S. 42 ff.

[65] Nachweise bei *Sinn, H.-W.* (1987), S. 258 f.

[66] Vgl. dazu die neueren Untersuchungen auf der Grundlage eines umfangreichen empirischen allgemeinen Gleichgewichtsmodells bei *Richter, H.* (1994) sowie *Fehr, H./Wiegard, W.* (1998a) und *Fehr, H./Wiegard, W.* (1998b).

Hervorzuheben für die praktische wirtschaftspolitische Relevanz der Cash-flow- und Konsumbesteuerung sind insbesondere die erheblichen Lenkungswirkungen, die von der gegenwärtigen Gewinn- und Einkommensbesteuerung auf die Investitions- und Finanzierungsstruktur sowie die betrieblichen Organisationsformen (insbesondere die Rechtsformwahl) der Unternehmen ausgelöst werden. Geht man davon aus, daß die wichtigste Zielfunktion eines Unternehmens letztlich die Gewinnerzielungsabsicht darstellt, müßte einer entscheidungsneutralen Gewinn- und Einkommensbesteuerung grundsätzlich der ökonomische Gewinn zugrundegelegt werden. Jedoch werden aus naheliegenden steuertechnischen und -rechtlichen Problemen zahlreiche Investitionen in der Steuerbilanz nicht erfaßt, etwa immaterielle Vermögensgegenstände, wie das Humankapital oder Aufwendungen in Forschung und Entwicklung. Vielfach weicht die steuerliche Bewertung von Wirtschaftsgütern und Verbindlichkeiten vom tatsächlichen Wert ab; steuerliche Abschreibungen gehen häufig über die ökonomische Entwertung hinaus. Die damit verbundenen Möglichkeiten zur Bildung stiller Reserven begünstigen bestimmte Investitionen. Dies schlägt sich auch in der Finanzierungsstruktur nieder: Steuerpflichtige mit hohen Grenzsteuersätzen beteiligen sich gezielt an den „begünstigten" Investitionen. Ferner ist die Einkommensbesteuerung nicht rechtsformneutral. Erinnnert sei hier insbesondere an das Problem der Besteuerung von einbehaltenen Gewinnen einer großen Kapitalgesellschaft, die streng genommen den Teilhabern zugerechnet und bei diesen besteuert werden müßten („Teilhabersteuer"). Theoretisch orientierten Ökonomen erscheint die Einkommensteuer als Betriebsunfall der Steuergeschichte, als „eine reine Fiktion, entstanden in den Köpfen von Theoretikern, aber wenig tauglich für die Praxis".[67] Eine steuertechnische Umsetzung, die den theoretischen Ansprüchen genügt, erweist sich als unmöglich.[68]

Durch den Verzicht auf Periodisierungsvorschriften umgeht die Cash-flow- oder Konsumbesteuerung diese Probleme. Die Cash-flow Steuer enthält sich einer direkten Beeinflussung auf die Auswahl der (realen) Investitionsprojekte; sie ist finanzierungsneutral. Indem sie ferner eine einfache Berechnungsmethode praktiziert - die zahlungsstromorientierte Überschußrechnung - kann sie auf die differenzierte Behandlung unterschiedlicher institutioneller Eigenarten von Betrieben (Rechtsform, Größe, Branchenzugehörigkeit etc.) verzichten. Schließlich vermeidet sie die Inflationswirkungen der Einkommensbesteuerung: Eine Scheingewinnbesteuerung kann nicht entstehen, da Investitionsauszahlungen sofort verrechnet statt über die Zeit abgeschrieben werden und auch sonst keine Periodisierungen vorgenommen werden müssen; gegen die „kalte Progression" immunisiert der proportionale Steuertarif von vornherein.

Allerdings ist zu bedenken, daß zahlreiche der angedeuteten Belastungsdifferenzierungen der gegenwärtigen Gewinn- und Einkommensbesteuerung auf wirtschaftspolitischen Interventionen beruhen. Diese Lenkungswirkungen dürfen der Einkommensteuer nicht als Geburtsfehler angelastet werden. Die aktuelle Steuerreformdiskussion, die unter dem Leitbild „Verbreiterung der Bemessungsgrundlagen zur Senkung der Steuersätze" antritt, will hier eine Bereinigung vor-

[67] *Sinn, H.-W.* (1989), S. 159; Vgl. auch *Wagner, F.W.* (1989), S. 268; *Wagner, F.W.* (1992), S. 11 f.

[68] Dazu auch ausführlich *Wagner, F.W.* (1998), *Wenger, E.* (1998).

nehmen. Als konzeptionelles Defizit der Einkommensbesteuerung verbleibt dann im wesentlichen die „Diskriminierung“ der Sachinvestitionen - die wirtschaftspolitische Relevanz dieses Zusammenhangs erscheint aber eher unklar.

Problematisch für die Akzeptanz in breiter Öffentlichkeit und politischer Willensbildung erscheint die Belastungswirkung der Cash-flow Steuer, letztlich der Konsumbesteuerung allgemein. Dies gälte wohl auch für eine allgemeine Steuerfreiheit der Kapitalerträge, wie sie eine zinsbereinigte Gewinn- und Einkommensbesteuerung vorsieht. Aufgrund der erheblich höheren Sparquoten bzw. Vermögenseinkommen in den höheren Einkommensklassen ist jedoch zu erwarten, daß sich bei einer konsequenten Umbasierung des gegenwärtigen Einkommensteuersystems auf den Konsum eine ungleichmäßigere Verteilung einstellen dürfte. Dies dürfte längerfristig nicht ohne Folgen für die Vermögensverteilung bleiben.

Gegen dieses verteilungspolitische Argument läßt sich allerdings einwenden, daß es in einem Umfeld verstärkter Internationalisierung von wirtschaftlichen Beziehungen („Globalisierung“) zunehmend schwerer fällt, hochmobile Produktionsfaktoren wie unternehmerische Tätigkeit oder Kapital zu besteuern. Diese entziehen sich der Besteuerung, insoweit sie am inländischen Standort keine besonderen „Gegenleistungen“ in Form von höherer Produktivität (etwa durch Infrastrukturangebote, andere öffentliche Güter oder sonstige Standortvorteile) erhalten. Insoweit dürfte sich die Besteuerung längerfristig in Richtung des „Äquivalenz“-Niveaus orientieren. Der Versuch einer darüber hinausgehenden Belastung schlägt fehl, denn die Steuerlasten werden dann auf die übrigen - weniger mobilen - Produktionsfaktoren überwälzt. Unter solchen Bedingungen würde eine Entlastung bei der allgemeinen Gewinn- und Kapitalertragsbesteuerung keinen verteilungspolitischen Nachteil bedeuten, jedoch die Allokationsbedingungen des inländischen Standorts verbessern.

9. Steuerpolitischer Ausblick

Bei näherem Hinsehen zeigt sich, daß sich die gegenwärtige deutsche Unternehmens- und Kapitaleinkommensbesteuerung zwischen den idealtypischen Extrempunkten der Reinvermögenszugangsbesteuerung und der Cash-flow- bzw. Konsumbesteuerung bewegt.[69]

- Studien zur effektiven Steuerbelastung von Unternehmensgewinnen kommen regelmäßig zu dem Ergebnis, daß der steuerpflichtige Gewinn deutlich geringer ausfällt als der ökonomische; so gelten die Gewinnermittlungsvorschriften des deutschen Steuerrechts als relativ großzügig (insbesondere betrifft dies Abschreibungsverfahren und Rückstellungsbildung); günstig sind auch die Möglichkeiten zur Übertragung von stillen Reserven auf Ersatzwirtschaftsgüter, die Begünstigungen für gewerbliche Veräußerungsgewinne und die weitgehende Steuerfreiheit von Veräußerungsgewinnen im Privatvermögen.

[69] Vgl. z.B. *Expertenkommission Wohnungspolitik* (1995), Tz. 8114 ff.

D.h., die *effektive* Steuerbelastung bezogen auf die Rendite vor Steuern liegt systematisch niedriger, als es die nominalen Steuersätze vermuten lassen.[70]

- Im Falle von Investitionen in immaterielle Wirtschaftsgüter wird seit jeher die Cash-flow Besteuerung praktiziert; bei anderen Investitionen, für die beschleunigte Abschreibungen und weitere Steuerbegünstigungen in Anspruch genommen werden können, kann die Effektivsteuerbelastung sogar negativ sein, insbesondere wenn sich die betreffenden Objekte unter Steuerfreiheit der Veräußerungsgewinne liquidieren lassen - dies gilt etwa für Wohnungsbauinvestitionen privater Haushalte.
- Seit längerem sind in Deutschland die Zinseinkünfte der privaten Haushalte weitgehend steuerfrei gestellt. Die Erhöhung des Sparerfreibetrags auf 6 000 DM (12 000 DM bei Ehepaaren) stellt die Kapitalerträge bei den meisten Steuerpflichtigen steuerfrei. Durch das steuerverwaltungsrechtliche „Bankengeheimnis" des § 30a AO verzichtet der Fiskus auf die effektive Durchsetzung seines Besteuerungsanspruchs. Der Zinsabschlag wirkt hier faktisch wie eine Abgeltungsbesteuerung; sofern Zinseinkünfte im Ausland erzielt werden, bleiben sie weitgehend steuerfrei, da die Finanzverwaltung sie mangels administrativem Zugriff zumeist nicht erfassen kann.
- Daneben bestehen im Steuerrecht unterschiedliche Ansatzpunkte für die Spar- oder Zinsbereinigung: Etwa können Vorsorgeaufwendungen bis zu einer gewissen Höhe von der Bemessungsgrundlage abgezogen werden, Zinserträge von Lebensversicherungserträgen sind steuerfrei.

Daraus kann man unterschiedliche Schlußfolgerungen ziehen:

- Ein Übergang zur Cash-flow- oder Konsumbesteuerung würde die unsystematischen Belastungsdifferenzierungen des gegenwärtigen Steuersystems - viele sprechen auch von „Steuerchaos" - mit einem Federstrich beseitigen. Dann würde Ersparnisbildung und Zukunftsvorsorge bzw. die Investitionen generell steuerlich entlastet; ferner würde weitgehende Entscheidungsneutralität zwischen den verschiedenen Investitionsprojekten, Finanzierungsalternativen oder Rechtsformen hergestellt.
- Allerdings können zahlreiche „Verzerrungs"-Tatbestände der gegenwärtigen Ertrags- und Einkommensbesteuerung auch im Rahmen des bestehenden Systems behoben werden - dies ist die Marschrichtung der Steuerreformdiskussion.

Letzten Endes bedarf es des politischen Willens, die vielfältigen Diskriminierungen und Privilegierungen der gegenwärtigen Gewinn- und Einkommensbesteuerung abzubauen. Es wäre unfair, ein ideales Konsum- oder Cash-flow Steuersystem mit dem realen, historisch gewachsenen Einkommensteuersystem zu vergleichen, in dem Steuerreformen von Generationen ihre Spuren hinterlassen haben und das für zahlreiche Zwecke der Wirtschafts- und Gesellschaftspolitik in Dienst genommen wird. Über kurz oder lang ist eine grundlegende Steuerreform unerläßlich, die zumindest die gröbsten Fehllenkungswirkungen des gegenwärtigen Sy-

[70] Dazu etwa *OECD* (1991), S. 87 ff.; *Schaden, B.* (1995), S. 84 ff.; *Weichenrieder, A.J.* (1995); *Köddermann, R./Wilhlem, M.* (1996), S. 93 ff.

stems beseitigt. Ob man diesen Weg konsequent in Richtung der Cash-flow- oder Konsumbesteuerung zu Ende geht, ist eine politische Frage. Insbesondere die Postulate der entscheidungsneutralen Besteuerung sowie der Steuervereinfachung lassen eine Überführung der Unternehmensbesteuerung auf den Cash-flow attraktiv erscheinen; Übergangsprobleme, mittelfristige Aufkommenswirkungen und die Integration in das Personalsteuersystem sprechen eher für eine zinsbereinigte Gewinn- und Einkommensbesteuerung. Verteilungspolitische Vorbehalte gegenüber einer Konsumorientierung der direkten Besteuerung werden längerfristig an Gewicht verlieren, da die gegenwärtige Gewinn- und Kapitaleinkommensbesteuerung wohl weiter an Bedeutung einbüßen dürfte.

Literatur

Aaron, H.J./Galper, H. (1985): Assessing Tax Reform, Washington D. C.

Andrews, W.D. (1974): A Consumption-Type or Cash Flow Personal Income Tax, Harvard Law Review (87), S. 1113-1188.

Armey, D./Shelby, R. (1997): The Freedom and Fairness Restoration Act, A comprehensive Plan to Shrink the Government and Grow the Economy, Summary, March 1997, Internet URL (Stand 4/98): http://flattax.house.gov/flat-sum.htm.

Bach, St. (1992): Cash-flow Steuern: Ein Weg zu einem konsumorientierten Steuersystem, Wirtschaftsdienst (72), S. 325-332.

Bach, St. (1993): Die Idee der Cash-flow Steuer vor dem Hintergrund des gegenwärtigen Steuersystems, Berlin.

Blueprints (1984): Bradford, D./U. S. Treasury Tax Reform Policy Staff: Blueprints for Tax Reform, Second Edition, Arlington, Virginia.

Boadway, R.W./Bruce, N. (1984): A General Proposition on the Design of a Neutral Business Tax, Journal of Public Economics (24), S. 231-239.

Bond, S.R./Devereux, M. (1995): On the Design of a Neutral Business Tax under Uncertainty, Journal of Public Economics (58), S. 57-71.

Bradford, D.F. (1986): Untangling the Income Tax, Cambridge MA.

Bradford, D.F. (1987): On the Incidence of Consumption Taxes, in Ch.E. Walker/M.A. Bloomfield (eds.): The Consumption Tax, A better Alternative?, Cambridge MA., S. 243-261.

Bradford, D.F. (1989): An Uncluttered Income Tax: The Next Reform Agenda? in: G. Fels/G.M. von Furstenberg (eds.): A Supply-Side Agenda for Germany, Sparks form the United States, Great Britain, European Integration, Berlin et al., S. 379-399.

Bradford, D.F. (1991): Die X-Steuer: Ein Weg zur Steuervereinfachung, in M. Rose (Hrsg.): Konsumorientierte Neuordnung des Steuersystems, Berlin et al., S. 175-191.

Brown, E.C. (1948): Business-Income Taxation and Investment Incentives, in: L.A. Metzler et al. (eds.): Income, Employment and Public Policy, Essays in Honor of A.H. Hansen, New York, S. 300-316.

Cansier, D. (1987): Besteuerung von Rohstoffrenten, Berlin.

Cansier, D. (1989): Cash-flow Steuern: Neue Wege der Unternehmensbesteuerung?, Wirtschaftsdienst (69), S. 49-56.

Cansier, D. (1990): Ersatz der Gewerbesteuer durch die Cash-flow Steuer?, Betriebs-Berater (45), S. 253-256.

Devereux, M./Freeman, H. (1991): A General Neutral Profits Tax, Fiscal Studies (12), S. 1 ff.

Expertenkommission Wohnungspolitik (1995): Wohnungspolitik auf dem Prüfstand, Gutachten im Auftrag der Bundesregierung, Tübingen; ferner abgedruckt in: Bundestags-Drucksache 13/159.

Fehr, H./Wiegard, W. (1998a): Effizienz- und Verteilungswirkungen einer zinsbereinigten Einkommen- und Gewinnsteuer, Wirtschaftswissenschaftliche Fakultät der Eberhard-Karls-Universität Tübingen, Diskussionsbeitrag Nr. 124.

Fehr, H./Wiegard, W. (1998b): Lohnt sich eine konsumorientierte Neugestaltung des Steuersystems (in diesem Bd.).

Garnaut, R./Clunies Ross, A. (1975): Uncertainty, Risk Aversion and the Taxing of Natural Resource Projects, Economic Journal (85), S. 272-287.

Garnaut, R./Clunies Ross, A. (1977): A New Tax for Natural Resource Projects, in: M. Crommelin/R. A. Thompson (eds.):Mineral Leasing as an Instrumental of Public Policy, Vancouver, S. 78-91.

Garnaut, R./Clunies Ross, A. (1983): Taxation of Mineral Rents, Oxford.

Graetz, M.J. (1980): Expenditure Tax Design, in: J.A. Pechman (ed.): What Should Be Taxed: Income or Expenditure?, Washington D.C., S. 161-295.

Hall, R.E./Rabushka, A. (1981): A Proposal to Simplify Our Tax System, Wall Street Journal, Nr. 114 vom 10. Dezember 1981, S. 3.

Hall, R.E./Rabushka, A. (1983): Low Tax, Simple Tax, Flat Tax, New York et al.

Hall, R.E./Rabushka, A. (1985): The Flat Tax, Stanford, California.

Hall, R.E./Rabushka, A. (1995): The Flat Tax, Second Edition, Stanford, California.

Homburg, St. (1996): Eine kommunale Unternehmensteuer für Deutschland, Wirtschaftsdienst (76), S. 491-496.

Kaiser, M. (1992): Konsumorientierte Reform der Unternehmensbesteuerung, Heidelberg.

Kay, J.A./King, M.A. (1978): The British Tax System, Oxford.

Köddermann, R./Wilhelm, M. (1996): Umfang und Bestimmungsgründe einfließender und ausfließender Direktinvestitionen - Entwicklungen und Perspektiven, ifo Studien zur Strukturforschung 24, München.

Kronberger Kreis (1989): Reform der Unternehmensbesteuerung, Schriftenreihe des Frankfurter Instituts für wirtschaftspolitische Forschung e. V., Bd. 18.

Mackenzie, B.W./Bilodeau, M.L. (1979): Effects of Taxation on Base Metal Mining in Cananda, Kingston, Ontario.

McLure Jr., Ch./Zodrow, G. (1990): Administrative Advantages of the Individual Tax Prepayment Approach to the Direct Taxation of Consumption, in: M. Rose (ed.): Heidelberg Congress in Taxing Consumption 1989, Berlin, S. 335-389.

Mill, J.S. (1868): Principles of Political Economy, with some of their applications to social philosophy, People's Edition, London.

Mühl-Schimmele, P. (1996): Flat Tax, DSWR (12), S. 329-335, Internet URL (Stand 4/98): http://www.rzuser.uni-heidelberg.de/~dq7/nummer2.htm.

OECD (1991): Taxing Profits in a Global Economy. Domestic and International Issues, Paris.

Richter, Holger (1994): Marktorientierte Neugestaltung des Einkommensteuersystems, Heidelberg.

Richter, W.F./Wiegard, W. (1990): Cash-flow Steuern: Ersatz für die Gewerbesteuer?, Steuer und Wirtschaft (67), S. 40-45.

Richter, W.F./Wiegard, W. (1991): Cash-flow Steuern: Ersatz für die Gewerbesteuer?, in M. Rose (Hrsg.): Konsumorientierte Neuordnung des Steuersystems, Berlin et al., S. 193-204.

Rose, M. (1994): Ein einfaches Steuersystem für Deutschland, Wirtschaftsdienst (74), 1994, S.424-432.

Rose, M. (1998a): Konsumorientierung des Steuersystems - theoretische Konzepte im Lichte empirischer Erfahrung, in: G. Krause-Junk (Hrsg.): Steuersysteme der Zukunft, Berlin, S. 247-278.

Rose, M. (1998b): Einführung marktorientierter Besteuerungsysteme in osteuropäischen Staaten (in diesem Bd.).

Sachverständigenrat zur Begutachtung der gesamtwirtschaftlichen Entwicklung (1995): Im Standortwettbewerb, Jahresgutachten 1995/96.

Schaden, B. (1995): Effektive Kapitalsteuerbelastung in Europa, Eine empirische Analyse aus deutscher Sicht, Heidelberg.

Schäfer, D./Schmidt, L. (1983): Abschreibungen nach verschiedenen Bewertungs- und Buchungsmethoden, Wirtschaft und Statistik, S. 919-931.

Schlomann, H. (1992): Vermögensverteilung und Altersvorsorge, Frankfurt a.M.

Seidl, Ch. (1989): Betriebssteuer und Neutralität, Steuer und Wirtschaft (66), S. 350-357.

Sinn, H.-W. (1984): Neue Wege der Unternehmensbesteuerung, Wirtschaftsdienst (64), S. 328-334.

Sinn, H.-W. (1985): Kapitaleinkommensbesteuerung. Eine Analyse der intertemporalen, internationalen und intersektoralen Allokationswirkungen, Tübingen.

Sinn, H.-W. (1987): Capital Income Taxation and Resource Allokation, Amsterdam et al.

Sinn, H.-W. (1989): Neue Wege der Unternehmensbesteuerung: Eine Replik, Wirtschaftsdienst (69), S. 159-164.

The Institute for Fiscal Studies (1978): The Structure and Reform of Direct Taxation, Report of a Committee chaired by Professor J.E. Meade, London et al., (zitiert als *Meade Comittee* (1978)).

Wagner, F.W. (1989): Die zeitliche Erfassung steuerlicher Leistungsfähigkeit, in: H. Hax/W. Kern/H.-H. Schröder (Hrsg.): Zeitaspekte betriebswirtschaftlicher Theorie und Praxis, Stuttgart, S. 261-277.

Wagner, F.W. (1992): Neutralität und Gleichmäßigkeit als ökonomische und rechtliche Kriterien steuerlicher Normkritik, Steuer und Wirtschaft (69), S. 2-13.

Wagner, F.W. (1998): Eine Einkommensteuer muß eine konsumorientierte Steuer sein (in diesem Bd.).

Weichenrieder, A.J. (1995): Besteuerung und Direktinvestition, Tübingen.

Wenger, E. (1983): Gleichmäßigkeit der Besteuerung von Arbeits- und Vermögenseinkünften, Finanzarchiv (41), S. 207-252.

Wenger, E. (1998): Warum die Finanzwissenschaft bei der Suche nach einer theoretischen Basis für die Einkommensteuer erfolglos bleiben mußte (in diesem Bd.).

Wissenschaftlicher Beirat beim Bundesministerium der Finanzen (1982): Gutachten zur Reform der Gemeindesteuern in der Bundesrepublik Deutschland, Schriftenreihe, Heft 31, Bonn.

Zimmermann, H./Postlep, R.-D. (1980): Beurteilungsmaßstäbe für Gemeindesteuern, Wirtschaftsdienst (60), S. 248-254.

Ausgabensteuern im Steuerwettbewerb

Gerold Krause-Junk

1. Vorbemerkungen und Problemaufriß

Am Steuerwettbewerb scheiden sich die Geister. Die einen sehen in ihm die einzige Chance, den Leviathan zu zähmen und letztlich die öffentliche Hand zu mehr Effizienz und zur Entwicklung neuer Ideen zu zwingen. Die anderen warnen vor der Gleichsetzung von marktwirtschaftlichem Wettbewerb und Wettbewerb der Steuerstaaten. Wichtige Einwände gegen einen allzu ungebremsten Steuerwettbewerb lauten:

- Leistungen, die sich für eine Erstellung und Verteilung im Wettbewerb eignen, gehören gar nicht in staatliche Zuständigkeit.[1] Umgekehrt ist es gerade das sogenannte Marktversagen, mit dem sich staatliche Aktivitäten begründen lassen. Es wäre merkwürdig, wenn gleichsam auf höherer Ebene nun doch wieder Wettbewerb effizient sein soll.[2]
- Steuern sind keine Preise, sondern knüpfen an geeigneten Bemessungsgrundlagen an. Da die Grenzkosten für die Inanspruchnahme mancher öffentlicher Leistungen, so etwa der Infrastruktur, nicht unmittelbar erkennbar und eher gering sind, würde ein Versuch, die Steuern an den von zuwandernden Unternehmen verursachten Grenzkosten zu orientieren, gar nicht zu kostendeckenden Steuereinnahmen führen. Es ist ohnehin fraglich, ob die Politik diese Grenzkosten überhaupt berücksichtigt. Deren Vernachlässigung erlaubt nämlich die Verur-

---

[1] Daraus könnte man freilich auch ein Argument zugunsten des Steuerwettbewerbs entwickeln: Erst im Wettbewerb würde sich der Staat von Aktivitäten trennen, für die er nicht zuständig ist. Es könnte allerdings auch sein, daß er gerade wegen des Steuerwettbewerbs besonders hartnäckig an erwerbswirtschaftlichen Tätigkeiten festhält.

[2] Vgl. *Krause-Junk, G.* (1990), insbes. S. 15f. Für eine eindrucksvolle Widerlegung der These, die heilsamen Marktkräfte ließen sich gewissermaßen auch durch die „backdoor of systems competition“ nutzen, siehe *Sinn, H.-W.* (1997a).

sachung sogenannter „politischer Externalitäten", also eine Realisierung politischer Vorteile zu Lasten künftiger Regierungen.

- Über den internationalen Steuerwettbewerb erscheinen manche Probleme lösbar, deren eigentliche Ursachen binnenwirtschaftlicher Natur sind. Typisch ist der Versuch, etwa Arbeitsmarktprobleme durch die Attrahierung von Unternehmen zu lösen, wobei möglichst günstige Steuerkonditionen eingeräumt werden.[3] Dies ist - getreu dem Paradigmenwechsel von der Nachfrage- zur Angebotstheorie - moderne „Beggar-my-neighbour-Politik".
- Der nun schon einige Jahre tobende Steuerwettbewerb hat gar nicht zu der von den Wettbewerbsanhängern erwarteten Senkung der Staatstätigkeit und schon gar nicht zu besseren Steuersystemen geführt. Vielmehr ist zu beobachten, daß bei eher steigenden Abgabenquoten die Steuerlasten neu verteilt werden und die Steuerstaaten in ihrem Bemühen, internationale Anreize zu setzen, immer kompliziertere und raffiniertere Steuersparmodelle anbieten. Von einer umfassenden, systematischen Einkommensbesteuerung kann jedenfalls keine Rede mehr sein. Die skandinavischen Staaten sind nicht zuletzt aus außenwirtschaftlichen Gründen offen zur Schedulenbesteuerung übergewechselt.[4]

Der zuletzt genannte Punkt gibt dem hier zu untersuchenden Thema eine reizvolle Perspektive. Es stellt sich nämlich die Frage, ob der Steuerwettbewerb weniger intensiv und vielleicht weniger schädlich geführt würde, wenn die Staaten statt einer Einkommensbesteuerung die Konsumbesteuerung vornähmen. Etwas anders ausgedrückt: Könnte sich ein Land vor der Bedrohung durch den internationalen Steuerwettbewerb dadurch schützen, daß es den Konsum und nicht mehr das Einkommen besteuert?[5] Wie werden die anderen Staaten im Steuerwettbewerb agieren, wenn ein Land zur Konsumbesteuerung wechselt?

Antworten darauf lassen sich nur finden, wenn man die außenwirtschaftlichen Konsequenzen eines Wechsels von der Einkommens- zur Konsumbesteuerung untersucht, und das heißt vor allem, die außenwirtschaftlich relevanten Reaktionen von Haushalten und Unternehmen prüft. Erst im Hinblick auf diese Verhaltensänderungen werden sich auch die Reaktionen der übrigen Steuerstaaten abschätzen lassen.

---

[3] *Sinn, H.-W.* (1997b), S. 691, spricht in diesem Zusammenhang von „Third-best"-Lösungen, auf die sich Deutschland nicht einlassen sollte.

[4] „The dual income tax is an ambitious effort to deal with many of the traditional problems of capital income taxation, and *an attempt to adapt the Nordic tax systems to a world of growing capital mobility*" (Hervorhebungen G. K.-J.), *Sørensen, P.B.* (1998).

[5] Prominente Anhänger der Konsumsteuer versuchen jedenfalls den Eindruck zu erwecken, als sei der internationale Steuerwettbewerb gewissermaßen nur die Folge der falschen (nämlich der Einkommens-)Besteuerung. So *Rose, M. (1997)*: „Die Rechtsstaatlichkeit bei einer solchen verfehlten Besteuerung" (gemeint ist die Besteuerung von Zinseinkünften, G. K.-J.) „läßt sich umfassend auch nicht dadurch herstellen, daß man das Personal der Steuerfahndung erhöht und die Banken mit Razzia-Methoden überzieht." Oder *Wenger, E. (1998)*: „Steuersysteme, die auf dieser Nonsense-Prämisse aufbauen" (gemeint ist wiederum die einkommensteuerliche Praxis, Zinseinkünfte als steuerbares Einkommen zu behandeln, G. K.-J.), „werden sich niemals konsistent verwirklichen lassen. Internationale Zinsbesteuerungskartelle können daran nichts ändern."

Bevor dies versucht wird, ist aber zu verdeutlichen, daß es ein einheitliches Konzept einer Konsumsteuer gar nicht gibt. Vielmehr steht eine Reihe von Konsumsteuermodellen zur Verfügung, von denen jedenfalls a priori anzunehmen ist, daß sie auch recht unterschiedliche außenwirtschaftliche Reaktionen der privaten Akteure hervorrufen.

2. Konsumsteuermodelle

2.1. Unterscheidungsmerkmale

Formen der Konsumbesteuerung sind Legion. Auch Staaten, die grundsätzlich an der Einkommensbesteuerung festhalten, haben in der Regel sowohl bedeutende Konsumsteuern als auch innerhalb ihrer Einkommensbesteuerung wesentliche Konsumsteuerelemente. Wie es scheint, ist zur Zeit nur in Kroatien ein Steuersystem eingeführt, das sich konsequent an der Idee der Konsumbesteuerung orientiert. Andere Länder, z.B. Bolivien, standen kurz vor einer entsprechenden Reform, sind aber im letzten Moment zurückgeschreckt.[6] (Auf die Gründe ist noch einzugehen.) Frühere, erfolglose Versuche in Sri Lanka liegen Jahrzehnte zurück. Neben diesen praktischen Beispielen gibt es eine Fülle von theoretischen Konzepten, die offenbar interessant genug sind, daß sie immer noch die wissenschaftlichen Gazetten füllen.

Die folgende Systematisierung konzentriert sich auf bestimmte Grundmuster und berücksichtigt dabei auch nur bestimmte Grundeigenschaften der einzelnen Modelle. Dabei wird zum einen danach unterschieden, ob die Besteuerung unmittelbar bei den Konsumenten (also den Haushalten) oder bei den Unternehmen ansetzt und zum anderen danach, ob tatsächlich der aktuelle Konsum einer Volkswirtschaft Bemessungsgrundlage ist oder ob anstelle bestimmter Elemente dieses aktuellen Konsums künftige Größen besteuert werden, deren Gegenwartswerte dem nichtbesteuerten Teil des aktuellen Konsums nahekommen.

2.2. Einzelne Modelle

2.2.1. Klassische Konsumsteuer

Es liegt nahe, daß in einem ersten Konsumsteuermodell unmittelbar der Konsum der einzelnen Haushalte als Differenz zwischen Einkommen und Sparen Besteuerungsgegenstand ist. Man kann diesen Konsum weit und eng fassen, indem man z.B. den Erwerb eines privaten Hauses wahlweise als Konsum oder als Vermögensbildung (Sparen) betrachtet, oder indem man den Konsum öffentlicher Güter ausschließt oder einbezieht, und man kann die Besteuerung mit oder ohne Berücksichtigung subjektiver Lebensumstände des einzelnen Konsumenten vornehmen. Im allgemeinen gilt ein solches Modell als wenig praktikabel, da sowohl das Einkommen als auch das Sparen vollständig erfaßt werden muß.

---

[6] Vgl. *McLure Jr., Ch./Zodrow, G.* (1996).

2.2.2. Mehrwertsteuer

Statt bei den Haushalten kann - jedenfalls in einer geschlossenen Volkswirtschaft - der Konsum auch bei den Unternehmen erfaßt werden. Sieht man vom öffentlichen Sektor ab, ist wegen der bekannten Identitäten: Sparen = Investieren und Summe der Wertschöpfung = Einkommen, auch die Möglichkeit gegeben, den Konsum bei den Unternehmen, nämlich als Wertschöpfung (Summe aus laufenden Verkäufen abzüglich Vorleistungen und Ersatzinvestitionen) abzüglich der Nettoinvestitionen zu besteuern. Genau dies geschieht im Prinzip mit der Mehrwertsteuer. Daß die praktizierte Mehrwertsteuer auch unter der Annahme einer geschlossenen Volkswirtschaft diese idealen Ansprüche nicht erfüllt, liegt u.a. an Steuerbefreiungen, die teilweise zu niedrigerer, teilweise zu höherer Belastung führen,[7] und am öffentlichen Sektor. Im übrigen verhindern auch Satzdifferenzierungen, daß der Konsum proportional besteuert wird.

2.2.3. Realwirtschaftliche Cash-flow-Steuer („R-base tax")

Eng verwandt mit der Mehrwertsteuer ist eine Belastung des realwirtschaftlichen Cash-flow („R-base tax").[8] Der entscheidende Unterschied ist die Behandlung der Löhne. Diese sind in der Steuerbasis der Mehrwertsteuer enthalten, nicht aber in der Basis der Cash-flow Steuer. Um also die realwirtschaftliche Cash-flow Steuer makroökonomisch in eine Konsumsteuer zu überführen, bedarf es einer zusätzlichen Besteuerung der Löhne. Dies kann man auf der Haushaltsebene tun und dabei die Lohnsteuer mit subjektiven Elementen ausschmücken. Man kann es aber auch auf der Unternehmensebene tun, d.h. die Cash-flow Steuer in eine Mehrwertsteuer verwandeln. Im Ergebnis entsteht eine „flat-rate tax" auf den Konsum. Es sei an dieser Stelle angemerkt, daß eine derartige Steuer verteilungspolitisch wohl nur dann akzeptabel ist, wenn sie mit relativ hohen Transfers - einer Art „Bürgergeld"[9] - verbunden wird. Im übrigen stellt sich auch hier wie bei der Mehrwertsteuer die Frage, wie der Saldo der öffentlichen Haushalte zu berücksichtigen ist.

2.2.4. Sofortabschreibungen innerhalb der Einkommensteuer

Statt mit einer R-base tax und zusätzlicher Lohnsteuer läßt sich eine Besteuerung des volkswirtschaftlichen Konsums auch dadurch erreichen, daß im Rahmen der tradierten Einkommensbesteuerung Sofortabschreibungen zugelassen und wie üblich die Fremdkapitalzinsen bei den Unternehmen abgezogen und bei den Haushalten besteuert werden. Dies entspricht einem Vorschlag von *Sinn.*[10] Der Vorteil dieser Steuer liegt zum einen im geringeren Reformbedarf und zum anderen in der Möglichkeit, auch die Zinsen einer subjektiv orientierten Steuer zu unterwerfen.

---

[7] Eine Steuerbefreiung kann zu - effizienzschädlichen - Doppelbelastungen führen, wenn sie mit der Versagung des Vorsteuerabzugs verbunden ist, vgl. *Gottfried, P. (1992).*

[8] Vgl. *Kay, J.A./King, M.A.(1*978), S. 200-203.

[9] Ein allgemeines Bürgergeld führt freilich zu einer Reihe anderer Probleme. Vgl. *Krause-Junk, G.* (1997).

[10] Vgl. *Sinn, H.-W.* (1985) insbes. S. 300 f. *Sinn* hat im übrigen diesen Vorschlag noch in verschiedener Weise variiert; unter anderem befürwortet er eine ergänzende „Dividendenbesteuerung".

Um eine Differenzierung zwischen Fremd- und Eigenfinanzierung zu vermeiden, müßte man dann allerdings wohl auch die Gewinnbesteuerung - am besten durch eine Teilhabersteuer - auf das subjektiv gebotene Niveau herauf- bzw. herabschleusen.

2.2.5. Real- und finanzwirtschaftlich basierte Cash-flow-Steuer („R- + F-base tax")

Von den erwähnten „echten" Konsumsteuern (Steuerbasis ist tatsächlich der volkswirtschaftliche Konsum) lassen sich noch eine Reihe „unechter" Konsumsteuern unterscheiden, bei denen nicht der tatsächliche Konsum, sondern eine Größe mit gleichem Erwartungswert als Bemessungsgrundlage gewählt wird. Als erste Steuer dieser Gruppe sei die sogenannte „real- und finanzwirtschaftlich basierte" Steuer („R- + F-base tax")[11] genannt. Hier wird die realwirtschaftliche Basis bei den Unternehmen um die Nettoneuverschuldungen erhöht und um die netto geleisteten Zinsen vermindert. Da - bei einem vollkommenen Kapitalmarkt - der Gegenwartswert der netto auf einen aufgenommenen Kredit zu zahlenden Zinsen dem aufgenommenen Kredit entspricht - bzw. die Höhe eines vergebenen Kredits dem Gegenwartswert der künftigen Zinseinnahmen gleicht -, bleibt der Gegenwartswert der Bemessungsgrundlage (und letztlich des Steueraufkommens) insoweit unverändert. Der Grund für diese Manipulation der steuerlichen Bemessungsgrundlage ist u.a. das als mißlich erachtete Ergebnis, daß der finanzwirtschaftliche Sektor (Banken) bei der realwirtschaftlich basierten Steuer eher mit Steuergutschriften als Steuerzahlungen zu rechnen hätte.

Die steuerliche Bemessungsgrundlage der real- und finanzwirtschaftlich basierten Steuer ist nichtsdestoweniger kleiner als bei der realwirtschaftlich basierten Steuer, da Altschulden - jedenfalls dann, wenn nicht bei Einführung der Steuer besondere Übergangsregelungen getroffen werden - unbelastet bleiben.

2.2.6. Real- und finanzwirtschaftlich basierte Besteuerung der Haushalte

Die Erweiterung der Steuerbasis um Finanzströme kann statt bei den Unternehmen auch bei den Haushalten vorgenommen werden. Dies entspricht einem Vorschlag der amerikanischen Senatoren *Nunn* und *Domenici*.[12]

Die steuerliche Bemessungsgrundlage der Haushalte würde demgemäß durch Schuldaufnahmen und Eigenkapitalrückzahlungen sowie empfangene Zinsen und Eigenkapitalerträge vergrößert, durch vergebene Kredite und Eigenkapitaleinlagen sowie geleistete Zinsen verkleinert. Der Gegenwartswert der künftigen Nettokapitalerträge ist größer als die Summe aus neuvergebenen Krediten und Eigenkapitaleinlagen, da auch aus den alten Kapitalanlagen noch Erträge fließen. Das Altkapital wird „doppelt" belastet, da seine Erträge auch in die bei den Unternehmen besteuerte realwirtschaftliche Basis eingehen.

---

[11] Vgl. *The Institute for Fiscal Studies* (1978), Kap. 12.
[12] Vgl. *Alliance USA* (1995).

Tabelle 1: Bemessungsgrundlagen von Konsumsteuern in einer geschlossenen Volkswirtschaft (bei ausgeglichenem Staatshaushalt)

	Unternehmen	Haushalte	Größe der steuerlichen Bemessungsgrundlagen im Vergleich zur direkten Konsumsteuer
1. Klassische, direkte Konsumsteuer		Y - S	
2. Mehrwertsteuer	Y - I		= 1.
3. Realwirtschaftlich basierte Cash-flow Steuer	Y - I - L = R	L	= 1.
4. Sofortabschreibungen innerhalb der Einkommensteuer	R - iB	L + iB	= 1.
5. Real- und finanzwirtschaftlich basierte Steuer im Bereich der Unternehmen	R - iB + ΔB	L	< 1. (schuldenfinanziertes Altkapital bleibt unbelastet)
6. Real- und finanzwirtschaftlich basierte Steuer im Bereich der Haushalte	R	L - S + rK	> 1. (Altkapital wird „doppelt" belastet)
7. ACE	$R + I - i^n K$	L	< 1. (< 5.) (die Normalerträge auf das gesamte Altkapital bleiben steuerfrei)

Y = Volkseinkommen S = Sparen I = Nettoinvestitionen
L = Lohneinkommen i = Zinssatz i^n = Normalzinssatz
B = (aufgenommene) Kredite K = Kapitalbestand R = realwirtschaftlicher Cash-flow
r = gesamte Kapitalrendite Δ = periodische Veränderungen

2.2.7. „Zinsbereinigte Einkommensteuer" (Adjustment for Corporation Equity, ACE)

Bei der vom renommierten Londoner „Institute for Fiscal Studies"[13] vorgeschlagenen und wohl in Kroatien von *Rose u.a.* durchgesetzten Steuer wird die realwirtschaftliche Basis bei den Unternehmen um die Nettoinvestitionen erhöht und um die standardisierten Zinsen auf Fremdkapital und Eigenkapital verringert. Die Steuer unterscheidet sich also von der realwirtschaftlichen Basis dadurch, daß im Hinblick auf neue Investitionen „normal" anstatt sofort abgeschrieben wird und

[13] Vgl. *Capital Taxes Group* (1991). Vgl. auch *Devereux, M./Freeman, H.* (1991).

dafür die verspäteten Abschreibungsbeträge aufgezinst werden. Da der Gegenwartswert aller normalen Erträge größer ist als die Neuinvestitionen (die Erträge fließen ja auch auf Altkapital), ist die Bemessungsgrundlage dieser Steuer kleiner als bei der echten Konsumsteuer - und zwar genau um die Normalerträge auf Altkapital. Soll das Steueraufkommen insgesamt erhalten bleiben, ist also im Vergleich zu den anderen Steuern hier die größte Kompensation erforderlich.

Wenn auch mit durchaus bemerkenswerten Unterschieden im Detail - so in bezug auf die Behandlung von Altkapital oder die Annahme perfekter Kapitalmärkte - sind die vorgestellten Steuermodelle doch letztlich eng miteinander verwandt und von vergleichbarer Wirkung, soweit sie unter den Annahmen einer geschlossenen Volkswirtschaft eingeführt werden.

In einer offenen Volkswirtschaft ist dagegen gerade im Hinblick auf die Außenwirtschaft mit stark divergierenden Effekten der einzelnen Modelle zu rechnen. Da andererseits gerade der internationale Steuerwettbewerb auf die grenzüberschreitenden Wirkungen abzielt (als aktiver Wettbewerb) und umgekehrt (als passiver Wettbewerb) auf internationale Entwicklungen reagiert, ist unter dem hier zu untersuchenden Thema speziell auf die recht unterschiedlichen Wirkungen der verschiedenen Steuermodelle einzugehen.

Im folgenden sei unterstellt, daß ein Land (C-Land) die bisherige Einkommensteuer durch eine Konsumsteuer des einen oder anderen Typs ersetzt, während (zunächst) alle anderen Länder bei der Einkommensteuer bleiben (Y-Länder). Dabei sei zunächst die Reaktion der Haushalte, im Anschluß die Reaktion der Unternehmen, untersucht.

3. Die Reaktion der Haushalte

3.1. Außenwirtschaftlich relevante Entscheidungen

Haushalte nehmen Einfluß auf die internationalen Wirtschaftsbeziehungen, indem sie

- internationale Kapitalanlagen vornehmen,
- Einkaufsorte bestimmen,
- Wohn- und Konsumorte bestimmen und
- Steuergestaltungen (am Rande und jenseits der Legalität) wählen.

Im folgenden ist zu untersuchen, wie sich dieses Verhalten ändert, wenn das C-Land von der Einkommensteuer zur Konsumsteuer wechselt, während die übrigen Länder - zunächst - bei der Einkommensteuer bleiben.

3.2. Internationale Kapitalanlagen

Die internationalen Kapitalanlagen werden von Kapitalanbietern und Kapitalnachfragern bestimmt. Unter dem weltweiten Regime der Einkommensbesteuerung läßt sich der Kapitalverkehrssaldo einer kleinen Volkswirtschaft wie folgt bestimmen:

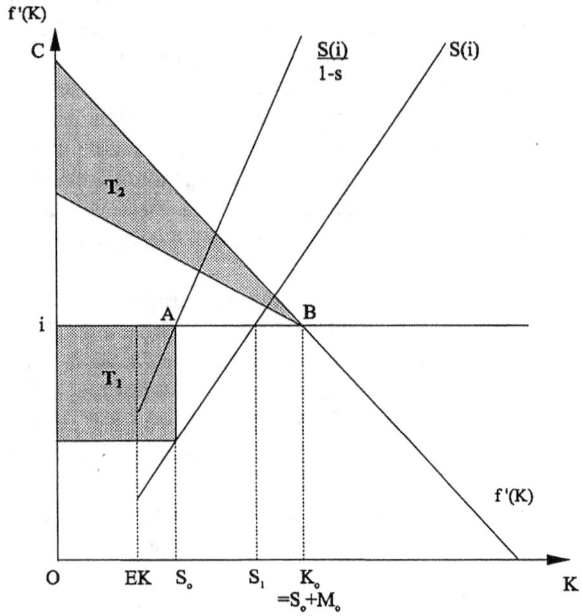

Abb. 1: Wirkungen alternativer Steuerarten

Der internationale (Brutto-)Zinssatz i wird als gegeben unterstellt. Mit der Geraden f'(K) ist die Grenzproduktivität des Kapitals in Abhängigkeit von der eingesetzten Kapitalmenge beschrieben. Dabei werden sowohl das Arbeitspotential als auch die verfügbaren Technologien als gegeben betrachtet. Es ist unterstellt, daß die Technologien von den in der Volkswirtschaft aktiven Unternehmen bestimmt werden. Dabei ist - vereinfachend - angenommen, daß die Eigner des gegebenen Eigenkapitals zugleich Unternehmer sind und zur Finanzierung ihres optimalen Investitionsvolumens ergänzend Fremdkapital nachfragen. Die Grenzinvestitionen werden damit fremdfinanziert.[14] Da die zu leistenden Fremdkapitalzinsen von der einkommensteuerlichen Bemessungsgrundlage der Unternehmen abzugsfähig sind, werden - bei unterstellter Ertragswertabschreibung - die Investitionen so weit ausgedehnt, bis Grenzproduktivität und Weltmarktzinssatz übereinstimmen. (Die Fläche unter der Grenzproduktivätskurve beschreibt das gesamte Inlandsprodukt.)

Das betrachtete Land setzt in der Ausgangssituation ein Realkapital von K_0 ein und finanziert dies in Höhe von S_0 aus nationalen Quellen und in Höhe von M_0 mit Importkapital. (An der folgenden Argumentation würde sich nichts ändern, wenn das Land statt dessen Kapital exportieren würde.) Das Volkseinkommen wird durch die Fläche OS_0ABC dargestellt. Die Kapitalanbieter müssen auf ihre „nor-

[14] Diese Annahme findet sich schon bei *Stiglitz, J.E.* (1973).

malen" Zinserträge den Betrag T_1 an Steuern leisten. Aus dem gesamten übrigen Volkseinkommen erzielt der Staat ein Steueraufkommen T_2. Soweit das Eigenkapital übernormale Gewinne erzielt, trägt es also auch zum Steueraufkommen T_2 bei. (Es ist zunächst unterstellt, daß das gesamte Volkseinkommen mit dem gleichen Satz s besteuert wird.)

Ein Wechsel zur direkten Konsumsteuer wäre einer Freistellung der Normalzinsen auf neugebildetes Kapital äquivalent, vorausgesetzt, das gesparte Einkommen und die darauf fallenden Kapitalerträge würden entsprechend später in die Bemessungsgrundlage eingehen. Das Kapitalangebot erhöht sich von S_0 auf S_1.[15] Der Kapitalimport sinkt.

Nichts anderes passiert, wenn die Konsumsteuer indirekt, etwa durch eine realwirtschaftlich basierte Cash-flow Steuer eingeführt würde und das Ursprungslandprinzip (ULP) zur Anwendung käme. Die Unternehmen können dann - unabhängig von der Herkunft der Kapitalgüter - sofortabschreiben, müssen aber alle Kapitaleinkommen, also auch zu leistende Zinsen, besteuern. Da dies an der Grenze der ökonomischen Abschreibung bei Abzug geleisteter Zinsen äquivalent ist, wird die Kapitalnachfrage der Unternehmen nach wie vor durch die Grenzproduktivität des Kapitals bestimmt. Im Gegensatz zur Einkommensteuer brauchen aber die Zinseinnahmen der inländischen Haushalte nicht versteuert zu werden. Es sei unterstellt, daß die Unternehmen nach wie vor den Weltmarktzinssatz zahlen.[16]

Auch bei der ACE-Steuer ändert sich nichts für die Unternehmen (immer vorausgesetzt, daß die Grenzinvestitionen fremdfinanziert werden). Bei den inländischen Haushalten kommt es wieder zur Zinsbefreiung. Die Ausländer werden nicht tangiert, sofern annahmegemäß die Kapitalanleger nur die „Normalzinsen" verdienen, die auch unter dem Einkommensteuerregime im Quellenland nicht besteuert wurden.

Beim *Sinn*-Modell (Einkommensteuer mit Sofortabschreibungen) hängen die Wirkungen auf die internationale Kapitalanlage davon ab, ob die Zinszahlungen an ausländische Kapitalgeber nunmehr an der Quelle besteuert werden oder nicht. Ohne Quellenbesteuerung kommt es zu einem Kapitalsog aus dem Ausland, wie er von *Sinn* im Zusammenhang mit seiner Analyse der Einkommensteuerreform von 1981 (praktisch: Einführung der Sofortabschreibung) vielfach beschrieben wurde:[17]

---

[15] Die hier mit der Sparfunktion implizit eingeführte Unterstellung, daß ein Wegfall der Zinsbesteuerung die volkswirtschaftliche Sparquote erhöht, ist nicht unbestreitbar. Berücksichtigt man nämlich, daß der durch die Freistellung der Zinsen entstehende Steuerausfall z.B. durch eine höhere Besteuerung von Arbeitseinkommen kompensiert werden muß, ist mit der Steuerreform auch eine Umverteilung zugunsten der in der Regel mit höherem Geldvermögen ausgestatteten älteren Generation zu Lasten der jüngeren Generation verbunden. Da aber die Sparquote der älteren unter derjenigen der jüngeren Generation liegen dürfte - in der Regel entspart die ältere Generation - könnte die volkswirtschaftliche Sparquote in Folge der Steuersubstitution auch sinken.

[16] Man könnte auch wie folgt argumentieren: Da die Zinsen jetzt an der Quelle besteuert werden, könnte eine Wohnsitzlandbesteuerung entfallen und damit der Weltmarktzinssatz sinken. Tatsächlich ist aber schon in der Ausgangslage kaum mit einer effektiven Wohnsitzlandbesteuerung von Zinsen zu rechnen.

[17] Vgl. *Sinn, H.-W.* (1985), insbes. S. 195-198; *Sinn, H.-W.* (1984); *Sinn, H.-W.* (1987).

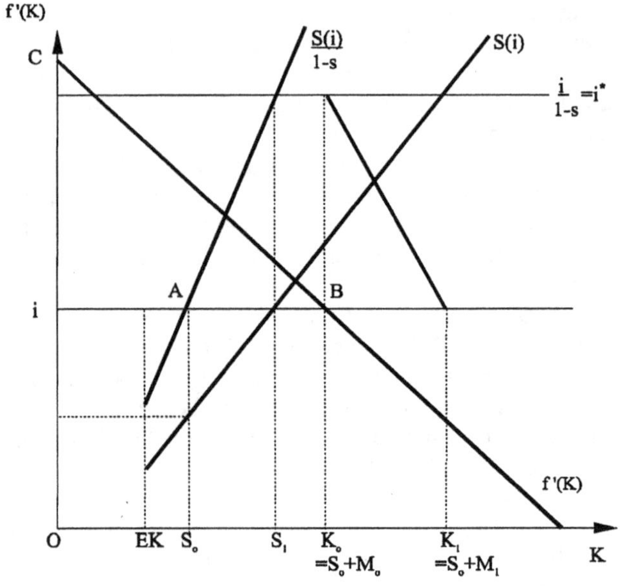

Abb. 2: Wirkungen einer Einkommensteuer mit Sofortabschreibungen

Mit der Sofortabschreibung erhalten die Unternehmen eine Finanzbeteiligung des Staates. Wenn sie trotzdem nach wie vor die Fremdkapitalzinsen absetzen können, sind sie nunmehr bereit, einen die Grenzproduktivität übersteigenden Zinssatz zu bieten.[18] Davon wird aber das Sparen bei gegebenem Weltkapitalmarktzins nicht berührt. Dafür steigt der Kapitaleinsatz von K_0 auf K_1 und um den gleichen Betrag der Kapitalimport. Werden allerdings die an ausländische Kapitalgeber fließenden Zinsen an der Quelle besteuert, steigt der Bruttozinssatz auf i^*. Entspricht der Steuersatz der Quellensteuer dem allgemeinen Einkommensteuersatz, bleibt es beim Kapitaleinsatz der Ausgangslage K_0, aber die inländische Sparleistung steigt (auf S_1) und der Kapitalimport geht entsprechend zurück.

3.3. Finanzierungsstruktur

Geht man davon aus, daß unter dem Y-Regime Eigen- und Fremdkapitalerträge gleichermaßen steuerpflichtig waren, führt die Freistellung der Normalverzinsung für Inländer tendenziell zu einem Wechsel in der Angebotsstruktur. Während nämlich durch die Zinsbereinigung die gesamten Fremdkapitalerträge freigestellt werden, erfolgt beim Eigenkapital nur eine Freistellung der Normalerträge, wohingegen die übernormalen Erträge (z.B. die Risikoprämien) nach wie vor besteuert

[18] Genau genommen können sie den um die Steuerbelastung erhöhten Zinssatz bieten, weil sie durch die Sofortabschreibung genau um den Betrag der Steuerbelastung kompensiert werden.

werden. Dieser diskriminierende Effekt würde sich noch verstärken, wenn die Steuerausfälle in Höhe von T_1 durch eine Erhöhung von T_2, d.h. eine entsprechende Steuersatzerhöhung, kompensiert würden.

Was die ausländischen Kapitalanbieter angeht, so wäre zunächst zu prüfen, ob die Besteuerung innerhalb des C-Landes überhaupt relevant ist. Dies ist nicht der Fall, wenn die Wohnsitzländer das strikte Wohnsitzlandprinzip (WLP) anwenden. Soweit aber im Wohnsitzland Freistellung gilt (z.B. bei Pensionsfonds), führt der Wegfall einer Steuer auf die Normalverzinsung des Eigenkapitals im Quellenland zu einer echten Entlastung für Ausländer. Sollten Fremdkapitalzinsen in den Wohnsitzländern besteuert werden, würde eine Freistellung der Eigenkapitalverzinsung im Quellenland - bei Freistellung auch im Wohnsitzland - sogar zu einer Begünstigung der Eigenkapitalfinanzierung im Vergleich zur Fremdfinanzierung führen.

Während also bei Inländern die Einführung der Zinsbereinigung tendenziell das Eigenkapital benachteiligt, hängen die von der Zinsbereinigung auf die Angebotsstruktur der Ausländer ausgehenden Wirkungen davon ab, welche internationalen Besteuerungsregeln gelten. Möglicherweise würde die Zinsbereinigung kaum etwas an der gängigen Besteuerung des von Ausländern angebotenen Fremdkapitals ändern, wohl aber das Eigenkapital besserstellen.

3.4. Wahl des Einkaufsorts

Die Wahl des Einkaufsorts kann für die Steuerbelastung weder bei der direkten Konsumsteuer noch bei den indirekten Konsumsteuern eine Rolle spielen. Bei der direkten Konsumsteuer richtet sich die Steuerbelastung nach dem Wohnsitz des Konsumenten. Wird eine indirekte Konsumsteuer nach dem ULP erhoben, ist die Steuerbelastung durch den Produktionsort der Güter bestimmt. Anpassungen der Wechselkurse bzw. der nationalen Preisniveaus sorgen dafür, daß sich die Konsumentenpreise überall angleichen. Gilt das Bestimmungslandprinzip (BLP), entscheidet der Verbrauchsort über die Steuerbelastung. Weder inländische noch ausländische Konsumenten können durch eine Verlagerung der Einkaufsorte gewinnen. Anders ist nur das Regime eines Mischsystems zu beurteilen, wie es etwa in der Europäischen Union gilt. Hier können Vorteile des Direkteinkaufs nicht durch Wechselkursanpassungen oder Veränderungen der relativen Preisniveaus kompensiert werden, da der Großteil der internationalen Güterexporte nach dem BLP erfolgt.

3.5. Wahl des Wohnorts

Die Wahl des Wohnorts hat dagegen große Bedeutung. Geht man davon aus, daß eine Nichtbesteuerung von Zinseinkommen (auf Fremd- wie Eigenkapital) durch eine höhere Besteuerung anderer Einkommenselemente kompensiert werden muß, kann eine Verlagerung des Wohnorts aus dem C-Land in ein Y-Land steuerlich vorteilhaft sein. Dies gilt z.B. dann, wenn auch das Arbeitseinkommen im neuen Wohnort verdient werden kann und nicht mehr der Besteuerung im C-Land unterliegt. Anders als bei Kapital ist diese Verlagerung des Einsatzes von Arbeit vorteilhaft, auch wenn das ULP gilt.[19]

Erfolgt die internationale Besteuerung nach dem WLP, ist ein Wohnortswechsel erst recht bei direkten Konsumsteuern reizvoll. Typischerweise verliert das Arbeitseinkommen im Budget der einzelnen privaten Haushalte zum Zeitpunkt des Ausscheidens aus dem Erwerbsleben an Bedeutung. Bei einer (Konsum-) Besteuerung im vorgelagerten Verfahren lohnt es sich also, sein Erwerbseinkommen im Einkommensteuerland zu erzielen und im Konsumsteuerland zu verbrauchen. Erfolgt die Konsumbesteuerung im Wege der Zinsbereinigung, lohnt sich ein Wohnortswechsel vom Y-Land in das C-Land vor allem für Personen, die hauptsächlich von Zinserträgen leben. Erfolgt die Besteuerung im nachgelagerten Verfahren, gilt das Gegenteil. Beiden Anreizeffekten ließe sich zwar mit speziellen Emigrations- oder Immigrationsabgaben begegnen - allerdings wohl nur auf eine rechtlich wie praktisch sehr problematische Weise.

3.6. Steuergestaltung

Auch für Haushalte ergeben sich aus den international unterschiedlichen Steuersystemen verschiedene Gestaltungsmöglichkeiten. So können etwa bei einem direkten Konsumsteuermodell Kreditaufnahmen im Ausland benutzt werden, um die Sparquote scheinbar hochzufahren. Eine derartige Finanzierung von Sparleistungen durch Entsparen an anderer Stelle entspricht einem Verhalten, das auch bei den unter dem Einkommensteuerregime verbreiteten Formen der Sparförderung (Wohnungsbausparen, Lebensversicherungssparen) üblich ist.

Bei dem Modell der Zinsbereinigung können Haushalte des Konsumsteuerlandes als Agenten dienen, die Kapitaleignern aus den Einkommensteuerländern günstige, nämlich steuerfreie Zinsen verschaffen. Individuelle Vereinbarungen auf der Haushaltsebene erscheinen im Vergleich zu den unter dem Einkommensteuerregime üblichen Wegen der Kapitalflucht (Einrichtung von Auslandskonten) wesentlich reizvoller.

[19] Beim ULP kann Kapital nach Einführung der Steuer - real - nicht mehr steuerfrei exportiert werden. Wer also bei Einführung der indirekten Konsumsteuer nach dem ULP in dem betreffenden Land Kapital besitzt, kann der Steuerbelastung durch eine internationale Kapitalverlagerung nicht mehr entgehen. Vgl. *Grubert, H./Newlon, T.S.* (1995), insbes. S. 620, 630. Er könnte aber die Steuer vermeiden, wenn er sein Kapital vor Einführung der Steuer verlagert. Vgl. dazu auch *Krause-Junk, G.* (1991/92), insbes. S. 151f.

4. Die Reaktion der Unternehmen

4.1. Außenwirtschaftlich relevante Unternehmensentscheidungen

In den Entscheidungsspielraum der Unternehmen fallen die Direktinvestitionen im Ausland, die Gestaltung internationaler Finanzierungen, Gewinnverlagerungen und Umqualifizierungen von Einkünften.

4.2. Direktinvestitionen

Die bisherigen Überlegungen ergaben, daß es durch den Wechsel von der Einkommen- zur Konsumsteuer - abgesehen von der *Sinn*-Steuer - zu keinen Veränderungen der Investitionen kommen würde. Dies wurde darauf zurückgeführt, daß die Investitionen an der Grenze fremdfinanziert werden und sich also für die Grenzinvestitionen keine neue Entscheidungssituation ergibt.

Bei internationalen Direktinvestitionen ist allerdings die Frage der Besteuerung von Grenzinvestitionen möglicherweise nur von sekundärem Interesse. Es dürfte vielmehr darauf ankommen, wie der Gesamtgewinn aus einem Projekt, also auch wie die Differential-, inframarginalen oder übernormalen Gewinne belastet werden. Dies wiederum ist zwar nicht von Bedeutung, wenn der Differentialgewinn „ortsfest" ist, d.h. z.B. nur im C-Land erzielt werden kann. In diesem Fall könnte das C-Land die Rente abschöpfen. In der Regel dürfte es heute aber keine ortsfesten Renten mehr geben. Am Beispiel ausgedrückt: Wenn heute jemand Coca Cola erfindet und mit einem Bruttogewinn von einigen Milliarden rechnet, dann ist er zur Erzielung dieses Bruttogewinns in der Regel nicht auf einen bestimmten Standort angewiesen. Er wird den Standort wählen, an dem ihm nach Steuern am meisten verbleibt.[20] (Die Infrastruktur kann er sich heute oftmals schon im Vorfeld seiner Investitionsentscheidung einfordern.)

Um dabei die Chancen des C-Landes zu analysieren, sei zunächst einmal unterstellt, daß es für die tatsächliche Steuerbelastung auch auf die Besteuerung im C-Land ankommt und nicht etwa das strikte Wohn- oder Unternehmenssitzlandprinzip gilt, bei dem die endgültige Steuerbelastung nur vom Sitz der Gesellschaft oder des Kapitaleigners abhängt. In der Regel kann man aber davon ausgehen, daß auch Länder, die das WLP anwenden, zumindest bestimmte Auslandseinkünfte ihrer

[20] Man mag der Auffassung sein, daß das Recht zur Besteuerung der durch die Ausbeutung von Erfindungen anfallenden Einkommen dem Land gebührt, in dem die Erfindung gemacht wurde, und daß damit der Ort der Verwertung der Erfindung für die Besteuerung unerheblich sei. So etwa *Grubert, H./Newlon, T.S.* (1995), S. 627: „...if ... supernormal returns were attributable to intangible assets, then appropriate application of transfer pricing rules would lead the supernormal returns to be taxed ..." nur dann im Land der Ausbeutung der Patente, wenn diese auch dort entwickelt wurden. Die Autoren fügen aber zu Recht hinzu: „Of course, the application of transfer pricing rules is unlikely to be perfect" und - so wäre zu ergänzen - das dabei unterstellte Prinzip für die Verteilung von Besteuerungsrechten ist alles andere als internationales Gemeingut.

Bürger oder Unternehmen de facto freistellen - z.B. durch das „deferral" oder wegen bestehender Anrechnungsüberhänge, die verrechnet werden können.

Unterstellt man einmal der Einfachheit halber, daß die Wohnsitzländer tatsächlich die im C-Land erzielten Gewinne freistellen, dann hängt die Attraktivität des C-Landes als Produktionsstandort entscheidend davon ab, welches Konsumsteuermodell eingeführt wird.

Bei der direkten Konsumsteuer bleiben die von Ausländern erzielten Kapitaleinkommen steuerlich unbelastet, soweit die Ausländer dieses Einkommen (oder Teile davon) nicht auch im C-Land verbrauchen. Ein derartiger Verbrauch vor Ort ist immerhin in einem gewissen Grade vorstellbar, nämlich insoweit, als die ausländischen Kapitaleigner persönlich als Unternehmer im C-Land aktiv sind. Im großen und ganzen mag man diesen Aspekt aber vernachlässigen, so daß die direkte C-Steuer als Alternative zur Einkommensteuer für Ausländer einen großen Investitionsanreiz ausübt.

Auch inländische Unternehmer können nicht vorteilhafter handeln, als ihre Gewinneinkommen zu Hause zu verdienen, um sie gegebenenfalls nach späterer Auswanderung im Ausland steuerfrei zu konsumieren.

An diesem Ergebnis würde sich nichts ändern, wenn statt einer direkten Konsumsteuer eine indirekte Konsumsteuer nach dem BLP eingeführt würde. Wiederum blieben ausländische wie inländische Gewinneinkommensbezieher steuerfrei, solange sie ihre Gewinne nicht im Inland konsumieren.[21]

Zu einem anderen Ergebnis führt eine nach dem ULP erhobene Steuer, also typischerweise eine realwirtschaftlich basierte Cash-flow Steuer.[22] Soweit die ausländischen Unternehmen „normale" Gewinne machen, bleiben sie steuerfrei; denn die Sofortabschreibung auch der importierten Kapitalgüter führt im Ergebnis dazu, daß sich der Staat an den Investitionskosten beteiligt, wofür er bei normalen Gewinnen durch die später anfallenden Steuern auf die Nettoverkaufserlöse wieder kompensiert wird. Übernormale Gewinne führen freilich zu einer Besteuerung im C-Land.

Analog werden inländische Unternehmen behandelt, soweit sie im Inland investieren. Aber sie können durch eine Verlagerung der Investitionen ins Ausland der Besteuerung der übernormalen Gewinne durch das C-Land entgehen. Zwar sind die Auslandsinvestitionen - anders als Inlandsinvestitionen - durch die Anwendung des ULP bei den entsprechenden realen Güterexporten belastet; dafür bleiben die realen Kapitalrückflüsse einschließlich der Kapitalerträge im C-Land steuerfrei. Dies entspricht einer steuerfreien Vereinnahmung der im Ausland erzielten übernormalen Gewinne. Die steuerliche Behandlung der normalen Gewinne aus Direktinvestitionen im Ausland ist also spiegelbildlich zur Behandlung von normalen Gewinnen aus inländischen Investitionen: Bei Auslandsinvestitionen gilt das vor-

---

21 Zwar würden ausländische Nettodirektinvestitionen im C-Land, da sie mit einem Realkapitalimport in das C-Land verbunden sind, entsprechend dem BLP belastet; die späteren realen Kapitalrückflüsse und Gewinntransfers würden aber von der Steuer entlastet, und damit alle zuvor erhobenen Steuern gegenstandslos.

22 Theoretisch könnte auch eine realwirtschaftlich basierte Steuer mit einem Grenzausgleich verbunden werden. Dies wäre mit den GATT- (bzw. WTO-)Regeln allerdings nur vereinbar, wenn die Steuer als indirekte Konsumsteuer und nicht etwa als direkte Unternehmensteuer interpretiert würde.

gelagerte Verfahren, bei Inlandsinvestitionen das nachgelagerte Verfahren. Im Ergebnis sind hier wie da normale Gewinne freigestellt.

Tabelle 2: Indirekte Besteuerung übernormaler Gewinne aus internationalen Direktinvestitionen durch das C-Land[A]

	ULP	BLP
Direktinvestitionen inländischer Unternehmen im Ausland[B]	steuerfrei	besteuert (aber Freistellung normaler Gewinne via Grenzausgleich)
Direktinvestitionen ausländischer Unternehmen im Inland[C]	besteuert (aber Freistellung normaler Gewinne via Sofortabschreibung)	steuerfrei

[A] Die Tabelle entspricht den Ergebnissen der von *Grubert, H./Newlon, T.S.* (1995) diskutierten Fälle.

[B] Als Referenzsituation für inländische Unternehmen gilt ein Verbrauch des betrachteten Eigenkapitals und damit eine Steuerbelastung der Kapitaleigner in der Gegenwart. Erwirbt der Kapitaleigner statt dessen reale Kapitalgüter im Inland, wird er von der Steuer entlastet, und der Gegenwartswert der Steuer auf den späteren Verbrauch ist - bei normaler Verzinsung des Kapitals - genauso hoch wie die aktuell gesparte Verbrauchsteuer. In diesem Sinne bleiben normale Gewinne unbesteuert.

[C] Als Referenzsituation für ausländische Unternehmen gilt die Steuerfreiheit ihres Kapitals, da Ausländer a priori nicht der inländischen C-Steuer unterworfen sind. Die (indirekte) C-Steuer wird für Ausländer erst relevant, wenn diese sich mit Direktinvestitionen im C-Land engagieren.

Von der zinsbereinigten Einkommensteuer könnte man zunächst einen Investitionsanreiz für ausländische Unternehmen erwarten. Der Nettoertrag der „Coca-Cola-Produktion“ wäre im C-Land höher. Bei dieser Überlegung würde aber übersehen, daß mit der Zinsbereinigung des Einkommens eine im Vergleich zur Einkommensbesteuerung deutlich geringere Bemessungsgrundlage gegeben ist (dies gilt insbesondere bei dieser Form der Konsumbesteuerung, da hier im Gegensatz zu anderen Modellen auch die gesamten Normalerträge auf Altkapital freigestellt sind). Diese Steuerausfälle müssen kompensiert werden - oder zumindest muß in einer Vergleichsrechnung sinnvollerweise von einem gegebenen Steueraufkommen ausgegangen werden. Daher sei angenommen, daß der Steuersatz entsprechend angehoben, also der Differentialgewinn entsprechend höher besteuert wird. Dies führt nun zu dem Ergebnis, daß diejenigen Direktinvestoren entlastet werden, bei denen sich der Gewinn überproportional aus einer Normalverzinsung des eingesetzten Kapitals ergibt, während diejenigen netto belastet werden, bei denen überproportional hohe Differentialgewinne anfallen. In der Sprache *Schumpeter*s: Die statischen Wirte würden begünstigt, die dynamischen Unternehmer benachteiligt.

4.3. Gewinnverlagerungen und Umqualifizierung von Einkünften

Ein internationales Steuergefälle führt in der Regel nicht nur dazu, daß sich der Strom der internationalen Direktinvestitionen verändert, sondern auch dazu, daß Gewinne verlagert werden. Insbesondere, wenn das C-Land durch den Übergang von einer Einkommensteuer zu einer direkten Konsumsteuer oder zu einer Mehrwertsteuer nach dem BLP die Unternehmensgewinne (so sie nicht in den inländischen privaten Konsum fließen) steuerfrei läßt, wird ein erheblicher Anreiz ausgelöst, die Gewinne internationaler Unternehmen im C-Land anfallen zu lassen. Aber auch bei anderen C-Steuerformen ergeben sich Möglichkeiten zur günstigen „Steuergestaltung".

Bei der R-Steuer (nach dem ULP) können mit steuerlichem Erfolg Güterpreise manipuliert und mit entsprechenden finanzwirtschaftlichen Gegengeschäften kompensiert werden. Dies liegt daran, daß Verkaufserlöse, nicht aber empfangene Zinsen, in die Bemessungsgrundlage eingehen.[23]

Bei der zinsbereinigten Einkommensteuer mag es für einen internationalen Konzern günstig sein, die Eigenkapitalrenditen von Unternehmen des C-Landes im Bereich der Normalverzinsung anfallen zu lassen. Hier besteht also sowohl ein Anreiz für Gewinnverlagerungen als auch für Eigenkapitalveränderungen (z.B. über verdeckte Gewinnausschüttungen). Zwar sind Transferpreisgestaltungen auch im Rahmen der Einkommensteuer ein kaum zu vermeidendes Problem; bei Sofortabschreibungen oder äquivalenter Aufzinsung von Abschreibungsbeträgen wird der Effekt falscher Transferpreise aber noch deutlich verstärkt.[24]

Tabelle 3: Anreize für internationale Gewinnverlagerungen bei unilateral indirekter C-Besteuerung

	ULP	BLP
Gewinnverlagerungen ins Ausland	vorteilhaft, wenn Steuersatz im Ausland niedriger als im Inland	ohne Vorteil (Außenhandelsumsätze gehen nicht in die Bemessungsgrundlage ein.
Gewinnverlagerungen ins Inland	vorteilhaft, wenn Steuersatz im Inland niedriger als im Ausland	vorteilhaft, wenn im Ausland positive Gewinnbesteuerung[A]

[A] Die inländische Bemessungsgrundlage ist unabhängig davon, ob der Gewinn im Inland oder im Ausland anfällt.

[23] Zu dieser Art von Steuergestaltung bedarf es nicht einmal verbundener Unternehmen, da - anders als bei typischen Gewinnverlagerungen - die von manipulierten Preisen Benachteiligten sofort kompensiert werden. Vgl. *McLure Jr., Ch./Zodrow, G.* (1996), S. 104f.

[24] „This is because expensing makes the present value of deductions from any asset equal to the purchase price. Under any other depreciation scheme the present value of deductions decreases with the longevity of an asset and with the discount rate used by the corporation." *Shome, P./Schutte, Ch.* (1993), S. 13.

5. Die Reaktion der Y-Länder

5.1. Die Situation der Y-Länder

Die im Abschnitt 4. angestellten Überlegungen ergaben, daß die Y-Länder mit einer Reihe von für sie unangenehmen Wirkungen des Regimewechsels rechnen müssen (sofern sie nicht das Welteinkommen ihrer Bürger konsequent nach dem WLP besteuern). Unter anderem gilt:

- Die Unternehmen werden versuchen, die Freistellung der Eigenkapitalverzinsung steuerlich auszunutzen und im C-Land investieren. Besonders dramatisch wäre die Wirkung, wenn das C-Land das BLP anwenden würde. Aber auch ohne dieses ist mit Gewinnverlagerungen zu rechnen.
- Dem könnte gegenüberstehen, daß Investitionen mit weit übernormalen Erfolgsaussichten eher in Y-Ländern vorgenommen werden dürften. Es ist aber die Frage, ob dieser Effekt in den Y-Ländern entsprechend gewürdigt wird, d.h. ob sie deswegen die Begünstigung der im C-Land investierenden Unternehmen akzeptieren würden.
- Parallel zu Gewinnverlagerungen in das C-Land ist mit einer verstärkten Fremdfinanzierung in Y-Ländern zu rechnen. Dies würde weitere Steueraufkommensverluste der Y-Länder nach sich ziehen.
- Bei einzelnen C-Steuermodellen, etwa der zinsbereinigten Einkommensteuer, ergeben sich zusätzliche Manipulationsmöglichkeiten auch im Bereich der Haushalte.
- Die Zinsbereinigung ist auch wegen der jährlichen Festlegung ihrer Höhe nicht unproblematisch. Sie eröffnet den C-Ländern möglicherweise nicht unwillkommene Gestaltungsmöglichkeiten, verändert damit aber auch den effektiven Steuersatz für Investoren aus Y-Ländern, welche ihrerseits nicht über solche Manipulationsinstrumente verfügen.

5.2. Steuerpolitische Reaktion im Rahmen des bilateralen Verhältnisses zum C-Land

Die Y-Länder können auf diese Herausforderung unterschiedlich reagieren. Nicht unwahrscheinlich ist, daß sie Einkünfte aus dem C-Land von der Freistellung ausnehmen und grundsätzlich zur Anrechnung übergehen. Darüber hinaus ist möglich, daß sie, genauso wie Anrechnungsstaaten, die Abschottungswirkung der selbständigen Tochterunternehmen im C-Land durchbrechen, weil sie der Gewinnermittlung die Anerkennung versagen.[25] Beispiele für eine derartige Durchbrechung der Abschottungswirkung ist die Hinzurechnungsbesteuerung Deutschlands oder auch der USA („Subpart F", IRC).

In der Konsequenz würden alle Steuererleichterungen des C-Landes, soweit sie auch Unternehmen oder Kapitalgeber der Y-Länder treffen, nur zu einem Steuertransfer vom C-Land an die Y-Länder führen. Es könnte aber für das C-Land noch

[25] Vgl. *Avi-Yonah, R.S.* (1996), insbes. S. 262.

schlimmer kommen: Möglicherweise würde die Konsumsteuer gar nicht als eine der Einkommensteuer vergleichbare Steuer eingestuft. Dann käme es nicht zur Anrechnung, sondern zur Doppelbesteuerung.[26] Würden die Y-Länder ein C-Land als Steueroase einstufen und mit ihm kein Doppelbesteuerungsabkommen abschließen, dann würden die Y-Länder als Quellenländer Kapitaleigner und Unternehmen des C-Landes schlechter behandeln (z.B. mit hohen Quellensteuern belegen). Dies würde nicht nur die bestehenden Unternehmen des C-Landes treffen, sondern das C-Land auch als Standort für international verflochtene Unternehmen disqualifizieren. Mit anderen Worten: Das C-Land ist weit davon entfernt, sich durch einen Regimewechsel vom internationalen Steuerwettbewerb unabhängig zu machen. Es würde umgekehrt möglicherweise besonders hart getroffen.

5.3. Anpassungen der Steuersysteme

Gegenüber einem kleinen C-Land würde es schlimmstenfalls bei der beschriebenen Neuorientierung der bilateralen Verhältnisse durch die Y-Länder bleiben. Möglicherweise würden die Y-Länder sogar weit gelassener reagieren, wenn sie von den Auswirkungen der Steuerreform nur geringfügig tangiert würden, oder wenn es sich bei dem C-Land etwa um ein Entwicklungsland handelte, dem man seine steuerpolitischen Strategien als Entwicklungsanstrengungen zugesteht.[27] Anders beim großen Land. Hier sind nicht nur bilaterale Reaktionen zu erwarten, sondern möglicherweise sogar die offene Annahme der Herausforderung[28] durch steuerpolitische Gegenstrategien. Dafür gibt es auch im Rahmen der Y-Besteuerung ein ganzes Arsenal von Möglichkeiten. Letztlich schrecken die Staaten auch vor Subventionen nicht zurück. Es hilft dann wenig, daß sie sich damit auch selbst schaden.

Eine dieser Gegenstrategien wäre der eigene Wechsel zu einer Konsumsteuer. Anhänger dieser Steuer werden dies sicherlich begrüßen und daher um so mehr die unilaterale Einführung von Konsumsteuern in großen Ländern fordern. Doch dies ist hier nicht das Thema. Zur Diskussion steht vielmehr die Frage, ob sich dadurch der internationale Steuerwettbewerb entschärft und ob vielleicht sogar internationale Abreden, Vereinbarungen oder ein „Kartell der Steuerstaaten" entbehrlich werden.

Damit ist nicht zu rechnen. Wie sich zeigt, bieten alle Konsumsteuermodelle noch hinreichend viele Möglichkeiten zur Steuergestaltung. Wenn etwa überall die Normalverzinsung freigestellt wird, dann verschärft sich fast zwangsläufig die

---

[26] Diese Befürchtung hat letzten Endes Bolivien von der Einführung einer von *McLure* und *Zodrow* vorgeschlagenen Konsumsteuer abgeschreckt. „Because of concern that the United States Internal Revenue Service would not allow foreign tax credits for the proposed business cash-flow tax, the government of Bolivia eventually proposed (and the Congress adopted) a conventional income tax." Vgl. *McLure Jr., Ch./ Zodrow, G.* (1996), S. 97.

[27] Im internationalen Steuerwettbewerb gibt es das Phänomen, daß die Kleinen Vorteile zu Lasten der Großen ziehen können: Kleine Staaten können sich an bestehende internationale Besteuerungssysteme optimal anpassen, ohne befürchten zu müssen, daß ihre eigene Politik das System der internationalen Besteuerung bedroht. Vgl. dazu auch *Krause-Junk, G.* (1998).

[28] *U. Schreiber* (1998), S. 70, spricht im Zusammenhang mit der zinsbereinigten Einkommensbesteuerung von einem „Steueroaseneffekt".

Konkurrenz um die gewinnträchtigen Unternehmen bzw. um die Standorte für neue, moderne Betriebstätten. Nur bei einer direkten Konsumbesteuerung der Haushalte mag man dies anders sehen, weil Unternehmen hier nicht unmittelbar betroffen sind. (Mittelbar sind sie es auch hier, da Standortentscheidungen letztlich von Managern gefällt werden, die es lieber haben, wenn ihr Konsum niedrig statt hoch besteuert wird.) Bei allen indirekten Konsumsteuern bleibt der Wettbewerb um Unternehmensansiedlungen auf der Tagesordnung.

Fazit: Den internationalen Steuerwettbewerb wird man nicht durch den Übergang von der Einkommens- zur Konsumbesteuerung zügeln können. Dazu bedarf es vielmehr internationaler Vereinbarungen. Der Wunsch, den internationalen Steuerwettbewerb zu entschärfen, präjudiziert noch nicht die Wahl für das eine oder andere Steuersystem; diese Entscheidung muß anders begründet werden.

Literatur

Alliance USA (1995): Description and Explanation of the Unlimited Saving Allowance Income Tax System, Tax Notes 66 (11), S. 1483-1575.

Avi-Yonah, R. S. (1996): Comment on Grubert and Newlon, The International Implications of Consumption Tax Proposals, National Tax Journal (49), S. 259-265.

Capital Taxes Group (1991): Equity for Companies, a Corporation Tax for the 1990s, The Institute for Fiscal Studies, Commentary No. 26.

Devereux, M./Freeman, H. (1991): A General Neutral Profits Tax, Fiscal Studies (12), S. 1-15.

Gottfried, P. (1992): Die verdeckten Effizienzwirkungen der Umsatzsteuer, Finanzwissenschaftliche Schriften (47), Frankfurt am Main et al.

Grubert, H./Newlon, T.S. (1995): The International Implications of Consumption Tax Proposals, National Tax Journal (48), S. 619-647.

Kay, J.A./King, M.A. (1978), The British Tax System, Oxford.

Krause-Junk, G. (1990): Internationaler Wettbewerb der Steuersysteme, Not oder Tugend?, Finanzwissenschaftliches Forschungsinstitut der Universität zu Köln, Sonderveröffentlichung Nr. 18, Köln.

Krause-Junk, G. (1991/92): Die europäische Mehrwertsteuer und das Ursprungslandprinzip, Finanzarchiv N.F. (49), S. 141-153.

Krause-Junk, G. (1997): Bürgergeld, in: G. Kleinhenz/H. Lampert/A. Oberhauser (Hrsg.): Sozialstaat Deutschland, Jahrbücher für Nationalökonomie und Statistik (216), Themenheft 4+5, Stuttgart, S. 549-560.

Krause-Junk, G. (1998, erscheint in Kürze): Standortwettbewerb und Kapitaleinkommensbesteuerung: ein unlösbares Dilemma?

McLure Jr., Ch./Zodrow, G. (1996), A Hybrid Consumption-Based Direct Tax Proposed for Bolivia, International Tax and Public Finance (3), S. 92-112.

Rose, M. (1997): Marx modern - die Expropriation des Kapitals, Welt am Sonntag 51, S. 43.

Schreiber, U. (1998): Internationale Mobilität von Steuerbasen - Ist nationale Steuerpolitik noch möglich?, Schriften des Vereins für Socialpolitik (156), S. 29-88.

Shome, P./Schutte, Ch. (1993): Cash-Flow-Tax, IMF Working Paper 93/2.

Sinn, H.-W. (1984): Die Bedeutung des Accelerated Cost Recovery System für den internationalen Kapitalverkehr, Kyklos (37), S. 542-576.

Sinn, H.-W. (1985): Kapitaleinkommensbesteuerung, Tübingen.

Sinn, H.-W. (1987): Der Dollar, die Weltwirtschaft und die amerikanische Steuerreform von 1986, Hamburger Jahrbuch für Wirtschafts- und Gesellschaftspolitik (32), S. 9-23.

Sinn, H.-W. (1997a): The Selection Principle and Market Failure in Systems Competition, Journal of Public Economics (66), S. 247-274.

Sinn, H.-W. (1997b): Deutschland im Steuerwettbewerb, Jahrbücher für Nationalökonomie und Statistik (216), S. 672-692.

Sørensen, P.B. (1998): Preface, in: *P.B. Sørensen* (ed.): Tax Policy in Nordic Countries, New York.

Stiglitz, J.E. (1973): Taxation, Corporate Financial Policy, and the Cost of Capital, Journal of Public Economics (2), S. 1-34.

The Institute for Fiscal Studies (1978): The Structure and Reform of Direct Taxation. Report of a Committee chaired by Professor J.E. Meade, London et al.

Wenger, E. (1998): Die etablierte Finanzwissenschaft hat leider total versagt, Welt am Sonntag 5, S. 43.

Konsumorientierung - eine Herausforderung für die Steuergesetzgebung?

Joachim Lang

1. Rechtsprinzipielles Steuerchaos und evolutionäre Trägheit der Steuergesetzgebung

Die in meinem Beitrag zu beantwortende Frage, ob die Konsumorientierung der Steuersysteme eine Herausforderung für die Steuergesetzgebung darstellt, möchte ich bejahen, allerdings mit der Einschränkung, daß sich die Steuergesetzgebungen der Länder, die wir als hochentwickelt zu bezeichnen pflegen, dieser Herausforderung noch nicht so recht bewußt geworden sind. Es handelt sich nahezu durchwegs um hochentwickelte Steuerstaaten mit etablierten Steuerrechtsordnungen, die naturgemäß Schwierigkeiten mit einer konzeptionellen Umstellung des Steuersystems haben. Diese Steuerstaaten möchte ich zum Hauptgegenstand meines Beitrages machen.

Die etablierten Steuerrechtsordnungen von heute basieren wesentlich auf Prinzipien, die sich im Verlauf des 19. Jahrhunderts herausgebildet haben. Ende des 20. Jahrhunderts stellt sich nun die Frage eines *Paradigmenwechsels*, der die bestehenden Rechtsprinzipien des Steuerrechts auf den Prüfstand stellt. Die Steuergesetzgebungen aller hochentwickelten Steuerstaaten haben mit *zwei Grundproblemen* zu kämpfen:

Zum einen ist die Entwicklung des Steuerrechts Ende des 20. Jahrhunderts auf halbem Wege stehen geblieben, was die Umsetzung von Rechtsprinzipien des 19. Jahrhunderts anbetrifft. Daher leidet das Steuerrecht unter einer ganz erheblichen *rechtsprinzipiellen Unordnung*, für die der Ausdruck „Steuerchaos" gebräuchlich geworden ist.[1] Jedenfalls ist das Steuerrecht weit von dem dogmatischen Reifegrad etwa des Zivilrechts entfernt.

Zum anderen ist die Steuergesetzgebung mit einer *evolutionären Trägheit* behaftet, die für die *Entwicklung von Recht typisch ist.* Wenn etwa über die „Steuersysteme der Zukunft" diskutiert[2] und ein Konsens darüber gewonnen wird, was ökonomisch richtig und notwendig ist, dann schreiten die Legislatoren nicht sofort zur Tat, um das Steuerchaos zu beseitigen. Zukunftsdiskussionen erzeugen vielmehr Abwehrreaktionen: Die Politiker winken ab, weil sie nur für den nächsten Wahltermin disponieren, und die in Gesetzgebung und Politik tätigen Steuerjuristen legen Schriften wie die des Vereins für Socialpolitik[3] oder das Buch zu dem wegweisenden Heidelberger Kongreß über die konsumorientierte Neuordnung des Steuersystems[4] erschreckt wieder weg, weil sie dort einer völlig fremden Welt begegnet sind.

Die juristische Ignoranz und Skepsis gegenüber Zukunftsvisionen lassen sich auf einen einfachen Nenner bringen: Das Recht lebt von der Vergangenheit, lebt von den Ideen und Überzeugungen, die sich in einem langen, oft Jahrhunderte wachsenden gesellschaftlichen Konsens gefestigt haben. Gutes Recht ist altes Recht. Folgerichtig liebt der Steuerjurist die *Canard*'sche Steuerregel „Alte Steuern sind gute Steuern".

Das Steuerrecht ist noch ein arg junges Kind im Vergleich zum *klassischen Zivilrecht.* Dessen Ordnung entwickelte sich kontinuierlich in einem mehrtausendjährigen Prozeß bis zum gegenwärtigen Reifegrad:[5] Die römische Rechtstradition der lex scripta begann mit den römischen Zwölftafelgesetzen im 5. Jahrhundert vor Christi. Tausend Jahre später wurde das Zivilrecht unter der Herrschaft des Kaisers *Justinian I.* umfassend kodifiziert, sodann ab dem 11. Jahrhundert durch die oberitalienischen Rechtsschulen und im 19. Jahrhundert durch die Pandektenwissenschaft tiefgreifend dogmatisiert, bevor die Ordnung des Zivilrechts schließlich in die Bürgerlichen Gesetzbücher Österreichs und Deutschlands gegossen wurde. Die rechtliche Dogmatisierung der Besteuerung als Grundvoraussetzung einer guten Gesetzgebung begann erst in diesem Jahrhundert, im deutschsprachigen Raum mit dem 1906 publizierten ersten akademischen Lehrbuch „Grundriß des Finanzrechts" von *Myrbach-Rheinfeld.*[6]

Die evolutionäre Trägheit des Rechts hat ihren *guten Sinn*: Das Recht gewinnt seine Akzeptanz erst durch die *Breite des gesellschaftlichen Konsenses*, der über einfache parlamentarische Mehrheiten hinausreichen muß. Die friedensstiftende Funktion des Rechts verlangt, daß der Richter instandgesetzt wird, auch Minder-

---

1 Vgl. bereits *Tipke, K.* (1971), im weiteren *Lang, J.* (1993), S. 664 f.; *Lang, J.* (1994), *Lang, J.* (1996); *Raupach, A.* (1994); *Helsper, H.* (1995); *Fischer, L.* (1995).

2 So jüngst auf der Jahrestagung des Vereins für Socialpolitik im September 1996, vgl. *Krause-Junk, G.* (1998).

3 Vgl. Fußnote 4.

4 Dieser Kongreß hat im Juni 1989 stattgefunden, vgl. *Rose, M.* (1991a). Bereits 1990 erschien die englische Version, vgl. *Rose, M.* (1990).

5 Dazu *Wieacker, F.* (1967), S. 67 ff., S. 348 ff., sowie *Hattenhauer, H.* (1992), S. 51 ff., S. 471 ff.

6 Vgl. *Myrbach-Rheinfeld, F. von* (1906), *Myrbach-Rheinfeld, F. von* (1916). Zur Entwicklung von Forschung und Lehre im Steuerrecht vgl. *Tipke, K.* (1993), S. 26 ff.

heiten von der Richtigkeit des Rechts zu überzeugen. Es wird der modernen Gesetzgebung zu Recht vorgeworfen, daß sie von den jeweiligen Parlamentsmehrheiten zur gesellschaftlichen Lenkung mißbraucht wird.[7] Dadurch entstünde die berüchtigte Gesetzgebungsflut, die tagespolitisch orientierte Änderungsgesetzgebung besonders im Sozial- und Steuerrecht. Es liegt in der Tat auf der Hand, daß eine Steuergesetzgebung, die jährlich Hunderte von Vorschriften ändert, die den unterschiedlichen Willen der sich periodisch abwechselnden Parlamentsmehrheiten umsetzt, die Funktion der Steuergesetze als Recht und den Rechtsgedanken selbst zerstört.[8]

Legislatorischer Aktionismus verfehlt also den Sinn der Setzung von *Recht*. Gute Gesetze reflektieren vielmehr passiv den *Konsens der Rechtsgemeinschaft*, der sich im Verlauf eines meist längeren Zeitraums herausgebildet hat. Ein hoher Rechtswert ist die *Rechtssicherheit*. Wirtschaftliche Prosperität braucht *institutionelle Sicherheit*, wie der Nobelpreisträger und Wirtschaftshistoriker *North* grundlegend herausgearbeitet hat.[9] Der sparende und investierende Steuerzahler braucht *Steuerplanungssicherheit*.[10] Aus dieser Sicht ist es richtig, wenn sich die Steuergesetzgebung nicht historisch kurzatmigen, wissenschaftlich umstrittenen Theorien zuwendet, sondern das umsetzt, was auf *längere historische Sicht als eine bewährte und allgemein als richtig anerkannte Regelung* beibehalten werden kann.

2. Paradigmenwechsel von einem kapital- zu einem konsumorientierten Steuersystem

2.1. Die Ausgangslage der Steuergesetzgebung im ausgehenden 20. Jahrhundert

Im ausgehenden 20. Jahrhundert stellt sich nun die Grundfrage, ob die Steuergesetzgebung tatsächlich den Paradigmenwechsel von einem kapital- zu einem konsumorientierten Steuersystem vollziehen soll. Die Ausgangslage ist nicht sonderlich günstig. In einer relativ kurzen Rechtstradition hat sich das Steuerrecht noch nicht konsolidieren können. Zudem wird die Konsolidierung der Steuerrechtsordnung durch den permanenten sozialgestaltenden Impetus des Gesetzgebers erschwert.

Gleichwohl ist international die grundsätzliche Bereitschaft zu *tiefer angelegten Steuerreformen* zu erkennen, welche die sozialpolitische Überfrachtung des Steuerrechts zurückführen wollen. Allerdings ist der Ansatz recht primitiv: Das Reformziel ist die *Senkung von Steuersätzen*, die durch *Verbreiterung der Bemessungsgrundlage* gegenfinanziert werden soll. Das Konzept einer derartigen wählerattraktiven *Tarifsenkungsreform* wurde 1986 wegweisend in den USA unter der

---

7 Grundlegend dazu *Helsper, H.* (1989).

8 Dazu eindrucksvoll *Vogel, K.* (1989).

9 Vgl. u.a. *North, D.C.* (1988).

10 Mit diesem Thema hat sich insb. *Rose* in zahlreichen Schriften grundlegend befaßt. Vgl. zuletzt *Rose, G.* (1997).

Präsidentschaft von *Reagan* verwirklicht.[11] Die rechtliche Struktur der Besteuerung wurde dadurch nicht verbessert. Das amerikanische Steuerrecht ist durch die Reform von 1986 keinesfalls einfacher geworden. Auch ist der Spitzensatz der amerikanischen Einkommensteuer von 28 Prozent im Jahre 1986 mittlerweile wieder auf 39,6 Prozent gestiegen.

Die Regierung *Kohl* wollte dem amerikanischen und auch neuseeländischen Beispiel einer Tarifsenkungsreform folgen.[12] Die vorbereitende Reformkommission unter dem Vorsitz des Bundesfinanzministers hatte sich dabei ausdrücklich zu den „bewährten Grundprinzipien des Einkommensteuerrechts" bekannt.[13] Freilich war das Prinzipienbekenntnis der *Waigel*-Kommission nur ein Lippenbekenntnis, wenn man es an den konkreten Vorschlägen der Kommission mißt, die nach amerikanischem Vorbild die Bemessungsgrundlage der Einkommensteuer lediglich durch einen Katalog punktueller Maßnahmen verbreiterten, um die Tarifsenkung zu finanzieren.[14] Die Reform scheiterte schließlich an dem Widerstand der Opposition, deren Parteien die Reform über ihre Mehrheit im Bundesrat zu Fall brachten.

Die hier angesprochenen Reformen zeigen zweierlei: *Erstens* gilt auch für die Steuergesetzgebung die allgemeine rechtshistorische Regel, daß Reformen eines *breiteren überparteilichen Konsenses* bedürfen, wenn sie über das legislatorische Alltagsgeschäft hinausgehen. Auch die amerikanische Reform von 1986 gelang nur durch die enge Kooperation des Republikaners *Packwood* mit dem Demokraten *Rostenkowski*. Die Regierung *Kohl* hat den schweren strategischen Fehler begangen, Vertretern der Oppositionsparteien nicht die Zusammenarbeit in einer vorbereitenden Kommission anzudienen.

Zweitens hat das Thema einer *strukturellen Neuordnung des Steuersystems* die *politische Entscheidungsebene* noch nicht erreicht. Das gilt besonders für die Konsumorientierung des Steuersystems. Die hierzu einschlägigen berühmten „Blueprints for Basic Tax Reform"[15] haben keinen nennenswerten Einfluß auf die hochtrabend so genannte „Tax Revolution" von 1986 gehabt. Und der ehemalige Oberfinanzpräsident *Meyding*, in Deutschland einer der engagiertesten Befürworter einer konsumorientierten Besteuerung, konnte als Mitglied der *Waigel*-

[11] Vgl. *Reagan, R.* (1985), sowie zur Umsetzbarkeit der Reagan'schen Steuerreform in Deutschland: *Gaddum, J.W.* (1986a), *Gaddum, J.W.* (1986b), *Tipke, K.* (1986) und *Lang, J.* (1987). Der „Tax Reform Act of 1986" hat wesentlich die deutsche Steuerreform 1990 beeinflußt. Dazu konstatiert der *Deutsche Juristentag* (1988), S. 211: „Die Steuerreform 1990 bringt bei der Einkommensteuer, insbesondere mit dem linear-progressiven Tarif, einen Fortschritt gegenüber dem bisherigen Zustand. Die Aufgabe aber, das Einkommensteuerrecht um der Lastengleichheit und der Einfachheit der Besteuerung willen neu zu ordnen, besteht auch nach der Steuerreform 1990 fort..."

[12] Vgl. hierzu *Beichelt, B.* (1997).

[13] Vgl. „*Petersberger Steuervorschläge*" (1997), S. 9.

[14] Im Bundesfinanzministerium wurde aufgrund der „*Petersberger Steuervorschläge*" eine Neufassung des Einkommensteuergesetzes erarbeitet (vgl. BT-Drucksache 13/7480 vom 22.4.1997). Dieser *EStG-Entwurf von 1997* schüttet im wesentlichen den alten Wein in die neuen Schläuche einer formalen Neugliederung des EStG. Folglich wurde der EStG-Entwurf von den Experten in dem Hearing vor dem Finanzausschuß des Deutschen Bundestages am 14.-16.5.1997 einhellig abgelehnt.

[15] Vgl. *Bradford, D.F.* (1984).

Kommission keine positive Äußerung zur Konsumorientierung der Besteuerung durchsetzen. Das Bekenntnis zu den „bewährten Grundprinzipien des Einkommensteuerrechts" kann als Bekenntnis zur kapitalorientierten Besteuerung gedeutet werden.

Die *strukturelle Unreife* der Steuergesetzgebung im ausgehenden 20. Jahrhundert erhellt auch die Situation des Beraters von Ländern, in denen eine Rechtsordnung neu aufgebaut werden muß. Während Verfassungsrechtler, Zivilrechtler und auch Handelsrechtler stolz die hochentwickelten Produkte ihrer Legislative anpreisen können, müssen verantwortungsbewußte Steuerexperten zunächst einmal davon abraten, die Steuergesetze ihres Landes zu übernehmen. Dies veranlaßte die Harvard-Professoren *Hussey/Lubick*, einen „Basic World Tax Code" auszuarbeiten.[16] Ich selbst erhielt den Auftrag, ein Mustergesetzbuch als Grundlage für die Beratung mittel- und osteuropäischer Länder zu verfassen, weil die deutschen Steuergesetze schlechterdings nicht exportwürdig sind.[17] In diesem „Entwurf eines Steuergesetzbuchs" habe ich den Versuch unternommen, die Spreu vom Weizen zu trennen und in den Entwurf nur die notwendigen *Strukturnormen des Steuerrechts* aufzunehmen und dabei die *sozialgestaltenden Lenkungsnormen* wegzulassen.[18] Freilich habe ich auch gewagt, Normen konsumorientierter Besteuerung zu empfehlen, was mir die zum Teil heftige Kritik meiner juristischen Kollegen eingetragen hat.

2.2. Was heißt Konsumorientierung des Steuersystems für die praktische Gesetzgebung?

Was heißt nun Konsumorientierung des Steuersystems für die praktische Gesetzgebung? Im Unterschied zu den USA, wo sich die steuerpolitische Abteilung des Finanzministeriums in den „Blueprints for Basic Tax Reform"[19] doch recht ernsthaft mit den Möglichkeiten einer konsumorientierten Besteuerung auseinandergesetzt hat, fand in Deutschland eine juristische Diskussion über die Konsumorientierung des Steuersystems bisher noch nicht statt. Jüngere finanzwissenschaftliche Erkenntnisse werden praktisch kaum wahrgenommen.

So konstatiert zum Beispiel *Jakob* zur Cash-flow Besteuerung: „Alles in allem sähe sich die Einkommensteuer durch derlei ökonomische Ansätze in eine 'direkte Verbrauchsteuer' umgebaut - eine Vorstellung, die den Steuerjuristen schrecken muß..."[20] Und *Reiß* meint, neben der Umsatzsteuer gäbe es keinen weiteren Raum für die konsumorientierte Besteuerung von Einkommen.[21] Als beamtete Universi-

---

16 Vgl. *Hussey, W.M./Lubick, D.C.* (1992).

17 Vgl. *Lang, J.* (1993).

18 In der österreichischen wie in der deutschen Dogmatik des Steuerrechts ist man sich inzwischen über die normtheoretischen Grundlagen weitgehend einig: Vgl. *Birk, D.* (1983), S. 67 ff., S. 153 ff., S. 194 ff., S. 232 ff.; *Birk, D.* (1994), S. 11 ff.; *Ruppe, H.G.* (1982); *Ruppe, H.G.* (1990), Anm. 53 ff.; *Tipke, K.* (1993), Bd. I, S. 119 ff.; *Tipke, K./Lang, J.* (1996), § 4 Rz. 19 ff.: Die Unterscheidung von Fiskalzwecknormen und Sozialzwecknormen oder Lenkungsnormen hat sich inzwischen eingebürgert.

19 Vgl. *Bradford, D.F.* (1984).

20 *Jakob, W.* (1996), § 1 Rz. 7 a.E.

21 *Reiß, W.* (1994), Rz. 3 ff.

tätsprofessoren werden aber *Jakob* und *Reiß* selbst *konsumorientiert besteuert*, weil ihr Einkommen nicht bereits in dem Zeitpunkt besteuert wird, in dem der Pensionsanspruch erworben wird, sondern erst in dem Zeitpunkt, in dem Pension zufließt. *Jakob* und *Reiß* haben sich auch nicht mit dem von *Rose* herausgestellten ökonomischen Grundansatz auseinandergesetzt, daß jede Steuerzahlung ein Konsumopfer ist und daß danach das *gesamte Steuersystem* ausgerichtet werden müsse, wenn es transparent und verteilungsgerecht sein wolle.[22]

Mit diesem Grundansatz gewinnt die Konsumorientierung des Steuersystems juristische Brisanz, denn eine gute Rechtsnorm sollte auch die von ihr bezweckte Wirkung haben. Die Rationalität namentlich der Steuerrechtsnorm hat auch eine ökonomische Seite; dies ist die Wirkung einer Norm.

Wenn demnach das Steuerrecht strukturell verbessert werden soll, so müssen die Wirkungen der Norm ihrem Regelungszweck angepaßt werden. In diesem Zusammenhang stellt sich für die Gesetzgebung die Frage nach einer Konsumorientierung des Steuersystems. Dabei ist entgegen landläufiger Juristenmeinung *kein Totalumbau der geltenden Steuerrechtsordnungen erforderlich.* Vielmehr ist die Konsumorientierung des Steuersystems als eine *organische Fortentwicklung der bestehenden Steuerrechtsordnungen aufzufassen.* Der Paradigmenwechsel von kapital- zu konsumorientierter Besteuerung ist eine evolutionäre Phase des Steuerrechts, die in einigen Ländern früher und stärker eingesetzt hat als in anderen.

Unter der für die praktische Steuergesetzgebung unerläßlichen *Evolutionsbedingung* müssen die *klassischen Modelle der Ausgabensteuer*, wie sie namentlich von *Fisher/Fisher*[23] und *Kaldor*[24] entworfen wurden, ausscheiden: Ihre Einführung würde in der Tat einen Totalumbau des Steuersystems bedeuten. Die Besteuerung müßte in einem Zuge umgestellt werden, denn die Steuersysteme sind weltweit durch Doppelbesteuerungsabkommen miteinander verflochten.[25] Ausgabensteuern lassen sich rechtstechnisch schwerlich umsetzen, weil der Privatkonsum einer Rechnungslegung kaum zugänglich ist. Durch die Diskussion von Ausgabensteuern[26] ist insofern Schaden angerichtet worden, als sie es den Gegnern einer konsumorientierten Besteuerung leicht gemacht hat, die Konsumorientierung der Steuersysteme mit einer Totalrevision der Steuerrechtsordnungen zu identifizieren. Damit geriet ein im Kern richtiges Gedankengut ins steuerpolitische Abseits.

Rechtsordnungen können nämlich nicht von heute auf morgen radikal umgestellt werden. Es müssen für den Paradigmenwechsel von einer kapital- zu einer konsumorientierten Besteuerung *sehr lange Zeiträume* in Kauf genommen werden. Dabei müssen die *Übergangsprobleme* niedrig gehalten werden. Eine Anpassung des OECD-vereinheitlichten Regelwerks von *Doppelbesteuerungsabkommens*[27] darf erst gar nicht in Betracht gezogen werden. Die europarechtliche Festschreibung der Steuerrechtsordnungen muß respektiert werden. Daher scheiden für die

[22] Vgl. *Rose, M.* (1991b), S. 7, S. 14, S. 28 ff.
[23] Vgl. *Fisher, I.* (1939); *Fisher, I./Fisher, H.W.* (1942).
[24] Vgl. *Kaldor, N.* (1965).
[25] Vgl. *Joseph, S./Vollrath H.-J.* (1991).
[26] Vgl. pars pro toto: *Fisher, I./Fisher, H.W.* (1942); *Kaldor, N.* (1965); *Andrews, W.D.* (1974); *Zumstein, P.* (1977); *Meade, J.E.* (1978); *Peffekoven, R.* (1980); *Pollak, H.* (1991); *Hinterberger, F./Müller, M./Petersen, H.-G.* (1991); *Musgrave, P.B.* (1991).
[27] Vgl. *Vogel, K.* (1996).

praktische Steuergesetzgebung die *klassischen Ideen einer Alleinsteuer* aus.[28] Alle hochentwickelten Steuerstaaten benötigen ein *Vielsteuersystem*, eine Kombination von *direkten* und *indirekten Steuern*. Für die EU-Staaten sind kraft der zu Art. 99 EG-Vertrag ergangenen Richtlinien das *Umsatzsteuerrecht* sowie das *Recht der indirekten Verbrauchsteuern auf Alkohol, Tabak und Mineralöl*[29] schon weitgehend festgeschrieben. Eine europäisch harmonisierte CO_2-/Energiesteuer wird früher oder später folgen.[30]

Dieses Bündel *indirekter Steuern auf den Verbrauch* bildet im Steuersystem bereits eine Komponente uneingeschränkt verwirklichter konsumorientierter Besteuerung, so daß das Thema eines Paradigmenwechsels *nur für die direkten Steuern auf das Einkommen und Vermögen* zu diskutieren ist. Das Generalthema dieses Hochschulkurses „Einkommen *versus* Konsum" ist insofern etwas mißverständlich formuliert, als es im Kern der Diskussion darum geht, ob *Einkommen kapital- oder konsumorientiert* zu definieren ist. Es geht um die Frage *Kapitaleinkommensbesteuerung*, wie sie *Sinn* in seiner Habilitationsschrift kritisch beleuchtet hat, versus *Konsumeinkommensbesteuerung*.[31]

Ich stelle diesen Gegensatz deshalb so deutlich heraus, weil nicht nur für die allermeisten Juristen, sondern auch für viele Ökonomen der Begriff „Einkommen" *kapitalorientiert im Sinne von Reinvermögenszugang oder Markteinkommen fixiert* ist. Hier finden historische Denkgewohnheiten ihren deutlichen Niederschlag. In dieser Hinsicht etwas fortschrittlicher stellt sich der Stand der juristischen Diskussion in den USA dar. Es wird dort in jedem juristischen Lehrbuch über die Einkommensteuer die Grundfrage der Einkommensdefinition „accretion model" oder „consumption model" behandelt.[32]

Historisch betrachtet waren die Steuersysteme bis zum Ende des 19. Jahrhunderts von den *indirekten Verbrauchsteuern* beherrscht. Der Konsum der Bevölkerung war mit großer Willkür und den bekannten *Regressionswirkungen* besteuert, daß ärmere Schichten und Familien relativ stärker belastet waren als Gutsituierte und Alleinstehende. Die Besteuerung von Einkommen, mit der Großbritannien 1797 während der Amtszeit von *Pitt* den Anfang machte, um den Krieg gegen Napoleon finanzieren zu können, setzte sich im Verlauf des 19. Jahrhunderts nur mühsam und punktuell durch. Die Besteuerung von Einkommen mußte mit Deklarationspflichten verknüpft werden, die auf großen Widerstand stießen und außerordentlich schwer zu administrieren war. Erst in den letzten Jahrzehnten des 19. Jahrhunderts wurden namentlich in Preußen und Österreich *progressive Einkommensteuern* mit Spitzensätzen zwischen 4 und 5 Prozent eingeführt.[33]

Die Dominanz der indirekten Steuern im Verein mit der sozialistischen Bewegung des 19. Jahrhunderts begründete die Auffassung, daß die *Besteuerung des*

---

28 So insb. auch die Alleinsteueridee von *Fisher, I./Fisher, H.W.* (1942).

29 Dazu ausführlich *Jatzke, H.* (1997).

30 Vgl. *Richtlinienvorschläge* (1992, 1995).

31 Vgl. *Sinn, H.-W.* (1985).

32 Vgl. z.B. *Klein, W.A./Bankman, J.* (1993), S. 30 ff.; *McNulty, J.K.* (1995), *McNulty, J.K.* (1989), S. 123 ff.

33 Einkommensteuertarif in Preußen: 0,67-4 Prozent, und in Österreich: 0,6-5 Prozent. Vgl. zur Geschichte der Einkommensteuer mit weiteren Nachweisen *Großfeld, B.* (1981); *Tipke, K./Lang, J.* (1996), § 9 Rz. 5 ff., sowie *Doralt, W./Ruppe, H.G.* (1998), S. 3 ff.

Verbrauchs ungerecht und mit dem Prinzip der Besteuerung nach der Leistungsfähigkeit nicht zu vereinbaren sei.[34] Dies war die Geburtszeit der *kapitalorientierten Besteuerungskonzepte.* Es entstand die Theorie, daß fundierte Vermögenseinkommen steuerlich höher belastet werden könnten als unfundierte Arbeitseinkommen.[35] Diese sog. *Fundustheorie* bildete die Basis für die Rechtfertigung der *Vermögensteuer. Schanz* veröffentlichte 1896 seine erste grundlegende Abhandlung zur *Reinvermögenszugangstheorie.*[36] Während das österreichische Personalsteuergesetz von 1898 den weiten Einkommensbegriff der Reinvermögenszugangstheorie übernahm,[37] wurde mit dem preußischen Einkommensteuergesetz von 1891 a priori ein Dualismus von Reinvermögenszugangs- und Quellentheorie begründet, der die Einkünfte aus der Veräußerung von Privatvermögen ausklammert.[38]

Bis in die achtziger Jahre des 20. Jahrhunderts erlebte die *kapitalorientierte Besteuerung ihre Blütezeit.* Die Anteile der kapitalorientierten Steuern auf das Einkommen am Steueraufkommen stiegen ständig. Eine Kapitaleinkommensteuer mit scharfer Progression galt als das Herzstück eines gerechten, an der Leistungsfähigkeit des Bürgers orientierten Steuersystems. Diese Auffassung war nicht nur in Sozialstaaten wie Schweden, sondern ebenso in freiheitlich organisierten Staaten wie den USA verbreitet. 1944 erreichte der Spitzensatz der amerikanischen Einkommensteuer, deren umfassender Einkommensbegriff bis heute an der Reinvermögenszugangstheorie, dem erwähnten „accretion model" von *Haig* und *Simons*[39] ausgerichtet ist, 94 Prozent und bewegte sich in den 50er und 60er Jahren immer noch zwischen 80 und 70 Prozent, bis der amerikanische Spitzensatz 1965 auf 70 Prozent und ab 1972 auf 50 Prozent reduziert wurde.[40] Die hohen Steuersätze bereiteten den Nährboden für ein breites Spektrum von Maßnahmen der Steuervermeidung sowohl auf der Ebene der Rechtsgestaltung als auch auf der Ebene der Gesetzgebung. Es setzte sich allmählich die Erkenntnis durch, daß diese Art von Steuern nicht so bezahlt wurden, wie sie konzipiert waren.

Die Wende kam mit der erwähnten amerikanischen Tarifsenkungsreform von 1986.[41] Seitdem geht international die Kapitalorientierung der Steuersysteme zurück, indem die Steuersätze der Einkommen- und Unternehmensteuern mitunter erheblich abgesenkt und Steuern auf das Vermögen ganz abgeschafft wurden. Von dieser Entwicklung sind insbesondere die jüngsten Steuerreformen in Österreich

---

[34] Vgl. hierzu *Tipke, K.* (1993), Bd. II, S. 889 ff.

[35] Dazu mit weiteren Nachw. *Tipke, K.* (1993), Bd. II, S. 775 ff.; *Tipke, K./Lang, J.* (1996), § 4 Rz. 100, sowie jüngst das deutsche Bundesverfassungsgericht in dem Vermögensteuerbeschluß vom 22.6.1995, BVerfGE Bd. 93, S. 121, S. 139: „Die geltende Vermögensteuer führt die mit dem Preußischen Ergänzungssteuergesetz geschaffene Konzeption einer ergänzenden Besteuerung des fundierten Einkommens fort. Schon das Preußische Ergänzungssteuergesetz war von dem damals bestimmenden Gedanken einer 'ergänzenden Abgabe' (Begründung zum Entwurf eines Ergänzungssteuergesetzes, Preußisches Haus der Abgeordneten, 1892/93, Aktenstück Nr. 6, S. 521) durch Besteuerung des 'fundierten Einkommens' geprägt..."

[36] Vgl. *Schanz, G.* (1896), *Schanz, G.* (1922).

[37] *Doralt, W./Ruppe, H.G.* (1998), S. 6, zitieren den Wortlaut des § 159 PersStG.

[38] Vgl. *Tipke, K.* (1973); *Tipke, K.*. (1993), Bd. II, S. 645 ff.; *Tipke, K./Lang, J.* (1996), § 9 Rz. 181 ff.

[39] Vgl. *Haig, R.M.* (1921), *Simons, H.C.* (1938).

[40] Vgl. *Klein, W.A./Bankman, J.* (1993), S. 4 ff.; *McNulty, J.K.* (1989).

[41] Vgl. Fußnote 11.

geprägt: Die Abschaffung der Vermögen- und Gewerbesteuer, die Einführung der sog. Endbesteuerung von Dividenden und Zinsen und die Möglichkeit steuerfreier Thesaurierung in Privatstiftungen bilden markante Eckpunkte einer konsumorientierten Steuerreform.[42] Demgegenüber befindet sich Deutschland im deutlichen Rückstand. Immerhin hat das Bundesverfassungsgericht[43] die Vermögensteuer zu Fall gebracht und mit dem Gesetz zur Fortsetzung der Unternehmenssteuerreform vom 29.10.1997[44] ist die Gewerbekapitalsteuer abgeschafft worden. Der Paradigmenwechsel von einem kapital- zu einem konsumorientierten Steuersystem hat schon sichtbar begonnen; die Steuergesetzgebung hat die Herausforderung einer Konsumorientierung des Steuersystems schon längst aufgenommen.

Das Problem ist hier allerdings, daß sich der *Rückzug aus der Kapitalorientierung des Steuersystems* ebenso ungeordnet vollzieht wie vorher die Kapitalorientierung des Steuersystems das berüchtigte Steuerchaos produziert hat. Es zeigt sich wieder der Entwicklungsrückstand des Steuerrechts, der es verhindert, daß sich das Steuerrecht prinzipientreu fortbildet. Aus diesem Defizit ergibt sich nun die Aufgabe, der Gesetzgebung Lösungen zu präsentieren, welche das Steuerrecht auf eine *rechtsdogmatisch höhere Stufe führen können*. Demnach muß die Konsumorientierung des Steuersystems zur *rechtsdogmatischen Konsolidierung* beitragen können, damit das Steuerrecht eines Tages ebensoviel Planungssicherheit zu vermitteln vermag wie das klassische Zivilrecht.

Ich stelle den Aspekt rechtsdogmatischer Konsolidierung deshalb so deutlich heraus, weil sich konsumorientierte Besteuerungsformen legislatorisch nur mit den vertrauten Institutionen des geltenden Rechts umsetzen lassen. Wer sich mit der rechtlichen Umsetzung konsumorientierter Besteuerungsformen befaßt, der muß mit einem für Ökonomen schier unglaublichen Beharrungsvermögen der in der Legislative tätigen Juristen rechnen. Dieses Beharrungsvermögen ist aber der Natur des Rechts durchaus angemessen.

Nachdem nun die indirekte Besteuerung des Konsums europarechtlich bestimmt wird und die Steuern auf das Vermögen weitgehend abgeschafft worden sind, konzentriert sich die legislatorische Aufgabe auf die *Besteuerung der Einkommen*. Dabei stellen die erwähnten Tarifsenkungsreformen nur second-best-Lösungen dar. Eine Rechtsreform der Besteuerung hat sich vordringlich den *Bemessungsgrundlagen* zuzuwenden und dort Ordnung zu schaffen. Niedrige Steuersätze gewährleisten noch keine Besteuerungskonsistenz. In den USA blieb die Bemessungsgrundlage der Einkommensteuer auch nach 1986 so lückenhaft wie zuvor; diese enthält soviele Ausnahmen, daß der Gesetzgeber genötigt war, eine „Alternative Minimum Tax“ einzuführen, deren Bemessungsgrundlage nicht das „taxable income“, sondern das wirtschaftliche Einkommen erfassen will. Das kapitalorientierte „accretion model“ von *Haig* und *Simons* ist in der Rechtspraxis gründlich gescheitert. Gleichwohl blieb die Debatte um ein „consumption model of income taxation“ ein akademisches Glasperlenspiel. Dieser Debatte möchte ich mich nunmehr zuwenden.

---

[42] Vgl. *Gassner, W.* (1996); *Jann, M.* (1996); *Lang, M.* (1995), *Lang, J.* (1996), sowie *Genser, B.* (1998).

[43] Beschluß vom 22.6.1995, BVerfGE Bd. 93, S. 121 (vgl. Fußnote 35).

[44] Bundesgesetzblatt vom 31.10.1997, Teil I, S. 2590.

3. Rechtliche Gründe für die Konsumorientierung der Steuern auf das Einkommen

Bei dieser Debatte geht es im wesentlichen um zwei Steuerarten, um die *Einkommensteuer für natürliche Personen* und um die *Einkommensteuer für Unternehmen*, entweder in Gestalt der *Körperschaftsteuer* oder in Gestalt einer *rechtsformneutralen Unternehmensteuer*, die ich in meinem „Entwurf eines Steuergesetzbuchs" empfehle.[45]

Die rechtlichen Gründe für die Konsumorientierung dieser Steuern auf das Einkommen ergeben sich aus dem *Scheitern der Kapitaleinkommensbesteuerung in der Rechtspraxis*. Die Reinvermögenszugangstheorie provozierte soviele Lücken und Ausnahmen der Besteuerung, daß sie in keinem Land der Welt einigermaßen konsistent verwirklicht ist. Ein besonderes Problem ist der *mangelnde Inflationsschutz* der kapitalorientierten Besteuerung. Dies führte in Deutschland zu der vielbeklagten *Misere der Zinsbesteuerung*:[46] die Steuerpflichtigen widerstehen der kapitalorientierten Besteuerung durch *Steuerhinterziehung*, indem sie ihr Kapital nach Luxemburg und andere Plätze bringen, wo Zinsen nicht besteuert werden. Die Steuerpflichtigen stellen durch strafbares Verhalten die *Zinsbereinigung der Besteuerung* her. Hier drängt sich die Frage auf, ob das Strafrecht zum Büttel eines falschen Steuerrechts geworden ist.

Im Hinblick auf solches Scheitern der Kapitaleinkommensbesteuerung stellen sich für die Steuergesetzgebung nun die Fragen nach den *richtigen Formen der Besteuerung* von Einkommen.

4. Konsumorientierung der Einkommensteuer

4.1. Belastung der Konsumleistungsfähigkeit durch die progressive Einkommensteuer

Für die progressive Einkommensteuer ist zunächst festzustellen, daß sie im Prinzip bereits den Charakter einer *konsumorientierten Steuer* hat. Die klassische *opfertheoretische* Rechtfertigung des *progressiven* Einkommensteuertarifs knüpft an die *Konsumleistungsfähigkeit* an. Das zu versteuernde Einkommen repräsentiert das für den Konsum verfügbare Einkommen, das in Höhe des existenznotwendigen Lebensbedarfs steuerfrei zu stellen ist und in Höhe des Luxuskonsums besonders hoch besteuert werden kann. Diese Rechtfertigung der progressiven Einkommensteuer hat bereits *Rousseau* in seinem „*Discours sur l'économie politique*" von 1755 geliefert. Allerdings ging *Rousseau* von der herkömmlichen Auffassung aus, daß die Steuer nach der Größe des *Vermögens* abgestuft werden müßte.[47] Dieser Rekurs auf das Vermögen bewirkte schon im 18. Jahrhundert die Idee einer kapitalorientierten Einkommensteuer und damit einen elementaren Geburtsfehler der

[45] Vgl. *Lang, J.* (1993), §§ 150-174.
[46] Vgl. nur *Tipke, K.* (1989), *Tipke, K.* (1998).
[47] Vgl. *Mann, F.K.* (1937), S. 162-164.

Einkommensteuer, der die opfertheoretisch folgerichtige Entwicklung des Einkommensteuertatbestandes wesentlich behinderte.

4.2. Kapital- und Konsumorientierung der Bemessungsgrundlage

4.2.1. *Dualistischer Aufbau der Bemessungsgrundlage*

Die hybride Kapital- und Konsumorientierung der Bemessungsgrundlage ist in ihrem *dualistischen Aufbau* angelegt: Sie mißt zunächst die objektive Leistungsfähigkeit durch den Ansatz von *Markteinkommen* und sodann die subjektive Leistungsfähigkeit durch *private Abzüge*, welche die individuelle Konsumsituation des Steuerpflichtigen berücksichtigen. Die internationale Formel lautet: adjusted gross income minus personal deductions. Den dualistischen Ansatz hat *Wagner*[48] begründet; er ist mit der von *Tipke* begründeten Lehre des sog. *indisponiblen Einkommen* dogmatisch verfeinert worden: Nach dem sog. *privaten Nettoprinzip* ist der für den *notwendigen Lebensbedarf* zu verwendende und demnach für die Steuerzahlung *indisponible* Teil des Markteinkommens aus der Bemessungsgrundlage auszuscheiden.[49] Diese Lehre wird mittlerweile sowohl vom deutschen Bundesverfassungsgericht[50] als auch vom österreichische Verfassungsgerichtshof zum *familiären Existenzminimum* und zur *Minderung der steuerlichen Leistungsfähigkeit durch Unterhaltslasten*[51] vollzogen.

Für Juristen ist es evident, daß bei gleich hohem Markteinkommen eine Familie steuerlich weniger leistungsfähig ist als ein Junggeselle. Es genügt nicht, die individuelle Konsumleistungsfähigkeit in einer tariflichen Nullzone zu berücksichtigen. Die kapitalorientierte, nur am Markteinkommen ausgerichtete Betrachtungsweise weist ein Defizit in der Messung von Leistungsfähigkeit auf, das aus juristischer Sicht nicht hinnehmbar ist. Deshalb entwickelt sich die Rechtsdogmatik der Bemessungsgrundlage international zu einer exakteren Bestimmung der indiduellen Konsumleistungsfähigkeit in der einkommensteuerrechtlichen Bemessungsgrundlage.

---

48 Vgl. *Wagner, A.* (1890), S. 444: „Die wirtschaftliche Leistungsfähigkeit einer Person liegt in zwei Reihen von Momenten, solchen, welche den Erwerb und Besitz von Sachgütern, und solchen, welche die Verwendung dieser Güter zu eigener oder Anderer pflichtgemäß zu ermöglichender Bedürfnisbefriedigung betreffen." Dieses dualistische Konzept ist grundlegend von *Bredt, J.V.* (1912) vertieft worden. Vgl. m. w. Nachw. *Lang, J.* (1988), S. 34-35.

49 Grundlegend *Tipke, K.* (1971), S. 16f. Vgl. m. w. Nachw. *Lang, J.* (1988), S. 191ff., S. 517 ff.; *Tipke, K.* (1993), Bd. II, S. 672 ff.; *Tipke K./Lang, J.* (1996), § 9 Rz. 42 ff., Rz. 81 ff.

50 Grundlegend das Urteil des Ersten Senats vom 3.11.1982, BVerfGE 61, 319, 344, sowie Beschluß des Ersten Senats vom 29.5.1990, BVerfGE 82, 60, Leitsatz 2 („Bei der Einkommensbesteuerung muß ein Betrag in Höhe des Existenzminimums der Familie steuerfrei bleiben, nur das darüber hinausgehende Einkommen darf der Besteuerung unterworfen werden"), und schließlich der Existenzminimum-Beschluß des Zweiten Senats vom 25.9.1992, BVerfGE 87, 153.

51 Vgl. *Doralt, W./Ruppe, H.G.* (1998), S. 18, und zur jüngsten Erkenntnis vom 17.10.1997 vgl. *Quantschnigg, P.* (1997).

4.2.2. Von gescheiterten Einkommenskonzepten zur Markteinkommenstheorie

Vor diesem Hintergrund stellt sich nunmehr die Grundfrage, ob es nicht juristisch folgerichtig wäre, auch den Maßstab objektiver Leistungsfähigkeit,also die „Summe der Einkünfte", das „adjusted gross income" konsumbasiert zu bestimmen. Eine durchgängig „konsumorientierte" Bemessungsgrundlage würde durchaus dem „konsumorientiert" progressiven Einkommensteuertarif entsprechen.

Jedoch wird der Weg zu einer reinen „Konsumorientierung der Einkommensteuer" durch die tradierten *Kapitaleinkommenstheorien* (Reinvermögenszugangs-, Quellen- und Markteinkommenstheorie)[52] versperrt. Einerseits haben sich diese Theorien im Rechtsdenken bereits festgesetzt. Andererseits hat der Jurist zu klären, warum die Reinvermögenszugangstheorie in der Rechtspraxis so dramatisch gescheitert ist. Dabei kann die überraschende Entdeckung gemacht werden, daß selbst die Reinvermögenszugangstheorie *konsumbasierte Elemente* enthält. *Schmoller*, der nicht nur *Schanz*, sondern auch *Haig* beeinflußt hat, definierte Einkommen als die Summe von Mitteln, welche der Einzelne in einer Periode für sich und seine Familie verwenden kann, ohne den Vermögensstamm anzugreifen.[53]

Die *Schmoller*'sche Definition verlangt ebenso wie die Einkommensbegriffe von *Haig* und *Schanz*, daß *Vorgänge der privaten Konsumsphäre* erfaßt und bewertet werden, so u.a. die Nutzungswerte privater Konsumgüter und die Wertschöpfungen in der Privatsphäre (sog. imputed income).[54] Nach diesem theoretischen Ansatz können z.B. Liebhabereieinkünfte nicht negativ werden, weil die Nutzungswerte einer Jagd, einer Yacht etc. stets größer als die Aufwendungen sind. Derartige Konsumbasierungen des Einkommens lassen sich nicht juristisch folgerichtig und gleichheitssatzkonform vollziehen. Z.B. ist es mit dem Gleichheitssatz nicht zu vereinbaren, daß nur die Immobiliennutzungswerte und nicht die Nutzungswerte anderer Konsumgüter von der Yacht bis zum Fahrrad besteuert werden. Auch die Bewertung konsumbasierte Einkommensteile bereitet unüberwindliche Schwierigkeiten; man denke nur an den Einkommenswert der Hausfrau. Diese Art von Konsumorientierung des Einkommens hat also in eine falsche Richtung der Rechtsentwicklung geführt.

Der Jurist betrachtet die Frage des richtigen Einkommensbegriffs eben nicht von der hohen modelltheoretischen Ebene, wo sich - um an das schöne Metapher von *Wagner*[55] anzuknüpfen - Innsbruck wie ein Häuserfleck in der Alpenlandschaft darstellt. Der Jurist arbeitet in einzelnen Häusern und Zimmer und erlebt dort die ganze Verwinkelung des Steuerchaos. Das kann für ihn natürlich auch sehr profitabel sein. Es ist wesentlich dem Scheitern der Reinvermögenszugangstheorie zu

---

[52] Dazu m. w. Nachw. *Tipke, K./Lang, J.* (1996), § 9 Rz. 50 ff.

[53] *Schmoller, G.* (1863), S. 52: „Summe von Mitteln, welche der Einzelne, ohne in seinem Vermögen zurückzukommen, für sich und seine Familie, für seine geistigen und körperlichen Bedürfnisse, für seine Genüsse und Zwecke, kurz für die Steigerung seiner Persönlichkeit in einer Wirthschaftsperiode verwenden kann." Zu dem Einfluß Schmollers auf die Steuerlehre ausführlich *Hansen, R.* (1990) und auf die Einkommensteuergesetzgebung namentlich in Sachsen *Hansen, R.* (1996), S. 179 ff.

[54] Vieldiskutiertes Beispiel: die Wertschöpfung der Hausfrau, vgl. *Böckli, P.* (1978).

[55] Vgl. *Wagner, F.W.* (1998).

verdanken, daß die amerikanischen Steueranwälte vor den Ärzten zu den Spitzenverdienern der Freiberufler in den USA gehören. Aus rechtsdogmatischer Sicht ist dies ein ziemlich unerträglicher Zustand.

Daher ist das Kapitaleinkommenskonzept in Österreich und Deutschland auf das Markteinkommen reduziert worden.[56] Die Markteinkommenstheorie läßt sich rechtspraktisch gut umsetzen. Die rechtswissenschaftliche Dogmatisierung der Markteinkommenstheorie ist wesentlich von dem Grazer Steuerrechtler *Ruppe* eingeleitet worden. Inzwischen ist die Markteinkommenstheorie von Wissenschaft und Rechtsprechung in Österreich und Deutschland vielfältig in Bezug auf die Abgrenzung der steuerbaren Einkünfte, die persönliche Zurechnung von Einkünften und die Ermittlung der Einkünfte verfeinert worden.[57] Eine Totalabkehr von der Kapitalorientierung des Einkommens ließe eine organische Rechtsreform, die rechtliche Strukturen evolutionär weiterentwickelt, niemals zu.

Eine Totalabkehr ist auch nicht erforderlich. Vielmehr geht es bei einer Rechtsreform darum, die *Regelhaftigkeit des Steuerrechts* durch *zweierlei* zu verbessern. Zum einen muß das Markteinkommen vollständig erfaßt, Lücken konsequent zum Beispiel im Bereich privater Veräußerungseinkünfte geschlossen und lenkende Sozialzwecknormen[58] eliminiert werden. In Deutschland zahlen zur Zeit viele Spitzenverdiener wegen der Ostabschreibungen und anderer Steuersubventionen überhaupt keine Einkommensteuer mehr. Das ist mit der Besteuerung nach der Leistungsfähigkeit gänzlich unvereinbar.

4.2.3. Konsumorientierung der Markteinkommen

Zum anderen müssen jedoch die Markteinkommen durch *Formen konsumorientierter Besteuerung* so modifiziert werden, daß die kapitaleinkommenstheoretischen Mängel in den *Normwirkungen* aufgehoben sind, sich also die Besteuerung im Ergebnis als spar- und investionsfreundlich, inflationsneutral und intertemporal neutral darstellt. Die Basis der Konsumorientierung ist also das *Markteinkommen*, so daß die Finanzverwaltung im Unterschied zur Ausgabensteuer und auch zur Erfassung und Bewertung konsumbasierter Einkommensteile der Reinvermögenszugangstheorie die *private Konsumsphäre grundsätzlich nicht beobachten muß.*[59]

---

56 Vgl. *Ruppe, H.G.* (1978), *Ruppe, H.G.* (1990), Anm. 17; *Lang, J.* (1988), S. 45 ff., S. 229 ff; *Wittmann, R.* (1992); *Tipke, K./Lang, J.* (1996), § 9 Rz. 52; *Doralt, W./Ruppe, H.G.* (1998), S. 17: „Das österreichische EStG besteuert prinzipiell nur das am Markt erworbene Einkommen...". Die *„Petersberger Steuervorschläge"* (1997), S. 9, bezeichnen das Markteinkommensprinzip als ein „bewährtes Grundprinzip des Einkommensteuerrechts".

57 Vgl. m. w. Nachw. *Tipke, K./Lang, J.* (1996), § 9 Rz. 52, 121 ff., 206 ff., 404 ff.

58 Dazu die Nachweise in Fußnote 18.

59 Dies verkennt *Homburg, St.* (1997a), S. 111, wenn er meint, bei der Sparbereinigung der Einkommensteuer seien „zusätzliche Beobachtungen über die Einkommensverwendung anzustellen". Das ist schlicht falsch, wie man z.B. bei der bereits in Österreich verwirklichten Sparbereinigung von Alterseinkünften erkennen kann. In Kroatien ist die Einkommensteuer auf der Grundlage des von mir (*Lang, J.* (1993), § 105 Abs. 2) formulierten Markteinkommens zinsbereinigt worden. Neuerdings scheint man daher nicht mehr die auch für namhafte Ökonomen mißverständnisanfällige Terminologie der „konsumorientierten Einkommen-

Es werden zwei Alternativen diskutiert, die in ihrer *ökonomischen Wirkung* gleichwertig sind, die *Zinsbereinigung* und die *Sparbereinigung* der Bemessungsgrundlage.[60] Im Falle der Zinsbereinigung werden Markteinkommen nur besteuert, soweit sie die marktübliche Normalverzinsung des eingesetzten Kapitals überschreiten. Im Falle von Kapitalvermögen bedeutet das einen vollständigen Verzicht auf die Besteuerung der Zinsen.

Man kann nun die Frage aufwerfen, ob die faktische Nichtbesteuerung der Zinsen zum Rechtsprinzip zu erheben ist. Das wäre der Einstieg in die Zinsbereinigung. Ich persönlich habe im Zusammenhang mit den Steuerhinterziehungsverfahren schon einige Vorstöße unternommen, bin aber immer wieder auf eisige Ablehnung gestoßen. Der kriminelle Charakter der gegenwärtigen Zinsbereinigung ist eher ein Hinderungs- als ein Förderungsgrund für die Akzeptanz der Zinsbereinigung. Auch das bereits von *Schneider*[61] herausgestellte Verhältnis der Vermögenseinkünfte zu den Arbeitseinkünften behindert wesentlich die Akzeptanz der Zinsbereinigung, zumal sich Ökonomen nicht nur der älteren, sondern auch der jüngeren Generation[62] entschieden gegen die Zinsbereinigung der Einkommensteuer aussprechen. Mithin scheint unter Ökonomen die Zinsbereinigung der Einkommensteuer ebenso wie deren Sparbereinigung auf absehbare Zeit umstritten zu bleiben, was für eine juristische Konsensbildung äußerst abträglich ist.

Aus juristischer Sicht sehe ich bessere Chancen für die *Sparbereinigung von Markteinkommen*, weil sie dem rechtlichen Typus der persönlichen Einkommensteuer entspricht. Die Sparbereinigung basiert auf dem Typus der Einnahmen-Ausgaben-Überschußrechnung[63] oder der *Cash-flow Rechnung*. Die schlichte Aufzeichnung von Einnahmen und Ausgaben ist der Regeltypus der Einkünfteermittlung im Einkommensteuerrecht. Die Bilanzierung der gewerblichen Einkünfte ist die Ausnahme.

Das Wort „Sparbereinigung" birgt allerdings das Mißverständnis, daß gespartes Einkommen überhaupt nicht besteuert wird. Neuerdings spricht man von *nachgelagerter Besteuerung*, was für Juristen verständlicher macht, daß das gesparte Einkommen nicht steuerfrei bleibt, sondern erst im Zeitpunkt des *Entsparens* besteuert wird. Die Konsumorientierung des Markteinkommens verdichtet sich also zur Frage des *Besteuerungszeitpunktes*.

Der Ausgangspunkt der Rechtsentwicklung ist die *Besteuerung der Alterseinkünfte*: Das Bundesverfassungsgericht hat schon 1980 die Verletzung des Gleichheitssatzes moniert,[64] so daß es aus juristischer Sicht geboten ist, die Be-

---

steuer" gebrauchen zu wollen. *Greß, M./Rose, M./Wiswesser, R.* (1998) sprechen nunmehr von „marktorientierter Einkommensteuer".

60 Vgl. *Kaiser, M.* (1992); *Kiesewetter, D.* (1997); *Lang, J.* (1996); *Richter, H.* (1994); *Rose, M.* (1991b), *Rose, M.* (1992), *Rose, M.* (1998); *Schwinger, R.* (1992); *Wagner, F.W.* (1988); *Wagner, F.W./Schwinger, R.* (1991); *Wagner, F.W./Wenger, E.* (1996); *Wenger, E.* (1983), *Wenger, E.* (1997), sowie der *Kronberger Kreis* (1996), der wie die Heidelberger KNS-Gruppe (*Rose, M., Wagner, F.W., Wenger, E.*) die Zinsbereinigung der Einkommensteuer präferiert.

61 Vgl. *Schneider, D.* (1998).

62 So z.B. *Homburg, St.* (1997a), S.111-114, *Homburg, St.* (1997b), S. 224-227.

63 Aus juristischer Sicht überzeugend *Wagner, F.W.* (1988).

64 BVerfG vom 26.3.1980, BVerfGE 54, 11. Sehr grundsätzlich zur steuerlichen Gleichbehandlung von Alterseinkünften zuletzt *Seer, R.* (1996).

steuerung der Alterseinkünfte zum Thema einer großen Steuerreform zu machen. Wie ich schon bemerkte, ist der Beamte bereits nachgelagert besteuert. Folglich muß auch bei den sozialversicherten Pensionären zugelassen werden, daß sie nachgelagert besteuert werden, wie dies in Österreich bereits geschieht. Das System der nachgelagerten Besteuerung kann schließlich auf andere Vorsorgeformen, Pensionsfonds und eine betriebliche Altersversorgung erweitert werden, so daß der wesentliche Teil der Zukunftsvorsorge nach einem kürzeren oder längeren Zeitraum konsumorientiert besteuert wäre. Im Unterschied zu dem gegenwärtigen Chaos bei der steuerlichen Behandlung der Zukunftsvorsorge wären die wichtigsten Felder der privaten Vermögensbildung nach einem einheitlichen juristischen Konzept geregelt, das Inflationsneutralität und intertemporale Neutralität gewährleistet.

Als Jurist betrachte ich die Neutralitätspostulate natürlich nicht auf einem hohen modelltheoretischen Niveau, sondern mehr erdhaft und primitiv. So ist z.B. die Steuergleichheit für den Juristen in einsichtiger Weise verletzt, wenn Personen wie zum Beispiel Sportstars in wenigen Jahren ihr Lebenseinkommen erwirtschaften und dadurch periodisch progressiv sehr viel höher belastet werden als Beamte, deren Lebenseinkommen auf sehr viele Perioden verteilt ist.[65] Derartige Besteuerungsunterschiede sollten durch nachgelagerte Besteuerung eingeebnet werden.

5. Zinsbereinigung der Besteuerung von Unternehmen

5.1. Erweiterung der Körperschaftsteuer zu einer globalen Unternehmensteuer als Voraussetzung für die Gleichmäßigkeit der Zinsbereinigung

Die nachgelagerte Besteuerung im Bereich der Einkommensteuer für natürliche Personen kann nun durch die *Zinsbereinigung bilanziell ermittelter Gewinne* bei der Besteuerung von *Unternehmen* ergänzt werden.[66] Ein mit dem Gleichheitssatz übereinstimmendes Konzept muß im Prinzip *für alle mit Kapitaleinsatz erwirtschafteten Gewinne* offen sein. Das bedeutet *strikte Rechtsformneutralität* der Unternehmensbesteuerung in Gestalt einer *globalen Unternehmensteuer* oder *Gewinnsteuer*, die auch Einkünfte aus *Privatvermögen*, insbesondere Einkünfte aus

---

[65] Schon vor 20 Jahren hat mich die empirische Analyse von *Franke, S.F.* (1979), beeindruckt. Für Juristen gut verständlich beschreibt auch *Homburg, St.* (1997b), S. 224-227, die Problematik überperiodischer Gleichmäßigkeit, allerdings mit dem für mich überraschenden Ergebnis, daß mit dem Argument überperiodischer Gleichmäßigkeit der „jahrhundertealte Streit um die Frage, welche Besteuerung überperiodisch gerecht sei", nicht entschieden werden könne. Das Argument überperiodischer Gleichmäßigkeit widerlegt meines Erachtens gerade die Periodensicht des Schanz-Haig-Simons-Konzepts und verdeutlicht die Verzerrung der Belastungsgleichheit durch die auf Perioden eingeengte Besteuerung der „Vermögensbildung als potentiellem Zukunftskonsum", so *Homburg, St.* (1997b), S. 227.

[66] Vgl. das in meinem „Entwurf eines Steuergesetzbuchs", *Lang, J.* (1993), §§ 150-174, formulierte Modell einer zinsbereinigten Unternehmensteuer, nach dem die kroatische Gewinnsteuer ausgestaltet worden ist.

Vermietung und Verpachtung erfaßt.[67] Die Besteuerung von Unternehmen ist weder in Österreich noch in Deutschland rechtsformneutral; in Österreich ist allerdings schon ein relativ hoher Grad der Rechtsformneutralität erreicht und im wesentlichen nur die unterschiedliche Besteuerung der thesaurierten Gewinne von Personenunternehmen und Kapitalgesellschaften zu bemängeln.[68]

Im europäischen Ausland sind nahezu alle Unternehmen *körperschaftsteuerpflichtig*, so daß die Körperschaftsteuer in Europa schon weitgehend die Funktion einer globalen Unternehmensteuer hat. Demgegenüber nimmt Deutschland insofern eine besondere Stellung ein, als etwa 85 Prozent der Unternehmen *Personenunternehmen* sind. Deren Gewinne unterliegen der progressiven Einkommensteuer, während nur eine Minderheit der deutschen Unternehmen körperschaftsteuerpflichtig ist. Daher wäre der Erweiterung der Körperschaftsteuer zu einer globalen Unternehmensteuer für die Zinsbereinigung der Unternehmensgewinne unabdingbar.

In die Unternehmensteuer müssen besonders auch die *Einkünfte aus Vermietung und Verpachtung* einbezogen werden, weil sie sich in einem Konzept der nachgelagerten Besteuerung nur schwerlich ermitteln lassen. § 32 Abs. 4 des kroatischen Einkommensteuergesetzes[69] gewährt eine Option für die Gewinnsteuer. Danach können kleine Einkünfte aus Vermietung und Verpachtung im Bereich der Einkommensteuer gelassen werden, wo sie nicht konsumorientiert oder gar nur pauschaliert ermittelt werden, während die großen Einkünfte zinsbereinigt besteuert werden können; dabei müssen diese Einkünfte allerdings per Bilanzierung ermittelt werden.

5.2. Grundsatz der Einmalbesteuerung und Anrechnung der Unternehmensteuer auf die Einkommensteuer

Ein weiteres Grundproblem, das im Zusammenhang mit der Zinsbereinigung diskutiert werden muß, ist die Frage der *Anrechnung der Unternehmensteuer auf die Einkommensteuer*. Bei der Körperschaftsteuer gibt es die verschiedensten Spielarten von Nichtanrechnung im klassischen System mit dem Effekt der Doppelbelastung mit Körperschaftsteuer und Einkommensteuer bis hin zu den diversen Teil- und Vollanrechnungsverfahren. In Kroatien wird der Unternehmensgewinn auf der Ebene der Gewinnsteuer nach dem *Grundsatz der Einmalbesteuerung abschlie-*

---

67 In meinem „Entwurf eines Steuergesetzbuchs", *Lang, J.* (1993), §§ 22, 151-152, erfaßt die Unternehmensteuer grundsätzlich alle Unternehmer und Unternehmen im Sinne des Umsatzsteuerrechts (steuerrechtliche Einheit des Unternehmer-/Unternehmensbegriffs!). Nicht buchführungspflichtigen Unternehmen ist eine Option für die Unternehmensteuer und freiwillige Buchführung eingeräumt, *Lang, J.* (1993), § 152 Abs. 1. Die umsatzsteuerrechtliche Terminologie erfaßt auch die *private Vermögensverwaltung*, insbesondere *Vermietungen und Verpachtungen*, deren Gewinne per Option der zinsbereinigten Unternehmensteuer unterworfen werden können.

68 Vgl. *Gassner, W.* (1996), S. 3-4.

69 Fassung vom 14.4.1995 (Narodne novine Nr. 25) mit Berichtigung vom 28.7.1995 (Narodne novine Nr. 52) und Änderungen vom 17.12.1996 (Narodne novine Nr. 106).

ßend mit 35 Prozent besteuert.[70] Demgegenüber beträgt der Grenzsteuersatz der Einkommensteuer in der ersten Tarifzone (dreifacher Grundfreibetrag) 20 Prozent und in der dann folgenden zweiten Tarifzone 35 Prozent.[71]

Bei derart niedrigen Einkommensteuersätzen bereitet die Besteuerung auf Unternehmensebene keine allzu großen Akzeptanzprobleme. Demgegenüber fundieren einkommensteuerliche Spitzensätze von mehr als 40 Prozent das Bedürfnis nach einer *Vollanrechnung* mit dem Ziel, Einkünfte aus einem Unternehmen und andere Einkunftsarten *progressiv gleichzubesteuern*. Im Falle der Vollanrechnung ist das Problem der Finanzierungsneutralität zu lösen, das im Falle von Überschneidungen der nachgelagerten Besteuerung mit der Zinsbereinigung auftritt. Mit diesem Thema befaßt sich die Dissertation von *Kiesewetter.*[72]

5.3. Aufkommenseffizienz und bilanzpolitische Neutralität der zinsbereinigten Unternehmensteuer

Erfreulicherweise hat sich das Konzept der zinsbereinigten Unternehmensteuer nicht nur aus der Sicht des Steuerzahlers, sondern auch aus der Sicht des Staates bewährt. Nach einer Äußerung des kroatischen Finanzministers *Bozo Prka* lagen die Steuereinnahmen um 25 Prozent über den Erwartungen.[73] Die Meinung, die Zinsbereinigung der Unternehmensbesteuerung müßte durch Verlagerung der Steuerbelastung auf Arbeitseinkommen bezahlt werden, hat sich als falsch herausgestellt.

Die *Aufkommenseffizienz* der zinsbereinigten Unternehmensteuer beruht neben den bekannten makroökonomischen Effekten auch auf spezifisch steuerrechtlichen Wirkungen, die in makroökonomischen Rechnungen häufig unberücksichtigt bleiben, so z.B. auf dem Bestreben der Steuerpflichtigen, Unternehmensgewinne durch Verrechnungspreise u.a. Gestaltungstechniken in günstig besteuerte Länder zu verlagern, worunter Deutschland besonders zu leiden hat. Als besonders aufkommenseffizient erweist sich die Eigenschaft der Zinsbereinigung, das *Ziel steuerbilanzieller Gewinnminimierung zu neutralisieren*. Die Zinsbereinigung erzeugt ein starkes Interesse an einem hohen Eigenkapital in der Steuerbilanz, so daß der Unternehmer von sich aus darauf verzichtet, Rückstellungen und andere gewinnmindernde Bilanzposten zu bilden. Dadurch ist der Abschied vom Prinzip der Maßgeblichkeit der niederstbewertenden Handelsbilanz für die Steuerbilanz im Einvernehmen mit den Unternehmern eingeleitet. Es fällt leichter, die im internationalen Vergleich zu weiche Bemessungsgrundlage des österreichischen und deutschen Bilanzrechts härter zu machen.

---

70 § 13 Abs. 1 Gewinnsteuergesetz in der Fassung vom 26.5.1995 (Narodne novine Nr. 35) mit Änderungen vom 17.12.1996 (Narodine novine Nr. 106).

71 Vgl. § 5 Einkommensteuergesetz in der geänderten Fassung vom 17.12.1996 (Fußnote 69).

72 Vgl. bereits *Kiesewetter, D.* (1997).

73 Vgl. *Finanzen* (1995), Nr.2, S. 120.

5.4. Internationale Kompatibilität der zinsbereinigten Unternehmensteuer

In einer Welt kapitalorientierter Steuersysteme hat die zinsbereinigte Unternehmensteuer eine ganz erhebliche Kapitalanreizwirkung, die sich im internationalen *Wettbewerb der Steuersysteme* glänzend zu behaupten vermag. Ihre Neutralitätseigenschaften konstituieren eine der herkömmlichen Unternehmensbesteuerung weit überlegene Qualität von Steuergerechtigkeit, so daß es abwegig ist, sie einem sog. *unfairen Wettbewerb* zuzuordnen, zumal die Besteuerungsform der Zinsbereinigung für Steuerinländer wie für Steuerausländer gilt. Nach unserer Einschätzung würde die zinsbereinigte Unternehmensteuer sehr schnell in vielen Ländern eingeführt werden, wenn ein bedeutendes Land den Anfang machen würde. Auf längere Sicht gesehen erscheint uns die zinsbereinigte Unternehmensteuer auch als die richtige europäische Lösung, gerade weil sie im Grundsatz geeignet ist, die steuerbedingten Wettbewerbsverzerrungen in der Europäischen Union abzubauen.[74]

Im Rahmen des internationalen Steuerrechts passen zum Modell der zinsbereinigten Unternehmensteuer die Regeln der *Quellenbesteuerung*, die den Gewinn nach dem *Grundsatz der Einmalbesteuerung abschließend im Quellenstaat* besteuern.[75] Diese Regeln gelten z.B. für Betriebstätten und Schachtelbeteiligungen. Die Erweiterung der Körperschaftsteuer zu einer globalen Unternehmensteuer ermöglicht eine starke Vereinfachung der Doppelbesteuerungsabkommen, die dann verstärkt diskutiert werden dürften, wenn ein großes Land die zinsbereinigte Unternehmensteuer einführt.

5.5. Wohlfahrtsgerechtigkeit der zinsbereinigten Unternehmensteuer

Nach alledem bewerte ich die zinsbereinigte Unternehmensteuer als eine gleichheitssatzkonforme Besteuerungsform, die wegen ihrer Neutralitätseigenschaften einen hohen Gerechtigkeitswert hat, wie er in kapitalorientierten Steuersystemen bei weitem nicht erreicht werden kann. Wenn man zudem die volkswirtschaftlichen Wohlfahrtsgewinne ins Blickfeld nimmt, dann stellt sich für den Juristen die schlichte Frage: Warum soll eine solche Steuer nicht gerecht, sozusagen wohlfahrtsgerecht sein?

6. Zusammenfassung

Zusammenfassend ist festzustellen: Die Steuergesetzgebung ist trotz all der tagespolitischen Auswüchse Teil einer rechtlichen Evolution, die im Prinzip sehr träge abläuft. Rechtliche Evolution ist nicht die Entscheidung von etwas absolut

[74] Dazu *Jacobs, O.H.* (1997).

[75] Vgl. hierzu grundsätzlich *Vogel, K.* (1988), sowie m. w. Nachw. *Schaumburg, H.* (1998), § 5 Rz. 65-70.

Richtigem, sondern die evolutionäre Anerkennung von bestimmten, zeit- und gesellschaftsabhängigen Wertungen. Es findet ein ständiger Diskurs der verschiedensten Ansichten statt, die in einem darwinistischen Prozeß angenommen oder ausgeschieden werden.

Die Zeiträume rechtlicher Evolution sind erstaunlich, mitunter erstaunlich lang, mitunter aber auch erstaunlich kurz. Es gibt Regeln des Kaufrechts, die bereits tausende von Jahren Gültigkeit haben. Es gibt aber auch sehr kurzlebige Regeln besonders in den Bereichen des sozialgestaltenden Rechts, nicht nur des öffentlichen Rechts (u.a. Sozialrecht, Steuerrecht), sondern auch des sozialgestaltenden Zivilrechts (z.B. Arbeitsrecht, Mietrecht).

Die Sozialgestaltung durch Steuergesetze ist verdächtig, kurzlebig zu sein. Die spannende Frage für den Juristen ist: Welche Regeln der Besteuerung werden sich in Zeiträumen von Jahrhunderten behaupten. Die Akzisen als Formen indirekter Besteuerung des Konsums haben sich schon als relativ langlebig erwiesen. Die Formen kapitalorientierter Besteuerung beginnen schon in einem Zeitraum von weniger als hundert Jahren ihre Überlebensfähigkeit zu verlieren. Das macht uns Juristen, die wir nur wenige Jahrzehnte an der Entwicklung des Rechts mitwirken können, nachdenklich und die Steuergesetzgebung reformfreudig. Das ist mein Bild von der steuerjuristischen Gegenwart.

Literatur

Andrews, W.D. (1974): A Consumption-Type or Cash Flow Personal Income Tax, Harvard Law Review (87), S. 1113.

Beichelt, B. (1997): Steuerreformkonzepte - Hans Flick, deutsche Ziele, das neuseeländische Beispiel, in: F. Klein/D.J. Piltz/H. Schaumburg (Hrsg.): Festschrift für Hans Flick, Köln, S. 3-14.

Birk, D. (1983): Das Leistungsfähigkeitsprinzip als Maßstab der Steuernormen, Ein Beitrag zu den Grundfragen des Verhältnisses Steuerrecht und Verfassungsrecht, Köln.

Birk, D. (1994): Steuerrecht I, Allgemeines Steuerrecht, 2. Aufl., München.

Böckli, P. (1978): Von Schatteneinkommen und Einkommensbindung, Gedanken zur Ehegattenbesteuerung, Steuer-Revue, S. 98.

Bradford, D.F. (1984): Blueprints for Basic Tax Reform, 2nd Ed., Arlington.

Bredt, J.V. (1912): Die Besteuerung nach der Leistungsfähigkeit, Ein Beitrag zur Systematik und Reform der direkten Steuern in Preußen und dem Reiche, Leipzig.

Deutscher Juristentag (1988): Empfiehlt es sich, das Einkommensteuerrecht zur Beseitigung von Ungleichbehandlungen und zur Vereinfachung neu zu ordnen?, Sitzungsbericht N zum 57. Deutschen Juristentag, München.

Doralt, W./Ruppe, H.G. (1998): Grundriß des österreichischen Steuerrechts, Bd. I, 6. Aufl., Wien.

Fisher, I. (1906): The Nature of Capital and Income, 1906 (Nachdruck New York 1965).

Fisher, I. (1939): Double Taxation on Savings, The American Economic Review, Menasha, S.16-33.

Fisher, I./Fisher, H.W. (1942): Constructive Income Taxation, A Proposal for Reform, New York et al.

Franke, S.F. (1979): Löhne und Gehälter in langfristiger Sicht und ihre Besteuerung nach der Leistungsfähigkeit, Eine empirische Analyse für die Bundesrepublik Deutschland, Baden-Baden.

Gaddum, J.W. (1986a): Steuerreform: Einfach und gerecht! Für ein besseres Einkommensteuerrecht, Stuttgart.

Gaddum, J.W. (1986b): Ist die US-Steuerreform ein Modell für die Bundesrepublik Deutschland?, Deutsche Steuerzeitung, S. 211.

Gassner, W. (1996): Das Steuersystem Österreichs nach den Steuerreformen, in: W. Gassner/J. Lang/E. Lechner (Hrsg.): Österreich - Der steuerrechtliche EU-Nachbar, Wien et al.

Genser, B. (1998): Konsumorientierung - Realisierungschancen in Österreich (in diesem Bd.).

Greß, M./Rose, M./Wiswesser, R. (1998): Marktorientierte Einkommensteuer, Das neue kroatische System einer konsum- und damit marktorientierten Besteuerung des persönlichen Einkommens, München.

Großfeld, B. (1981): Die Einkommensteuer, geschichtliche Grundlage und rechtsvergleichender Ansatz, Tübingen.

Haig, R.M. (1921): The Concept of Income, in: The Federal Income Tax, New York.

Hansen, R. (1990): Gustav Schmollers Beitrag zur allgemeinen Steuerlehre, in: Wissenschaft und Stadt, Bd. 14, Berlin, S. 1-69.

Hansen, R. (1996): Die praktischen Konsequenzen des Methodenstreits, Eine Aufarbeitung der Einkommensbesteuerung, Berlin.

Hattenhauer, H. (1992): Europäische Rechtsgeschichte, Heidelberg.

Head, J.G. (1979): Fisher-Kaldor Regained, Report of the Meade Committee in the U.K., Finanzarchiv (37), S. 193-222.

Head, J.G. (1982): The Comprehensive Tax Base Revisited, Finanzarchiv (40), S. 193-210.

Helsper, H. (1989): Die Vorschriften der Evolution für das Recht, Köln.

Hinterberger, F./Müller, M./Petersen, H.-G. (1991): Simulation eines Ausgabensteuersystems für die Bundesrepublik Deutschland, in: M. Rose (Hrsg.): Konsumorientierte Neuordnung des Steuersystems, Heidelberg, S. 399-432.

Homburg, St. (1997a): Soll die klassische Einkommensteuer wiederbelebt werden?, in: M. Rose (Hrsg.): Standpunkte zur aktuellen Steuerreform, Heidelberg, S. 107-114.

Homburg, St. (1997b): Allgemeine Steuerlehre, München.

Hussey, W.M./Lubick, D.C. (1992): Basic World Tax Code and Commentary, Premliminary Edition, Arlington.

Jacobs, O.H. (1997): Ist die zinskorrigierte Besteuerung ein Ansatz zur Harmonisierung der Unternehmensbesteuerung in Europa?, in: G. Burmerler/D. Endres (Hrsg.): Außensteuerrecht, Doppelbesteuerungsabkommen und EU-Recht im Spannungsverhältnis, Festschrift für Helmut Debatin, München, S. 207-233.

Jann, M. (1996): Die Endbesteuerung von Zinsen in Österreich, in: W. Gassner/M. Lang/E. Lechner (Hrsg.): Österreich - Der steuerrechtliche EU-Nachbar, Wien et al.

Jatzke, H. (1997): Das System des deutschen Verbrauchsteuerrechts unter Berücksichtigung der Ergebnisse der Verbrauchsteuerharmonisierung in der Europäischen Union, Berlin.

Joseph, S./Vollrath, H.-J. (1991): Anwendbarkeit des Internationalen Steuerrechts bei Einführung einer Ausgabensteuer, München.

Kaiser, M. (1992): Konsumorientierte Reform der Unternehmensbesteuerung, Heidelberg.

Kaldor, N. (1955): An Expenditure Tax, London 1955 (3. Aufl. 1965).

Kiesewetter, D. (1997): Theoretische Leitbilder einer Reform der Unternehmensbesteuerung, Eine vergleichende Analyse der Reformmodelle Kroatiens, Österreichs und Skandinaviens, Steuer und Wirtschaft (74), S. 24-34.

Kirchhof, P. (1988): Empfiehlt es sich, das Einkommensteuerrecht zur Beseitigung von Ungleichbehandlungen und zur Vereinfachung neu zu ordnen?, Gutachten F zum 57. Deutschen Juristentag, München.

Kirchhof, P. (1990): Staatliche Einnahmen, in: J. Isensee/P. Kirchhof (Hrsg.): Handbuch des Staatsrechts der Bundesrepublik Deutschland, Bd. IV, Heidelberg, S. 87-233.

Klein, W.A./Bankman, J. (1993): Federal Income Taxation, 9. Aufl., Boston et al.

Kronberger Kreis (1996): Steuerreform für Arbeitsplätze und Umwelt, Schriftenreihe des Frankfurter Instituts für wirtschaftspolitische Forschung e.V., Bd. 30.

Lang, J. (1987): Die einfache und gerechte Einkommensteuer, Ziele, Chancen und Aufgaben einer Fundamentalreform, Köln.

Lang, J. (1988): Die Bemessungsgrundlage der Einkommensteuer, Rechtssystematische Grundlagen steuerlicher Leistungsfähigkeit im deutschen Einkommensteuerrecht, Köln.

Lang, J. (1991): Besteuerung des Konsums aus gesetzgebungspolitischer Sicht, Versuch eines interdisziplinär-ökonomischen Lösungsansatzes, in: M. Rose (Hrsg.): Konsumorietierte Neuordnung des Steuersystems, Heidelberg, S. 291-350. (Englische Übersetzung in: Rose, M. (1990))

Lang, J. (1993): Entwurf eines Steuergesetzbuchs, Schriftenreihe des Bundesministeriums der Finanzen, Heft 49, Bonn.

Lang, J. (1996): Vom Steuerchaos zu einem Steuersystem rechtlicher und wirtschaftlicher Vernunft, in: S. Baron/K. Handschuh (Hrsg.): Wege aus dem Steuerchaos, Aktueller Stand der steuerpolitischen Diskussion in Deutschland, Stuttgart, S. 117-163;

Lang, M. (1995): Steuerreformen in Österreich - Wohin führt der Weg?, in: J. Lang (Hrsg.): Die Steuerrechtsordnung in der Diskussion, Festschrift für Klaus Tipke, Köln, S. 569-582.

Lang, M. (1996): Die Besteuerung von Privatstiftungen, in: W. Gassner/M. Lang/E. Lechner (Hrsg.): Österreich - Der steuerrechtliche EU-Nachbar, Wien et al.

Mann, F.K. (1937): Steuerpolitische Ideale, Vergleichende Studien zur Geschichte der ökonomischen und politischen Ideen und ihres Wirkens in der öffentlichen Meinung 1600-1935, Nachdruck 1978, Stuttgart et al.

McNulty, J.K. (1989): Struktur der Einkommensteuer und Reformtendenzen der Besteuerung in den Vereinigten Staaten, Steuer und Wirtschaft (66), 120.

McNulty, J.K. (1995): Federal Income Taxation of Individuals, St. Paul.

Meade, J.E. (1978): The Structure and Reform of Direct Taxation, London.

Musgrave, P.B. (1991): Internationale Koordinationsprobleme beim Ersatz einer Einkommens- durch eine Konsumbesteuerung, in: M. Rose (Hrsg.): Konsumorietierte Neuordnung des Steuersystems, Heidelberg, S. 535-568.

Myrbach-Rheinfeld, F. von (1906): Grundriß des Finanzrechts, 1. Aufl., 2. Aufl. 1916, Leipzig et al.

North, D.C. (1998): Theorie des institutionellen Wandels: eine neue Sicht der Wirtschaftsgeschichte, Tübingen.

Peffekoven, R. (1980): Persönliche allgemeine Ausgabensteuer, in F. Neumark (Hrsg.): Handbuch der Finanzwissenschaft, Bd. II, 3. Aufl., Tübingen, S. 418.

„Petersberger Steuervorschläge" (1997): Vorschläge der Steuerreform-Kommission (unter dem Vorsitz des deutschen Bundesfinanzministers, sog. Waigel-Kommission) vom 22.1.1997, Schriftenreihe des Bundesministeriums der Finanzen, Heft 61, Bonn.

Pollak, H. (1991): Gestaltungs- und Folgeprobleme progressiver Ausgabensteuertarife, in: M. Rose (Hrsg.): Konsumorietierte Neuordnung des Steuersystems, Heidelberg, S. 373-391.

Quantschnigg, P. (1997): Der Verfassungsgerichtshof zur Familienbesteuerung, Österreichische Steuer-Zeitung (50), S. 453-454.

Reagan, R. (1985): The President's Tax Proposals to the Congress for Fairness, Growth, and Simplicity, New Jersey (Zusammenfassung abgedruckt in: Steuer und Wirtschaft, S. 264).

Richter, H. (1994): Marktorientierte Neugestaltung des Einkommensteuersystems, Heidelberg.

Richter, R. (1998): Steuerysteme der Zukunft, Jahrestagung des Vereins für Socialpolitik, Gesellschaft für Wirtschafts- und Sozialwissenschaften in Kassel vom 25.-27.9.1996, Schriften des Vereins für Socialpolitik, N.F. (256), Berlin.

Richtlinienvorschläge (1992, 1995): Vorschlag der EG-Kommission für eine Richtlinie des Rates zur Einführung einer Steuer auf Kohlendioxidemissionen und Energie, KOM (92) 226, ABl. EG Nr. C 196 vom 3.8.1992, S. 1, und geänderter Richtlinienvorschlag KOM (95) 172 endg., BR-Drucks. 383/95 vom 22.6.1995.

Rose, G. (1997): Von den Steuerrechten im Halbschatten und ihrer Bedeutung für die Steuerplanung, in: W. Schön (Hrsg.): Gedächtnisschrift für Brigitte Knobbe-Keuk, Köln.

Rose, M. (1990): Heidelberg Congress on Taxing Consumption, Proceedings of the International Congress on Taxing Consumption, Heidelberg.

Rose, M. (1991a): Konsumorientierte Neuordnung des Steuersystems, Heidelberg.

Rose, M. (1991b): Plädoyer für ein konsumbasiertes Steuersystem, in: M. Rose (Hrsg.): Konsumorietierte Neuordnung des Steuersystems, Heidelberg, S. 7-34.

Rose, M. (1992): Reform der Besteuerung des Sparens und der Kapitaleinkommen, Zur Neuregelung der Zinsbesteuerung aus der Sicht einer konsum- und damit marktorientierten Neuordnung des Gesamtsteuersystems, BB-Beilage 5.

Rose, M. (1996): Argumente für ein konsumbasiertes Einkommensteuersystem ohne Subventionselemente und die Schutzverzinsung, in: S. Baron/K. Handschuh (Hrsg.): Wege aus dem Steuerchaos, Aktueller Stand der steuerpolitischen Diskussion in Deutschland, Stuttgart, S. 65-88.

Rose, M. (1997): Standpunkte zur aktuellen Steuerreform, Vorträge des Zweiten Heidelberger Steuerkongresses 1997, Schriften des Betriebs-Beraters (97), Heidelberg.

Rose, M. (1998): Konsumorientierung des Steuersystems - theoretische Konzepte im Lichte empirischer Erfahrungen, in: G. Krause-Junk (Hrsg.): Steuersysteme der Zukunft, Berlin, S. 247-278.

Ruppe, H.G. (1978): Möglichkeiten und Grenzen der Übertragung von Einkunftsquellen als Problem der Zurechnung, Veröffentlichungen der Deutschen Steuerjuristischen Gesellschaft (DStJG 1), S.7-40.

Ruppe, H.G. (1982): Das Abgabenrecht als Lenkungsinstrument der Gesellschaft und Wirtschaft und seine Schranken in den Grundrechten, Gutachten für den 8. österreichischen Juristentag, Bd. I, 1. Teil, A, Wien, S. 47 ff.

Ruppe, H.G. (1990): Einführung zum EStG, in: C. Herrmann/G. Heuer/A. Raupach (Hrsg.): Kommentar zum Einkommensteuergesetz und Körperschaftsteuergesetz mit Nebengesetzen, Köln.

Schanz, G. (1896): Der Einkommensbegriff in den Einkommenssteuergesetzen, Finanzarchiv (13), S. 1-88.

Schaumburg, H. (1998): Internationales Steuerrecht, Außensteuerrecht, Doppelbesteuerungsrecht, 2. Aufl., Köln.

Schmoller, G. (1863): Die Lehre vom Einkommen in ihrem Zusammenhang mit den Grundprincipien der Steuerlehre, Zeitschrift für die gesamte Staatswissenschaft (19), S. 1-86.

Schneider, D. (1998): Ist die Einkommensteuer überholt? - Kritik und Reformvorschläge (in diesem Bd.).

Schwinger, R. (1992): Einkommens- und konsumorientierte Steuersysteme, Wirkungen auf Investition, Finanzierung und Rechnungslegung, Heidelberg.

Seer, R. (1996): Die Besteuerung der Alterseinkünfte und das Gleichbehandlungsgebot (Art. 3 Abs. 1 GG), Steuer und Wirtschaft (73), S. 323-336.

Simons, H.C. (1938): Personal Income Taxation, Chicago.

Sinn, H.-W. (1985): Kapitaleinkommensbesteuerung, Eine Analyse der intertemporalen, internationalen und intersektoralen Allokationswirkungen, Tübingen.

Tipke, K. (1971): Steuerrecht - Chaos, Konglomerat oder System, Steuer und Wirtschaft (48), S. 2-17.

Tipke, K. (1986): Einkommensteuer-Fundamentalreform, Notwendigkeiten und Möglichkeiten, Zum Vorbild des amerikanischen Reformverfahrens, Steuer und Wirtschaft (63), S. 150;

Tipke, K. (1989): Die rechtliche Misere der Zinsbesteuerung, Betriebs-Berater (44), S. 157.

Tipke, K. (1993): Die Steuerrechtsordnung, Bd. I (Wissenschaftsorganisatorische, systematische und grundrechtlich-rechtsstaatliche Grundlagen), Bd. II (Steuerrecht-fertigungstheorie, Anwendung auf alle Steuerarten, sachgerechtes Steuersystem), Bd. III (Föderative Steuerverteilung, Rechtsanwendung und Rechtsschutz, Gestalter der Steuer-rechtsordnung), Köln.

Tipke, K. (1998): Zur Steuerfahndung bei Banken und Bankkunden, Betriebs-Berater (53), S. 241-246.

Tipke, K./Lang, J. (1996): Steuerrecht, 15. Aufl., Köln.

Vogel, K. (1988): World-wide vs. Source Taxation of Income - A Review and Reevaluation of Arguments, Intertax (16), S. 216-229, 310-320, 393-402.

Vogel, K. (1989): Der Verlust des Rechtsgedankens im Steuerrecht als Herausforderung an das Verfassungsrecht, Veröffentlichungen der Deutschen Steuerjuristischen Gesellschaft (12), S.123-144.

Vogel, K. (1996): Doppelbesteuerungsabkommen der Bundesrepublik Deutschland auf dem Gebiet der Steuern vom Einkommen und Vermögen, Kommentar auf der Grundlage der Musterabkommen, 3. Aufl., München.

Wagner, A. (1890): Finanzwissenschaft, Zweiter Theil, 2. Aufl., Leipzig.

Wagner, F.W. (1988): Die zeitliche Erfassung steuerlicher Leistungsfähigkeit, in: H. Hax/H.H. Kern/W. Schröder (Hrsg.): Zeitaspekte in betriebswirtschaftlicher Theorie und Praxis, Stuttgart.

Wagner, F.W. (1992): Neutralität und Gleichmäßigkeit als ökonomische und rechtliche Kriterien steuerlicher Normkritik, Steuer und Wirtschaft (69), S. 2-13.

Wagner, F.W. (1998): Eine Einkommensteuer muß eine konsumorientierte Steuer sein (in diesem Bd.).

Wagner, F.W./Schwinger, R. (1991): Der Einfluß einer Cash-flow Steuer auf Finanzierung und Rechnungslegung, in: M. Rose (Hrsg.): Konsumorietierte Neuordnung des Steuersystems, Heidelberg, S. 495-521.

Wagner, F.W./Wenger, E. (1996): Theoretische Konzeption und legislative Transformation eines eines marktwirtschaftlichen Systems in der Republik Kroatien, in: D. Sadowski/H. Czap/H. Wächter (Hrsg.): Regulierung und Unternehmenspolitik, Wiesbaden, S. 399-415.

Wenger, E. (1983): Gleichmäßigkeit der Besteuerung von Arbeits- und Vermögenseinkünften, Finanzarchiv (41), S. 207-252.

Wenger, E. (1997): Traditionelle versus zinsbereinigte Einkommens- und Gewinnbesteuerung: Vom Sammelsurium zum System, in: M. Rose (Hrsg.): Standpunkte zur aktuellen Steuerreform, Heidelberg, S. 115-140.

Wieacker, F. (1967): Privatrechtsgeschichte der Neuzeit unter besonderer Berücksichtigung der deutschen Entwicklung, 2. Aufl., Göttingen.

Wittmann, R. (1992): Das Markteinkommen - einfachgesetzlicher Strukturbegriff und verfassungsdirigierter Anknüpfungsgegenstand der Einkommensteuer?, Augsburg.

Zumstein, P. (1977): Die Ausgabensteuer, Volkswirtschaftliche Begründung und praktische Durchführbarkeit, St. Gallen.

Einführung marktorientierter Einkommensteuersysteme in osteuropäischen Reformstaaten

Manfred Rose

Länder des Übergangs zu einer voll funktionsfähigen Marktwirtschaft sind zur Umstrukturierung ihrer Wirtschaft, d.h. zur Modernisierung ihrer Fabriken und auch zum Aufbau einer leistungsfähigen Infrastruktur, in besonderem Maße auf Kapitalbildung angewiesen. Für das optimale Steuersystem folgt dann, daß die Kapitalbildung auf der Unternehmensebene wie auch auf der privaten Ebene nicht diskriminiert werden darf. Erschwert wird dieser Anspruch, wenn es inflationsbedingt zu einer Entwertung des Kapitalstocks von Unternehmen und des Vermögens von Haushalten kommt. Das traditionelle Konzept der undifferenzierten Einkommensbesteuerung im Sinne von Schanz-Haig-Simons vermag diesem Anspruch nicht zu genügen.[1] Es ist nachweislich nicht der Marktwirtschaft angepaßt und zugleich auch unfair, da es den Sparer gegenüber dem Konsumenten bei gleichem Einkommen diskriminiert. Notwendig ist ferner eine vollständige und dabei administrativ einfach zu handhabende Inflationsbereinigung des Steuertarifs. Hierzu gehört auch eine Inflationsbereinigung des Einstiegs in den Steuertarif, der bei dem Einkommen liegt, das den Betrag des familienbezogenen Existenzminimums überschreitet.

Das traditionelle Konzept der Gewinnbesteuerung ist ebenfalls nicht den Bedingungen einer Marktwirtschaft angepaßt. Optimale steuerliche Rahmenbedingungen für unternehmerische Investitionen sind in einer Marktwirtschaft nur dann gegeben, wenn Erträge zum Ausgleich der Grundkosten des Kapitaleinsatzes keiner steuerlichen Belastung unterliegen. Das zu schützende Kapitalexistenzminimum besteht aus den Abschreibungen und einer marktüblichen Verzinsung des Kapitals. Traditionell werden demgegenüber Investitionserträge auch dann besteuert, wenn sie nur eine normale und damit die Kapitalkosten deckende Verzinsung erbringen.

---

[1] Vgl. *Schanz, G.* (1896), *Haig, R.M.* (1922), *Simons, H.* (1938).

Unter Inflationsbedingungen führt die traditionelle Gewinnsteuer zu einer steuerlich bedingten Kapitalvernichtung. Eine solche Steuerlast ist eigentlich für alle Marktwirtschaften nicht akzeptabel, für die auf Kapitalbildung in besonderem Maße angewiesenen Übergangsländer jedoch unerträglich.

Für ein Übergangsland ist deshalb zur vollen Entfaltung der marktwirtschaftlichen Antriebskräfte und zur Sicherung einer fairen Steuerbelastung nur ein Steuersystem optimal, das neben dem Konsumexistenzminimum auch das Kapitalexistenzminimum in Höhe der Kapitalkosten unabhängig von der Art der Investitionsfinanzierung vor einer steuerlichen Belastung schützt. Grundsätzlich ist ein solches Steuersystem auch für entwickelte Marktwirtschaften zu empfehlen, um den Kriterien der Fairneß und Effizienz Rechnung zu tragen.

In diesem Beitrag werde ich ein Steuersystem vorstellen, das den Bedingungen der Marktwirtschaft voll angepaßt, inflationsbereinigt, relativ einfach zu verwalten und zugleich auch fair ist. Hierzu ist es zunächst notwendig, wichtige Wirkungen marktwirtschaftlich orientierter Steuersysteme zu dokumentieren und mit Wirkungen der traditionellen Einkommensbesteuerung zu vergleichen. Dabei sind die steuerliche Belastung des Sparens für den Alterskonsum und der Einfluß der Besteuerung auf unternehmerische Investitionsentscheidungen von besonderer Bedeutung.

Die nachfolgend dokumentierten Empfehlungen habe ich zum einen aus meinen steuertheoretischen Forschungen und zum anderen aus meinen Erfahrungen als Leiter einer Gruppe deutscher Steuerexperten gewonnen, die in Zusammenarbeit mit dem kroatischen Finanzministerium das neue kroatische System der Besteuerung des persönlichen Einkommens und des Gewinns von Unternehmen zur Praxisreife entwickelten.[2] Seit Jahresbeginn 1994 funktioniert dieses marktorientierte Steuersystem mit beachtenswertem Erfolg.

1. Alternative Systeme der Einkommensbesteuerung

Grundlage aller betrachteten Einkommensteuersysteme ist die Markteinkommenstheorie in Verbindung mit dem sogenannten subjektiven Nettoprinzip, das den persönlichen Abzug eines dem Konsumexistenzminimum der Familie entsprechenden Grundfreibetrags gewährleistet. Damit sind zunächst folgenden Arten von Einkünften steuerbar:

- W: Einkünfte, die durch Beteiligung auf Arbeitsmärkten erworben werden (Löhne u.ä.);
- R: Einkünfte, die unmittelbar oder mittelbar durch Beteiligung auf Märkten für erstellte Güter und erbrachte Dienstleistungen erworben werden (Einkommen aus selbständiger Erwerbstätigkeit als Gewinne etc.);
- Z: Einkünfte durch Beteiligung an Märkten für Finanzkapital (Zinsen u.ä.).

[2] Hierbei wurden wir ab 1993 im Rahmen eines Entwicklungshilfeprojekts des Bundesministeriums für wirtschaftliche Zusammenarbeit und Entwicklung (BMZ) von der Deutschen Gesellschaft für Technische Zusammenarbeit (GTZ) unterstützt.

Die Gewinne der Unternehmen als Objekte der Besteuerung werden entweder unmittelbar vom Unternehmer erworben oder in ökonomischer Betrachtungsweise als mittelbar erwirtschaftete Markteinkommen der Anteilseigner (Aktionäre etc.) des Unternehmens betrachtet. Auf die unmittelbare Verfügungsgewalt über die in Unternehmen zurückbehaltenen Gewinne kommt es hierbei nicht an. Somit sind auch die in Kapitalgesellschaften thesaurierten Gewinne Gegenstand unserer Analysen.

Man beachte, daß in der obigen Abgrenzung von Einkunftsarten die Einkünfte aus Vermietung und Verpachtung von Immobilien nicht gesondert ausgewiesen sind. Es handelt sich hierbei um Einkünfte aus selbständigen Erwerbstätigkeiten, die durch Nachhaltigkeit und Gewinnerzielungsabsicht charakterisiert sind und somit zu den Gewinneinkünften zählen. Die gleiche Interpretation gilt für Einkünfte aus der Überlassung von Vermögensrechten (Patente, Urheberrechte, Lizenzen etc.).

Nach dem *traditionellen System der Einkommensbesteuerung* ist die Bemessungsgrundlage (B_1) wie folgt bestimmt:

$$B_1 = W + R + Z \tag{1}$$

Mit der sparbereinigten und der zinsbereinigten Einkommensteuer werden in der internationalen Literatur und auch in der Steuerpolitik zunehmend zwei neuere Konzepte einer marktorientierten Einkommensbesteuerung diskutiert.

Die Bemessungsgrundlage (B_2) der *sparbereinigten Einkommensteuer* erhält man, wenn die traditionelle Bemessungsgrundlage um die Nettoersparnis (S) des Steuerpflichtigen korrigiert wird, d.h.

$$B_2 = B_1 - S \tag{2}$$

Die Nettoersparnis ist positiv, wenn der Steuerpflichtige einen Teil seines Markteinkommens auf qualifizierte Konten bei Banken u.a. Finanzierungsinstituten einzahlt. Bei einer Entnahme von diesen Konten ist S negativ und erhöht somit die Bemessungsgrundlage.

Die Basis der *zinsbereinigten Einkommensteuer* erhält man wiederum von der Bemessungsgrundlage der traditionellen Einkommensteuer ausgehend durch Abzug einer marktüblichen Verzinsung des für die Erzielung von Einkünften eingesetzten Sparkapitals (SK). Wir erhalten somit

$$B_3 = B_1 - iSK \tag{3}$$

worin i den hier als einheitlich angenommenen Marktzins darstellt. Letzterer kann als Zinssatz einer zweijährigen Staatsanleihe verstanden werden. Wird der ökonomisch echte Gewinn (P) für alle Arten von Investitionen als

$$P = Z + R - iSK \tag{4}$$

bzw. mit SK_Z als Finanzkapital und SK_R als Realkapital als

$$P = (Z - iSK_Z) + (R - iSK_R) \qquad (5)$$

definiert, so wird offensichtlich, daß sich die zinsbereinigte Bemessungsgrundlage aus Gewinnen und Löhnen inkl. Unternehmerlöhnen, d.h. gemäß

$$B_3 = W + P \qquad (6)$$

zusammensetzt. Entsprechen die empfangenen Zinseinnahmen der marktüblichen Verzinsung des Finanzkapitals, d.h. gilt $Z = iSK_Z$, so erhalten wir

$$B_3 = W + (R - iSK_R). \qquad (7)$$

Damit stellt sich die Bemessungsgrundlage der zinsbereinigten Einkommensteuer als Summe aus Lohneinkommen und den im Unternehmenssektor erwirtschafteten Gewinnen dar.

In meinen folgenden Analysen werde ich hauptsächlich die drei dargestellten Systeme der Einkommensbesteuerung untersuchen. Nur in Grenzfällen sind die abgegrenzten Bemessungsgrundlagen gleichzeitig mit dem Konsumfonds des Steuerpflichtigen identisch, so daß hier von einer Konsumbesteuerung in technischem Sinne gesprochen werden kann. Bezieht der Steuerpflichtige als Arbeitnehmer nur Einkommen aus nichtselbständiger Erwerbstätigkeit und möchte er dieses Markteinkommen im gleichen Jahr vollständig für Konsumzwecke verwenden, so sind alle Bemessungsgrundlagen zugleich konsumbasiert. Wird ein Teil des Markteinkommens gespart, so kann man die sparbereinigte Bemessungsgrundlage als jahreskonsumbasiert bezeichnen. Werden die von Unternehmen erwirtschafteten Gewinne dort wieder investiert, so liegt eine (steuerbefreite) Ersparnis der Unternehmenseigentümer vor. Im Falle des Sparens und Entsparens von Löhnen und Gewinnen kann die zinsbereinigte Bemessungsgrundlage nicht als jahreskonsumbasiert bezeichnet werden. Wie wir bereits im folgenden Abschnitt sehen werden, führt eine zinsbereinigte Einkommensteuer zu einer einmaligen Belastung des aus Markteinkommen finanzierbaren Lebenskonsums bzw. Lebenseinkommens eines Steuerpflichtigen. Enthält der Lebenskonsum unter definitorischen Aspekten auch den Konsumwert von Schenkungen und Vererbungen, so entspricht er dem Lebenseinkommen. Anderenfalls ist das Lebenseinkommen - ex-post betrachtet - um den Barwert der geleisteten Schenkungen und des hinterlassenen Vermögens größer als der Lebenskonsum. Im letzteren Sinne führt die sparbereinigte Einkommensteuer zu einer Lebenskonsumbesteuerung und die zinsbereinigte Einkommensteuer zu einer Lebenseinkommensbesteuerung.

2. Wirkungen der Einkommensbesteuerung auf die Altersvorsorge

2.1. Steuerbelastung des Sparens eines Arbeitnehmers für den Alterskonsum

Zur beispielhaften Verdeutlichung der Steuerlasten wird in Tabelle 1 angenommen, daß ein 25-jähriger Arbeitnehmer im Jahre 2000 aus seinem Lohn 10.000 GE für seinen Alterskonsum nach dem Jahre 2040 - also ab einem Alter von 66 Jahren - sparen möchte. Bei einem Zinssatz von 6% würde das Sparkapital im Jahre 2001 auf insgesamt 10.600 GE angewachsen sein. Bliebe der Zinssatz in allen Folgejahren bei 6%, dann hätte der Arbeitnehmer im Rentenalter ein Endguthaben von ($1{,}06^{40}\cdot 10.000=$) 102.857 GE für Konsumzwecke verfügbar. Wir führen nun eine Lohnsteuer mit einem einheitlichen Steuersatz von 30% ein. Damit kann der Steuerpflichtige nur noch 7.000 GE sparen und für den Alterskonsum wären ($1{,}06^{40}\cdot 10.000=$) 72.000 GE verfügbar. Die Zinseinkünfte beliefen sich ohne Lohnsteuer auf (102.857-10.000=) 92.857 GE. Durch die Lohnsteuer sind sie auf (72.000-7.000=) 65.000 GE gesunken. Dies entspricht einer Belastung von exakt 30%. Man beachte, daß die Lohnsteuer zu einer effektiven Belastung der Zinsen führt, ohne daß diese formal besteuert werden. Arbeitseinkommen und Kapitaleinkommen tragen gleiche steuerliche Lasten. Dieses Ergebnis erreicht man bei Anwendung einer zinsbereinigten Bemessungsgrundlage. Da die erzielten Zinseinkünfte als marktüblich angenommen werden, besteht die Bemessungsgrundlage nämlich letztlich nur aus dem Lohn bzw. Gehalt des Arbeitnehmers.

Bei einer sparbereinigten Einkommensteuer kann der Arbeitnehmer den Sparbetrag von 10.000 GE steuerfrei verzinslich anlegen. Am Ende des Jahres 2040 ist dann das Sparkapital einschließlich Zinsen steuerlich unbelastet auf 102.857 GE angewachsen. Will der Sparer diesen Betrag jetzt seinem Sparkonto entnehmen und für Konsumzwecke verwenden, muß er ihn als negative Ersparnis voll versteuern. Bei dem angenommenen Steuersatz von 30% würden ihm somit [($1-0{,}30)\cdot 102.857=$] 72.000 GE für die geplanten Konsumausgaben im Alter verbleiben. Wir stellen fest, daß sowohl die zinsbereinigte als auch die sparbereinigte Einkommensteuer bei gleichem Steuersatz zu dem gleichen verfügbaren Konsumfonds führt. Die effektive Steuerlast entspricht auch dem gesetzlich fixierten Steuersatz.

Nach dem traditionellen System der Einkommensbesteuerung unterliegen die ausgezahlten Zinsen der Besteuerung. In unserem Beispiel könnte der Sparer bei einem Bruttozins von 6% nur über einen Nettozins von [$(1-0{,}3)\cdot 6=$] 4,2% verfügen. Das Wachstums des Sparkapitals mit dieser Rate führt zu einem Endguthaben von 36.292 GE. Insgesamt wurden also Zinseinkünfte in Höhe von (36.292-7.000=) 29.292 GE erzielt. Bezogen auf die ohne Steuern möglichen Zinsen von 92.857 GE ergibt sich eine finale Lastquote von 68,45% gegenüber einer Belastung des Lohns mit nur 30%.

Wie in der Tabelle 1 dargestellt, steigt die Gesamtsteuerbelastung aus Lohn- und Zinssteuer von Jahr zu Jahr. Beginnend mit 30% im Jahr des Lohnbezugs endet die Lastentwicklung bei 64,72%. Die traditionelle Einkommensteuer führt also beim Sparer zu einer sich über die gesamte Zeit des Sparens erstreckenden Steuerprogression.

Schumpeter hatte 1929/30 im Deutschen Volkswirt die Mehrfachbelastung des Sparers mit folgendem einprägsamen Argument beschrieben: „Was der Sparer von dem gesparten Einkommensteil hat, ist der Ertrag aus seiner Investition. Dieser Ertrag wird nun durch die herrschende Praxis zweimal geschmälert. Zuerst dadurch, daß die auf die Sparsumme entfallende Einkommensteuer den Ertrag kleiner macht als er sonst wäre und sodann dadurch, daß von diesem also durch die Einkommensteuer schon verringerten Betrag nochmals Einkommensteuer zu zahlen ist.“[3]

Unter Inflationsbedingungen wirkt sich die Kapitalvernichtung der Zinssteuer noch stärker aus. Bei einer für manche Übergangsländer noch immer möglichen Inflationsrate von z.B. π=15% ergäbe sich unter Annahme eines Realzinses von r=5% nach der Fisher-Formel

$$i = \pi + r(1+\pi) \qquad (8)$$

ein nomineller Marktzins von i=20,75%. Die traditionelle Einkommensteuer würde bei einem Steuersatz von 30% zu einem nominellen Nettozins von 14.53% bzw. zu einem realen Nettozins von [100·(1,1453/1,15 - 1) ≈] - 0,41% führen. Das reale Sparguthaben des Arbeitnehmers beträgt dann (0,9959·7.000=) 6.971 GE. Dies entspräche einem Substanzverzehr. Es ist deshalb zu verstehen, warum die meisten Übergangsländer anfangs Zinsen überhaupt nicht besteuerten. Mit Rückgang der Inflationsraten und Blick auf die Besteuerung in westlichen Ländern bekommt allerdings der Fiskus auch in diesen Ländern zunehmend Appetit auf die Einnahmen aus der Zinssteuer.

Für unsere Fragestellung nach der optimalen steuerlichen Bemessungsgrundlage der Einkommensteuer führen die dokumentierten Lastrechnungen zu dem Schluß, daß eine steuerliche Diskriminierung des Sparens gegenüber dem Sofortkonsum gerade für Übergangsländer völlig ungeeignet ist. Es ist auch für den Sparer in entwickelten Volkswirtschaften nicht einsehbar, daß er für seinen allen anderen Gesellschaftsmitgliedern dienlichen Konsumverzicht mit einer steuerlichen Extralast bestraft werden sollte. Demgegenüber sind die spar- wie auch die zinsbereinigte Einkommensteuer neutral bezüglich der Entscheidung des Arbeitnehmers, sein Lohneinkommen ausschließlich für heutigen Konsum zu verwenden oder einen Teil für zukünftige Konsummöglichkeiten zu sparen. Berücksichtigt man weiterhin die Kosten der Steuererhebung, so ist völlig klar, daß die zinsbereinigte Einkommensteuer mit dem Wegfall der Besteuerung von Einkünften aus Finanzvermögen wohl am einfachsten zu verwalten ist.

---

[3] *Schumpeter, J.A.* (1929/30), S. 125.

Wer über festverzinsliche Wertpapiere oder auch über kapitalbildende Lebensversicherungen spart, muß nur Steuern auf sein anfängliches Markteinkommen (Lohn etc.) zahlen. Mit dieser einmaligen Steuerlast ist das mögliche Sparkapital geringer und damit auch das später erzielte Zinseinkommen. Zinsen werden also steuerlich materiell belastet (vgl. hierzu auch die Tabelle 1), ohne verwaltungsaufwendig formal besteuert zu werden.

Die Methode der Sparbereinigung ermöglicht allerdings eine bürgerfreundliche und zugleich verwaltungsmäßig einfache Besteuerung der Altersvorsorge durch das Sparen für eine spätere Rente bzw. Pension. Wer zu Erwerbszeiten einen Teil seines Markteinkommens in eine Rentenversicherung bzw. Pensionskasse einzahlt, kann seine Beiträge vom zu versteuernden Einkommen abziehen.

Die im Alter ausgezahlten Renten sind dann als Einkünfte aus Vorsorgevermögen nur mit dem Teil zu versteuern, der den persönlichen Freibetrag überschreitet. Auch hierbei ist die einmalige Belastung von Markteinkommen garantiert.
Bezüglich der vom Arbeitnehmer zu tragenden Steuerlast stellt sich auch die Frage, wie die Erträge aus der Bildung von Humankapital unter Fairneß- und Effizienzaspekten steuerlich erfaßt werden sollten. Technisch lassen sich Investitionen in Humanvermögen und die daraus fließenden Erträge diskriminierungsfrei und entscheidungsneutral nur nach dem Konzept der Sparbereinigung behandeln. Dies bedeutet, daß Bildungsausgaben als Ersparnis und Investition steuerlich sofort abzugsfähig sein müssen. Hat der Investor (Student etc.) kein eigenes Einkommen, müssen die Bildungsausgaben bei dem ihn finanzierenden Steuerpflichtigen (Eltern etc.) steuermindernd sein. Erzielt der Investor später Arbeitseinkommen, das die Rückgewinnung der Bildungsinvestitionsbeträge sowie ihre Rendite deckt, so kann die erforderliche Besteuerung ohne jegliche Differenzierung und damit höchst einfach im Rahmen der normalen Lohnbesteuerung durchgeführt werden.

Bei einer Kreditfinanzierung von Bildungsausgaben - wie etwa bei einer Kreditaufnahme zur Finanzierung von Studiengebühren - ist auch die Anwendung des Konzepts einer Ergänzung des realen Cash-flow um den finanziellen Cash-flow der Kreditfinanzierung sinnvoll. Dies bedeutet, daß die Kreditaufnahme zur Bemessungsgrundlage zählt, so daß in den Zeiten der Ausbildung in Verbindung mit den steuerlich abzugsfähigen Studiengebühren kein steuerpflichtiges Einkommen entsteht. In späteren Jahren der Erwerbstätigkeit sind dann sowohl Kredittilgungen als auch Kreditzinszahlungen vollständig steuerlich abzugsfähig. Bei einheitlichem Marktzins ist damit garantiert, daß nur die den Normalzins übersteigenden Erträge des Humankapitals einer steuerlichen Belastung unterliegen. Hiermit ist zugleich die Gleichwertigkeit mit der Besteuerung von Erträgen aus in Unternehmen investiertem Realkapital garantiert.

Gegenüber der vereinfachten Besteuerung von Erträgen aus Humanvermögen nach den Konzepten einer marktorientierten Einkommensbesteuerung müßte nach traditioneller Einkommensbesteuerung eine zusätzliche Zinssteuer auf die Rendite des Humanvermögens erhoben werden. Keine Finanzverwaltung könnte eine solche Steuer praktisch erheben und kein Arbeitnehmer würde für eine solche Doppelbelastung seiner Einkünfte Verständnis aufbringen. Dies zeigt einmal mehr, daß das traditionelle Konzept der umfassenden Einkommensbesteuerung in weiten Teilen nicht praktizierbar ist.

Tabelle 1: Entwicklung des Sparguthabens eines Arbeitnehmers vor Steuern und nach Belastung durch alternative Systeme der Einkommensbesteuerung (Steuersatz von 30%)

Alter	ohne Steuern	zinsbereinigte ESt[A]		sparbereinigte ESt		traditionelle Est	
	Spar-guthaben	Spar-guthaben	Steuerlast	Spar-guthaben	Steuerlast	Spar-guthaben	Steuerlast
	GE	GE	in %	GE	in %	GE	in %
25	10.000	7.000	30	10.000	0	7.000	30,00
26	10.600	7.420	30	10.600	0	7.294	31,19
27	11.236	7.865	30	11.236	0	7.600	32,36
28	11.910	8.337	30	11.910	0	7.920	33,51
29	12.625	8.837	30	13.382	0	8.252	34,63
30	13.382	9.368	30	13.382	0	8.599	35,74
		...		...		...	
		...		...		...	
60	76.861	53.803	30	76.861	0	29.544	61,56
61	81.473	57.031	30	81.473	0	30.785	62,21
62	86.361	60.453	30	86.361	0	32.078	62,86
63	91.543	64.080	30	91.543	0	33.425	63,49
64	97.035	67.925	30	97.035	0	34.829	64,11
65	102.857	72.000	30	102.857 -30.857	30	36.292	64,72
	102.857	**72.000**	**30**	**72.000**	**30**	**36.292**	**64,72**

[A] Ohne Lohnsteuer.

Es sollte allerdings nicht unerwähnt bleiben, daß die Abgrenzung der steuerlich absetzbaren Bildungsausgaben von den nicht absetzbaren Konsumausgaben in der Praxis oft recht schwierig ist. In der Regel wird man hier ohne Typisierungen und Pauschalierungen nicht auskommen. Bildungsausgaben können in der Regel nur im Rahmen der Jahressteuererklärung umfassend geltend gemacht werden und im Wege der Veranlagung dann Berücksichtigung finden. Damit verringert sich die Zahl derjenigen Arbeitnehmer, die durch den Lohnsteuerabzug - für die Steuerverwaltung vereinfachend - beim Arbeitgeber abschließend besteuert werden.

2.2. Steuerbelastung des Sparens eines Unternehmers für den Alterskonsum

Die spar- und damit zugleich investitionsschädigende Wirkung der traditionellen Einkommensbesteuerung wird auch am Beispiel eines 25-jährigen Jungunternehmers offensichtlich. Er erwirtschafte und investiere im Rahmen der von ihm beherrschten kleinen GmbH einen bestimmten Gewinn. Ab einem Alter von 66 Jahren möchte er dann aus der Veräußerung des Unternehmens seinen Alterskonsum finanzieren.

Die Anspar- und Investitionszeit erstreckt sich also wie bei dem Arbeitnehmer über einen Zeitraum von 41 Jahren. Bei einem Bruttogewinn von 10.000 GE kann der Unternehmer nach Steuerzahlung einer Körperschaftsteuer von z.B. 40% im ersten Jahr nur noch einen Nettogewinn von 6.000 GE investieren. Die ab dem zweiten Jahr erzielte Rendite des Eigenkapitals sinkt von 6% auf 3,6%. Die kontinuierliche Investition aller Nettoerträge in den Folgejahren führt - wie in der Tabelle 2 verdeutlicht - nach 40 Jahren zu einem Eigenkapital von lediglich 24.691 GE. Die Belastung steigt von Jahr zu Jahr, womit sich auch hier die zweite Steuerprogression offenbart, die allerdings bei rund 76% noch nicht beendet ist. Zu einem letzten steuerlichen Kahlschlag der für den Alterskonsum angesparten Gewinne kann es nämlich nach traditionellem Steuerrecht durch die Besteuerung des Gewinns aus der Veräußerung der Unternehmensbeteiligung im Rahmen der Einkommensteuer kommen. Entspricht der relevante Einkommensteuersatz dem Körperschaftsteuersatz, so hat der gealterte Mittelständler noch ein Tribut von 40% des sich auf 24.691 GE belaufenden Veräußerungsgewinns an den Fiskus zu entrichten. Nach Zahlung der Veräußerungsgewinnsteuer von 9.876 GE verbleiben für den Alterskonsum nur noch 14.815 GE. Ohne Steuern wären es exakt 102.857 GE gewesen! Die Endbelastung beläuft sich damit auf 85,6%.

Natürlich wäre ein solche extreme Steuerlast nicht tragbar. Also wird der Gesetzgeber dem Unternehmer entlastende Privilegien einräumen müssen. Mit diesen Systemverletzungen ist aber - wie die Erfahrungen in vielen westlichen Ländern zeigen - der Weg in das Steuerchaos vorgezeichnet. Steuervergünstigungen haben außerdem stets Ungerechtigkeiten in der Lastverteilung zur Folge. Auch dafür gibt es - siehe Sonderabschreibungen nach deutschem Steuerrecht auf Immobilien in den neuen Bundesländern - genügend empirische Beispiele. Interessant ist wohl, daß das traditionelle Leitbild zur Etablierung von Vergünstigung geradezu auffordert. Mithin kann hier eine der wesentlichen Ursachen für die Kompliziertheit und den nahezu chaotischen Regelungswirrwarr in der deutschen Steuervielfalt - von einem System kann man leider nicht sprechen - identifiziert werden.

Bei der obigen Berechnung der vom Unternehmer zu tragenden Steuerlasten ist der inflationsbedingte Kaufkraftverlust noch gar nicht berücksichtigt worden. Bei einer jährlichen Inflationsrate von 2,5% über den Zeitraum von 40 Jahren würden die nominellen Konsummittel von 14.815 GE nur noch einen realen Kaufkraftwert 5.518 GE haben. Dies wären 482 GE weniger als bei sofortiger Ausschüttung und Konsum im ersten Jahr. 41 Jahre Spar- und Investitionstätigkeit haben also die Konsummöglichkeiten des Unternehmers nicht erweitert, sondern spürbar verringert. Das traditionelle Leitbild führt also offensichtlich zu einer extremen Belastung der Sparer und Investoren, die Ausmaße einer Kapitalvernichtung annimmt.

Es ist somit auch in hohem Maße unfair. Natürlich wäre ein solcher Zustand nicht tragbar. Also wird der Gesetzgeber entlastende Privilegien einräumen müssen, um die Spar- und Investitionsneigung nicht zu erdrosseln.

Mit einem streng marktorientierten System der Einkommensbesteuerung verbindet sich die Forderung, daß das von einem Bürger erzielte Markteinkommen (Lohn, Zins bzw. Gewinn aus einer Betätigung auf Arbeits-, Kapital- bzw. Gütermärkten) nur einmal belastet wird. Die Verwendung des Nettoeinkommens für heutigen Konsum oder für das Sparen/Investieren zur Ermöglichung eines morgigen Konsums löst damit keine zusätzlichen Steuerlasten aus. Dies ist eine Grundvoraussetzung zur Gewährleistung einer fairen Steuerbelastung.

Tabelle 2: Lasten einer traditionellen Einkommens- und Gewinnbesteuerung bei einem Steuersatz von 40%

Gewinn und Konsum ohne Steuern			**Gewinn und Konsum nach Steuern**		
Gewinn im ersten Jahr		10.000	Gewinn im ersten Jahr		10.000
			Körperschaftsteuer	–	4.000
Eigenkapital durch Investition am Ende des ersten Jahres		10.000	Eigenkapital durch Investition am Ende des ersten Jahres	=	6.000
Gewinn im zweiten Jahr (6% von 10.000 =)	+	600	Gewinn im zweiten Jahr (3,6% von 6.000 =)	+	216
Eigenkapital durch Investition am Ende des zweiten Jahres	=	10.600	Eigenkapital durch Investition am Ende des zweiten Jahres	=	6.216
...			...		
...			...		
Eigenkapital am Ende des des 41. Jahres		102.857	Eigenkapital am Ende des 41. Jahres		24.691
Veräußerungsgewinn		102.857	Veräußerungsgewinn		24.691
			Einkommensteuer	–	9.876
Alterskonsumfonds	=	102.857	Alterskonsumfonds	=	14.815
			Steuerlast		**85,6%**

Gleiche Markteinkommen bedeuten unabhängig von ihrer Verwendung gleiche steuerlich abverlangte Konsumopfer. Wer arbeitet, spart und auf diese Weise Investitionen finanziert, wird dafür nicht mehr bestraft. Ebensowenig wird demjenigen, der investiert und dabei unternehmerische Risiken übernimmt, eine Sonderlast aufgebürdet. Hierdurch wird erreicht, daß der mit Markteinkommen finanzierbare Lebenskonsum eines Bürgers nur einer einmaligen steuerlichen Belastung unterliegt. Nur in diesem Sinne kann man sagen, daß das Leitbild der Konsumorientierung und das Leitbild der Marktorientierung zum gleichen optimalen Steuersystem führen.

In der Tabelle 3 sind die für unser Unternehmerbeispiel relevanten Belastungen bei Anwendung der sparbereinigten bzw. zinsbereinigten Einkommens- und Gewinnbesteuerung dokumentiert. Werden die erwirtschafteten und grundsätzlich steuerbaren Gewinne nicht ausgeschüttet und konsumiert, sondern durch Verbleib und Investition im Unternehmen gespart, so ist die Steuerbasis nach dem Konzept der Sparbereinigung Null.

Tabelle 3: Marktorientierte Besteuerung des Gewinns

Gewinn und Konsum bei sparbereinigter Steuerbasis			**Gewinn und Konsum bei zinsbereinigter Steuerbasis**		
Gewinn im ersten Jahr		10.000	Gewinn im ersten Jahr		10.000
			Gewinnsteuer	–	4.000
Eigenkapital durch Investition im ersten Jahr		10.000	Eigenkapital durch Investition im ersten Jahr	=	6.000
Gewinn im zweiten Jahr (6% von 10.000 =)	+	600	Gewinn im zweiten Jahr (6% von 6.000 =)	+	360
Eigenkapital durch Investition im zweiten Jahr	=	10.600	Eigenkapital durch Investition im zweiten Jahr	=	6.360
...			...		
...			...		
Eigenkapital durch Investition im 41. Jahr		102.857	Eigenkapital durch Investition im 41. Jahr		61.714
Veräußerungsgewinn		102.857	Veräußerungsgewinn		61.714
Einkommensteuer	–	41.143	Einkommensteuer		-
Alterskonsumfonds	=	61.714	Alterskonsumfonds		61.714
Gesamtsteuerlast		**40%**	**Gesamtsteuerlast**		**40%**

Will sich der oben beispielhaft betrachtete Unternehmer jedoch durch Veräußerung seiner Beteiligungsrechte an der GmbH Konsummittel für den Ruhestand verfügbar machen, hat er den Veräußerungsgewinn in Höhe von 102.857 GE quasi als Entnahme von seinem Sparkonto 'Beteiligung an der GmbH' mit 40% zu versteuern. Ihm verbleiben damit 61.714 GE für Konsumzwecke.

Bei der zinsbereinigten Methode ergibt sich die Steuerbasis aus der Differenz zwischen Markteinkommen und marktüblicher Verzinsung des Spar- bzw. Investitionskapitals. Ist der Anfangsgewinn von 10.000 GE z.B. ein um Fremdkapitalzinsen bereinigter Gewinn, so ist dieser - wie nach traditioneller Methode - mit 40% zu versteuern.

Der Unternehmer kann dann im ersten Jahr 6.000 GE investieren. Die weiteren Investitionserträge der 40 nachfolgenden Jahre in Höhe von jährlich 6% des Eigenkapitals seien marktüblich, womit die Steuerbasis jeweils Null ist. Entgegen der traditionellen Konzeption können die erzielten Renditen also steuerfrei investiert werden. Die Eigenkapitalzinsen sind jedoch in absoluter Höhe durch die Besteuerung des Gewinns im ersten Jahr und damit durch die Belastung des Startkapitals ebenfalls steuerlich mit 40% belastet. Ohne Steuern hätte die marktübliche Verzinsung des investierten Eigenkapitals nämlich 92.857 GE betragen. Nach 41 Jahren ergibt sich für das Eigenkapital ein Endbestand von 61.714 GE (siehe Tabelle 3). Darin sind (61.714 - 6.000 =) 55.714 GE Eigenkapitalzinsen enthalten. Durch Veräußerung seines Anteils am Unternehmen erzielt der Mittelständler einen Erlös in Höhe des Eigenkapitals der GmbH, der jetzt natürlich steuerfrei bleiben muß. Wie bei der sparbereinigten Methode realisiert er Mittel für seinen Alterskonsum in Höhe von 61.714 GE.

Wie auch dieses Beispiel zeigt, entspricht die relative Steuerlast bei sparbereinigter wie auch bei zinsbereinigter Einkommens- und Gewinnbesteuerung dem gesetzlich fixierten Steuersatz. Eine zeitliche Steuerprogression wie bei traditioneller Einkommensbesteuerung gibt es hierbei nicht. Bei gleichem Steuersatz werden Arbeitseinkommen und Kapitaleinkommen (Zinsen und Gewinne) unterschiedslos und damit fair belastet.

Ausländische Investoren aus den westlichen Ländern mit traditioneller Einkommensbesteuerung werden in Übergangsländern ihr dort investiertes Eigenkapital hauptsächlich aus bereits in ihrem Heimatland versteuerten Einkünften speisen. Insofern würde eine mit der Sparbereinigung verbundene Steuerfreiheit der in Unternehmen zurückbehaltenen Gewinne und Besteuerung aller Ausschüttungen von Eigenkapital zu erheblichen Problemen bezüglich der Vermeidung von Doppelbelastungen ausländischer Anteilseigner führen. Demgegenüber kreiert die bereits in der Republik Kroatien praktizierte zinsbereinigte Gewinnsteuer bezüglich des internationalen Kapitalverkehrs keine Friktionen.

2.3. Investitionsentscheidungen bei marktorientierter Gewinnbesteuerung

Ein besonderer Vorzug der Besteuerung des zinsbereinigten Gewinns gegenüber der traditionellen Gewinnbesteuerung liegt auch in ihrer generellen Investitions- und Finanzierungsneutralität, wobei das zulässige Abschreibungsverfahren keinen Einfluß auf die Rentabilität alternativer Investitionsprojekte hat. Außerdem spielt die Höhe der Inflationsrate keine Rolle.

Um dies zu verdeutlichen, gehen wir von den Investitionsüberlegungen eines Unternehmers in der Marktwirtschaft aus. Er wird eine Investition mit den Ausgaben I durchführen, wenn der Kapitalwert KW nicht kleiner als Null ist. KW ist definiert als die Summe aller auf den Investitionszeitpunkt im Jahre 0 diskontierten Nettoeinnahmen (E). Die Nettoeinnahmen E_j eines Jahres j sind dabei als Differenz zwischen allen Einnahmen aus Verkäufen und den Ausgaben für den Einsatz von Produktionsfaktoren (Arbeit, Material etc.) definiert. Die Nettoeinnahmen des Investitionsjahres 0 sind mit $E_0 = - I$ negativ. Vor einer Steuer gilt also der folgende Kapitalwert:

$$KW = -I + \frac{E_1}{1+i} + \frac{E_2}{(1+i)^2} + ... + \frac{E_n}{(1+i)^n} \geq 0 \tag{9}$$

Die Gewinnsteuer ist dann investitionsneutral und damit marktverträglich, wenn der Kapitalwert einer jeglichen Investition gerade um den Steuerfaktor $1-\tau$ gekürzt wird. Hierbei stellt τ den Gewinnsteuersatz dar. Eine optimale Gewinnsteuer muß also zu dem Kapitalwert nach Steuern (KW_τ) gemäß

$$KW_\tau = (1-\tau)[-I + \frac{E_1}{1+i} + \frac{E_2}{(1+i)^2} + ... + \frac{E_n}{(1+i)^n}] = (1-\tau)KW \tag{10}$$

führen. Damit ist eine Investition, die vor einer Besteuerung vorteilhaft ist, auch nach Einführung einer marktorientierten Gewinnsteuer vorteilhaft. Die Rangfolge vorteilhafter Investitionsprojekte bleibt ebenfalls unverändert.

Der Kapitalwert nach Steuern läßt sich auch wie folgt darstellen:

$$KW_\tau = (1-\tau)[\frac{E_1}{1+i} + \frac{E_2}{(1+i)^2} + ... + \frac{E_n}{(1+i)^n}] - I + \tau I \tag{11}$$

Der positive Betrag τI stellt eine Steuerersparnis dar, die sich z.B. einstellen würde, wenn das Steuergesetz dem Unternehmer erlaubte, die Investitionsausgaben I sofort als Betriebsausgaben abzuziehen. Eine Sofortabschreibung des Anlagegutes mit den Anschaffungskosten I würde aber die Bemessungsgrundlage der Gewinnsteuer im Jahr der Investition erheblich reduzieren bzw. zu steuerlichen Verlusten führen, die dann in die nachfolgenden Jahre vorzutragen wären. Der Staat müßte also sehr lange warten, bis er von den Unternehmen eine Steuerzahlung erhält. Dies ist unter Berücksichtigung der notwendigen Finanzierung von Staatsausgaben nicht akzeptabel. Aus diesem Grunde kann der Gesetzgeber den Unternehmen nur eine Abschreibung des Anlagegutes über seine Nutzungsdauer erlauben. Andererseits sollte aber die Investitionsneutralität der Gewinnsteuer erhalten bleiben. Dies wäre gewährleistet, wenn der Gegenwartswert G aller steuerlich abzugsfähigen Kapitalkosten genau den Investitionsausgaben I entspräche. Die abzugsfähigen Kapitalkosten setzen sich aus den jährlichen Abschreibungen A_j und den jährlichen Zinskosten C_j zusammen. Die Investitionsneutralität einer Gewinnsteuer wäre dann gewährleistet, wenn

$$G = A_0 + \frac{A_1 + C_1}{1+i} + \frac{A_2 + C_2}{(1+i)^2} + ... + \frac{A_n + C_n}{(1+i)^n} = I \tag{12}$$

Das in der Tabelle 4 veranschaulichte Beispiel eines Investitionsprojekts zeigt, daß der Gegenwartswert der steuerlich abzugsfähigen Kapitalkosten bei einer zinsbereinigten Gewinnsteuer immer den Investitionsausgaben entspricht. Bei allen drei analysierten Abschreibungsverfahren ergibt sich der gleiche Gegenwartswert der steuerlich abzugsfähigen Kapitalkosten, und zwar in Höhe der Investitionssumme von I = 100.000 GE. Im Ergebnis wirkt die Besteuerung der zinsbereinigten Investitionserträge wie eine Gewinnsteuer, bei der die Sofortabschreibung der Anlagegüter zugelassen ist.

Die Invarianz der zinsbereinigten Gewinnsteuer bezüglich alternativer Abschreibungsmethoden erlaubt es dem Staat, eine dem fiskalischen Ziel entsprechende lineare Abschreibung über die Nutzungsdauer eines Anlagegutes vorzuschreiben.

Tabelle 4: Steuerlich anerkannte Kapitalkosten bei einer zinsbereinigten Besteuerung von Investitionserträgen im Falle der Geldwertstabilität

		Jahr (j) 1	2	3	4		Summe (G)
Buchwert der Sachanlage zu Beginn des Jahres j: U_j	A	100.000	75.000	50.000	25.000		
	B	100.000	50.000	-	-		
	C	100.000	-	-	-		
Abschreibung: A_j	A	25.000	25.000	25.000	25.000		
	B	50.000	50.000	-	-		
	C	100.000	-	-	-		
Zinskosten: $C_j = 0{,}05 \cdot U_j$	A	5.000	3.750	2.500	1.250		
	B	5.000	2.500	-	-		
	C	5.000	-	-	-		
Summe der steuerlich anerkannten Kapitalkosten: $A_j + C_j$	A	30.000	28.750	27.500	26.250		
	B	55.000	52.500	-	-		
	C	105.000	-	-	-		
Gegenwartswert der steuerlich anerkannten Kapitalkosten: $G_j = (A_j + C_j)/1{,}05^j$	A	28.571 +	26.077 +	23.756 +	21.596	=	100.000
	B	52.381 +	47.619 +	0 +	0	=	100.000
	C	100.000 +	0 +	0 +	0	=	100.000

Mit Eigenkapital im Jahre 0 finanzierte Investition in Höhe von 100.000 GE; A: lineare Abschreibung über vier Jahre, B: lineare Abschreibung über zwei Jahre, C: vollständige Abschreibung im ersten Jahr nach der Investition; Marktzins (=Realzins) 5%

Unter einer zinsbereinigten Gewinnsteuer hat auch die Inflation keinen Einfluß auf die Investitionsentscheidungen. Erlöse in Höhe der Summe aus Abschreibungen und Normalverzinsung des Buchwertes der Anlagegüter reichen stets aus, um sowohl eine steuerfreie normale Realverzinsung als auch die Wiederbeschaffung der Anlagegüter zu den gestiegenen Preisen zu ermöglichen. Mit dem Abzug der Zinskosten des Eigenkapitals ist dieses vor einer steuerlich bedingten Minderung geschützt. Insofern kann man den abzugsfähigen Zinssatz i - wie in Kroatien üblich - auch als Schutzzins bezeichnen. Zur Dokumentation der Inflationsneutralität der zinsbereinigten Gewinnsteuer nehmen wir folgendes Investitionsprojekt an. Im Jahr 0 werden Investitionsausgaben in Höhe von I = 1.000 GE getätigt. In den beiden Folgejahren fließen die Nettoeinnahmen E_j, j=1,2. Im ersten Jahr nach der Investition betrage die Inflationsrate $\pi_1 = 20\%$. Bei einem angenommenen Realzins von r = 5% - wie etwa nach kroatischem Steuerrecht - ergäbe sich dann der steuerlich berücksichtigungsfähige Schutzzins nach der Fisher-Formel (siehe Gleichung (8)) mit

$$i_1 = 0{,}2 + 0{,}05\left(\frac{1+20}{100}\right) = 0{,}26$$

Im zweiten Jahr nach der Investition möge die Inflationsrate $\pi_2 = 30\%$ betragen. Hieraus errechnet sich ein Schutzzins von

$$i_2 = 0{,}3 + 0{,}05\left(\frac{1+30}{100}\right) = 0{,}365$$

Das Anlagegut werde über seinen Nutzungszeitraum von zwei Jahren linear abgeschrieben. In einem ersten Fall wird von den revalorisierten Anschaffungskosten (RI_j) des Anlagegutes abgeschrieben. Damit ist die Inflationsrate bereits bei den Abschreibungsbeträgen berücksichtigt. Als steuerlich abzugsfähige Zinskosten kann dann nur noch das Produkt aus Realzins (r/100) und revalorisiertem Buchwert des Anlagegutes (RU_j) anerkannt werden. In einem zweiten Fall ist die Revalorisierung der Anschaffungskosten nicht vorgeschrieben. Hier sind dann Zinskosten in Höhe des Produktes aus Nominalzins (i) und nicht revalorisiertem Buchwert steuerlich abzugsfähig.

Tabelle 5 enthält alle Angaben für den Fall der Revalorisierung. Der Gegenwartswert G aller steuerlich abzugsfähigen Kapitalkosten, d.h. die Summe aller periodischen Gegenwartswerte G_j, j=1,2, entspricht - wie im vorher betrachteten Fall der Geldwertstabilität - wiederum den Investitionsausgaben. Tabelle 6 enthält alle Angaben, wenn eine Revalorisierung gesetzlich nicht vorgeschrieben sein sollte. Wiederum ist der Gegenwartswert aller steuerlich abzugsfähigen Kapitalkosten gleich den Investitionsausgaben. Wir haben also das beachtenswerte Ergebnis, daß die Investitionsneutralität der vorgeschlagenen Gewinnsteuer unabhängig davon besteht, ob eine Revalorisierung gesetzlich vorgeschrieben ist oder nicht.

Bei sehr hohen Inflationsraten empfiehlt es sich allerdings für den Staat, eine Revalorisierung gesetzlich vorzuschreiben. Dies kann durch eine grobe Regel geschehen. Beträgt die Inflationsrate aufgrund statistischer Angaben z.B. 21,4 %, so würde es ausreichen, daß die Unternehmen die Werte aller Anlagegüter (einschließlich Immobilien) mit dem Faktor 1,21 multiplizieren. Der Vergleich der steuerlich abzugsfähigen Kapitalkosten in den Tabellen 5 und 6 zeigt, warum sich eine solche Revalorisierung aus kurzfristiger Sicht für den Staat unter Einnahmenaspekten lohnt. Bei einer Revalorisierung sind die abzugsfähigen Kapitalkosten am Anfang des Investitionsprozesses kleiner als ohne Revalorisierung. In dem Beispiel können bei Revalorisierung im ersten Jahr nur 660 GE gegenüber 760 GE ohne Revalorisierung steuerlich abgezogen werden. Damit erhält der Staat im ersten Jahr bei Revalorisierung höhere Steuereinnahmen als ohne Revalorisierung. In den späteren Jahren ergibt sich eine entgegengesetzte Konstellation.

Tabelle 5: Steuerlich absetzbare Kapitalkosten unter Inflationsbedingungen bei Revalorisierung der Anschaffungskosten des Anlagegutes

	Jahr 1		**Jahr 2**	
realer Schutzzins: r	5%		5%	
Inflationsrate: π_j	20%		30%	
nomineller Schutzzins: i_j	26%		36,5%	
Revalorisierte Anschaffungskosten:				
$RI_j=(1+\pi_j)\cdot RI_{j-1}$	1.200		1.560	
Revalorisierter Buchwert am Jahresbeginn:				
$RU_j=(1+\pi_j)\cdot(RU_{j-1}-A_{j-1})$	1.200		780	
Abschreibung:				
$A_j=\alpha_j\cdot RI_j$	600		780	
Zinskosten:				
$C_j = RU_j\cdot r/100$	60		39	
abziehbare Kapitalkosten: A_j+C_j	660		819	
diskontierte Kapitalkosten: G_j	$\frac{660}{1{,}26}$		$\frac{819}{1{,}26\cdot 1{,}365}$	
Summe aller diskontierten Kapitalkosten: G	**523,81**	+	**476,19**	= **1.000**

Anschaffungskosten im Jahre 0: 1000 GE; Abschreibungssatz: α_j =0,50.

In dem Beispiel können im zweiten Jahr bei Revalorisierung 819 GE, ohne Revalorisierung hingegen nur 682,50 GE steuerlich abgezogen werden. Damit werden die Steuereinnahmen im zweiten Jahr ohne Revalorisierung größer sein als mit Revalorisierung. Insgesamt betrachtet kann jedoch der Staat in langfristiger Sicht aus der Revalorisierung keine höheren Steuereinnahmen gewinnen. Der Gegenwartswert aller Steuereinnahmen ist bei einer Revalorisierung mit dem Gegenwartswert aller Steuereinnahmen ohne Revalorisierung identisch.

Tabelle 6: Steuerlich absetzbare Kapitalkosten unter Inflationsbedingungen ohne Revalorisierung der Anschaffungskosten des Anlagegutes

	Jahr 1		**Jahr 2**	
realer Schutzzins: r	5%		5%	
Inflationsrate: π_j	20%		30%	
nomineller Schutzzins: i_j	26%		36,5%	
Anschaffungskosten: I	1.000		1.000	
Buchwert am Jahresbeginn: $U_j=U_{j-1}-A_{j-1}$	1.000		500	
Abschreibung: $A_j=\alpha_j \cdot I$	500		500	
Zinskosten: $C_j = U_j \cdot i_j/100$	260		182,50	
abziehbare Kapitalkosten: A_j+C_j	760		682,50	
diskontierte Kapitalkosten: G_j	$\frac{760}{1,26}$		$\frac{682,5}{1,26 \cdot 1,365}$	
Summe aller diskontierten Kapitalkosten: G	**603,17**	+	**396,83**	= **1.000**

Anschaffungskosten im Jahre 0: 1000 GE; Abschreibungssatz: α_j =0,50.

Die in der Literatur bekannte und im Rahmen der Flat Tax von *Hall/Rabushka* in den USA inzwischen zu hoher Popularität gelangten 'real cash flow'-Steuer ist ein Grenzfall der zinsbereinigten Gewinnsteuer.[4] Die hier vorgesehene Sofortabschreibung ist aber allein schon unter fiskalischen Aspekten für die auf Erzielung „früher" Steuereinnahmen angewiesenen Übergangsländer keine akzeptable Alternative. Auch würde die erforderliche Trennung zwischen besteuerbaren realen und nicht besteuerbaren finanziellen Transaktionen selbst für die hoch geschulten Steuerbeamten in westlichen Ländern kaum praktizierbar sein. Die Invarianz der zinsbereinigten Gewinnsteuer bezüglich alternativer Abschreibungsmethoden erlaubt es jedoch dem Staat, eine dem fiskalischen Ziel entsprechende lineare Abschreibung über die Nutzungsdauer eines Anlagegutes vorzuschreiben. Jedenfalls lohnt es sich weder für den Staat noch für die Unternehmen über Bewertungsprobleme zeit- und kostenaufwendig zu streiten. Damit ist die zinsbereinigte der traditionellen Gewinnsteuer auch unter administrativen Aspekten überlegen.

4 Vgl. *Hall, R.E./Rabushka, A.* (1995).

3. Umsetzung einer marktorientierten Einkommensbesteuerung in Übergangsländern

Das Steuersystem sollte grundsätzlich durch seine Marktorientierung der Funktionsweise einer Marktwirtschaft bestmöglich angepaßt sein. Steuern müssen Staatseinnahmen liefern sowie Kaufkraft abschöpfen, aber ansonsten den marktwirtschaftlichen Mechanismus möglichst unberührt lassen.

Marktentscheidungen im Spar- und Investitionsbereich betreffen nicht nur die Situation eines Kalenderjahres, sondern größere Zeiträume bis hin zu einer lebenszeitlichen Betrachtung der Erwirtschaftung und Verwendung von Markteinkommen. Die Entscheidung des Bürgers, wann er sein Einkommen konsumiert, und die Entscheidung des Unternehmers, ob, wieviel und wo er investiert, darf jeweils nicht von steuerlichen Überlegungen bestimmt sein. Dieser Forderung kann dadurch entsprochen werden, daß das von einem Bürger erzielte Markteinkommen (Lohn, Zins bzw. Gewinn aus einer Betätigung auf Arbeits-, Kapital- bzw. Gütermärkten) nur einmal belastet wird. Die Verwendung des Nettoeinkommens für heutigen Konsum oder für das Sparen/Investieren zur Ermöglichung eines morgigen Konsums löst damit keine zusätzlichen Steuerlasten aus. Dies ist eine Grundvoraussetzung zur Gewährleistung einer fairen Steuerbelastung: Gleiche Markteinkommen bedeuten unabhängig von ihrer Verwendung gleiche steuerlich abverlangte Konsumopfer. Insofern kann nur bei einer Einkommensbesteuerung mit spar- oder zinsbereinigten Bemessungsgrundlagen von wirklich marktorientierten Konzepten gesprochen werden. Hier wird derjenige, der arbeitet, spart und auf diese Weise Investitionen finanziert, nicht mit einer steuerlichen Extralast bestraft. Ebensowenig wird demjenigen, der investiert und dabei unternehmerische Risiken übernimmt, eine Sonderlast aufgebürdet. Hierdurch wird erreicht, daß der mit Markteinkommen finanzierbare Lebenskonsum eines Bürgers nur einer einmaligen steuerlichen Belastung unterliegt.

In Hinblick auf eine durchsichtige und praktisch leicht durchführbare sowie mit wenigen Übergangsproblemen behaftete Einkommensbesteuerung empfehle ich insgesamt den in der nachfolgenden Übersicht 1 dokumentierten Katalog von Einkunftsarten gesetzlich zu verankern. Diese Strukturierung der Einkommen soll vornehmlich die Besonderheiten der jeweiligen Einkunftsarten im Rahmen des Verwaltungsverfahrens widerspiegeln. Sie darf keinesfalls so verstanden werden, als solle eine systematische Ungleichbehandlung der Einkunftsarten zulässig sein. Vielmehr ist es so, daß durch die Anwendung der Methode der Zinsbereinigung einerseits und der Methode der Sparbereinigung andererseits zwar in einzelnen Kalenderjahren Belastungsunterschiede auftreten, jedoch über die Lebenszeit betrachtet eine akzeptable und faire Steuerbelastung unterschiedlicher Individuen erreicht wird.

3.1. Zur Besteuerung der Einkünfte aus nichtselbständiger Erwerbstätigkeit

Zu den besteuerbaren Einkünften aus nichtselbständiger Erwerbstätigkeit gehören alle aus gegenwärtigen oder früheren Dienstverhältnissen fließenden Einkünfte eines Arbeitnehmers, soweit es sich nicht um Auszahlungen langfristiger Pensionsfonds handelt. Die von den Trägern der gesetzlichen Sozialversicherung ausgezahlten Renten, die Pensionen der Beamten wie auch die von den Arbeitgebern ausgezahlten Betriebsrenten werden nicht als Arbeitslohn, sondern als Auszahlungen langfristiger Pensionsfonds und deshalb als Einkünfte aus Vorsorgevermögen - siehe Punkt (3) des Systems - betrachtet. Zur Vereinfachung des Verfahrens der Lohnbesteuerung sollten Ausgaben, die der Arbeitnehmer zum Erwerb von Arbeitseinkommen tätigt - wie z.B. Kosten aus Fahrten zur Arbeitsstätte, Kosten aus der freiwilligen Teilnahme an Fortbildungsseminaren etc. -, durch den Abzug eines für alle Arbeitnehmer gleichen Betrages pauschaliert werden. Die Erstattung der dem Arbeitnehmer aus dem Dienstverhältnis entstehenden Aufwendungen (Hotel- und Verpflegungskosten bei Dienstreisen etc.) muß dieser mit seinem Arbeitgeber aushandeln. Derartige steuerfreie Erstattungen sollten zur Vermeidung eines Mißbrauchs betragsmäßig begrenzt sein. Die Bedeutung des Abzugs besonderer Bildungsausgaben, die nicht durch die Pauschale als abgedeckt betrachtet werden können, hängt von dem im jeweiligen Übergangsland herrschenden Bildungssystem ab.

3.2. Zur Besteuerung der Einkünfte aus selbständiger Erwerbstätigkeit

Bei der Besteuerung der Einkünfte aus selbständigen (unternehmerischen) Erwerbstätigkeiten ist die Implementierung des Konzepts der Zinsbereinigung zu empfehlen. Kleine Gewerbetreibende, Freiberufler, freischaffende Künstler, Schriftsteller und Wissenschaftler, Land- und Forstwirte, Vermieter und Verpächter von Immobilien sowie auch andere selbständig Erwerbstätige haben dann als Einkommen die gemäß Kassenrechnung ermittelte Differenz zwischen Betriebseinnahmen und Betriebsausgaben zu versteuern. Nicht abzugsfähig sind hierbei die Ausgaben für den Kauf von Maschinen, Grundstücken und anderen langlebigen Gütern. Statt dessen sind als besondere Betriebsausgaben die Abschreibungen der Anschaffungs- bzw. Herstellungskosten abnutzbarer Anlagegüter abzuziehen. Bezüglich des Abzugs von Zinskosten sind je nach Praktikabilität in dem jeweiligen Übergangsland zwischen den folgenden zwei Alternativen zu wählen. Nach der ersten Variante ist nur eine marktübliche, standardisierte Verzinsung der Buchwerte abnutzbarer (Kraftfahrzeuge, Maschinen, Gebäude etc.) und nicht abnutzbarer (Grundstücke) Anlagegüter abziehbar. Damit wird das Kapitalexistenzminimum vor einer steuerlichen Belastung in vereinfachender Form geschützt. Ein zusätzlicher Abzug von Fremdkapitalzinsen ist damit nicht erlaubt. Wem der Abzug der Verzinsung der Buchwerte wegen höherer gezahlter Kreditzinsen nicht ausreicht, der muß zur Gewinnsteuer optieren. Dort kann er dann über eine vollständige Buchführung und Bilanzierung das im Unternehmen eingesetzte Eigenkapital und für Unternehmenszwecke aufgenommene Fremdkapital getrennt ausweisen, so daß hiermit die Grundlage für eine volle Zinsbereinigung gegeben ist, die auch den Abzug der Kreditzinsen erlaubt. Diese Regelung gilt z.B. bei der Ermittlung des im Rahmen der kroatischen Einkommensteuer zu versteuernden Gewinns der Selbständigen. Nach einer zweiten Variante könnte der Abzug von Zinsen auf den Teil des Fremdkapitals zugelassen werden, der durch Buchwerte gemäß Anlageverzeichnis gedeckt ist. Übersteigt die Summe aller verzeichneten Buchwerte den Bestand an Fremdkapital, so wird der Überschußbetrag als fiktives Eigenkapital betrachtet. Hierauf ist dann der gesetzlich fixierte Schutzzins anzuwenden, und die somit errechneten Eigenkapitalzinsen sind dann zusätzlich als Betriebsausgaben abzugsfähig. Diese Alternative erfaßt die betrieblichen Kapitalkosten besser als die erste, sie ist jedoch mit einem höheren Befolgungs- und Verwaltungsaufwand verbunden. Die Option zur Gewinnsteuer sollte auch hier gewährt werden.

Übersicht 1: Ein vollständig marktorientiertes System der Einkommensbesteuerung

(1) Einkünfte aus nichtselbständiger Erwerbstätigkeit

Dies sind alle Einkommen aus einem gegenwärtigen oder früheren weisungsgebundenen Dienstverhältnis, soweit es sich nicht um Auszahlungen (Renten u.ä.) langfristiger Sparfonds handelt.

Ermittlung der zu versteuernden Einkünfte:

Löhne und lohnäquivalente Leistungen des Arbeitgebers nach Abzug eines Pauschalbetrages für die Aufwendungen zum Erwerb von Arbeitseinkommen. Deutlich abgrenzbare Ausgaben für die Aus- und Weiterbildung sollten als Investitionen in Humankapital abziehbar sein.

(2) Einkünfte aus selbständiger Erwerbstätigkeit

Dies sind Einkommen aus gewerblichen, freiberuflichen, freischaffenden, land- und forstwirtschaftlichen, vermietenden, verpachtenden sowie sonstigen selbständigen Tätigkeiten, für die wegen ihres relativ kleinen wirtschaftlichen Umfangs eine vollständige Buchführung und Bilanzierung gesetzlich nicht vorgeschrieben ist.

Ermittlung der zu versteuernden Einkünfte:

Betriebseinnahmen - Betriebsausgaben nach der Kassenrechnung.

Zu den Betriebsausgaben gehören auch:

(a) die steuerlich zulässigen (linearen) Abschreibungen der Anschaffungs- bzw. Herstellungskosten der abnutzbaren Anlagegüter und

(b) die Verzinsung des Buchwertes der (abnutzbaren wie nicht abnutzbaren) Anlagegüter, die in einem besonderen Bestandsverzeichnis zu führen sind.

Selbständig Erwerbstätige können für die Gewinnsteuer optieren.

Fortsetzung **Übersicht 1**

Übersicht 1: (Fortsetzung)

(3) Einkünfte aus Vorsorgevermögen

Hierzu gehören Auszahlungen langfristiger Sparfonds, sofern die Einzahlungen steuerfrei erfolgten.

Ermittlung der zu versteuernden Einkünfte:

Als Einkünfte werden die von privaten und/oder gesetzlichen Versicherungsträgern ausgezahlten Renten sowie Auszahlungen anderer langfristiger Sparfonds angesetzt. Im Jahr der Zahlung von Beiträgen zur gesetzlichen oder privaten Rentenversicherung sowie der Einzahlung in andere langfristige Sparfonds sind diese Ausgaben als negative Einkünfte zu berücksichtigen, mindern also das zu versteuernde Einkommen.

(4) Das im Rahmen der Einkommensteuer zu versteuernde Einkommen

	Einkünfte aus nichtselbständiger Erwerbstätigkeit
+	Einkünfte aus selbständiger Erwerbstätigkeit (zinsbereinigte Gewinneinkünfte etc.)
+	Einkünfte aus Vorsorgevermögen
–	aufgezinster Verlustvortrag
=	zins- und verlustbereinigter Gesamtbetrag aller Einkünfte
–	persönliche Abzüge (Krankenversicherungsbeiträge, Grundfreibetrag für das Konsumexistenzminimum etc.)
=	zu versteuerndes Einkommen

(5) Die im Rahmen der Gewinnsteuer zu versteuernden Einkünfte aus Beteiligungen an bilanzierenden Unternehmen

Das sind alle Einkünfte aus unternehmerischen Tätigkeiten des Steuerpflichtigen selbst, von Personen- oder von Kapitalgesellschaften, für die wegen ihres relativ großen wirtschaftlichen Umfangs die vollständige Buchführung und Bilanzierung vorgeschrieben ist. Die unmittelbare Verfügbarkeit über die Einkünfte mittels Gewinnausschüttungen oder Realisierung von Veräußerungsgewinnen aus dem Verkauf von Unternehmensbeteiligungen hat keine steuerlichen Konsequenzen. Die Besteuerung erfolgt abschließend auf der Unternehmensebene.

Ermittlung des zu versteuernden Gewinns:

	Herkömmlich ermittelter Gewinn
–	Erträge aus Beteiligungen an anderen gewinnsteuerpflichtigen Unternehmen
–	Eigenkapitalzinsen
–	aufgezinster Verlustvortrag
=	zins- und verlustbereinigter Gewinn
–	Unternehmerlohn bei Personenunternehmen
=	zu versteuernder Gewinn

Das für die Berechnung der Schutzzinsen berücksichtigungsfähige Eigenkapital ist gleich dem am Jahresanfang in der Bilanz ausgewiesenen Eigenkapital abzüglich der Buchwerte von Beteiligungen an anderen Unternehmen. Unterjährige Veränderungen des Eigenkapitals (Gewinnausschüttungen, Gewinnsteuerzahlungen, Erhöhungen des Grundkapitals, Erwerb und Veräußerung von Beteiligungen etc.) führen zu einer Korrektur der Schutzverzinsung nach Maßgabe der auf den Teilzeitraum des Jahres entfallenden Eigenkapitalbindung im Unternehmen. In dem herkömmlich ermittelten Gewinn sind bereits verdeckte Gewinnausschüttungen u.ä. sowie steuerlich nichtabziehbare Aufwendungen (Strafen etc.) berücksichtigt.

3.3. Zur Besteuerung des Einkünfte aus privatem Finanzvermögen

Zur Wahl einer systematischen und administrativ zweckmäßigen Form der Besteuerung von Einkünften aus Finanzvermögen ist zunächst auf eine wichtige und oben begründete Forderung zu verweisen. Ein im Wirtschaftsprozeß erzieltes Einkommen sollte einmal, aber auch nicht mehr als einmal steuerlich belastet werden. Die durch wirtschaftliche Aktivitäten erzielten Einkommen sollten also weder mehrfach belastet werden noch vollständig belastungsfrei bleiben. Bei einer sparbereinigten Einkommensteuer ist zu berücksichtigen, daß die Finanzverwaltung das Sparen und Entsparen auf vielen Konten, Depots und Fonds kontrollieren muß. Die Besteuerung von Einkommen aus Finanzvermögen läßt sich im Rahmen der zinsbereinigten Einkommensteuer demgegenüber nahezu ohne Verwaltungskosten durchführen. Wird ein standardisierter Marktzins systematisch von der Steuer freigestellt, dann kann die Besteuerung von Zinsen aus privat gehaltenem Finanzvermögen aus Vereinfachungsgründen gänzlich entfallen. Dies hängt damit zusammen, daß die Unterschiede zwischen der tatsächlich realisierten Kapitalverzinsung und der aus systematischen Gründen steuerfrei bleibenden Standardverzinsung vernachlässigt werden können. Der administrative Aufwand einer exakten Erfassung solcher Unterschiede würde sich nicht lohnen.

Die Anwendung der zinsbereinigte Methode empfiehlt sich auch beim Sparen in kapitalbildende Lebensversicherungen. Hier werden also die Prämien aus bereits versteuertem Einkommen geleistet. Die Versicherungsträger versteuern den zinsbereinigten Unternehmensgewinn, der auch um die Standardverzinsung des von dem Versicherten eingezahlten Kapital bereinigt wird. Die späteren Auszahlungen - einschließlich der Zins- bzw. Gewinnanteile - an die Versicherten sind dann steuerlich unwirksam.

3.4. Zur Besteuerung des Einkünfte aus Realvermögen

Das Konzept der Zinsbereinigung führt auch zu einer unter administrativen Aspekten einfachen Form der Besteuerung von Einkünften aus Realvermögen, die ja als unternehmerische Gewinneinkünfte qualifiziert sind. Hierzu gehören die Einkünfte aus Vermietung von Häusern und Wohnungen, aus der Verpachtung von Grundstücken und aus der marktmäßigen Verwertung von Vermögensrechten (Patente, Urheberrechte etc.), soweit diese Aktivitäten nicht zu einer selbständigen gewerblichen Tätigkeit gehören. Für vermietete Häuser und Wohnungen sind dann als Kapitalkosten die jährlichen Abschreibungen und eine standardisierte Verzinsung der „Buchwerte am Jahresanfang“ steuerlich abzugsfähig. Mit E als Ertrag vor Abzug von Kapitalkosten, U_t als Buchwert und α_t als Rate der Abschreibungen einer Immobilie gilt dann die Bemessungsgrundlage

$$B_t = I - (\alpha_t + i)U_t \qquad (14)$$

Möglich wäre auch, die Zinsen einer Kredifinanzierung der Immobilie als steuerlich abzugsfähig zu regeln. Soweit dann der Buchwert der Immobilie (U_t) den

Kreditbestand (FK_I) übersteigt, wäre ein fiktives Eigenkapital (EK_I) anzunehmen. Hierfür darf dann noch die standardisierte Eigenkapitalverzinsung abgezogen werden. Wir erhielten dann bei einem Kreditzins z die folgende Bemessungsgrundlage:

$$\begin{aligned} B &= I - zFK_I - \alpha_I U_I - i(U_I - FK_I) \\ &= I - (\alpha_I + i)U_I - (z - i)FK_I, \quad bei\ U_I \geq FK_I \end{aligned} \tag{15}$$

Gegenüber dem Fall der reinen Eigenkapitalfinanzierung ist also bei der Fremdfinanzierung und unvollkommenem Kapitalmarkt noch das Produkt aus der Zinssatzdifferenz z-i und dem Fremdkapitalbestand als Kapitalkosten abzugsfähig. Grundsätzlich müssen die Bezieher von Einkommen aus Realvermögen das Optionsrecht zur vollständigen Bilanzierung und Zinsbereinigung haben.

Selbstgenutzte Wohnungen und Häuser unterliegen nicht der Besteuerung. Für Kleinimmobilien empfiehlt sich die Anwendung eines Pauschalverfahrens, indem z.B. ein fester Prozentsatz der Einnahmen als Ausgaben abzugsfähig sind.

3.5. Zur Besteuerung der Renten und Pensionen

Um dem Steuerpflichtigen ein steuerfreies Konsumexistenzminimum im Alter zu gewähren, empfiehlt es sich, bei dem administrativ einfach zu kontrollierenden Sparen für die Altersvorsorge das Konzept der Sparbereinigung anzuwenden. Arbeiter, Angestellte und Beamte, die Beiträge in die gesetzliche Rentenversicherung zu leisten haben, dürfen diese dann vor einer Besteuerung ihres Einkommens abziehen. Praktisch geschieht dies dadurch, daß der Arbeitgeber im Rahmen des Lohnsteuerabzugsverfahrens den Steuertarif auf die Bemessungsgrundlage „Lohn abzüglich Beiträge zur Rentenversicherung“ anwendet. Damit ist das gesetzlich erzwungene Sparen für die im Alter ausgezahlten Renten zunächst vollständig von einer Steuerlast befreit. Die später von den Trägern der gesetzlichen Rentenversicherung ausgezahlten Renten unterliegen dann allerdings der vollen Besteuerung.

Auch die steuerliche Behandlung des freiwilligen Sparens durch Einzahlungen in private Pensionsfonds und ähnliche langfristige Sparfonds sollte nach diesem Modell erfolgen. Damit sind alle heutigen Einzahlungen als Abzüge und alle späteren Auszahlungen dieser Fonds als positive „Einkünfte aus Vorsorgevermögen“ zu berücksichtigen. Unabhängig davon wären die Vorsorgefonds selbst der zinsbereinigten Gewinnsteuer zu unterwerfen.

3.6. Zur Besteuerung des Gewinns bilanzierungspflichtiger Unternehmen

Die abschließende Besteuerung der Unternehmensgewinne spart Steuererhebungskosten und sichert die Rechtsformneutralität. Grundsätzlich könnten jedoch die Personenunternehmen auch im Rahmen der Einkommensteuer und die Kapitalgesellschaften im Rahmen der Körperschaftsteuer erfaßt werden. Die Bemessungsgrundlage wird stets in gleicher Weise ermittelt. Unterschiede ergeben sich nur bezüglich der tariflichen Belastung.

Zur Entgegenwirkung von Steuerumgehungsstrategien sollte der Steuersatz einer rechtsformunabhängigen Gewinnsteuer mit dem Spitzensatz des Einkommensteuertarifs festgesetzt werden. In Kroatien hat man ursprünglich den Gewinnsteuersatz mit 25% und den Spitzensatz der Einkommensteuer mit 35% festgelegt. Bald begannen einige Unternehmen Lohneinkommen in niedriger besteuerte Dividenden umzuqualifizieren. Auch optierten viele Selbständige trotz relativ geringen Umfangs ihrer wirtschaftlichen Aktivitäten zur Gewinnsteuer. Dort konnten sie mit dem als Betriebsausgabe abzugsfähigen und dann einkommensteuerpflichtigen Unternehmerlohn ihre persönlichen Abzüge geltend machen sowie im Gewinnsteuerbereich die Spitzenbelastung um mindestens 10 % senken. In der Stadt Zagreb betrug die Steuersatzreduktion aufgrund des städtischen Hebesatzrechts und eines effektiven Einkommensteuerspitzensatzes von rund 42 % bis zu 17%. Mit der Anhebung des Gewinnsteuersatzes auf 35% ab 1997 wurden dann solchen Bestrebungen entgegengewirkt.

Der Übergang von einer traditionellen zu einer zinsbereinigten Gewinnermittlung ist ohne große Probleme möglich, da doch mit der Handelsbilanz bzw. der Gewinn- und Verlustrechnung der Startpunkt unverändert bleibt. Zur Technik der Berechnung von Schutzzinsen auf das Eigenkapital sei an dieser Stelle soviel gesagt, daß sie von der kroatischen Steuerpraxis ohne größere Komplikationen beherrscht wird. Bezüglich der Gewinnbesteuerung international verbundener Unternehmen bietet es sich an, dem Quellenlandprinzip Vorrang einzuräumen. Damit sind einerseits Dividenden ausländischer Töchter bei der inländischen Muttergesellschaft steuerfrei, andererseits kann letztere dann auch keine Schutzzinsen auf den Wert ihrer Auslandsbeteiligung beanspruchen.

4. Zur Inflationsbereinigung der Tarifstruktur und des Grundfreibetrages bei der Einkommensteuer

Die Stufen des Steuertarifs und die persönlichen Freibeträge sind im Steuergesetz in nominellen Währungseinheiten festgelegt. Nominell fixierte Werte verändern unter Inflationsbedingungen jedoch ihren realen Wert. Damit entwerten sich in inflationären Zeiten die steuerlich gewährten Freibeträge und die Progressionsstufen des Steuertarifs. Es kommt zur sogenannten kalten Progression, die sich wie folgt einstellt. Steigt das nominelle Einkommen eines Steuerpflichtigen inflationsbedingt, ohne daß sich der reale Wert des Einkommens verändert hat, so ist es bei unveränderten Progressionsstufen möglich, daß diese überschritten werden. Dadurch kommt ein höherer Steuersatz zur Anwendung. Die nominelle Steuerschuld wächst schneller als das nominelle Einkommen, welches sich parallel zur Inflation entwickelt. In diesem Fall steigt die reale Steuerbelastung also, ohne daß sich das Realeinkommen verändert hat. Um einen solchen 'kalten' Progressionseffekt zu verhindern, müssen sowohl alle Freibeträge als auch die Progressionsstufen des Tarifs indexiert werden. Nur eine Indexierung des Einkommensteuertarifs verhindert einen steuerbedingten realen Einkommensverlust und verringert damit den Druck auf die Lohnpolitik. Erhöhten Lohnforderungen wird so entgegengewirkt. Außerdem führt die kalte Progression zu einer ungerechten Verteilung der Steuerlasten, da bei einigen Steuerpflichtigen der Steuersatz unverändert bleibt, andere Steuerpflichtige hingegen eine inflationsbedingte Erhöhung des Steuersatzes ertragen müssen. Dies verdeutlicht zweifelsfrei die Notwendigkeit einer Anpassung der steuerlichen Tarifstruktur und der persönlichen Abzüge an die Inflationsverhältnisse.

Am einfachsten läßt sich die erforderliche Inflationsbereinigung durch die gesetzliche Fixierung eines monatlichen Grundfreibetrags erreichen. Im Einkommensteuergesetz ist dann auch genau vorgeschrieben, wie und wann dieser Grundfreibetrag aufgrund einer abgelaufenen Geldentwertung zu erhöhen ist. Die einzelnen Stufen des für den Monat festzulegenden Steuertarifs werden als ein bestimmtes Vielfaches von diesem (indexierten) monatlichen Grundfreibetrag festgelegt. Damit wird der Monatstarif automatisch inflationsbereinigt, ohne daß es hierzu einer Änderung des Einkommensteuergesetzes bedarf. Für eine eventuelle Jahresabrechnung ergibt sich dann der benötigte Jahrestarif als Summe aller (aufgezinsten) Monatstarifstufen.

Der indexierte monatliche Grundfreibetrag erlaubt weiterhin die Anwendung eines einfachen Verfahrens zur Ermittlung des indexierten persönlichen Freibetrags. Hierzu werden die persönlichen Verhältnisse eines Steuerpflichtigen durch dimensionslose Einzelfaktoren erfaßt, statt sie in absoluten Beträgen zu bemessen. So könnte z.B. dem Steuerpflichtigen und seiner nicht erwerbstätigen Ehefrau jeweils ein Faktor von 1 sowie für ein Kind ein Faktor von 0,5 gewährt werden. Weitere Faktoren könnte der Steuergesetzgeber für die Unterhaltung anderer Mitglieder der Familie oder für einen bestimmten Invaliditätsgrad gewähren. Der persönliche Freibetragsfaktor ergibt sich dann als Summe aller einzelnen Faktoren, die in dem obigen Beispiel 2,5 beträgt. Zum persönlichen Freibetrag gelangt man, wenn dieser Freibetragsfaktor mit dem jeweils geltenden Grundfreibetrag multipliziert wird.

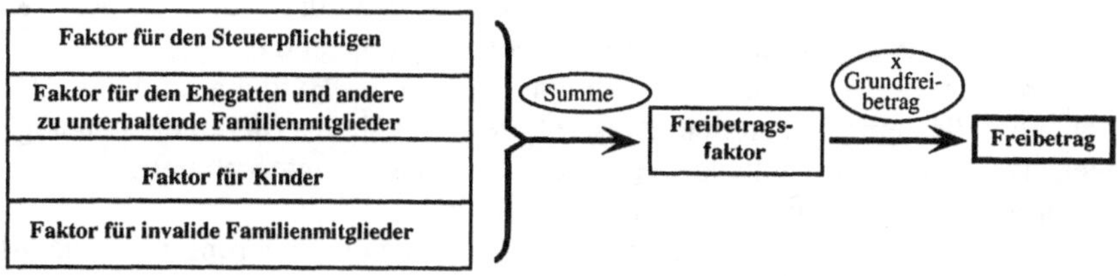

Abb. 1: Die Bestimmung des persönlichen Freibetrags

Sofern der Grundfreibetrag gemäß einkommensteuergesetzlicher Vorschriften kontinuierlich an die inflationäre Entwicklung angepaßt wird, kann auf einfachste Weise und ohne ständige Gesetzesänderungen eine vollständige Indexierung des persönlichen Freibetrags und des Steuertarifs erreicht werden.

5. Empfehlungen für die Steuerpolitik

5.1. Die Einführung einer zinsbereinigten Gewinnsteuer hat Vorrang

Die Gesetze der Marktwirtschaft, die den gewünschten Wohlstand ermöglichen, verlangen eine Entlohnung der Faktoren wenigstens zu ihren Grundkosten. Diese Grundkosten bestehen beim Kapital aus dem nutzungsbedingten Wertverzehr in Höhe der Abschreibung und einer marktüblichen Verzinsung des eingesetzten Kapitalbestandes. Dort, wo dieser existentielle Ertrag nicht mindestens erwirtschaftet werden kann, kommt das Kapital zwangsläufig auch nicht zum effizienten Einsatz. Damit ist zugleich ein Verlust an Arbeitsplätzen verbunden. Soll sich die Marktwirtschaft zur ihrer vollen Funktionsfähigkeit entfalten können, so muß das Kapitalexistenzminimum in Höhe der Summe aus Abschreibung und marktüblicher Rendite vor dem steuerlichen Zugriff geschützt sein.

Der Abzug der Abschreibungen und der Fremdzinsen ist traditionell und wohl auch im Rahmen der geltenden Gewinnbesteuerung eine Selbstverständlichkeit. Vollständig ist das Kapitalexistenzminimum jedoch erst dann vor einem steuerlichen Zugriff geschützt, wenn den Unternehmern zusätzlich noch der Abzug einer 'Schutzverzinsung' des Eigenkapitals gestattet wird. Dieser Abzug ist unter Inflationsbedingungen zum Schutz der Kapitalbildung von ganz besonderer Bedeutung, aber auch bei Geldwertstabilität zur Verhinderung einer steuerlichen Beeinträchtigung privater Investitionen unabdingbar.

Die sich in Verbindung mit dem Abzug der Eigenkapitalzinsen ergebende Steuerlast paßt sich ganz vorteilhaft den Erfolgs- bzw. Krisensituationen der Unternehmen an. Wie die untenstehende Grafik in Abb. 2 bei einem Gewinnsteuersatz von 35% und einem nominellen Schutzzins von 8% zeigt, erreicht die Belastung erst bei einer Rendite von 56% das Niveau von 30%. Verschlechtert sich die Ertragslage und sinkt damit die Eigenkapitalrendite eines Unternehmens, so sinkt auch die Steuerbelastung bis zum Kapitalexistenzminimum auf 0%.

Im Rahmen einer zinsbereinigten Gewinnsteuer kann die Liquidität der kleinen Unternehmen über schnellere Abschreibungen der Anlagegüter verbessert werden, ohne daß es zu einem Systembruch kommt. Wegen der Bindung an die Realinvestitionen ist dies eine wesentlich effektvollere Strategie als die einer Senkung des Steuersatz auf zurückbehaltene Gewinne. Bei Personenunternehmern ist ein solcher Ansatz sowieso nicht praktizierbar.

Das dargestellte System der Einkommens- und Gewinnbesteuerung bietet natürlich nicht nur in Übergangsländern attraktive Rahmenbedingungen für Investitionen und damit zur Schaffung von Arbeitsplätzen. Auch die entwickelten europäischen Länder könnten ihre Position im globalen Wettbewerb verbessern, wenn sie z.B. die zinsbereinigte Gewinnsteuer einführten. Die Übergangsprobleme von der existierenden Steuervielfalt zu einem wirklich marktorientierten System sind lösbar.

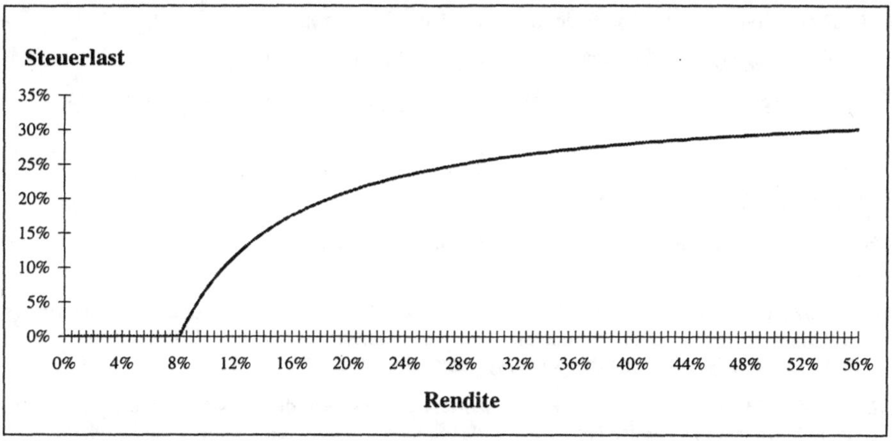

Abb. 2: Entwicklung der Belastung der Investitionsrendite bei einer zinsbereinigten Gewinnsteuer mit einem Steuersatz von 35%

Das Steuerrecht wird nicht revolutioniert, sondern quasi fortentwickelt. Viele alte Traditionen des Steuerrechts, wie z.B. die Maßgeblichkeit der Handelsbilanz bei der Ermittlung der unternehmerischen Gewinne, bleiben erhalten. Insofern ist das vorgestellte Steuersystem durchaus auch eine Option für entwickelte Volkswirtschaften wie Deutschland, Österreich und andere EU-Länder.

Literatur

Boadway, R./Bruce, N. (1984): A General Proposition on the Design of a Neutral Business Tax, Journal of Public Economics (24), S. 234-239.

Bond, S.R./Devereux, M.P. (1995): On the Design of a Neutral Business Tax under Uncertainty, Journal of Public Economics (58), S. 57-71.

Bond, S.R./Devereux, M.P./ Gammie, M.J. (1996): Tax Reform to Promote Investment, Oxford Review of Economic Policy (12): S. 109-117.

Devereux, M.P./Freeman, H. (1991): A General Neutral Profits Tax, Fiscal Studies (12): S. 1-15.

Frankfurter Institut - Stiftung Marktwirtschaft und Politik (Hrsg.) (1996): Steuerreform für Arbeitsplätze und Umwelt, Schriftenreihe, Bd. 30, Frankfurt.

Gammie, M. (1991): Corporate Tax Harmonisation: An „ACE“ Proposal, European Taxation.

Greß, M./Rose, M./Wiswesser, R.: Marktorientierte Einkommensteuer, München (erscheint demnächst).

Haig, R.M. (Hrsg.) (1921): The Federal Income Tax, New York.

Hall, R.E./Rabushka, A. (1995): The Flat Tax, Second Edition, Stanford.

Kaiser, M. (1992): Konsumorientierte Reform der Unternehmensbesteuerung, Heidelberg.

Kiesewetter, D. (1997): Theoretische Leitbilder einer Reform der Unternehmensbesteuerung. Eine vergleichende Analyse der Reformmodelle Kroatiens, Österreichs und Skandinaviens, Steuer und Wirtschaft (74), S. 24-34.

Lang, J. (1993): Entwurf eines Steuergesetzbuches, Schriftenreihe des Bundesministeriums der Finanzen, Heft 49, Bonn.

McLure Jr., Ch./Zodrow, G.R. (1990): Administrative Vorteile des individuellen Steuervorauszahlungsansatzes gegenüber einer direkten Konsumbesteuerung, in: M. Rose (Hrsg.): Konsumorientierte Neuordnung des Steuersystems, Heidelberg, S. 117-169.

Richter, W.F./Wiegard, W. (1991): Effizienzorientierte Reform der Gewerbesteuer, in: M. Rose (Hrsg.): Konsumorientierte Neuordnung des Steuersystems, Heidelberg, S. 437-464.

Rose, M. (1990): Heidelberg Congress on Taxing Consumption, Berlin et al.

Rose, M. (1990): Strategieorientierte Reform der Unternehmensbesteuerung, Steuerliche Vierteljahresschrif, S. 1-15.

Rose, M. (1991): Konsumorientierte Neuordnung des Steuersystems, Berlin et al.

Rose, M. (1991): Cash-flow Gewerbesteuer versus zinsbereinigte Gewerbeertragsteuer, in: M. Rose, (Hrsg.): Konsumorientierte Neuordnung des Steuersystems, Heidelberg, S. 205-216.

Rose, M. (1991): Wirkungen einer konsumorientierten Neuordnung des Steuersystems auf Kapitalbildung und Wohlfahrt, in: B. Gahlen et al. (Hrsg.): Wachstumstheorie und Wachstumspolitik, ein neuer Anlauf, Tübingen, S. 211-240.

Rose, M. (1992): Reform der Besteuerung des Sparens und der Kapitaleinkommen, Betriebs-Berater (47), Sonderbeilage.

Rose, M. (1994): Ein einfaches Steuersystem für Deutschland, Wirtschaftsdienst (74), S. 423-432.

Rose, M. (1994): Eine konsumorientierte Neuordnung des Steuersystems für mehr Entscheidungsneutralität, Fairneß und Transparenz, in: W. Bühler/P. Kirchhof/F. Klein (Hrsg.): Steuervereinfachung, Festschrift für Dietrich Meyding, Heidelberg, S. 233-251.

Rose, M. (1994): Tax Reform in Eastern Europe: Economic Concept and Administrative Feasibility, in: O. Gans (ed.): Policy Reform and Structural Adjustment: The Cases of Malaysia, Hungary, China, Peru and Sri Lanka, Heidelberg Studies in Applied Economics and Rural Institutions 24, Heidelberg, S. 41-62.

Rose, M. (1996): Reform der öffentlichen Finanzen zur Stärkung der Standortqualität, in: H. Siebert (Hrsg.): Steuerpolitik und Standortqualität, Tübingen, S. 145-191.

Rose, M. (1996): Konsumorientierte Reform der Einkommensbesteuerung - Argumente für eine Bereinigung des Einkommensteuersystems um Subventionselemente und die Schutzverzinsung (das Existenzminimum) des Kapitals, in: S. Baron/K. Handschuh (Hrsg.): Wege aus dem Steuerchaos, Stuttgart, S. 65-88.

Rose, M. (1996): Schutz des Kapitalexistenzminimums, Betriebs-Berater (51), S. 1085-1090.

Rose, M. (1997): Ein einfaches, marktwirtschaftliches und inflationsbereinigtes Steuersystem für Polen, Heidelberger Diskussionsschriften Nr. 242, Heidelberg.

Rose, M. (1997): Standpunkte zur aktuellen Steuerreform, Heidelberg.

Rose, M. (1997): Steuerliche Gleichbehandlung alternativer Formen der Altersvorsorge und Vermögensbildung, in: M. Rose (Hrsg.): Standpunkte zur aktuellen Steuerreform, Heidelberg, S. 17-35.

Rose, M./Wiswesser, R. (1998): Tax Reform in Transition Economies: Experiences from the Croatian Tax Reform Process of the 1990s, in: P.B. Sørensen (ed.): Public Finance in a Changing World, Cambridge.

Rose, M. (1998): Konsumorientierung des Steuersystems - theoretische Konzepte im Lichte empirischer Erfahrungen, in: G. Krause-Junk (Hrsg.): Steuersysteme der Zukunft, Berlin, S. 247-278.

Schanz, G. (1896): Der Einkommensbegriff in den Einkommenssteuergesetzen, Finanzarchiv (13), S. 1-88.

Schmidt, P./Wissel, H./Stöcker, M. (1996): The New Croatian Tax System, in: International Bureau of Fiscal Documentation, Bulletin April, S. 155-163.

Schumpeter, J.A. (1929/30): Ökonomie und Soziologie der Einkommensteuer, Der deutsche Volkswirt, Bd. 4, S. 380-385, wiederabgedruckt in : W.F. Stolper/Ch. Seidel (Hrsg.): Joseph Schumpeter, Aufsätze zur Wirtschaftspolitik, Tübingen, S. 123-132.

Schwinger, R. (1992): Einkommens- und konsumorientierte Steuersysteme, Heidelberg.

Simons, H. (1938): Personal Income Taxation: The Definition of Income as a Problem of Fiscal Policy, Chicago.

Stöckler, M./Wissel, H. (1995): Die Gewinnbesteuerung in der Republik Kroatien, Internationale Wirtschafts-Briefe (11), S. 527-536, (Fach 5, Kroatien, Gruppe 2, S.1-10).

The Institute for Fiscal Studies (1989): Neutrality in the Taxation of Savings: An Extended Role for PEPS, London.

The Institute for Fiscal Studies (1990): Equity for Companies: A Corporation Tax for the 1990s, London.

Wagner, F.W./Wenger, E. (1996): Theoretische Konzeption und legislative Transformation eines marktwirtschaftlichen Steuersystems in der Republik Kroatien, in: D. Sadowski/H. Czap/H. Wächter (Hrsg.): Regulierung und Unternehmenspolitik, Wiesbaden, S. 399-415.

Wenger, E. (1983): Gleichmäßigkeit der Besteuerung von Arbeits- und Vermögenseinkünften, Finanzarchiv (41), S. 207-252.

Wenger, E. (1989): Besteuerung und Kapitalbildung als intertemporales Optimierungsproblem, in: H. Hax/W. Kern/H.-H. Schröder (Hrsg.): Zeitaspekte in betriebswirtschaftlicher Praxis, Stuttgart, S. 279-295.

Wiswesser, R. (1993): Ein Vorschlag zur inflationsbereinigten Besteuerung von Löhnen und Gehältern, Heidelberger Diskussionsschriften Nr. 203, Heidelberg.

Wiswesser, R. (1997): Einkommens- und Gewinnbesteuerung bei Inflation - Analyse bestehender Steuersysteme und Entwicklung eines Reformvorschlags, München.

Konsumorientierung - Realisierungschancen in Österreich

Bernd Genser

1. Einleitung

Das österreichische Einkommensteuersystem unterzieht die nominellen Erträge aus Finanz- und Realkapital ebenso wie die meisten westlichen Industriestaaten der Einkommensteuer und diskriminiert durch die periodische Kumulativbesteuerung das private Sparen. Obwohl eine Beseitigung dieser verzerrenden Doppelbesteuerung der Ersparnis nie das erklärte Ziel der österreichischen Einkommensteuerreformen war, weil diese stets von verteilungs- und wachstumspolitischen Zielen geprägt waren, hat sich in der Besteuerungspraxis dennoch ein Steuersystem herausgebildet, in dem erstaunlich viele Elemente einer konsumorientierten Einkommensbesteuerung anzutreffen sind. Die internationale Diskussion über die Umgestaltung nationaler Einkommensteuersysteme zur Entlastung der Kapitalakkumulation findet daher in Österreich ein steuerrechtliches Umfeld vor, in dem zentrale Forderungen der Reformer bereits umgesetzt sind.[1] Aus diesem Grund bestehen in Österreich auch wesentlich günstigere Voraussetzungen, den Schritt zu einer konstistenten, konsumorientierten Einkommensbesteuerung zu gehen, als beispielsweise in Deutschland.

Im folgenden Kapitel 2 wird die Grundstruktur des österreichischen Einkommensteuersystems skizziert, die sich immer noch am traditionellen Schanz/Haig/Simons-Standard des umfassenden Einkommens orientiert. In Kapitel 3 wird aufgezeigt, daß die steuergesetzlichen Bestimmungen jedoch in erheblichem Ausmaß Abweichungen von diesem Grundprinzip normieren.

---

[1] Vgl. *Rose, M.* (1991); *Sørensen P.* (1994); *Hall, R./Rabushka, A.* (1995); *Slemrod, J./Bakija, J.* (1996).

Diese Abweichungen folgen insbesondere im Bereich der persönlichen Altersvorsorge einer konsumorientierten Einkommensbesteuerung und zwar sowohl im Wege der Sparbereinigung als auch im Wege der Zinsbereinigung (Kapitel 4). Als Konsequenz der umfassenden Einkommensbesteuerung bleiben aber Zinsen und Dividenden einkommensteuerpflichtig und die entsprechenden Sparformen diskriminiert, woran auch die im Ausland mit großem Interesse verfolgte Einführung der Endbesteuerung nichts geändert hat (Kapitel 5). Die notwendigen Schritte zu einer konsistenten konsumorientierten Einkommensbesteuerung für Österreich werden in Kapitel 6 aufgezeigt, und die resultierenden fiskalischen und distributiven Konsequenzen diskutiert. Kapitel 7 faßt die Ergebnisse zusammen.

2. Die Grundstruktur des österreichischen Einkommensteuersystems

Das österreichische Einkommensteuersystem entspricht in seiner Grundkonzeption dem Prinzip der umfassenden Einkommensteuer. Die Proponenten dieser klassischen Form der Einkommensbesteuerung, *Schanz, Haig* und *Simons* (SHS) definieren als umfassendes Einkommen jenen maximalen Vermögenszuwachs, den ein Steuerbürger während eines Steuerjahres erzielen könnte, wenn er auf jeglichen Konsum verzichtet. In äquivalenter Definition ist das SHS-Einkommen jener maximal mögliche Konsum, den ein Steuerbürger aus seinen Erträgen zu finanzieren vermag, ohne daß er damit eine Vermögenseinbuße gegenüber dem Anfangsvermögensbestand erleidet.

Die umfassende Einkommensteuer impliziert eine Reihe von Einzelprinzipien, die für die konkrete Ermittlung dieser Steuerbasis herangezogen werden müssen.[2]

Das Prinzip der *synthetischen Einkommensteuer* verlangt, daß die Einkommen aus verschiedenen Einkommensquellen zu einem Gesamteinkommen zusammengefaßt werden. Dieses bildet dann die Bemessungsgrundlage für den Einkommensteuertarif, so daß jeder Zensit für jede Einkunftsart die gleiche persönliche Grenzsteuerbelastung trägt. Darin unterscheidet sich die synthetische Einkommensteuer von einer analytischen Einkommensteuer (Schedulensteuer), nach der unterschiedliche Einkommensarten mit unterschiedlichen Einkommensteuersätzen belegt werden.

Das *Nettoprinzip* der Einkommensbesteuerung legt fest, daß die steuerpflichtigen Einkommensteile aus unterschiedlichen Einkunftsarten jeweils als Nettogröße ermittelt werden, wobei von den Erwerbseinnahmen des Steuerpflichtigen die erwerbsbedingten Ausgaben (Betriebsausgaben, Werbungskosten) abgezogen werden. Damit unterscheidet sich die Einkommensteuer von Bruttoumsatz- oder Rohertragsteuern, die Unternehmensumsätze als Bemessungsgrundlage heranziehen.

[2] Vgl. *Genser, B.* (1986).

Das *Reinvermögenszugangsprinzip* der Einkommensbesteuerung legt fest, daß jede im jährlichen Vermögensvergleich ermittelte Änderung der persönlichen Vermögenswerte einkommensteuerpflichtig ist, unabhängig davon, ob der Vermögenszuwachs von einem Geldstrom im Gefolge eines Marktprozesses oder von der Wertänderung eines Vermögensteils stammt, der sich an den Bilanzstichtagen im Besitz des Steuerpflichtigen befindet. Damit unterscheidet sich die Einkommensteuer von einer Cash-flow Steuer, die nur kassenwirksame Zuflüsse an liquiden Mitteln der Steuerpflicht unterwirft.

Auf das umfassende Einkommen, das nach diesen drei Grundprinzipien durch die Vermögensänderung eines Steuerpflichtigen definiert ist, können nun nach der Einkommenshöhe gestaffelte Steuersätze angewendet werden. Dabei wird zum einen das Prinzip der horizontalen Steuergerechtigkeit gewahrt, weil Steuerbürger mit gleichem umfassenden Einkommen steuerlich gleich belastet werden und ihnen nach Abzug der Einkommensteuer ein gleich hohes verfügbares Einkommen für Konsumzwecke verbleibt. Eine progressive Steuerbelastung für Steuerbürger mit unterschiedlichem Einkommen wird in der traditionellen Finanzwissenschaft durch verschiedene Steueropfertheorien bei hinreichend rasch sinkenden Grenznutzen des Einkommens und in der modernen Optimalsteuertheorie mit der Abwägung zwischen gesamtwirtschaftlicher Effizienz und sozialer Ungleichheit begründet.[3] Modelltechnisch liegt dieser Entscheidung eine soziale Wohlfahrtsfunktion zu Grunde, in der die soziale Ungleichheitsaversion in der Regel durch einen Parameter erfaßt wird, der die Verteilungswerturteile der Staatsbürger oder des amtierenden Steuerpolitikers widerspiegelt.

Eine der Wahl der Steuersätze und damit des Progressionsgrades vorgelagerte Entscheidung betrifft die Festlegung des Steuersubjekts. Gerechtigkeitsüberlegungen sind üblicherweise mit zwei ökonomischen Einheiten verknüpft, die aus Kaufkraft Nutzen ziehen: dem Individuum und dem privaten Haushalt. Da die Nutznießer des Konsums aus Markteinkommen üblicherweise alle Familienmitglieder sind, knüpft auch die Einkommensbesteuerung in vielen Ländern am Haushalt als Besteuerungssubjekt an (*Haushaltsbesteuerung*). Mit steigender Erwerbsquote der Frauen gewinnt die Individualbesteuerung an Attraktivität, da sie den Abschrekkungseffekt der hohen Grenzsteuerbelastung für ein sekundäres Haushaltseinkommen vermeidet und keine steuerliche Diskriminierung von verheirateten gegenüber unverheirateten Doppelverdienerpaaren bewirkt.

Das österreichische Einkommensteuergesetz 1988 anerkennt diese Grundsätze der umfassenden Einkommensteuer. Der Charakter der synthetischen Einkommensteuer ist durch die Definition des steuerpflichtigen Einkommens als Summe der Einkünfte aus sieben Einkunftsarten verankert. Das Nettoprinzip wird für alle Einkunftsarten durch die Ermittlung des steuerpflichtigen Gewinns bzw. des Überschusses der Einnahmen über die Werbungskosten anerkannt. Aus den Vorschriften über die Gewinnermittlung folgt, zumindest für die betreffenden Einkunftsarten, auch die Einkommensteuerpflicht von Vermögenszuwächsen.

Auf das umfassende Einkommen jedes steuerpflichtigen Bürgers, und damit dem Prinzip der Individualbesteuerung folgend, wendet das österreichische Einkommensteuergesetz einen progressiven Steuertarif an. Die Progressivität folgt

[3] Vgl. *Myles, G.* (1995), S. 131ff.

zum einen aus der Steuerfreiheit eines Existenzminimums (indirekte Progressivität), darüber hinaus steigen aber auch die Grenzsteuersätze in fünf Stufen von 10% auf 50% an (direkte Progressivität).

3. Abweichungen vom Prinzip einer umfassenden Einkommensteuer im österreichischen Einkommensteuerrecht

Das aktuelle österreichische Einkommensteuersystem orientiert sich zwar an dem Konzept einer umfassenden Einkommensteuer vom SHS-Typ, eine Reihe von legistischen Regelungen führen jedoch zu Abweichungen von diesem theoretischen Referenzstandard und den oben genannten Grundprinzipien.

3.1. Abweichungen von einer synthetischen Einkommensteuer

Obwohl die sieben Einkunftsarten des österreichischen Einkommensteuergesetzes formal durch eine Restkategorie „Sonstige Einkünfte" dem Grundsatz der synthetischen Bemessungsgrundlage folgen, kommt es zu einer qualitativen Aushöhlung dieses Grundsatzes. Die Restkategorie ist nämlich nicht offen, sondern stellt nur vier Arten von sonstigen Einkünften einkommensteuerpflichtig (§29 EStG): Leibrenten, Spekulationsgewinne, Einkünfte aus gelegentlichen Vermittlungen und Funktionsgebühren öffentlich-rechtlicher Funktionäre. In dieser Enumeration nicht erfaßte Einkünfte, wie z.B. Vermögenszuwächse durch Erbschaften, Lottogewinne, oder Veräußerungen von privaten Vermögensanlagen nach Ablauf einer Behaltefrist, sind damit de lege einkommensteuerfrei.

Eine quantitative Aushöhlung des Syntheseprinzips sieht das österreichische Einkommensteuergesetz bei Erwerbseinkünften vor. Im unternehmerischen Bereich mindern steuerfreie Rücklagen die Einkommensteuerbemessungsgrundlage, im persönlichen Bereich werden durch Sonderbestimmungen Einkommensteile steuerfrei gestellt (z.B. öffentliche Transfers, bestimmte Teile von Arbeitnehmereinkünften) oder mit ermäßigten Steuersätzen belegt (z.B. 13. und 14. Monatsgehalt, Abfertigungen, Zinseinkünfte).

3.2. Abweichungen vom Nettoprinzip

Das Nettoprinzip wird im österreichischen Einkommensteuerrecht grundsätzlich eingehalten. Beschränkungen beim Abzug von Betriebsausgaben sind vorgesehen, wenn die Abgrenzung zwischen betrieblicher Veranlassung und persönlichem Konsum problematisch ist (nach §20 EStG z.B. für Bewirtungsspesen, Reisekosten, Erwerb von Fahrzeugen) oder wenn durch Pauschalbesteuerung eine durchschnittliche Nettoentlastung bereits wirksam wird (z.B. nach §2 Abs.2) EndbesteuerungsG für Zinseinkünfte von natürlichen Personen, nach §99 EStG für Einkünfte von beschränkt Steuerpflichtigen).

3.3. Abweichungen vom Reinvermögenszugangsprinzip

Aushöhlungen der Bemessungsgrundlage treten auch dadurch ein, daß Einkommen aus Wertzuwächsen von Vermögen (Kapitalgewinne) nicht steuerpflichtig sind. Bei der Gewinnermittlung im unternehmerischen Bereich ist die Akkumulation von „stillen Reserven" nach dem Maßgeblichkeitsprinzip der Handelsbilanz für die Steuerbilanz zulässig. Da ein Steueraufschub in der Regel einen Zinsgewinn beschert, hat jeder Zensit einen steuerlichen Anreiz, Vermögenszuwächse möglichst spät von der Einkommensteuer erfassen zu lassen, vorzugsweise erst dann, wenn sie bei einer Veräußerung offengelegt werden müssen. Aber selbst dann erlauben gesetzliche Bestimmungen, die im Hinblick auf eine Erleichterung von Strukturverbesserungen geschaffen wurden, unter bestimmten Voraussetzungen die Übertragung von stillen Reserven auf das neue Unternehmen, so daß der vorteilhafte Steueraufschub weiter bestehen bleibt (§12 EStG).

Im privaten Bereich besteht keine Aktivierungspflicht von Anlagegütern; Kapitalgewinne bleiben daher grundsätzlich steuerfrei. Im Unterschied zum Unternehmensbereich bleibt der Veräußerungsgewinn auch im Realisierungsfall einkommensteuerfrei, sofern die Behaltefristen für Spekulationsgewinne (§30 EStG) überschritten sind. Steuerfrei bleiben aber auch die jährlichen Zuwächse an gesetzlichen und betrieblichen Pensionsansprüchen. Wenn Leistungen aus diesen Pensionsanwartschaften ausgeschüttet werden, unterliegen diese laufenden Pensionszahlungen der Einkommensbesteuerung.

3.4. Abweichungen von der Individualbesteuerung

Das österreichische Einkommensteuersystem sieht vor, daß personenbezogene Steuerbegünstigungen (Steuerfreibeträge, Steuerabsetzbeträge), die betragsmäßig limitiert sind, nur in dem Ausmaß genutzt werden können, daß die Steuerbemessungsgrundlage oder die Steuerschuld nicht negativ werden. Nur in wenigen Ausnahmefällen ist eine eingeschränkte Erstattung von nicht ausnutzbaren Steuerbegünstigungen in Form einer Negativsteuer (§33 Abs. 8) vorgesehen, die aber jeweils ein steuerpflichtiges Einkommen aus einer Erwerbstätigkeit voraussetzt. Damit werden grundsätzlich Doppelverdienerhaushalte gegenüber Alleinverdienerhaushalten mit gleichem Haushaltseinkommen begünstigt, da der nicht erwerbstätige Ehepartner individuell gewährte Steuerbegünstigungen nicht zu nutzen vermag.

Um zumindest das Existenzminimum für den nicht erwerbstätigen Ehepartner steuerfrei zu stellen, sieht das österreichische Einkommensteuergesetz den Alleinverdienerabsetzbetrag vor (§33 Abs. 4). Dieser Absetzbetrag wird dem erwerbstätigen Familienmitglied auch dann noch ungekürzt gewährt, wenn der Ehepartner Einkünfte bezieht, die eine vom Familienstand abhängige Geringfügigkeitsgrenze (30.000 ATS ohne Kind, 60.000 ATS mit einem Kind) nicht übersteigen. Der Alleinverdienerstatus berechtigt auch, Sonderausgaben in doppelter Höhe steuerlich geltend zu machen (§18 Abs. 3 EStG). Über beide Regelungen fließen Elemente einer Haushaltsbesteuerung in das österreichische Einkommensteuersystem ein.

3.5. Abweichungen von der progressiven Einkommensbesteuerung

Durch die gesonderte Besteuerung von Einkommensteilen mit einem ermäßigten Einkommensteuertarif wird das Prinzip der synthetischen Einkommensteuer partiell aufgehoben, und es finden Elemente einer Schedulensteuer Eingang in die österreichische Einkommensbesteuerung.

Dies gilt traditionell für den 13. und 14. Monatsbezug und für Abfertigungszahlungen. Diese werden mit einem Steuersatz von 6% versteuert, sofern diese eine Freigrenze von 23.000 ATS übersteigen (§67 Abs. 1). Durch einen Freibetrag von 8.500 ATS ist die Belastungswirkung indirekt progressiv.

Seit 1993 werden Zinseinkünfte nicht mehr nach dem progressiven Einkommensteuertarif besteuert, sondern mit einem einheitlichen Quellensatz belegt (§95 EStG, 22% bis 30.6.1996, 25% seit 1.7.1996), der die Einkommensteuerschuld abgilt (*Endbesteuerung*). Seit 1994 unterliegen darüber hinaus Dividenden und Gewinnanteile der proportionalen Endbesteuerung. Hier ist allerdings zu berücksichtigen, daß diese Kapitaleinkünfte mit einer nicht anrechenbaren, klassischen Körperschaftsteuer von 34% vorbelastet sind. Dadurch wird ein belastungssteigernder Schedulensteuereffekt bewirkt, weil Dividendeneinkünfte unabhängig von der Einkommensposition des Steuerpflichtigen stets eine Steuerbelastung von 50,5% (34% KSt plus (1-0,34)·25% ESt) tragen.

4. Elemente einer Konsumorientierung im aktuellen österreichischen Einkommensteuersystem

Einige dieser Abweichungen des österreichischen Systems vom SHS-Standard einer umfassenden Einkommensteuer sind Regelungen, die einer konsumorientierten Einkommensteuer bzw. einer persönlichen Ausgabensteuer folgen.[4] Im Gegensatz zu einer synthetischen Einkommensteuer stellt eine persönliche Ausgabensteuer alle jene Einkommen steuerfrei, die in einem Steuerjahr nicht für Konsumzwecke verwendet, sondern akkumuliert werden und damit für Konsumausgaben in späteren Perioden zur Verfügung stehen. Ersparnisse werden nach der persönlichen Ausgabensteuer erst in dem Jahr steuerwirksam, in dem mit dem thesaurierten Einkommen früherer Perioden Konsumgüter gekauft werden. Diese Form des Steueraufschubs bis zur konsumptiven Nutzung des Einkommens wird in der Literatur als sparbereinigte Einkommensteuer bezeichnet.[5] Eine hinsichtlich der ökonomischen Belastungswirkung äquivalente Form der persönlichen Besteuerung ist die zinsbereinigte Einkommensteuer, die die Ersparnis aus laufendem Einkommen besteuert, dafür aber die Zinserträge aus diesen Vermögensanlagen im Ausmaß eines reinen ökonomischen Marktzinssatzes steuerfrei läßt. Die sparbereinigte und die zinsbereinigte Einkommensbesteuerung sind ökonomisch äquivalent in dem Sinn, daß jede der beiden Besteuerungsformen die verzerrende Doppelbe-

---

4 Vgl. *Kaldor, N.* (1955); *Meade, J.* (1977); *Rose, M.* (1991).
5 Vgl. *Rose, M.* (1991).

steuerung der Ersparnis ausschaltet und der Barwert des Lebenseinkommens bei Anwendung eines konstanten Proportionalsteuersatzes über den gesamten Lebenszeitraums unabhängig vom intertemporalen Konsummuster eines Steuerpflichtigen genau dieser Proportionalbelastung unterliegt.

Im folgenden wird geprüft, inwieweit die Ausnahmeregelungen der österreichischen Einkommensteuergesetzgebung der Sparbereinigung oder der Zinsbereinigung einer konsumorientierten Einkommensteuer genügen.

4.1. Sparbereinigung

Eine sparbereinigte Einkommensbesteuerung sieht das österreichische Steuerrecht für die Ruhebezüge aus gesetzlichen und betrieblichen Alterspensionen vor.

In gesetzliche Alterspensionssysteme eingebunden sind in Österreich nicht nur Arbeitnehmer im privaten und öffentlichen Dienst, sondern auch Bauern, Gewerbetreibende und Selbständige. Die Alterspensionen, die diesen Berufsgruppen zufließen, sind als Einkünfte aus unselbständiger Arbeit in voller Höhe lohnsteuerpflichtig (§25 Abs. 1 Z3 EStG). Die Finanzierung der Alterspensionen erfolgt durch Pflichtbeiträge der Versicherten und Zuschüsse des Bundes zu diesen verschiedenen Pensionsversicherungssystemen.

Für Arbeitnehmer im privaten Sektor, die nach dem Allgemeinen Sozialversicherungsgesetz (ASVG) pensionsversichert sind, leisten der Arbeitgeber und der Arbeitnehmer einen Beitrag zur gesetzlichen Pensionsversicherung. Der Anstieg des Barwerts des Alterspensionsanspruchs stellt nach dem österreichischen Einkommensteuergesetz kein steuerpflichtiges Einkommen dar. Auch die laufenden Dienstgeberbeiträge zum Aufbau dieses persönlichen Pensionsanspruchs sind nicht einkommensteuerpflichtig. Die Arbeitnehmerbeiträge stellen nach §16 Abs. 1 Z4 EStG Werbungskosten dar, die dem Nettoprinzip folgend in voller Höhe von der Einkommensteuerbasis absetzbar sind. Diese Werbungskostenbestimmung gilt in gleicher Weise für die Pensionsbeiträge, die Beamte nach dem Pensionsgesetz zu leisten haben. Bauern, Gewerbetreibende und Selbständige können ihre gesetzlichen Pensionsbeiträge in vollem Umfang als Betriebsausgaben vom steuerpflichtigen Gewinn absetzen (§4 Abs.4 EStG). Ökonomisch ist damit die Akkumulation von Sozialversicherungsvermögen für alle Versichertengruppen steuerfrei, die Einkommensbesteuerung erfolgt erst bei der Ausschüttung der Leistungsansprüche.

In analoger Form ist die steuerliche Behandlung von Betriebspensionen geregelt, die Arbeitnehmern auf Grund von Betriebsvereinbarungen zugestanden werden. Rückstellungen für Pensionszusagen, die der Arbeitgeber bildet, stellen ebenso kein steuerpflichtiges Einkommen dar wie Arbeitgeberbeiträge an Pensionskassen oder entsprechende Privatstiftungen (§26 Z7). Dagegen sind Ausschüttungen der Pensionsfonds oder Privatstiftungen steuerpflichtige Einkünfte aus unselbständiger Arbeit (§25 Abs.1 Z2) und werden solcherart entsprechend dem Grundsatz der Sparbereinigung einer konsumorientierten Einkommensteuer besteuert.

4.2. Zinsbereinigung

Auch bei privaten Rentenversicherungen löst das österreichische Einkommensteuergesetz keine Doppelbesteuerung von Ersparnissen aus, da die Versicherungsleistungen kein steuerpflichtiges Einkommen darstellen und damit dem Prinzip der Zinsbereinigung gefolgt wird. Dies gilt auch für die Kapitalausschüttung nach Ablauf einer Lebensversicherung, sofern die Ansparzeit mehr als 10 Jahre betragen hat und die Prämien über die Laufzeit in gleichbleibenden Zahlungen entrichtet wurden (§27 Abs.1 Z6).

Allerdings fördert das Einkommensteuergesetz den Abschluß von privaten Lebens- und Rentenversicherungen nicht nur durch die Steuerfreiheit der Kapitalerträge, sondern zusätzlich auch durch die Anerkennung der Prämienzahlungen als Sonderausgaben, sofern die Laufzeit der Lebensversicherung mindestens 20 Jahre beträgt und die Rentenversicherung eine Rente auf Lebenszeit festlegt (§18 Abs.1 EStG). Die Förderung ist allerdings auf Steuerpflichtige mit einem Jahreseinkommen unter 700.000 ATS begrenzt und es werden nur 25% der Sonderausgaben und maximal 10.000 ATS als Steuerfreibetrag anerkannt (§18 Abs.3) EStG). Liegen diese Förderungstatbestände für einen Zensiten vor, so sind im Rahmen des geförderten Sonderausgabenviertels weder die Prämienzahlung, noch die darauf erzielten Zinserträge steuerpflichtig. Die restlichen 75% des Versicherungssparens werden aus dem Nettoeinkommen nach Einkommensteuer finanziert, im Einklang mit einer Ausgabenbesteuerung nach der Methode der Zinsbereinigung.

Auch persönliche Beiträge zu Pensionskassen oder freiwillige Höherversicherungen in den gesetzlichen Pensionsversicherungen werden im Rahmen des Sonderausgabenviertels als Steuerfreibeträge anerkannt (§18 Abs.1) EStG). Im Gegenzug sieht das Einkommensteuergesetz für diese Sparformen vor, daß Leistungen aus diesen Versorgungsprogrammen im Ausmaß von 25% als steuerpflichtiges Einkommen gewertet werden. Praktisch wird mit dieser komplexen Regelung ebenfalls eine persönliche Ausgabensteuer statuiert, die zu 75% nach der Methode der Zinsbereinigung und zu 25% nach der Methode der Sparbereinigung umgesetzt wird.

Schließlich folgt auch die Besteuerung von realisierten Kapitalgewinnen auf der persönlichen Ebene der zinsbereinigten Einkommensteuer, sofern die Behaltefristen für Spekulationsgewinne nicht unterschritten werden. Diese Behaltefristen betragen für Grundstücke 10 Jahre, für selbst als Hauptwohnsitz genutztes Wohnungseigentum zwei Jahre und für alle sonstigen Wirtschaftsgüter, insbesondere für Wertpapiere ein Jahr (§30 Abs.1 EStG). Zudem gilt für Spekulationsgewinne eine jährliche Freigrenze von 6.000 ATS. Die Steuerfreiheit bei Realisierung bleibt auch erhalten, wenn die Kapitalbildung zuvor steuerlich begünstigt wurde, etwa über die Wohnbauförderung oder die Wertpapierförderung. In diesen Fällen geht die geltende Einkommensteuerbegünstigung noch über die Vermeidung der Doppelbesteuerung hinaus.

5. Doppelbesteuerung der Ersparnisse im österreichischen Steuersystem

Die traditionelle Sparförderung im österreichischen Einkommensteuersystem hat insbesondere im Bereich des Vorsorgesparens für den Ruhestand zu einem hybriden Steuersystem geführt, in dem Elemente einer persönlichen Ausgabensteuer in das umfassende Einkommensteuersystem Eingang gefunden haben. Wo die Ausgabenbesteuerung angewendet wird, unterbleibt die allokativ problematische Doppelbesteuerung der Ersparnisse, allerdings wird die Sparentscheidung selbst durch Steuerarbitrage verzerrt. Diese Verzerrung besteht zum einen in den Wohlfahrtsverlusten einer Kapitalfehllenkung in Anlageformen, die trotz geringerer Bruttorendite gewählt werden, weil sie durch die Steuerbegünstigung dennoch konkurrenzfähig sind. Zum anderen ist die Steuerarbitrage nicht kostenlos und bindet Ressourcen, die einer produktiven volkswirtschaftlichen Nutzung verloren gehen und jene Sparer diskriminiert, deren Transaktionskosten die Steuerarbitragemöglichkeiten nicht oder nur eingeschränkt zu nutzen erlauben. Zu diesen diskriminierten Sparformen gehört als wichtigste das Sparen in festverzinslichen Kontrakten, daneben aber auch die Kapitalbildung im eigenen Unternehmen.

5.1. Die Doppelbesteuerung von Zinsen aus Kapitalforderungen

Nach dem Prinzip der umfassenden Einkommensbesteuerung sind Zinserträge, die ja im Periodenvergleich einen Vermögenszuwachs bewirken, in voller Höhe steuerpflichtig. Das Nominalwertprinzip führt dazu, daß auch jene Teile des Zinsertrags, die die inflationäre Vermögenserosion abgelten, zur Einkommensteuerbasis gerechnet werden. Die fehlende Inflationsbereinigung ist zweifellos eine systemwidrige Schwäche der Einkommensteueradministration, da das Nominalwertprinzip im Rahmen der umfassenden Einkommensbesteuerung nicht begründet werden kann. Dieser ungerechtfertigte Steuerzugriff wird bei der steuerlichen Gewinnermittlung in der Steuerpraxis durch weitere Systembrüche gemildert, indem nämlich der steuerpflichtige Nominalgewinn durch beschleunigte Abschreibung, vorteilhafte Lagerbewertung, Rücklagen- und Rückstellungsdotierung oder die Gewährung eines Investitionsfreibetrags, der Abschreibungen über 100% der Anschaffungskosten hinaus zuläßt, niedrig gehalten wird.

Im Bereich der Besteuerung von Zinseinkünften hat die Steueradministration durch persönliche Steuerfreibeträge und durch laxe Steuerkontrolle lange Zeit de facto eine zinsbereinigte Einkommensteuer umgesetzt und akzeptiert, daß weniger als 10% der geschätzten Zinserträge in den Einkommensteuererklärungen einbekannt wurden. Diese fiskalisch und verfassungsrechtlich problematische Besteuerungspraxis wurde 1989 durch die Einführung einer Quellensteuer von 10% auf Zinserträge etwas entschärft und 1993 durch die Endbesteuerung entscheidend geändert.

Seit 1993 unterliegen inländische Zinseinkünfte von Privatpersonen einer Quellensteuer mit Abgeltungscharakter von 22%, am 1.7.1996 wurde die Kapitalertragssteuer auf 25% angehoben (§95 Abs.1 EStG). Der Quellensteuersatz wird jeweils auf den Bruttozinsertrag erhoben und impliziert damit im Rahmen der

Endbesteuerung eine Abkehr vom Nettoprinzip. Da der Satz der Abgeltungssteuer über den tariflichen Steuersätzen für die beiden untersten Einkommensstufen liegt, wird Kleinanlegern grundsätzlich eine Veranlagungsmöglichkeit eingeräumt, bei der der Differenzbetrag zwischen der höheren Quellensteuer und der niedrigeren tariflichen Einkommensteuer erstattet wird. Diese Entlastungsoption ist aber praktisch von geringer Bedeutung, weil die anrechenbare Quellensteuer um die tarifliche Steuerentlastung durch einen allfällig gewährten Alleinverdienerabsetzbetrag (5.000 ATS pro Jahr) und die gewährten Kinderabsetzbeträge (4.200 ATS pro Jahr und Kind) gekürzt wird und die tarifliche Einkommensteuer auch im Veranlagungsfall von den Bruttozinseinkünften ohne Werbungskosten berechnet wird (§97 Abs.4 EStG).

Die Endbesteuerung bedeutet für Zensiten mit einem steuerpflichtigen Einkommen über 150.000 ATS einen steuerlichen Entlastungseffekt gegenüber einer Vollversteuerung der Zinserträge im Ausmaß des Differenzbetrages zwischen dem persönlichen Einkommensteuersatz von 32%, 42% oder 50% und dem Quellensteuersatz von 25%. Folgt man der ökonomischen Argumentation für die Festlegung des Quellensteuersatzes,[6] so wird deutlich, daß der Entlastungseffekt primär die allokativ und distributiv unerwünschten Wirkungen des Nominalwertprinzips und der fehlenden Inflationsbereinigung der Zinserträge mildern soll. Vergleichsrechnungen zeigen, daß dieses Ziel mit der Endbesteuerung für die langfristigen realen Zinssätze der 90er Jahre und für Anleger, die in die beiden obersten Einkommensteuerstufen fallen, erreicht wird, und die Einkommensteuer nicht mehr als Substanzsteuer die reale Geldvermögensbasis vermindert. In den unteren Einkommensstufen erhöht die Quellensteuer die Steuerbelastung gegenüber einer ordnungsgemäßen tariflichen Einkommensteuerbemessung, so daß bei steigenden Inflationsraten auch für Niedrigeinkommensbezieher die Gefahr einer Realvermögenseinbuße besteht.

Eine konsistente ökonomische Analyse der intertemporalen Doppelbesteuerungseffekte der Abgeltungssteuer muß zusätzlich berücksichtigen, daß mit der Endbesteuerung auch die (1994 abgeschaffte) Vermögensteuer und die Erbschaftssteuer abgegolten ist, wodurch sich der einkommensteuerliche Entlastungseffekt für Halter großer Finanzanlagen weiter vergrößert (§1 Abs.2) EndbesteuerungsG). Zudem muß berücksichtigt werden, daß die verschieden hohen Bruttozinserträge für Anleger nicht nur den reinen Marktzinssatz gemäß der Zinskurve widerspiegeln, sondern auch spezifische Bankdienstleistungen enthalten, insbesondere für die Anlagenverwaltung, passivseitige Intermediationsdienstleistungen und Liquiditätsprämien. Sofern diese Dienstleistungen ebenso wie Kontoführungsspesen oder Bankprovisionen als Kosten der privaten Lebensführung zu qualifizieren wären, erfassen die Bruttozinsen nicht die gesamten ökonomischen Zinseinkünfte eines Anlegers und es wird über die Zinsenbesteuerung insbesondere für die Bezieher niedriger Bruttozinsen (Girokonten, Sparbücher und kurzfristige Termingelder) ein Steuerentlastungseffekt wirksam.

Insgesamt muß also der Endbesteuerung in der gegenwärtigen österreichischen Praxis eine gegenüber dem steuerrechtlichen Status quo von 1992, einer Zinsenbesteuerung nach dem Nominalwertprinzip, eine reduzierte Doppelbelastung der

---

[6] Vgl. *Heidinger, G.* (1993); *Genser, B.* (1996).

Ersparnisse konzidiert werden, die tendenziell eine Entlastung in Richtung einkommensteuerfreier „Normalverzinsung“ nach dem Prinzip der persönlichen Ausgabensteuer signalisiert. A priori kann nicht gesagt werden, ob die Endbesteuerungslösung noch nicht oder doch schon günstiger ist als die Doppelbesteuerung nach einem theoretisch korrekten, inflationsbereinigten Referenzstandard einer umfassenden Einkommensteuer.

5.2. Die Doppelbesteuerung von Gewinnanteilen und Dividenden

1994 wurde die Endbesteuerung auch auf private Dividendeneinkünfte ausgeweitet. Die Einkommensbesteuerung von Dividenden setzt sich aus der Körperschaftsteuer auf die Bruttodividende (34% Regelsatz seit 1994, klassische Körperschaftsteuer) und der Quellensteuer auf die Bardividende (25% seit 1.7.1996) zusammen. Die Gesamteinkommensteuerbelastung aus diesen beiden Steuerzugriffen beträgt damit knapp über 50% und übersteigt somit für jeden Dividendenbezieher den Höchstsatz der tariflichen Einkommensteuer. Aktien als Sparform für Portfolioinvestoren unterliegen damit in Österreich trotz des scheinbaren Steuervorteils durch die Endbesteuerung einer Doppelbesteuerung, und sie sind durch die hohe Gesamtbelastung insbesondere für Sparer der unteren Einkommensstufen unattraktiv. Damit wird das Aktiensparen weiterhin gegenüber anderen Anlageformen mit niedrigerer Ertragsbesteuerung diskriminiert.

Allerdings greift diese Betrachtungsweise insofern zu kurz, als für den privaten Investor Dividenden nur eine Form von Aktienerträgen darstellen. Bei Gewinnthesaurierung werfen Aktien auch Kursgewinne ab, die beim privaten Sparer nur als Spekulationsgewinne einkommensteuerpflichtig werden. Die effektive Doppelbesteuerung von Portfolioinvestitionen in Aktien hängt damit von der Kombination des Gesamtertrags aus quellensteuerpflichtigen Dividendenerträgen und einkommensteuerfreien Kapitalgewinnen ab. Da jedoch die Dividendenausschüttung eine wichtige Signalfunktion für einen funktionsfähigen Aktienmarkt hat, bremst die österreichische Steuerpolitik dessen Entwicklung, indem sie einseitig die Thesaurierung begünstigt.

5.3. Die Doppelbesteuerung der Kapitalbildung im eigenen Unternehmen

Im Gegensatz zu privaten Portfolioinvestoren haben Unternehmer die Möglichkeit, ihre Ersparnis unmittelbar durch Nichtentnahme von Gewinnen im Unternehmen zu bilden. Für Einzelunternehmer ergibt sich damit grundsätzlich keine Minderung der Doppelbesteuerung der Ersparnisse, weil die Unternehmensgewinne, aus denen Real- oder Portfolioinvestitionen finanziert werden, der Einkommensbesteuerung unterliegen, und die erzielten Investitionserträge ebenfalls. Allerdings bieten sich im Unternehmensbereich weitreichende Steuergestaltungsmöglichkeiten, die insbesondere durch Steueraufschub die Einkommensteuerbelastung erheblich zu verringern erlauben.

In gleicher Weise gilt dies für die Kapitalbildung in Körperschaften, wo wesentlich Beteiligte einen Anreiz haben, die Geschäftspolitik in Richtung Thesaurierung zu beeinflussen, um vom Steueraufschub und dem niedrigen Körperschaftsteuersatz zu profitieren.

5.4. Zusammenfassung

Obwohl das österreichische Einkommensteuersystem im Bereich der privaten Ersparnisbildung Regelungen vorsieht, die im Wege der Spar- oder Zinsbereinigung zu einer Einmalbesteuerung von Kapitalerträgen und damit zu einer konsumorientierten Einkommensteuer führen, bleibt für festverzinsliche Sparanlagen und für die Kapitalbildung im Unternehmensbereich eine diskriminierende Doppelbelastung durch die Besteuerung des Investitionskapitals und der daraus fließenden Erträge bestehen. Eine Ausweitung der konsumorientierten Besteuerung auf alle Anlageformen bedeutet somit einerseits eine steuerliche Gleichbehandlung von bisher unterschiedlich besteuerten Sparformen, sie ist aber andererseits mit einer fiskalischen Einnahmeneinbuße und mit einer Besserstellung von bisher höher belasteten Zensiten durch eine Änderung in der Verteilung der Nettoeinkommen verbunden. Beide Effekte müssen abgewogen werden gegen den zu erwartenden Wohlfahrtsgewinn, den die Vermeidung der steuerindizierten Fehllenkung im intertemporalen Konsum und in der Anlageentscheidung zu erzielen erlaubt.

6. Die Kosten einer vollständigen Konsumorientierung der österreichischen Einkommensbesteuerung

Von einem Systemwechsel zu einer konsumorientierten Einkommensteuer erwartet man Effizienzgewinne in verschiedener Form. Erstens erhöht der Wegfall der diskriminierenden Doppelbesteuerung der Ersparnisse die private Kapitalbildung und damit langfristig das verfügbare Einkommen der Haushalte. Zweitens entfallen die Allokationsverzerrungen zwischen verschiedenen Anlageformen auf den Kapitalmärkten, und drittens werden die Verzerrungen zwischen den verschiedenen Finanzierungsformen der Unternehmen verringert.

Eine quantitative Abschätzung dieser Wohlfahrtsgewinne ist nur in einem hinreichend detaillierten, intertemporalen Gleichgewichtsmodellrahmen möglich. Quantitative Analysen zu den Effizienzgewinnen durch einen Wechsel zu einer proportionalen Einkommensteuer nach dem Vorschlag von *Hall/Rabushka* signalisieren erhebliche Wohlfahrtsgewinne (*Auerbach*: +8% BIP Zuwachs; *Jorgenson/Wilcoxen*: +3,5% BIP Zuwachs, jeweils gegenüber dem „Status quo"-Szenario), sind aber mit Vorsicht zu interpretieren.[7] So weist *Auerbach* darauf hin, daß die Effizienzgewinne fast verschwinden, wenn die progressive Struktur der bestehenden Einkommensteuer beibehalten wird und die beim Systemwechsel auftretenden Verteilungswirkungen (Steuerbelastung des bestehenden Kapital-

[7] Vgl. *Hall, R./Rabushka, A.* (1995); *Auerbach, A.J.* (1996); *Jorgenson, D./Wilcoxen, P.* (1997).

stocks) durch Kompensationszahlungen ausgeglichen werden.[8] Allerdings wurden in den bisherigen Modellanalysen auch nicht alle möglichen Effizienzgewinne erfaßt.

Im Hinblick auf die gesellschaftliche Akzeptanz einer Steuersystemänderung spielen die erwarteten allokativen Wohlfahrtsgewinne aus politisch-ökonomischer Sicht eine geringere Rolle als die sozialen Kosten, die in Form von Steuerausfällen und von unerwünschten Verteilungseffekten befürchtet werden, wenn die Zinseinkommen steuerlich entlastet werden.

Im folgenden sollen einige Überlegungen zu den fiskalischen und distributiven Effekten einer konsumorientierten österreichischen Einkommensteuer angestellt werden, die hinsichtlich der Bemessungsgrundlagen dem Konzept der kroatischen Steuerreform folgt, als persönliche Ausgabensteuer aber die Progressionsstruktur des bestehenden fünfstufigen Einkommensteuertarifs beibehält.

6.1. Änderungen bei den Steuerbemessungsgrundlagen

6.1.1. Arbeitnehmereinkünfte aus nichtselbständiger Arbeit

Unter einer konsumorientierten Einkommensteuer wird die laufende Lohnsteuerbemessungsgrundlage wie bisher als Überschuß der Lohneinkünfte über die Werbungskosten ermittelt. Nach der Sparbereinigung steuerfrei sind die Beiträge für die gesetzliche und die betriebliche Altersvorsorge. Den laufenden Lohneinkünften steuerlich gleichzustellen sind Lohnersatzleistungen und Lohnzusatzleistungen, sofern letztere nicht als Abgeltungen für Werbungskosten oder als Altersvorsorgesparen klassifiziert werden.

Da die Arbeitgeber- und Arbeitnehmerbeiträge zu gesetzlichen und betrieblichen Pensionsversicherungssystemen in Österreich bereits bisher in voller Höhe einkommensteuerfrei waren, senkt die Sparbereinigung die Lohnsteuerbemessungsgrundlage nicht. In den Arbeitnehmerbeiträgen der Aktiven (Tabelle 1, 1994: 145,4 Mrd. ATS) sind neben den Pensionsbeiträgen auch die Beiträge zur gesetzlichen Krankenversicherung, zur Arbeitslosenversicherung, zur Pflegeversicherung, zur Wohnbauförderung und die Arbeiterkammerumlage enthalten, die als gesetzliche Pflichtbeiträge in voller Höhe als steuerfreie Werbungskosten anerkannt werden.

Mit dem Prinzip einer umfassenden Ausgabensteuer nicht vereinbar sind die Sonderregelungen für die sonstigen Bezüge (13. und 14. Monatsgehalt, Abfertigungszahlungen, Jubiläumsgelder). Bezieht man diese zusätzlichen Arbeitnehmereinkünfte (Tabelle 1, 1994: 123,3 bzw. 26,4 Mrd. ATS) in die laufende Lohnsteuerbemessungsgrundlage ein, so wächst die Lohnsteuerbasis um rund 23,4 % (ca. 150 Mrd. ATS) und die Lohnsteuer um 40% % (ca. 48 Mrd. ATS) an. Aufgrund des Steuertarifs würden die bisher durch die Sonderregelung besonders begünstigten höchsten Lohnstufen Nettoeinkommenseinbußen erleiden und damit die Nettoeinkommensverteilung nach Steuern gleichmäßiger werden. Die Durchschnittssteuerbelastung der beiden obersten Einkommensperzentile, auf die rund 10 % des Bruttoeinkommens entfallen, würde von 43% auf fast 50% ansteigen und

[8] Vgl. *Auerbach, A.J.* (1997).

rund 20% des zusätzlichen Lohnsteueraufkommens erbringen. Da die Durchschnittssteuerbelastung bei gleichen Grenzsteuersätzen steigt, würde aber gleichzeitig die Progressivität des Lohnsteuersystems in dynamischer Sicht sinken.

Tabelle 1: Lohnsteuer und Lohnsteuerbasis 1994 in Mrd. ATS

	Arbeitnehmer	davon Beamte	Pensionisten
Bruttobezug	997,3	154,8	315,9
steuerfreie Zuschläge § 68 EstG	22,4	5,2	0,0
Sonderzahlungen § 67 EstG	123,3	19,4	42,7
Abfertigungen § 67 EstG	26,4	1,8	2,5
Sozialversicherungsbeiträge	145,4	20,7	10,3
Lohnsteuerbasis	638,8	103,0	240,7
tarifliche Lohnsteuer	117,9	22,3	30,8
Lohnsteuer nach festen Sätzen	2,1	0,4	0,2

Quelle: *Österreichisches Statistisches Zentralamt* (1996).

Ebenfalls steuerpflichtig werden Lohnersatzleistungen im Fall von Arbeitslosigkeit oder Berufsunfähigkeit. Von dieser Bemessungsgrundlagenverbreiterung sind aber kaum fiskalische Nettoeffekte zu erwarten, weil insbesondere eine Steuerpflicht für Langzeitarbeitslose und Notstandshilfeempfänger aufgrund des steuerfreien Existenzminimums zu keiner Steuerzahlung führen dürfte und gegebenenfalls durch Anhebung der staatlichen Transferleistungen auszugleichen wäre, um die angestrebte Nettoersatzrate sicherzustellen. Verteilungspolitisch sichert eine Einbeziehung der Lohnersatzleistungen in die Lohnsteuerbasis aber das Ziel horizontaler Gerechtigkeit, weil Bezieher von Erwerbseinkünften und Lohnersatzleistungen bei gleichem Ausgabenpotential auch die gleiche Lohnsteuerbelastung tragen.

6.1.2. Alterseinkünfte aus unselbständiger Arbeit

Eine konsumorientierte Einkommensbesteuerung behandelt Alterspensionen aus gesetzlichen und betrieblichen Pensionsversicherungssystemen genau so, wie es der geltenden österreichischen Praxis entspricht. 1994 trugen die rund 1,9 Mill. Pensionisten mit rund 31 Mrd. ATS fast 20% des gesamten Lohnsteueraufkommens (Tabelle 1). Durch die Einbeziehung der Sonderzahlungen in die Steuerbemessungsgrundlage würde im unteren Drittel der Pensionsbezieher keine zusätzliche Lohnsteuerzahlung anfallen. Der fiskalische Effekt wäre 1994 mit einem Anstieg des Lohnsteueraufkommens der Pensionisten um rund 7 Mrd. ATS (+24%) dennoch beachtlich, zudem würde die Verteilung der Nettoeinkommen der Pensionisten gleichmäßiger ausfallen, weil der Großteil dieser zusätzlichen Lohnsteuerbelastung von dem obersten Fünftel der Pensionisten getragen werden müßte, auf das rund 50% der gesamten Pensionsbezüge entfällt.

Die bisherige Praxis, auch Bezieher von Bauernpensionen und Gewerblich/Selbständigen-Pensionen in die Lohnbesteuerung einzubeziehen, ist systemgerecht und steuertechnisch sinnvoll, auch wenn die Schaffung einer eigenen Einkunftskategorie für Pensionen naheläge. Fiskalisch und distributiv sind bei den meisten Berufsgruppen aufgrund der niedrigen Pensionen keine bedeutsamen Änderungen zu erwarten.

6.1.3. Einkünfte aus Kapitalvermögen

Einkünfte aus Kapitalvermögen sollen grundsätzlich nach der Methode der Zinsbereinigung von der Doppelbesteuerung entlastet werden. Dies bedeutet, daß das zinsabwerfende Kapital bereits vor seiner Veranlagung zum Zeitpunkt der Einkommensentstehung mit Einkommensteuer belegt wird und die Zinserträge während der Anlageperiode im Ausmaß der „Normalverzinsung" steuerfrei bleiben.

Die derzeit als Quellensteuer eingehobene Kapitalertragssteuer auf Zinsen und Dividenden müßte entfallen. Für 1994 bedeutet eine völlige Freistellung der Kapitalerträge aus Zinsen und Dividenden einen Ausfall von rund 20 Mrd. ATS. Obwohl von einer generellen Entlastung der Sparerträge auch die einkommensschwachen Kleinsparer profitieren, wird die Abschaffung der Quellensteuer primär die einkommensstarken Haushalte begünstigen.

Hier bietet die Quellensteuerlösung die Möglichkeit eines gestreckten Übergangs zu einer konsumorientierten Einkommensbesteuerung, wenn der Quellensteuersatz von derzeit 25% über einen längeren Zeitraum in Stufen gesenkt wird. Um sicherzustellen, daß Kapitalerträge über die Normalverzinsung von der Einkommensteuer korrekt erfaßt werden, wäre eine entsprechende Korrektur der Quellenbesteuerung zu überlegen, die etwa Zinserträge bis zum Normalzins von der Quellensteuer ausnimmt.

6.1.4. Einkünfte aus unternehmerischer Tätigkeit

Für alle Formen unternehmerischer Tätigkeit bedeutet die Zinsbereinigung eine Steuerentlastung im Ausmaß der „Normalverzinsung" des unternehmerischen Eigenkapitals. Von den gesamten einkommensteuerpflichtigen Einkünften entstammen 1994 nur knapp 39% aus unternehmerischer Tätigkeit (Tabelle 2).

Tabelle 2: Einkommensteuerpflichtige Einkünfte 1994

	Fälle	**Einkünfte (in Mrd. ATS)**
Land- und Forstwirtschaft	49.892	1,6
Selbständige Arbeit	123.016	42,2
Gewerbebetrieb	276.652	36,7
Nichtselbständige Arbeit	388.395	110,7
Kapitalvermögen	14.576	1,2
Vermietung und Verpachtung	172.452	9,5
Sonstige Einkünfte	44.798	4,5
Gesamtbetrag der Einkünfte	609.539	207,7
Einkommensteuer	444.821	61,9
Einkünfte von Körperschaften	23.062	62,6
Körperschaftsteuer		18,8

Quelle: *Österreichisches Statistisches Zentralamt* (1997a, b)

Dennoch würden auf Grund der hohen Grenzsteuersätze Änderungen des steuerpflichtigen Gewinns durch die Zinsbereinigung erhebliche fiskalische Einbußen bescheren. Weiterhin der Tarifbesteuerung unterliegen jedoch jene Unternehmenserträge, die über die Marktverzinsung hinausgehen. Gedämpft wird die Gewinnaushöhlung durch eine Bemessung des steuerfreien Normalertrags nach der geringen Eigenkapitalquote im freiberuflichen Bereich wie auch im österreichischen Gewerbe, die allerdings im bestehenden Einkommensteuersystem durch strategische Inanspruchnahme von beschleunigten Abschreibungen und Dotierung von hohen Rückstellungen zustande kommt.

Um die Aushöhlung der einkommensteuerpflichtigen Gewinne durch überhöhte Fremdkapitalzinsen auszuschalten, muß auf Gläubigerseite eine strikte Besteuerung der Kapitalerträge, die die Normalverzinsung übersteigen, vorgenommen werden. Alternativ kann die Besteuerung aber auch im unternehmerischen Bereich ansetzen, indem auch passivseitig nur kalkulatorische Kreditzinsen in Höhe der Normalverzinsung als Betriebsausgaben steuerlich anerkannt werden.

6.1.5. Einkünfte aus Vermietung und Verpachtung

Auch diese Einkünfte müssen zinsbereingt werden und wie im Unternehmensbereich die Normalverzinsung auf das gebundene Eigenkapital von der Bemessungsgrundlage abzugsfähig erklärt werden. Übermarktmäßige Pachterträge und Veräußerungsgewinne werden hingegen von der Steuer erfaßt. Auf Grund des geringen Umfangs der erklärten Einkünfte (Tabelle 2, 1994 rund 5% der Gesamteinkünfte) sollten die fiskalischen wie auch die distributiven Effekte gering bleiben.

6.2. Änderungen bei den Steuertarifen

Ein Einkommensteuertarif mit progressiv gestaffelten Steuersätzen erschwert die Umsetzung der Zinsbereinigung in der konsumorientierten Einkommensteuer. Da nur die Normalverzinsung der Ersparnisse steuerfrei bleiben soll, muß eine komplementäre Besteuerung der „Kapitalrenten" erfolgen. Dies erfolgt im Unternehmensbereich im Ausmaß des jeweiligen Gewinnsteuersatzes, der natürlich von dem persönlichen Satz abweichen kann. Langfristig wäre daher ein Wechsel zu einer indirekt progressiven persönlichen Einkommensteuer mit einem einheitlichen Grenzsteuersatz zwischen 25% und 40% vorteilhaft. Gleichzeitig ließen sich mit einer solchen Tarifstruktur auch die Probleme der Familienbesteuerung und der Garantie eines steuerfreien Existenzminimums konsistent lösen.

Um die Kapitalerträge über der Normalverzinsung bei ihrer Entstehung zu besteuern, müßte der Körperschaftsteuersatz in der Höhe des maximalen Einkommensteuersatzes erhoben werden. Eine Anhebung des Körperschaftsteuersatzes auf 50% ist jedoch aus internationaler Sicht kontraproduktiv. Der geringere Körperschaftsteuersatz kann auch durch eine komplementäre Dividendenbesteuerung kompensiert werden. Die Struktur der gegenwärtigen Endbesteuerung erfaßt jedoch alle Dividendenzahlungen, die nach der Konsumorientierung steuerfreien ebenso wie die steuerpflichtigen Zusatzerträge. Die sparverzerrende Doppelbesteuerung könnte toleriert oder durch eine Erstattungsregelung auf der persönlichen Ebene ausgeschaltet werden.

Für Zinserträge im Ausmaß der Normalverzinsung darf nach der konsumorientierten Einkommensteuer ebenfalls keine Quellensteuer erhoben werden. Darüber hinausgehende Zinserträge wären wieder steuerpflichtig. Dies könnte wiederum beim Schuldner erfolgen, der Schuldzinsen nur im Ausmaß der Normalverzinsung als Betriebsausgaben geltend machen kann. Damit kann eine Weitergeltung der Quellensteuer auf Zinsen analog zur Dividendenbesteuerung begründet werden.

Für die Beibehaltung der an sich systemwidrigen Quellenbesteuerung auf Kapitalerträge in einem konsumorientierten Steuersystem können neben dem angeführten Komplementaritätscharakter zwei weitere Argumente vorgebracht werden. Erstens sollte eine „mäßige" Quellenbesteuerung des Normalertrags die gesellschaftliche Akzeptanz des Regimewechsels erhöhen. Zweitens läßt sich eine Belastung der Zinsen durchaus mit Effizienzargumenten im Sinne der Optimalsteuertheorie begründen, sofern die Mobilität des Kapitals nicht perfekt ist. Dies trifft für den EU-Binnenmarkt nach Wegfall des Wechselkursrisikos kaum mehr zu, gilt aber weiter gegenüber Drittländern. Eine koordinierte europäische Quellensteuer auf Zinserträge ließe diesen Steuerzugriff in effizienter Form fiskalisch erschließen. Im Hinblick auf eine EU-Koordinierung wäre aber dennoch eine Absenkung des Quellensteuersatzes um 5-10 Prozentpunkte anzustreben.

7. Zusammenfassung

Das österreichische Einkommensteuersystem trägt zwar noch deutlich die Züge einer umfassenden Einkommensteuer vom Schanz/Haig/Simons-Typ, es folgt aber gerade bei der einkommensteuerlichen Behandlung der Altersvorsorge bereits jetzt vollkommen den Reformvorschlägen einer konsumorientierten Besteuerung. Die Pensionsvorsorge sowohl über eine gesetzliche als auch über eine betriebliche Alterspension unterliegt nach dem Prinzip der Sparbereinigung in der Phase der Kapitalakkumulation nicht der Einkommensteuer, sondern es werden erst die als Kapitalerträge ausgeschütteten Pensionsleistungen als laufendes Einkommen versteuert. Das österreichische Einkommensteuerrecht hat damit für die Ruhestandsbezüge durch die Steuerfreiheit in der Ansparphase eine Cash-flow Besteuerung festgelegt, wie sie auch für die Arbeitseinkommen als Erträge aus dem akkumulierten Humankapital zur Anwendung kommt.

Komplementär dazu wird auch für die private Pensionsvorsorge in Form von Lebensversicherungen, Rentenversicherungen, freiwilligen Höherversicherungen in der gesetzlichen Pensionsversicherung oder der Veräußerung von langfristigen Kapitalgütern im privaten Bereich grundsätzlich eine diskriminierende Doppelbesteuerung nicht wirksam, weil die Leistungen aus diesen Versorgungsprogrammen im Wege der Zinsbereinigung steuerfrei gewährt werden oder die Einmalbesteuerung der Ersparnisse durch eine Kombination von Spar- und Zinsbereinigung sichergestellt wird.

Demgegenüber bleibt auch nach der in der Steuerreform 1993/94 umgesetzten Endbesteuerung von Zinserträgen und Dividenden die Doppelbesteuerung von

Ersparnissen bestehen. Der Abgeltungssteuersatz von 25% senkt die Steuerbelastung gegenüber den tariflichen Sätzen in den oberen Steuergruppen, mildert aber damit nur die schädlichen Wirkungen des Nominalwertprinzips. Dennoch eröffnet die Endbesteuerungslösung für Österreich die Option eines stufenweisen Abbaus des Quellensteuersatzes und damit eine Annäherung an eine zinsbereinigte Besteuerung von Kapitalerträgen. In der Gewinnbesteuerung kann die Zinsbereinigung über kalkulatorische Eigenkapitalzinsen in der Steuerbilanz unproblematisch umgesetzt werden.

Die Voraussetzungen für eine konsequente Umgestaltung des österreichischen Einkommensteuersystems nach dem Prinzip einer konsumorientierten Einkommensteuer sind im Vergleich zu anderen Industriestaaten zweifellos günstig. Ob ein solcher Systemwechsel aber auch politisch mehrheitsfähig ist, hängt davon ab, inwieweit die ökonomischen Argumente für eine „Einmalbesteuerung der Ersparnisse“ von den Verbänden und politischen Parteien aufgegriffen werden und den Staatsbürgern als eine faire und effizienzsteigernde Steuerreform vermittelt werden kann.

Literatur

Auerbach, A.J. (1996): Tax Reform, Capital Allocation, Efficiency, and Growth, in: H.J. Aaron/ W.G. Gale (eds.): Economic Effects of Fundamental Tax Reform, Washington DC., S. 29-82.

Auerbach, A.J. (1997): The Future of Fundamental Tax Reform, American Economic Review (87), S. 143-146.

Capital Taxes Group (1994): Setting Savings Free. Proposals for the Taxation of Savings and Profits, Institute for Fiscal Studies, London.

Genser, B. (1986): Das Konzept der „Comprehensive Income Tax“, Wirtschaftspolitische Blätter (33), S. 544-554.

Genser, B. (1996): Has Austria Introduced a Dual Income Tax?, in: L. Muten/P. Sørensen/K. Hagen/B. Genser (eds.): Towards a Dual Income Tax? Scandinavian and Austrian Experiences, The Hague, S. 69-89.

Genser, B./Haufler, A. (1996): On the Optimal Tax Policy Mix when Consumers and Firms are Imperfectly Mobile, Finanzarchiv (53), S. 411-433.

Hall, R./Rabushka, A. (1995): The Flat Tax, Second Edition, Stanford.

Heidinger, G. (1993): Zinsenbesteuerung in Österreich, Deutsche Steuer-Zeitung (81), S. 137-141.

Hubbard, G. (1997): How Different Are Income and Consumption Taxes?, American Economic Review (87), S. 138-142.

Jorgenson, D./Wilcoxen, P. (1997): The Long-Run Dynamics of Fundamental Tax Reform, American Economic Review (87), S. 126-132.

Kaldor, N. (1955): An Expenditure Tax, London.

Meade, J. (1978): The Structure and Reform of Direct Taxation, London.

Myles, G. (1995): Public Economics, Cambridge MA.

Österreichisches Statistisches Zentralamt (1996): Lohnsteuerstatistik 1994, Wien.

Österreichisches Statistisches Zentralamt (1997a): Einkommensteuerstatistik 1994, Wien.

Österreichisches Statistisches Zentralamt (1997b): Körperschaftsteuerstatistik 1996, Wien.

Rose, M. (1997): Steuerliche Gleichbehandlung alternativer Formen der Altersvorsorge und Vermögensbildung, in: M. Rose (Hrsg.): Standpunkte zur aktuellen Steuerreform, Heidelberg, S. 17-35.

Rose, M. (1991): Konsumorientierte Neuordnung des Steuersystems, Heidelberg.

Slemrod, J./Bakija, J. (1996): Taxing Ourselves, A Citizen's Guide to the Great Debate over Tax Reform, Cambridge MA.

Slemrod, J. (1997): Deconstructing the Income Tax, American Economic Review (87), S. 151-155.

Sørensen, P. (1994): From the Global Income Tax to the Dual Income Tax: Recent Tax Reform in the Nordic Countries, International Tax and Public Finance (1), S. 57-79.

Autorenverzeichnis

Dr. Stefan Bach
DIW – Deutsches Institut für Wirtschaftsforschung
Königin-Luise-Straße 5, D-14195 Berlin (Dahlem)

Dr. Hans Fehr
Abtlg. Volkswirtschaft, insbes. Finanzwissenschaft, Universität Tübingen
Mohlstraße 36, D-72074 Tübingen

Prof. Dr. Bernd Genser
Fakultät für Wirtschaftswissenschaften und Statistik, Universität Konstanz
Universitätsstraße 10, D-78434 Konstanz

Prof. Dr. Gerold Krause-Junk
Institut für ausländisches und internationales Finanz- und Steuerwesen, Universität Hamburg, Grindelhof 38/40, D-20146 Hamburg

Prof. Dr. Joachim Lang
Institut für Steuerrecht, Universität zu Köln
Albertus-Magnus-Platz, D-50923 Köln

Prof. Dr. Manfred Rose
Alfred-Weber-Institut, Universität Heidelberg
Grabengasse 14, D-69117 Heidelberg

Prof. Dr. Dr.h.c.mult. Dieter Schneider
Fakultät für Wirtschaftswissenschaft, Ruhr-Universität Bochum
Universitätsstraße 150, D-44801 Bochum

Dr. Rupert Sendlhofer
Institut für Finanzwissenschaft, Universität Innsbruck
Herzog-Friedrich-Straße 3, A-6020 Innsbruck

Prof. Dr. Christian Smekal
Institut für Finanzwissenschaft, Universität Innsbruck
Herzog-Friedrich-Straße 3, A-6020 Innsbruck

Prof. Dr. Franz W. Wagner
Wirtschaftswissenschaftliches Seminar, Universität Tübingen
Mohlstraße 36, D-72074 Tübingen

Prof. Dr. Ekkehard Wenger
Lehrstuhl für Betriebswirtschaftslehre, Bank- und Kreditwirtschaft, Universität Würzburg, Sanderring 2, D-97070 Würzburg

Prof. Dr. Wolfgang Wiegard
Abtlg. Volkswirtschaft, insbes. Finanzwissenschaft, Universität Tübingen
Mohlstraße 36, D-72074 Tübingen

Mag. Hannes Winner
Institut für Finanzwissenschaft, Universität Innsbruck
Herzog-Friedrich-Straße 3, A-6020 Innsbruck

www.ingramcontent.com/pod-product-compliance
Lightning Source LLC
LaVergne TN
LVHW010916051026
849532LV00003B/723

* 9 7 8 3 6 4 2 6 3 6 8 4 4 *